영 계 일 기
[6]

E. 스베덴보리 지음
안곡 · 박예숙 옮김

예 수 인

영계일기
(the Spiritual Diary)

예 수 인

THE
SPIRITUAL DIARY

Records and Notes made by
EMANUEL SWEDENBORG
between 1746 and 1765

from his experiences in the spiritual world

PUBLISHED POSTHUMOUSLY

SWEDENBORG SOCIETY (INCORPORATED)
20-2I Bloomsbury Way
London,W.C.I
1962

옮긴이의 서문(序文)

이 책의 제목 ≪영계 일기≫(the Spiritual Diary)에서 알 수 있듯이, 그리고 저자가 타계한 후에 다른 사람들에 의하여 편집, 발간되었다는 사실에서 알 수 있듯이, 이 책의 내용은 저자가 그 내용들을 널리 공표하기 위하여 집필한 것이 아니고, 단지 저자가 그의 저서들을 집필할 때 그 저서의 자료들로 사용하려는데, 목적이 있었음을 독자들은 먼저 이해하여 주시기 바랍니다. 특히 이 책의 내용 중에는, 성경에 등장하는, 모든 역사상의 저명한 인물에 관한 것들이 있기 때문에, 어떤 면에서는 흥미도 있지만, 어떤 경우는 이해하기 난해한 것들도 있다는 것을 밝혀둡니다. 옮긴이들의 소박한 소견은, 저자가, 독자들을 위한 것이 아니고, 저자 자신을 위한 자료였기 때문에 그렇게 표현, 기술하였을 것이라는 것과, 그리고 저자는 그 인물과 그 인물의 역할—성서 안에서든, 사람들의 생각에서든—이 우리 독자들과는 다른 견해를 가지고 있다는 것입니다. 다른 말로 하면, 극 중의 배우의 역할이 곧 그의 실제적인 성품이 아닐 수 있다는 것입니다. 아마도 이런 오해는 그분의 많은 저서들을 탐독할 때 해결될 수 있는 사안들이라고 생각합니다.

이 책의 내용을 이해하는데 다소 도움이 되게 하기 위하여 먼저 간략하게 아래의 내용을 기술하겠습니다. 즉 이 일기가 언제 쓰여졌는가? 이 일기가 어떻게 해서 현재 형태로 보전되어 왔는가? 이 일기의 내용은 무엇인가? 라는 내용이 되겠습니다.

1. 저자는 언제 이 일기를 썼는가?

저자는 이 일기를 1746년부터 1765년에 걸쳐 기록하였습니다. 우리가 알 수 있듯이, 그분의 생애를 세 부분으로 나누는 것이 보통인데, 1688년부터 1710년(22세)까지를 유년 시대와 학업 시절이라 할 수 있고, 1710년부터 1742년(22세부터 54세까지)까지를 과학 탐구 기간이라 할 수 있고, 1742년부터 1772년(54세부터 작고하기)까지를 영적 진리의 탐구 기간이라 할 수 있겠습니다.*

그러니까, 스베덴보리 선생께서는 제 3 기의 생애에 들어간 뒤에 이 일기를 쓰기 시작했다고 말할 수 있겠습니다. 그리고 그분은 계속해서 그분이 작고하기 7년 전까지 그의 연세로 말한다면 57세부터 77세까지 20년간에 걸쳐 기록한 것입니다.

그렇다면 독자들이 기억해야 할 것은, 이 일기는 젊은 사람이 쓰지 않고 노숙한 사람이 썼다는 것입니다. 그것도 18세기의 유럽에서 과학지식이 절정에 도달한 사람이 그의 말년에 썼다는 사실입니다.

2. 어떻게 해서 이 일기가 현재의 형태로 보전되어 왔는가?

스베덴보리 선생께서는 이 일기를 라틴어로 기록하였습니다. 그 당시 유럽 학자들의 관례가 라틴어 사용이 보편적이었기 때문입니다. 그는 이 일기를 공중 독자들을 위하여 출판할 목적으로 쓰지 않았을 것이라는 것이 연구가들의 공통된 의견입니다. 그 이유로 스베덴보리 선생께서 출판될 저서들을 쓸 때 그의 일기로부터 인용한 것들이 허다하다는 사실, 또 그분이 일기를 쓸 때 단어들을 많이 생략하고 자기가 알 수 있는 정도이면 자기 개인적인 문장 스타일을 택하였다는 사실들을 들 수 있겠습니다.

이 일기의 맨 처음 부분(# 1-148)을 연구가들은 "페이지에 깊이 밀어 넣어 쓴 문단들"(indented paragraphs)이라고들 합니다. 스베덴보리 선생께서 영적 진리 탐구 기간으로 들어가면서 성서를 연구하고, 그 연구 결과들을 집필하였는데, 그것이 <u>The Word of the Old Testament Explained</u> (간단히 The Word of Explained)입니다. 이 저서에서부터 그는 이 처음 부분의 일기를 페이지에 "깊이 밀어 넣어 시작

---

* 더 자세한 내용을 알기 원하는 독자는 <u>스베덴보리의 신학총서 개요</u>, 하권 뒤에 실린 "E. 스베덴보리 약전"을 참조하면 좋을 것이다.

된 문단"이라는 명칭을 얻게 된 것입니다.

스베덴보리 선생께서는 자기의 원고에 책명을 붙이지 않았습니다. Dr. Immanuel Tafel이 원고를 모아 라틴어 판 4권으로 1843년에서 1846년까지 출판하였는데, 그가 라틴어 판에 Darium Spirituale라는 명칭을 부여하였습니다. 이것이 나중에 영어로 The Spiritual Diary (영계 일기)로 번역되었고, 스베덴보리 협회 위원회(The Council of the Swedenborg Society)는 그 이름을 계속 사용하기로 결정하였습니다.*

3. 이 일기는 어떠한 내용인가?

이 일기는 스베덴보리 선생께서 영계에서 듣고, 보고, 경험한 것들을 즉시, 즉시 써 놓은 기록들을 모은 것입니다. 다른 말로 표현한다면, 스베덴보리 선생께서 경험을 통하여 발견한 영적 사실, 현상, 원리 등등의 기록을 모아 놓은 저장고(貯藏庫), 또는 보고(寶庫)라고 말할 수 있겠습니다. 스베덴보리 선생의 저서와 친밀한 독자들은 이 일기를 그리 큰 문제없이 읽을 수 있을 것입니다. 단어들을 생략하고 쓴 스타일이 곳곳에서 좀 어려움을 줄지는 모르겠으나, 대체로 이들 독자들은 스베덴보리 선생의 특이한 사명을 다시 한 번 이해할 수 있는 기회를 가지게 될 것입니다. 스베덴보리 선생께서 모든 사람들이 자연계와 영계 사이의 대응(對應)의 원칙에 따라 성서의 영의(靈意)를 이해할 수 있는 길을 열었고, 그러므로 해서 그들이 기독교의 순수한 가르침을 다시 찾을 수 있는 기회를 마련했다는 것을 독자들은 이 일기를 통하여 새삼스럽게 깨달을 것입니다.

---

* 미국의 General Church of the New Jerusalem에서 1998년에 출판한 번역은 "Emanuel Swedenborg's Diary, recounting Spiritual Experiences"라는 명칭을 보이고 있다. 그러니까 "영적(혹은 영계의) 경험(혹은 체험)을 진술하는 일기"라는 뜻으로 "경험" 혹은 "체험"을 강조하려는 의도를 나타내고 있다.

스베덴보리 선생의 저서에 아직 익숙지 못한 독자들이라도 성서와 접하고, 그 성서가 가르치는 인간 영혼의 불멸, 사후의 삶, 등등에 관한 지식을 갖추고 있다면, 큰 부담 없이 이 일기를 읽을 수 있을 것입니다. 이러한 성서 원칙들을 우리들의 지각과 정서(感情)의 차원에서 더욱 더 밝히 깨닫고 체험할 수 있다면 이보다 더 이로운 도움이 있겠습니까? 스베덴보리 선생의 영적 경험을 기록한 이 일기가 바로 그러한 도움을 줄 수 있으리라 믿습니다.

이 책이 출판되기까지 번역에 참여하신 박 예숙 권사님, 자료를 보내주시고, 많은 격려를 주신 미국에 계신 진 용진 목사님, 그리고 스베덴보리 선생을 흠모하고, 존경하는 동역자 여러분들과, 특히 〈예수인〉 동지들에게 재삼 감사의 말씀을 드립니다. 그리고 표지 장정에 수고하신 민 경석님에게도 감사의 말씀을 드립니다.

2003년 3·1절 아침
안곡 드림

이른바 달(月)의 영들에 관하여

3241. 몇몇 영들이 내 머리 위에 다가왔습니다. 그들이 단순하게 말할 때에도 그들은 우레 소리를 내는 것 같습니다. 음성이나 말에 속한 어떤 것은 중앙에서 나왔습니다. 그것은 마치, 번개가 구름들 속에서 나올 때 생겨나는 것처럼, 어떤 것이 자기 자체를 폭로하는 것 같았습니다. 내 위에는 엄청난 영들의 무리가 나타났습니다. 나는 그들이 아직까지 알려지지 않은 어떤 세계에 속한 자들이라고 생각하였습니다. 그럼에도 불구하고 우리들 세계에 속한 매우 단순하고, 조잡스러운 영들은 하나같이 그들을 비웃었습니다. 이에 반하여 나는 이상하게 생각하였습니다. 그 이유는 그들이 어디에서 왔든, 그리고 그들이 어떤 성질의 영이든지 문제가 되지 않고, 여러 생각들을 엿듣고, 가로챘기 때문입니다. 그 때 이런 영들은, 그들이 방해하지 않게 하기 위하여, 한없이 깊은 곳(無底坑·depths·abyss)으로 내려 보내졌습니다. 그럼에도 불구하고 다른 자들은 거의 같은 식으로 그들을 비웃는 일에서 자신들을 제지할 수 없었습니다.

3242. 그 때 명료하지 않지만, 다만 어린 것들처럼 보이는 몇몇이 보였습니다. 하나가 어떤 자를 데리고 가는 것 같았는데, 그는 얼굴까지도 명확하게 나에게 보였습니다. 그는 얼굴의 생김새로는 처음에는 어린 것이라고 생각되었지만, 그러나 자세히 살펴보고, 곰곰이 생각해 보니까 그는 소인(小人), 즉 난장이(dwarf)였습니다. 그 이유는 그의 얼굴은, 균형 잡히지 않은 남자의 얼굴을 닮았지만, 얼굴의 폭이 좁고, 약간 길었지만, 어린 아이의 모습은 아니었기 때문입니다. 내가 소인으로 보지 않는 다른 자에 의하여 나의 시각에 옮겨졌을 뿐입니다.

3242[A]. 이와 같이 옮겨지고, 눈에 보인 자가 내 왼쪽 팔 아래에 왔습니다. 그리고 나와 이야기를 나누었는데, 그가 한 말은 그가 어디에서 왔는지는 모르지만 그는 그와 같은 작은 소인이라고 하였습니다. 그러나 그가 말을 하고 있을 때 그의 목소리는, 내 머리 위에

있었던 자들의 소리와 꼭 같이 우렁찼습니다. 그는 역시 그가 어떻게 말하는지, 말하자면 그는 마치 하복부에서 나오듯이 하는 방법을 나에게 보여 주었고, 그리고 그는 많은 소리로 많은 말을 토하듯이 하는 것도 보여 주었습니다. 거기에는 소리를 가지고 하는 일종의 소리의 분출(噴出)이 있었는데, 그것은 쉽게 설명될 수 없는 그런 것이었습니다. 그리고 그는 이런 소리, 즉 음성의 소리가 속한 것이 무엇인지 보여 주기 위하여, 그리고 수많은 영들의 무리와 같이, 그가 마치 우레 소리와 같이 소리를 지른다는 것을 보여 주기 위하여 여전히 그는 내 곁에 있었지만, 그는 조금 뒤로 물러서기는 했지만, 이전과 같이 말을 하였습니다. 그 때 나는 그의 음성과 함께 다만 하늘의 천둥소리와 같이 들었습니다. 그는 다시 되돌아왔습니다. 그리고 그는 자신의 음성의 본성을 보여 주었습니다. 그것은 하복부에서 나왔고, 그것은 토해 내는 것 같았습니다. 따라서 내가 지각한 것은, 비록 그들이 난쟁이들이었지만, 그들은 자신들을 부풀리고 있다는 것과 그리고 스스로는 매우 위대하다고 여긴다는 것 등이었습니다.

3243. 역시 전에 천둥소리를 냈던 그 자에 관해서 천계 가까이에 있는 자에 의하여 언급되었을 때, 그들은 숫자적으로는 그리 많지는 않지만, 그가 그들을 헤아렸는데, 최종적으로 안 것은, 그들이 20내지 23명에 불과하였지만, 소리는 무척 큰 무리의 소리로 들렸다는 것입니다.

3244. 나는 그들이 온 지구에 관해서 말을 하였습니다. 그들이 달(月)에서 왔다는 것을 어느 정도 지각하는 것이 내게 허락되었습니다. 내 생각에 들어온 것은 그들은 다른 자들을 닮지 않았다는 것인데, 그것은 그들이 다른 자들이 가지고 있는 것과 같은 대기(大氣)를 가지고 있지 않았기 때문입니다. 그리고 나는 그들이 자신들 주위에 가지고 있는 대기가 어떤 것이지 알지 못하였습니다. 그럼에도 불구하고 거기에는 인류가 있었습니다. 그 이유는 거기에 목적(目的)이

없다면 아무것도 존재하지 않기 때문입니다. 따라서 육생(陸生)적인 것들과 자연적인 것들과 천적인 것들 사이의 고리(bond)가 되는 인류가 없다면 아무것도 존재하지 않습니다. 왜냐하면 만약에 인류가 존재하지 않는다면 결코 하나의 지구도 존재하지 않을 것이고, 또한 행성(行星)이나 달(月)이나 그 밖의 위성(衛星)도 결코 존재하지 않을 것입니다.

3245. 따라서 지금 내가 깨달은 것은, 그들이 인류(人類)와 같은 존재라는 것입니다. 그러나 나는, 그들이 표징하는, 또는 관계를 가지고 있는 인체의 어느 영역인지는 알지 못합니다. 그러므로 그 지구의 영들은, 이들이든지, 또는 다른 자들이든지, 내 안에 온 자들이라는 것입니다. 따라서 내가 깨닫도록 허락된 사실은, 그들은, 전면 갈비뼈들이 종결되어 있는, 방패 모양의 순상부(楯狀部), 즉 검상돌기(劍狀突起·xiphoid)의 연골(軟骨)에 관계를 가지고 있다는 것입니다. 그리고 그 연골은 앞쪽에 있는 횡격막(橫隔膜)의 근육들의 지주(支柱)이고, 그리고 역시 하복부의 근육들의 지주를 가리킵니다. 백선(白線·the linea alba)이 연골을 통과하는지 아닌지를, 그리고 거기에서부터 연골이 아래로 연결되어, 백선과 함께 하복부의 근육에 공통의 지주로 되어 있는지 아닌지도 볼 수 있었습니다. 1748년 9월 22일.

한 마리 아름다운 새에 관하여

3246. 백색이 혼합된 다양한 적색을 띄고 있는 일종의 불꽃의 본질이나 근원 같은 것이 보였습니다. 나는 이것을 조금 떨어진 내 얼굴 면전에서 보았고, 그리고 다음에는 손(手)이 하나 보였습니다. 이 손에 이 아름다운 불꽃이 처음에는 손등에 밀착되었고, 다음에는 손바닥에 밀착하였습니다. 그는 손바닥으로 이 불꽃을 움켜쥐었습니다. 이런 일이 잠간 동안 계속되었습니다. 나는, 그것이 지금 내가 그들에 관해서 기술하고 있는 영들에 의하여 그들의 지구에서 보여

진 일종의 불꽃의 본질이라고 생각하였습니다. 이 불꽃의 본질은 그의 손 주위를 핥았습니다. 그리고 그것은 손바닥을 압축하였습니다.

3247. 즉시 그것은 멀리 옮겨졌습니다. 거기에서 그것은 빛을 발하고 있었지만, 그러나 그것은 점차 밝기가 떨어졌습니다. 나는 그것이 무엇인지 볼 수가 없게 되었습니다. 그 손도 역시 거기에서 사라졌습니다. 그 때 이 불꽃의 본질은 유사한 색깔의 아름다운 한 마리의 새로 점차적으로 변하였습니다. 그리고 그 새 또한 색깔의 측면에서 보면 진주의 색깔로 변하였습니다. 그 때 그것은 바로 진주와 같았습니다. 그 새의 날개는, 마치 살아 있는 새와 같이, 활동을 하였습니다. 그리고 살아 있는 새처럼 거기에서 정면 조금 떨어진 곳으로 날아갔습니다. 그리고 그 새는 되돌아왔습니다. 그 때 그 새는 보다 어두운 색깔의 새로 나타났습니다. 그 새는 거의 어두운 색깔의 새와 같았습니다. 그러나 어두운 색깔들이 없다면 한 마리 아름다운 새로 보이겠지만, 그래서 시야에서 그 새는 사라졌습니다.

3248. 나는 그 새가 뜻하는 것이 무엇인지에 관해서 다양하게 추측하였습니다. 그러나 내 생각은, 그것이 뜻하는 것이 무엇인지 밝혀지지 않은 채 멈추고 말았습니다. 다만 그것은 화성(火星)의 주민들을 뜻한다는 것이었습니다. 그 이유는 나는 내가 듣고 깨달은 사실은 그들이 그것을 부인하기 때문입니다. 그럼에도 불구하고 그런 부류의 표징은 존재할 수 없고, 그리고 그것이 표징하는 천사들의 사회에서 떠나야 했습니다. 왜냐하면 그 새가 생각(思想)을 뜻한다는 것이 명확하기 때문입니다. 1748년 9월 22일

그 새와 종지(=신념·宗旨)에 관한 속편

3249. 그 뒤 어떤 사람이 거기에 있었는데, 그는 나의 발을 통해서인지, 또는 허리의 영역을 통해서인지 잘 모르지만, 다만 밑을 통해서, 가슴의 높이에까지 인체 내부를 통해서 위로 올라왔고, 그리고 인체를 전부 점유하였습니다. 처음에 그는 나에게 가장 소중하게

아끼는 것을 나로 하여금 생각나게 하는 것들에 의하여 빼앗아가는 신념(=종지)을 야기시키는 그런 성품의 사람이었습니다. 그러나 그 다음에는 그가 이런 것을 행할 수 없다는 것을 깨닫게 되었을 때 그는, 자기가 주님이라는 신념을 가지고 자신이 그런 인물이라고 나를 설득하였고, 그리고 그런 신념을 소개하였습니다. 그 이유는 그런 것이 바로 영들이 자기 자신으로 말미암아 말하지 않고, 주님으로 말할 때의 경우이기 때문입니다. 그럼에도 불구하고 나는 그가 주님이라는 것을 믿지 않았습니다. 그가 이런 성품을 지니고 있었기 때문에, 그 때 그는 내 주위를 날고 있는 그 아름다운 새를 가져가 버렸습니다. 그래서 그는 내가 가장 소중하게 아끼는 것을 가져가 버렸습니다. 왜냐하면 그 때 많은 자들이 그것을 열망하였기 때문입니다. 그러나 그는 얼마가지 않아서 그의 손에서 그 새를 놓아 주었습니다.

3250. 그 뒤에 영들은 그것에 관해서 언급을 하였는데, 그들은 자신들과 꼭 같은 존재라는 것 이외에는 아무것도 알지 못하는 것을 말하였습니다. 그래서 그는 정동과 더불어 신념에 도취될 수 있었습니다. 그러나 그가 무엇을 뜻하였는지 아직도 나는 알지 못하였고, 다만 그것이 이런 사실을 암시하였을 뿐입니다. 즉 만약에 화성(火星)의 주민들이 우리들 사이에서 성실의 상태(the state of integrity)에 있지 않았다면, 비슷한 다른 자들이 새로운 지구(a new earth)에서 계속해서 이어진다는 것이 암시되었습니다. 왜냐하면 어떤 종족이 소멸하게 되면, 다른 종족이 계승되고 있기 때문입니다. 왜냐하면 거기에는 결핍(缺乏)이라고 하는 것은 결코 없는데, 그것은 주님께서 그와 같이 섭리하시기 때문입니다. 1748년 9월 22일

화성(火星)의 주민들에 관하여

3251. 화성의 주민 하나가 나타났습니다. 왜냐하면 우리들이 그 새에 관해서 그 새가 어느 누군가를 뜻하는 것 같이 보인다고 말하

였기 때문입니다. 나는 아직까지도 그것이 화성의 주민들을 뜻한다는 것 이외의 다른 것을 알지 못합니다. 나도 그렇게 깨달았지만, 그는 이 세상에 있는 한 사람처럼 보였습니다. 나는 그가 육신을 입은 사람이라고 불영명하게 생각하였습니다. 내가 이렇게 이상하게 생각하였을 때, 그는, 육신을 입은 삶에서 그러한 존재는 그가 다른 모습으로 나타날 수 없다는 것을 말하였습니다. 왜냐하면 그들은, 화성의 주민들이 그러하듯이, 그런 부류이었기 때문입니다. 이들은 육신으로 옷 입혀진 영들이었고, 그리고 이들은 그들의 육체들을 중요하게 여기지 않았을 뿐이기 때문입니다. 그 이유는 그들은, 영들 이외의 다른 자들에 의하여 거의 지배받지 않기 때문입니다. 그래서 그들은, 그들이 몸으로 옷 입혀진 영들이라는 것을 알고 있습니다. 그러므로 육신의 죽음 뒤에는 그는 비슷한 존재로 남았습니다. 만약에 그들이 이른바 성실의 상태에 머물러 있다면, 태고교회(太古敎會)에 속했던 사람들이나 자손들과 같은 그런 인물이 될 것입니다.

3252. 주님의 이름이 불리워졌을 때, 이른바 화성의 동일한 주민들은, 주님께서는 그를 인도하고, 그와 함께 말하는 분이시다고 말하는 것을, 참고 견딜 수가 없었습니다. 그리고 그 때 그는 한없이 깊은 곳(=무저갱)을 향해서 보다 더 겸손하게 절하였고, 그리고 거기에 있는 마음의 기쁨으로 가득 찬 겸비(謙卑)의 상태에 있었습니다. 1748년 9월 22일

율법이 시온에서 선포되었을 때 내적인 율법(the internal law)이 소멸되었다는 것에 관하여

3253. 영적인 개념에 의하여 암시되었고, 확인된 사실은, 고대 사람들, 즉 고대 교회(古代敎會)에 속한 자손들은, 자신들 안에는 이른바 각인(刻印)된 하나의 법(a law)이 있다는 것을 잘 알고 있다는 것입니다. 다시 말하면 그런 사실은 처음에는 부모들에 의하여 가르침을 받았고, 그리고 그런 뒤에는 주님에 의하여 인도되었기 때문에

그들은, 그 법이 지시하는 것이 무엇인지, 그리고 그 때 선포된 수 많은 것들이 무엇인지를 깨달았습니다. 그 이유는 그 때의 사람은 그런 성품을 지니고 있었기 때문입니다. 그러나 시간이 지난 뒤, 이러한 것은 소멸되었습니다. 만약에 그들이 수천 번의 가르침을 받았다고 해도 여전히 그들은 참된 것이나 선한 것이 무엇인지 깨달을 수가 없게 되었고, 다만 그들은 온갖 형벌들이나 외적인 구속들 때문에 억제되고, 삼갔을 뿐이고, 그래서 그는 외적인 것들에 의하여 억압되었고, 구속되었습니다. 왜냐하면 속사람(the internal man)은 반감을 가지게 되었고, 반대로 뒤바뀌었기 때문입니다. 그러므로 이와 같은 내적인 법(the internal law)은 시온에서 그 율법이 선포되었을 그 때에 소멸되었습니다. 1748년 9월 22일
속사람이 반감을 가지고 있게 되었을 때, 다시 말하면 내적인 것이 전무(全無)하게 되었을 때, 겉사람이 가지고 있던 그 율법이 어떤 성질이었는지 역시 지각되었습니다.

사람의 생각들이 천계에의 유입한다는 것에 관하여

3254. 경건(敬虔)한 기도들이나 생각(思想)들이 천계에 유입한다는 것 이외에 다른 것이나 그리고 그것들이 내면적인 것들 안으로 들어온다는 것 이외의 다른 것은 지각되지 않습니다. 그러나 그 경우도 전적으로 다릅니다. 왜냐하면 그렇게 생각한다는 것 그 자체가 하나의 오류이기 때문입니다. 왜냐하면 모든 생명(=삶)이나 생각까지도, 계속적으로 천계들을 통해서, 또는 직접적으로는 영들의 세계를 통해서, 주님으로부터 발출하기 때문입니다. 그것이 하나의 오류라는 것은 아래의 사실에서 더욱 잘 드러나고 있습니다. 즉, 영들은, 그들이 나의 언어로 말한다고, 그리고 내가 아는 것을 그들이 안다고 생각하는데, 그럼에도 불구하고 이것이 바로 오류이기 때문입니다. 뿐만 아니라, 어느 누구에게나 잘 알려져 있듯이, 조잡한 것들은 결코 순수한 것들 안에 들어올 수 없기 때문입니다. 그러나 주님의

생명은 천계를 통과하고, 그리고 형체들에 따라서 다종다양하게 변화하기 때문입니다. 그런 형체들의 본성이 무엇인지는 기술될 수 없습니다. 일반적인 사회의 형체가 완전하면 그럴수록 그 유입(流入)도 더 참되고, 축복받은 것이 되고, 그리고 더 빠르게, 즉 직접적인 것이 됩니다. 그러므로 사람이나 영이 자신의 생각이나 기술에 의하여 천계에, 또는 천적인 것들이나 천적인 것들 속으로 파고 들어간다는 것은 하나의 오류요, 미망(迷妄)입니다. 그러나 사람이 자신의 내면적인 것들이 그것의 수용을 위해 적합하고, 그리고 적절하면 그럴수록 중간적인 것들은 더 참되고, 더 행복하게 느끼고 지각합니다. 그러나 사람에게 만족스럽지 않고, 그의 내면적인 것들에 만족스럽지 않으면 그럴수록 입류의 왜곡(歪曲)은 중도에서 더욱 심합니다. 1748년 9월 22일

수성(水星)의 영들과 그리고 우리의 영들에게 그들이 어떻게 대답하였는가에 관하여

3255. 우리 지구의 영들이 그들과 함께 있었고, 그리고 그들과 함께 대화를 하였는데, 우리 지구의 영들이, 그들이 믿는 자들이 누구인지를 그들에게 물었습니다. 그들은 그들이 하나님을 믿는다고 말하였습니다. 그러나 그들의 기질은 문제들에 대하여 대답하기를 원하지 않았기 때문에, 자기들은 누구를 믿고 있다는 것을 말하지 않았지만, 그럼에도 불구하고 그들은 누구를 믿는지는 알고 있다고 대답하였습니다. 그러므로 이번에는 그들이 우리 지구의 영들이 누구를 믿는지를 물었습니다. 우리 지구의 영들은 주님 하나님(the Lord God)을 믿는다고 대답하였습니다. 수성의 영들은, 그들의 대답으로부터 그들이 어느 것도 믿지 않는다는 것을 그 즉시 깨달았다고 대답하였습니다. 그러므로 우리 지구의 영들은 잠잠하였고, 그 어떤 대답도 할 수가 없었습니다. 1748년 9월 22일

수성의 영들에 관해서 ; 그리고 그들이 장차 올 일에 대해서 알기를 열망한다는 것에 관하여

3256. 장차 일어날 일에 관해서 어떤 내용들이 기술되었습니다. 내가 그들의 현존에서 그것들을 읽으려고 하지 않자, 그들은 몹시 분노하였고, 그리고 그들은 평소의 관습과 달리, 나를 비웃었습니다. 그리고 그들은 내가 가장 나쁜 사람들 중의 하나이거나, 그런 부류의 작자라고 말하였습니다. 이런 일에서 얻을 수 있는 결론은, 그것들이 내적인 뜻이기 때문에 장래의 것들에 대해서 안다는 것에 얼마나 특별한 기쁨을 가지고 있는지를 알 수 있다는 것입니다. 더욱이 그들이 나의 내면적인 기억으로부터 어떤 것을 일으키는 것이 허락되었는데, 그 일이 즉시 행하여졌습니다. 뿐만 아니라 그 외에도 나는 그것이 어떤 것인지도 알았습니다. 그들은 어떤 꿈들이나 야기시키는 것 이외에는 어떤 것도 행하지 않았습니다. 이런 것이 이런 영들의 총명이라고 할 수 있는데, 그것은 그들이 다른 자들에게서 그들이 알고 있는 그들의 개념들을 즉시 안다는 것입니다. 이런 것에 대하여 그들은 반대 의사를 말할 수 없었는데, 그것은 그들의 사회에 현존할 수 없었기 때문입니다. 1748년 9월 22일

3257. 그들은 자신들의 분노를 드러내기 위하여 그들이 분노하였기 때문에 그들은, 머리 오른쪽 귀 주위에까지 모종의 근육의 위축(萎縮)이나 고통 따위를 일으켰고, 그리고 그들은 그들이 자기 자신들로부터 그 일을 할 수밖에 없었다고 생각하였습니다. 더욱이 그들이 거기를 떠나자, 그들은 어느 정도 멀리 떨어졌지만, 그러나 그들은 아래 깊은 곳으로 옮겨갔는데, 그것은 그들이 자기 자신에게 자신들을 낮추는 것을 강요하였기 때문입니다. 1748년 9월 22일

3258. 수성의 영들이 드러내고 있는 속뜻(the internal sense)에 관해서 살펴보면, 그것은 일종의 기억과 같은 것입니다. 사실 그것은 개별적인 것들에 속한 기억이지, 형상들이나 어떤 사물들에 속한 기억은 아닙니다. 왜냐하면 개별적인 것들에 속한 기억은, 상상에 관

련된, 따라서 육생(陸生)적인 것들이나, 관능적인 것들에 관계되는, 이른바 가시적인 형상들(可視的 形象・visual images)을 담고 있습니다. 더욱이 그것은 수많은 것들을 내포하고 있습니다. 예를 들면 법들이나 법들에 속한 지식들이 되겠고, 또한 믿음에 속한 것들이 되겠습니다. 사실 그런 것은, 인간이 가지고 있는 악을 제외하면 거기에는 아무것도 존재하지 않는 그런 것들일 뿐입니다. 이런 기억에 속한 것은 생각에 보다 더 가까이 있는데, 그 이유는 그것이 보다 깊은 사색(思索)에 속한 주제들을 제공, 따라서 사색에 옮겨지고, 그리고 그것을 구성하는 생각을 제공하기 때문입니다. 이런 부류의 기억을 수성의 영들이 제공하는 것입니다. 더욱이 놀라운 것은 그들이 천계나 지옥에 존재하는 수많은 것들을 알고 있다는 것이고, 그리고 또한 어느 누구도 놀랄 수밖에 없는 그런 것들에 속한 수많은 것들을 알고 있다는 것입니다. 그들이 한번 지각한 것을 그들은 계속해서 가지고 있다는 것입니다.

3259. 비록 그들은 그들이 어떤 사실을 알고 있다는 것을 알지 못하지만, 그럼에도 불구하고 그 사실이 일어나면 즉시 그들은 그것을 기억합니다. 따라서 여기서 밝히 알 수 있는 것은 영들이나 천사들의 기억은 사람들의 기억에 비하여 매우 명확하다는 것이고, 그리고 그들은 그들이 듣고, 보고, 깨달은 것은 무엇이나 그대로 간직하고 있다는 것입니다. 수성의 영들의 기억은 더욱 뛰어난데, 그것은 그들이 이런 것들에서 기쁨을 만끽하기 때이고, 그리고 또한 그들은 그런 것들을 아주 진지하게 열망하기 때문입니다. 그러므로 다른 자들에게 있는 것에 비하여 보다 더 깊은 반성이나 심사숙고가 그들에게 결합되어 있습니다. 왜냐하면 이런 것들에 속한 탐욕이나 호기심이나 사랑 등등은 반성이나 심사숙고를 생산하기 때문입니다. 사실, 이러한 것들에 대하여 관심을 두지 않는 자들에게서는 경우가 아주 다릅니다. 그들의 경우 이러한 것들은 일시적이고, 덧없는 것이지만, 그럼에도 불구하고 그것들은 내면적으로는 그대로 남아있습

니다. 이러한 사실은 천사적인 영들이나 천사들이 가지고 있는 경우라고 하겠습니다. 그 이유는 그들은 판단에 속한 생각에서 기쁨을 만끽하기 때문이고, 또한 거기에서 생겨난 선용에서 기쁨을 즐기기 때문입니다.

3260. 그들이 이런 부류의 기억을 가지고 있다는 것은 아래와 같은 사실에서 아주 넉넉하게 잘 드러나고 있습니다. 즉, 나는 여러 가지 경우를 생각할 수 있습니다. 나는 이름들을 언급하였는지 아니하였는지 잘 모릅니다. 그 이유는 그것들을 이해하는 것이 나에게 허락되지 않았고, 다만 그들이 나와 함께 말하는 것과 같이 이런 영들이 함께 말한, 열거된 수많은 인물들의 본질에 관해서 이해하는 것만 허락되었기 때문입니다. 그리고 이런 인물들이 이런 영들과 함께 번갈아 가면서 말을 하였는지 아니하였는지, 나는 알지 못합니다. 이러한 내용은 금성(金星)에서 생긴 것이라고 일러졌습니다. 1748년 9월 22일

3261. 수성의 영들이, 그들이 알고 있는 것을 어느 누구에게 말하지 않는다는 것이나, 그러나 반대되는 것이나 낯선 주제를 제시하든지 또는 주제를 바꾸는 것을 하나의 원칙(=법칙)으로 가지고 있는 이유는, 그들이 그들에게 전혀 도움이 될 수 없는 것들을 다른 영들에게 말하지 않는다는 것 때문입니다. 왜냐하면 주님께서는 적절한 지식들을 삽입시켜 주시고, 심어주시기 때문입니다. 따라서 만약에 방황하는 수성의 영들이 그 어떤 것이 삽입, 심어지게 되면, 그 때 다른 영들의 개혁(=바로잡음)은 매우 어렵게 될 것이기 때문입니다. 그러므로 수성의 영들은, 개별적인 것에 속한 기억들을 특별나게 좋아하는 그들에게서 떠나버릴 것입니다. 왜냐하면 우리 지구의 영들은, 개별적인 것들에 속한 기억을 그들이 잃어버린다는 것을 슬퍼하기 때문입니다.

3262. 더욱이 그 지구의 주민들 중 한 여인이 나에게 모습을 드러냈습니다. 그 여인은 우리 지구의 여인들의 얼굴에 비하여 조금 작

왔지만, 예쁜 얼굴이었습니다. 그리고 몸매도 우아하였습니다. 그리고 신장(身長)은 우리 지구의 주민들과 거의 같았습니다. 그녀의 머리는 세마포로 별 기교 없이 감싸 있었지만, 그러나 잘 어울렸습니다. 나는 또한 수성의 주민들 중 한 남자를 보았습니다. 모습은 우리 지구의 주민들에 비하여 신장은 비슷하였지만, 몸매는 더 우아하였습니다. 그 뒤에 그들의 항소와 또는 암소들의 종류가 보였습니다. 그것들은 우리 지구의 것들과 별로 차이가 없었지만, 그러나 다만 우리의 것에 비하여 매우 작았습니다. 그리고 색깔은 갈색을 띈 황색에 가까운 색이었습니다. 그 뒤에는 수많은 종이를 가지고 만들어진 긴 종이(a long paper)가 수성의 영들에 의하여 나에게 보내졌습니다. 그 종이는 여러 모양의 인상을 각인하였습니다. 그것은 이 세상에 있는 모양과 꼭 같았습니다. 나는, 그들이 자신들 가운데서 이런 것을 가지고 있는지 여부를 물었습니다. 그러나 그들은 그들이 알고 있는 것을 보여 준 것이라고 대답하였습니다.

3263. 이런 것들이 이 지구에 있는 것인데, 그들은 지금 이 지구에 있는 그들의 지식들이 이런 부류의 성질의 것이라는 것과 따라서 그것들이 그런 것으로 인쇄되었다는 것을 부가하였습니다. 그들은, 그들이 모든 사물들에 속한 지식들은 오직 이 지구에 그와 같이 기술된 것들이라고 생각한 것을 말하기를 원하지 않았지만, 그 때 그들은 조소(嘲笑)하였고, 그리고 여기에 있는 사람들은 이런 종이들과 같이, 죽은 존재라고 말하였습니다. 그들이 이 지구에 속한 내면적인 것들을 이와 같이 생각하였습니다. 그러므로 그들은 그것들로부터 사라졌습니다. 그 이유는 그들이 종이들에게서 비롯된 것을 제외하면 아무것도 모르기 때문입니다. 따라서 나는, 내가 이런 것들을 기술하고 있을 때 그들의 생각들을 추종하였습니다.

3264. 수성의 영들은 지구들의 숫자를 계산하였는데, 그들은 60만 개 정도로 늘려 잡았습니다.

3265. 한마디로 수성의 주민들은, 관능적이고, 육신적인 것들에서

파생된 형상들에 속한 기억에서 분리된 사물들에 속한 기억이라고 하겠습니다. 그것에서 비롯된 사물들의 기억은 사색(思索)으로, 그것은 이른바 내면적이고, 또한 더욱이 사물에 속한 상상(想像・imagination)입니다. 생각은 그것의 상상으로 그것은 그들의 언어이기도 합니다. 따라서 전에 그들과 함께 말하는 것이 허락되기도 하였습니다. 그리고 나는 그들과 생생한 생각을 가지고 그들과 대화를 하였다는 것도 언급하였습니다.

3266. 그들은 오만한 존재나 자만스런 존재라고 불리우는 것을 원하지 않았고, 오히려 그들은 기억의 측면에서 그들의 능력이 뛰어나다고 언급되었습니다.

다른 세계의 주민들이나, 또는 별들의 창공 안에 있는 어떤 우주에 관하여

3267. 이른바 영들의 큰 무리가 있었습니다. 그들은 다른 영들의 무리처럼 연속해서 있는 것이 아니고, 따라서 분리된 무리로서, 장과 폭(長幅)이 아주 대단히 컸습니다. 그것은 내 아래에 있는 지구에서 지각되었습니다. 그것으로 인하여 내가 알 수 있었던 것은 그것이 나에게는 알려지지 않은 영들에 속한 어떤 계급의 무리라는 것입니다. 이 무리는 오르려고 애쓰고 있었습니다. 다시 높이 오르려고 애를 썼습니다. 그러나 그 무리는 오를 수 없었고, 또한 이들 영들은 그렇게 할 수가 없었습니다. 그것은 마치 어떤 대상물에 의하여 저지되는 것 같이 보였습니다. 그래서 그들은 오를 수가 없었습니다. 따라서 지각된 사실은, 그들이 이 지구의 영들의 본성과 일치하지 않는 다른 성품을 가졌다는 것입니다. 왜냐하면 거기에는 그들을 가로막는 그런 장애물(障碍物)이 있었기 때문입니다.

3268. 그러므로 그들은 앞으로 나아갔습니다. 그것은 어딘가로 나아가려는 것, 이른바 확장하는 것이었습니다. 무리는 무엇인가를 찾았습니다. 즉 그들은 그들이 밖으로 나아갈 수 있는 장소를 찾았지

만, 한 동안은 허사였습니다. 그 이유는, 그들이 나에게로 오기 위해서 그들이 함께 하여야 할 영들이 있어야만 했기 때문입니다. 종국에 그들은 화성 쪽을 향해 나아갔고, 거기의 한쪽에서 밖으로 나아가는 자유스러운 곳을 찾기는 하였지만, 그럼에도 불구하고 거기에서 그런 부류의 영들을 찾지 못하였기 때문에, 그 곳도 여전히 분명한 곳은 아니었습니다. 그들은 여전히 어떤 점에서는 단순히 결합될 수 있다는 것만 알게 되었습니다.

3269. 그 때 그들은, 처음에는 거기에서 수성의 영들에 관해서 말하였습니다. 그 영들은, 내가 알기에는, 우주의 끝에 가까운 곳인 오른쪽을 향해 먼 거리에 모습을 드러냈습니다. 수성의 영들에 관해서 영들은 자신들의 동료에게 새로이 온 자들로서, 그들은 무가치한 존재들이라고 말하였습니다. 그들은 그들의 성품에 관해서, 자신들과 일치하지 않는다는 것을 즉시 깨달았다고도 말하였습니다.

3270. 약간의 말들이 오갔고, 그리고 점검이 있은 뒤, 알게 드러난 것은, 그들은 선용(善用) 이외에는 아무것에도 마음을 쓰지 않는다는 것입니다. 그들은 첫 번째 목적에 대해서는 별 관심이 없고, 오히려 선용들이 될 수 있는 거기에서 파생된 선용에만 마음을 씁니다. 그것은 그들이 이런 것들에 관해서 언급하려고 하는 어떤 목적에 속한 것입니다. 그러나 그들은 가장 유사한 선용 안에 있지 않고, 그것의 선용 자체 안에 존재합니다. 또한 전자적인 것 안에 있지 않고, 오히려 아홉 번째 선용에 이르는 각각의 선용 안에 있습니다. 그들은 거기에 머물러 있습니다. 그 이유는 그들의 본성이 그런 성질의 것이기 때문입니다.

3271. 그들은 역시 이 지구의 영들에 속한 대기(大氣) 속으로, 또한 다른 자들에 속한 대기 속으로 나아가지 못하고, 다만 화성에 속한 어떤 자의 대기 속으로 나왔기 때문에, 그리고 일반적으로 수성의 영들은 이와 같이 멀리 움직이기 때문에, 따라서 그들의 본성은 일치하지 못하기 때문에, 더욱이 그들은 선용들을 알기를 원하고,

터득하였기 때문에, 그리고 대상물에 가장 가까이 있는 선용들뿐만 아니라 아주 멀리 떨어져 있는 선용들을 아홉 번째 선용에까지 진전되었기 때문에, 그러므로 그들은 우리 지구의 영들과는 전적으로 일치할 수 없습니다. 그 이유는 우리 지구의 영들은 천사적인 영을 제외하면 가장 근사한 선용 따위에도 관심이 없기 때문이고, 그리고 또한 물질적인 것들이나 관능적인 것들, 그리고 육생적인 것들을 향하고, 그리고 거기에 종결되는 그런 부류의 선용들을 제외하면 아무 것에도 마음을 두지 않기 때문입니다.

3272. 그들의 본성의 측면에서 점검이 완료되었을 때, 그리고 그것이 나에게 전적으로 알려지지 않았기 때문에, 영들에게 허락된 것은, 대상물의 근사한 선용에 멈추지 않고, 오히려 이 선용에서 제 아홉 번째 계도에까지 진전하였다는 것입니다. 그러므로 이러한 개념은 몇몇 예들에 의하여 파악되겠습니다. 그 하나의 예가 나에게 허락되었습니다. 다시 말하면 그들은 내가 그것 알기를 원하는 이유를 물었고, 그리고 또한 내가 그것을 알려고 하는 선용이 어떤 것인지도 물었습니다. 나는 즉시 가장 근사한 선용(the proximate use)이라고 대답하였습니다. 그 때 그 진전의 선용들은 통과하여 가장 근사한 선용에, 즉 어떤 일반적인 선용에까지 이르렀습니다. 그러나 그들은 이 사실을 용납하지 않았고, 그 후에는 그들은, 그들의 아홉 번째와 마찬가지로 진전한 선용이 왔다고 말하였습니다. 그 진전 또한 허락되었습니다. 여기에서 알 수 있도록 허락된 것은, 거기에 자신들 안에 있는 일종의 선용의 증식(增殖·multiplication)이 있다는 것입니다. 그것들은 그들의 질들이나 양들에까지 증식된다는 것입니다. 그리고 거기에서 멈춥니다. 그 때 교류에 의하여, 그들의 성품에 관한 생생한 지각이 내게 허락되었는데, 그것이 그들의 그런 성품이라는 것입니다.

3273. 더욱이 우주의 어떤 지구에 있는 자들은 제 오십 번째 선용에까지 나아가는 자들이 있다고 언급되었습니다.

3274. 다른 한편 그들이 아홉 번째 선용에 이르게 되면, 그 때 그들은 가장 근사한 선용과 더불어 대상물들을, 또는 대상물들에게서 멀리 떨어진 가장 근사한 선용과 더불어 목적들을 알게 됩니다. 왜냐하면 그들이 목적에 속한 선용 이외의 목적에 대해서는 아무런 관심이 없기 때문입니다. 그러므로 그들은 명료하지는 않지만 이 근사한 선용을 알게 되었지만, 거기에서부터 진전하는 정도에 일치하여 더욱 명료하게 아홉 번째 선용에게까지 진전하는데, 그들은 그것을 매우 명료하게 안다고 생각합니다. 그 이유는 그들은 그런 기질(氣質)에 속한 자들이기 때문입니다.

3275. 나는 역시 약간 오른쪽, 약간 위쪽에 있는 한 사람을 보았습니다. 그는 다만 일종의 은혜스러운 구름(graceful cloud) 같았습니다. 그는 그의 얼굴을 나에게 돌리지 않았고, 좌측만 보였습니다. 따라서 나는 길고 멋진 회색의 긴 수염을 보았습니다. 그래서 그는 나이 많은 것처럼 생각되었습니다. 나는 그들에게, 그들의 주민들 중 하나를 보았다고 말하였을 때, 사실은 그런 겉모습만 본 것이지만, 그들은, 그들이 나이 많은 자들이고, 그리고 그들의 지구에는 이런 부류의 자들이 있다고 말하였습니다. 그들은 왼쪽이 아니고, 오른쪽에 그가 보였다는 것을 만족스럽게 여겼습니다. 그 이유는 왼쪽은 선하지 않다는 선용들의 한 표지(標識)이기 때문입니다.

3276. 내가, 이 세상에는 가장 근사한 선용들이 있다고 그들에게 말하였을 때, 그것들에 관해서 그것들은 별로 값이 있는 것이 아니다 라고 말하였습니다. 그들이 그렇게 말한 이유는, 내가 생각하기에는 그들에게서 가장 근사한 선용들은 불영명한 상태에 있기 때문이고, 그리고 그것들이 그들의 본성에 일치하지 않기 때문입니다.

3277. 역시 내가 지각한 것은, 그들이 이런 기억에 관계를 가지고 있다는 것입니다. 그 이유는, 이와 같이 그들은 선용들에 속한 지식의 상태에 이르렀고, 그리고 그들은, 옛날사람(=고대사람)이 가지고 있던 관습과 같이, 그런 상태에 있을 때 처음에는 만족하였기 때문

입니다. 사실 그들은 그 때 즐거워하지 않았습니다. 즉 그들은 선용들에 속한 지식들 안에 있는 즐거움만 취하였지 오히려 그와 같이 그런 지식을 취하였다는 것에만 만족하였습니다. 그들의 삶의 상태가 그런 것이었습니다. 왜냐하면 그런 사실이 나에게 교류되었기 때문입니다. 1748년 9월 23일

3278. 그 뒤에 그들은 아주 높게, 머리 위에 나타났습니다. 그리고 그들은, 그들이 그들과 함께 있을 수 있는 자들을 찾았다고 말하였습니다. 그래서 그들은 거기에서 나와 이야기하였고, 그리고 그들은 나에게 그들의 언어의 성질을 보여 주었습니다. 다시 말하면 거기에는 입술에 의한 조잡한 언어(a general speech)가 있다는 것이었습니다. 나의 입술은 굽이치듯 하는, 그들의 언어에 속한 방법에 일치하여 움직이었습니다. 그 때 역시 거기에는 입술들 안에 있는 운동섬유들의 동작에 의한 하나의 개별적인 언어(a particular speech)가 존재하였습니다. 이러한 사실은 일반적인 방법 가운데서 그것이 사실이라는 것을 지각할 수 있었습니다. 그들에게 그들이 얼굴을 가지고 있는지 아닌지, 그래서 그들이 얼굴을 가지고 말할 수 있는지 질문되었을 때, 처음에는 대답하기를 원하지 않았습니다. 그러나 그들은 이런 식으로 강요되었습니다. 즉, 그들의 수염이 난 남자에게는 문제가 되지 않기 때문입니다. 그들은, 그들의 언어가 입술에서부터 위쪽의 눈을 향해 퍼져 나간다는 것을 보여 주었습니다. 그런데 그런 사실은 총명적인 원칙(the intellectual principle)으로의 확장을 뜻합니다. 그 뒤에 역시 그들은, 눈에 입류하는 그들의 생명의 입류에 의하여 그들의 기쁨, 즉 선용에 속한 지식들에게서 비롯된 삶을 뜻한다는 것을 보여 주었습니다. 나는 이런 사실을 특히 왼쪽 눈에 유입하는 그들의 생명의 입류에서 믿을 수 있겠습니다. 이런 것들이 그들의 언어입니다. 그들이 명료한 음성을 가지고 있는지 여부가 질문되었습니다. 그들은, 그들이 낱말들의 언어가 무엇인지 알지 못한다고, 결과적으로 명료한 소리(=음절의 소리)가 무엇인지 알지 못한

다고 대답하였습니다. 왜냐하면 그들은 영들을 통해서 나와 함께 대화하였고, 또한 내가 가지고 있는 낱말들에 유입하는 개념들에 의하여 말하였기 때문입니다. 왜냐하면 그들의 생각(思想)은 모든 다른 자들 가운데 존재하는 개념들에 속한 것이기 때문입니다. 그러나 그것은 낱말들에 유입하지 못하지만, 그러나 입술의 미동의 움직임에는 유입하기 때문입니다. 그것은 이와 동일하기 때문입니다.

3279. 더욱이 우리가 유음절의 소리를 가지고 말할 때 사용되는, 우리의 것과 같은 허파를 그들이 가지고 있는지 나에게 의문이 생겨났을 때, 그들은, 생생한 경험에 의하여 그들의 허파들로부터 입술들 속으로 공기(an aura) 또는 대기가 어떻게 유입하는지를 나에게 보여 주었습니다. 왜냐하면 그것은 흉곽의 폐공(胸腔)의 내면적인 장소에서부터 폐공의 주변에 유입하기 때문이고, 따라서 일종의 개념들에 속한 입류에 의하여 섬유들에게 위로 유입하기 때문이고, 그리고 그와 같이 운동섬유들에게 유입하기 때문이지만, 그러나 그러한 일은 내적인 폐장의 호흡(=숨쉬기)에 의하여 유입하기 때문입니다. 따라서 그것은 일종의 영감(靈感·afflatus)에 의한 것입니다. 1748년 9월 23일

3280. 그들의 마음에 관해서 살펴보면 그들은 수성에 속한 자들과 약간 관계를 가지고 있지만, 그러나 정도는 매우 낮은 편입니다. 다시 말하면 그들은 그들이 알고 있는 것들 밖으로 더 넓히기를 그렇게 원하지 않습니다. 그러므로 그들은 약간은 제재를 받고 있지만, 그러나 수성의 영들에 비하면 덜 억제를 받고 있습니다. 그들은 다른 자들에 비하여 약간 잘났다고 여기지만, 그러나 그들이 고대 사람이었기 때문에, 그들은 그것에 대해서 기술하기를 원하였지만, 어린 아이 같은 방법은 아니었습니다. 그러므로 그들은, 수성의 영들과 같이, 분열된 사실에 속한 기억은 아니지만, 아홉 번째 선용에 계속해서 진전하는 선용들의 기억을 가지고 있습니다. 따라서 그들의 생각이 어떤 것인지는 수성의 영들에 속한 생각하는 방법에 관

해서 언급된 것들로부터 능히 추측할 수 있다고 하겠습니다.

3281. 눈에 보였던 노인은, 그들이 신처럼 존경을 받았습니다. 다시 말하면 그들은 모든 것들을 다스리는 자는 그와 같이 여겨진다고 이해하고 있었습니다. 그러므로 그들은 그 존재를 닮기를 원하였습니다. 그 때 그들에게 일러진 것은, 이런 인물은 우주를 지배하지 않는다는 것과 그리고 그는, 그것을 고백하기 위하여 그들에게 인도될 수 있었다는 것 등입니다. 그러므로 그들은 그 사람을 보고, 그의 말을 듣기를 원하였습니다. 그가 그들에게 자신을 드러내 보여졌을 때 그는 그들에게 현재 내 머리 위에 있는 자는 과거에는 도둑놈이었고, 그리고 내가 저술한 것들을 좌지우지하였다는 것을 말하였습니다. 그가 그들은 앞에서 고백한 것은 그는 아무런 가치 있는 자가 아니라는 것이고, 그리고 그는 또 다른 지존자(至尊者·another Supreme)에 의하여 다스려지고 있다고 스스로 지각한다는 것입니다. 그리고 그가 말하려는 것은, 자신에게는 뛰어난 그의 영들로 인하여 다스려지기를 원한다는 것입니다. 그러나 그들이 이런 성품이었기 때문에 이런 일이 그들에게 허용되었습니다. 따라서 그들은 즉시 우주를 다스리는 주님에 속한 예배에 옮겨졌습니다. 그리고 그는 그들에게, 그것이 자기 자신이라는 것과 그들의 성품에 속한 가장 극내적인 삶에 따라서 그들과 대화를 한다는 것을 입증하였습니다.

3282. 그래서 그는 그들의 생각에 의하여, 따라서 개념들에 속한 언어에 의하여, 내가 지각하도록 허락된 그들의 내면적인 삶에 완전하게 들어갔습니다. 그러므로 그 때 나는 그들의 극내적인 삶(=생명)이 어떤 것인지 알 수 있었습니다. 그는 자신이 지존자(至尊者·the Supreme)가 아니라고 말하였습니다. 그들이 자신들의 생명을 그에게서 취하였다고 말하는 그의 생명을 깨달았을 때, 그 때 그들은 그가 바로 그 존재라는 것을 고백하였습니다. 그래서 내가 그들과 한 말은, 그들은 보다 더 좋은 일을 할 수 있다는 것입니다. 그러므로 그들은 수염 난 그 사람을 예배하였지만, 그러나 그들은 그의 생명으

로 말미암아 그를 인지(認知)하였습니다. 내게 허락된 깨달음은, 여러 종류의 그런 수많은 존재가 있다는 것입니다. 사실, 그들은 모두가 그들의 하나님(神)이 되기 위하여 그들 안에 있는 꼭 같은 생명을 주입시킬 수 있는 그런 존재라고 생각하였습니다. 이것은 그들에게 일러진 말입니다.

3283. 이런 자들에 관해서 언급된 것은 그들은 여전히 선한 길 가운데 있다는 것이고, 따라서 천계에 아주 쉽게 인도된다는 것이고, 그래서 천사가 될 수 있다는 것 등입니다. 그들은 천사가 되기를 너무나 열망하였습니다. 이러한 사실은 지금 내가 깨달은 것입니다. 그들이 선한 상태에 있다는 것은, 일반적으로는 그들이 선용들을 애지중지한다는 것에서 확증되고, 그리고 그들은, 욕망들에 속한 씀씀이가 아니고, 진정한 선용에 속한 삶(=생명)을 가지고 있다는 사실에서 확증되었습니다. 비록 그들이 그들의 삶에 잘 어울린다는 것 때문에 수염 난 사람을 공경한다고 할지라도, 그들은 그럼에도 불구하고 천사들이 되었습니다. 그 이유는 그들은 그를 공경하는 일을 단순한 상태에서, 그리고 무지의 상태에서 행하였기 때문입니다. 이러한 경우는 이 세상에서 어떤 성인들을 섬기는 자들과 동일한 것이라고 하겠습니다. 그들이 이런 일을 단순함이나 무지에서 행하였을 때, 특히 나이 어린 소년들이나 소녀들이 행하였을 때, 그들은 저 세상에서 쉽게 주님예배나 일에 옮겨집니다. 그러나 그것이 거짓이라는 것을 알고 있고, 그리고 나쁜 방법으로 이런 것들을 드러내고, 그리고 이 세상적인 것들이나, 관능적인 것들, 그리고 육생적인 것들에 빠져 있으면서 자신들의 자만이나 쾌락을 목적해서 단순한 자를 온갖 망상들로 확증한 어른들에게서는 아주 크게 다릅니다.

3284. 그들이 뒤로 물러난 뒤, 사실은 머리 위 뒤쪽으로 물러난 뒤, 중간에서 부침(浮沈)하는 파도들과 같은 일종의 굽이침(=진동·undulation)에 의하여 무리들이 운집(雲集)하였습니다. 그리고 그들은 그들이 행한 것과 그리고 그들에게 일러진 것과 관계를 가지고 있

었습니다. 즉 그들은 그들의 극내적인 생명으로 예배하였다는 것이고, 그리고 저 세상에서 어떤 자들은 그들의 영들에게서 비롯된 그런 무리가 있다는 것입니다. 따라서 어떤 사회들도, 그들이 신으로 그들을 공경하는 그들 가운데 있는 그런 생명으로 물들 수 있다는 것입니다. 그러므로 그들은 한 존재 하나님(神)을 가지고 있지 않고, 오히려 다수의 신들을 가지고 있습니다. 그들에게 지금 일러진 것은 우주를 지배하는 주님께서는 한 분이시다는 것과 그리고 그분이 반드시 다스려야 한다는 것이고, 그리고 그분에게서 모든 것의 생명은 존재한다는 것 등입니다.

3285. 이러한 내용들이 아홉 번째 선용에 이르지 못한 다른 우주의 영들에 관해서 기록한 것들인데, 이것들은 나에게 동일한 날에 일어났습니다. 마치 나는 동일한 것들을 명료하게 안 것들이고, 그리고 선용들이 뜻하는 그런 진전적인 것에 대해서 명료하게 나는 명상했던 것들이기도 합니다. 그러므로 그들은 이미 내게 보여진 것들과 같이 명확하게 드러냈습니다. 이와 같이 나는 그런 부류의 기억들이 존재한다는 것을 예전에 생각하였습니다. 그럼에도 불구하고 이런 것들은 종전에는 일어나지 않았습니다. 이런 사안에 관해서는 역시 키케로(Cicero)가 기술하고 있습니다. 따라서 나는 이것이 그 우주의 영들에게서 나온 것이라고 생각합니다. 왜냐하면 그들은 이런 것들이 언급되지 않기를 원하기 때문입니다. 그러므로 그들은 이런 기억들을 주입시켰습니다. 여기에서 얻는 것은 그것이 이런 것들에 속한 생생한 기억에서 비롯되었다고 하겠습니다. 그리고 또한 하나의 신념적인 삶에 아주 유사한 그들의 삶에서 생생하게 비롯된 것들로 말미암아 그들이 그것을 할 수 있다는 것도 알 수 있겠습니다. 왜냐하면 그들이 이런 신념 안에 어느 누구를 사로잡을 때, 그것은 바로 그들의 생명을 가리키는데, 그 때 그 사람은 그와 같이 생각하는 것 이외의 다른 것을 생각할 수 없기 때문입니다.

3286. 그들이 예배하는 신이 어떤 존재인지, 그리고 수염 난 존재,

그분에 관해서 이미 언급된 내용들을 알기 위해서, 그는 이 지구의 악한 영들에 의하여, 말하자면 구속된 일종의 가장 조잡한 영들에 의하여 사로잡혔습니다. 그들은 내 머리 위에 있었습니다. 그래서 그는, 아주 오랜 동안 머리를 짓누르고, 고통을 주었습니다. 다른 한편, 그들은 그 자, 즉 악한 자에게 파고들기 위하여 그의 삶을 채용하였습니다. 나는 여기서 그 사실을 기술하지는 않겠습니다. 그 뒤, 따라서 가장 조잡하고 사악한 영들에 의하여, 그리고 스스로 자신을 해방시킬 수 없는 그들의 신에 관해서 그들이 느낀 것을 드러내기 위하여 집합된 그의 영들에게 그는 모습을 드러냈습니다. 그들이 이런 사실에 관해서 더 많은 것을 알게 하기 위하여 그들이 떠나기를 원하였습니다. 사실은 아래에 있는 세상으로 떠나기를 원하였습니다. 따라서 그들이 거기에 없다고 생각되었습니다. 그리고 그들 중 몇몇이 내 위 높은 곳에서 일순간에 낚아챘습니다. 따라서 이러한 일은 그가 자기 자신을 자유하게 할 수 없다는 것과 또한 그들이 우주에서 멀리 떨어져 있다는 것을 그들이 믿을 수 없게 한다는 것을 드러내 보여 주었습니다. 그들이 이와 같이 일순간에 나타났을 때 그리고 주님의 안전에서 모든 것들은 가장 완전하게 드러났습니다. 그는 여전히 붙들려 있었고, 그들에 의하여 사로잡혀 있었습니다. 그리고 그들은 조용하였습니다. 그러므로 그들은 지금 이렇게 말하였습니다. 우리들은, 우리가 신이 아니고 악마라고 섬기는 그 하나님(神)만을 주시하고 있습니다. 이것들이 그들의 주장입니다. 그 존재는, 그들이 더 추악한 존재를 보지 못할 정도로, 아주 추악하고, 고약한 존재로 기술되었습니다. 1748년 9월 23일

유한존재(有限存在 · the finite)와 무한존재(無限存在 · the infinite)에 관해서

3287. 나는 영들과 더불어 유한존재(有限存在)와 무한존재(無限存在)에 관해서 대화를 하였습니다. 사실 개념들에 의하여 한 말은, 유한

존재는 매우 수많은 부정의 것들(否定·indefinities)로 증식시킨다고 해도, 그럼에도 불구하고 그것은, 무한존재(無限存在)이신 주님에 대해서 보면, 아무것도(無價値) 아닙니다. 따라서 유한존재는 무한존재와 관련해서 보면 무가치한 것입니다. 그러나 유한존재가 무한존재에 관해서 생각하기를 원한다면, 유한존재는 마치 아주 불명료한 어떤 것처럼 여겨집니다. 그래서 유한존재는 무한존재에 대해서는 무가치한 것으로 나타납니다. 1748년 9월 23일

수성(水星)의 영들은 사물들에 속한 지식을 어떻게 터득하는가에 관하여

3288. 나는 그들과 이야기를 하였습니다. 언제나 그들이 올 때마다 지각된 것입니다. 그들이 다른 영들의 사회들로부터 즉시 인식하는 것은 그 때 대상물들과 같은 그런 것들에 관해서 이들이 알려고 한다는 것입니다. 왜냐하면 영들에 속한 기능은 이런 것이기 때문입니다. 다시 말하면 그들의 기능은 그들이 다른 영들이 아는 것은 무엇이나, 그리고 그들이 알지 못하는 것은 무엇이나 즉시 인지된다는 것입니다. 그러므로 거기에는 마치 한 영이 한 사람에게 왔을 때와 꼭 같이 내통(=교류·communication)이 존재한다는 것입니다. 따라서 내가 어떤 것에 관해서 알고 있는 것은 무엇이나 그들의 개념들 안에 단순하게 내재된 것에 의하여, 그들이 알 수 있도록 수차례 걸쳐 허락되었습니다. 그리고 또한 그들의 활동영역에 들어오기 위하여, 내 안에서 잊은 것이든 잊지 않은 것이든, 그런 것들을 자극하는 것에 의하여 그들이 그것들을 알게 하는 것이 수차에 걸쳐 허락되었습니다. 이러한 일들은 경험을 통해서 벌써 예전에 나에게 알려진 것들입니다. 그러므로 그들이 이와 같이 이상하게 생각하기 때문에 그들에게 수많은 것들을 알게 하는 일이 허락되었습니다. 그래서 그들은 그런 것들을 그대로 간직하고 있습니다. 비록 그들이 부정(否定)의 것들을 알고 있다고 해도, 그럼에도 불구하고 그들이 알지 못

하는 무한한 것들이 존재한다는 사실을 그들은 고백하였습니다. 왜냐하면 비록 무한한 것들이 있다고 하지만, 심지어 지극히 작은 것이 아니라고 해도, 그들이 그 어떤 것을 알게 하기 위하여 영원에 이르도록 결코 그들에게 주어질 수 없기 때문입니다. 그 이유는 지극히 작은 것에서도 그들이 알지 못하는 것들인 무한한 것들에 속한 무한한 것들이 솟아나오기 때문입니다. 1748년 9월 23일

3289. 그럼에도 불구하고 그들은, 주님께서 허락하신 것에 비하면 다른 영들에게서 더 많은 것들을 알 수는 없습니다. 그러한 사실은, 나의 경우, 그들에게 입증되었습니다. 마치 생생한 음성에 의한 것처럼 그들의 탐구에 의하여, 비록 예전에는 그 어떤 것을 그들이 알게 하는 일이 허락되었지만, 지금은 그런 일이 갑자기 닫혀졌는데, 그러므로 그들은 나를 통해서는 아무것도 알 수 없게 되었습니다. 그래서 그들은 화가 났기 때문에 그들은, 내가 아무것도 알지 못한다고 화를 내었습니다.

악을 행하는 것 이외에는 아무런 도움이 되지 않는 어떤 영에 관하여

3290. 나에게는 내적으로 한 영이 함께 하고 있었습니다. 그 영은, 자신이 어떻게 하면 나를 해칠 수 있을까 호시탐탐 노리는 일 외에는 그의 마음에 아무것도 없는 그런 존재였습니다. 그리고 나는 그것을 깨닫지 못하였고, 다만 두세 번 정도 그와 같이 이야기를 하였는데, 그가 하는 말은, 자기 자신의 됨됨이는 어느 누구가 다른 것들에 관해서 말하고, 생각할 때 그는 오직, 마치 기회가 주어지는 것처럼 그가 해치고, 약탈하고, 악랄하게 공격하는 기회가 오기만을 찾는, 그런 고약한 성품이라는 것입니다. 왜냐하면 그는 변함없이 그런 일만을 호시탐탐 노리고 있기 때문입니다. 이런 부류의 성품을 지닌 자는 우리 세상에 많이 있습니다. 그런 작자들은 다른 자들에 관해서 알자고 생각할 때, 그들은 마음 속에서 어떤 종류의 악을 행

할까 찾고 있습니다. 그러나 아직까지 이런 성질을 가지고 있는 그런 작자들을 만난 적이 없기 때문에, 나는, 그들의 생각이 서로 다르기 때문에, 그들이 다른 자들에게서 격리(隔離)되어 있다고 생각하였습니다. 1748년 9월 23일

노력(=애씀·conatus)에 관하여

3291. 나는 노력(=애씀·conatus)이 무엇인지 영적인 개념으로 깨달았습니다. 다시 말하면 예를 들면 기질에 따라서 방법은 서로 다르지만 자기 자신의 온갖 악들을 벗어버리기 위하여 무척 애를 쓰는 어떤 영이 있었습니다. 따라서 그 영은 모든 악에 대항하는 하나의 애씀이 있었습니다. 그리고 그는 그가 할 수 있는 모든 것으로 개념들이나 언어나 모든 방법이나 재주 따위에 의하여 악을 벗어버리려고 노력하였고, 그만큼 그는 행위 안에서 실천하려고 하였습니다. 그러므로 모든 개념이나 생각은 그에게서 나오는 것에 비례하여 그의 형상처럼 되었습니다. 1748년 9월 23일

더욱이 온갖 애씀이나 노력들은 능동적이고, 효율적인 힘이 되었고, 그리고 그것들은 어디에서 그것들의 본성에 일치하여 효과적으로 활동하였습니다. 그러나 그것들은 주님에 의하여 부여된 그의 본성이나 기질에 따라서, 그리고 상태에 따라서 영접, 수용됩니다. 능동적이고, 효율적인 온갖 힘들이나 능력들은 그와 같이 다시 거기에서 나오게 되고, 행동에 옮겨지고, 그리고 종결됩니다. 1748년 9월 23일

주님을 뵙게 된다는 것에 관하여

3292. 수성의 영들에 관해서 기술하고 있을 때 주님에 속한 지식들이 그들에게 약속되었습니다. 그리고 하나의 태양에 속한 동일한 것이 거기에 나타났습니다. 그들은 그것이 주님이 아닌데, 그 이유는 그들이 얼굴을 보지 못하였기 때문이라고 말하였습니다. 영들이 그런 일에 관해서 말할 때, 그들이 말한 내용을 나는 알 수 없었지

만, 아무튼 주님께서는 태양처럼 나타나셨습니다. 주님께서 태양 한 가운데 계셨고, 그리고 태양의 띠에 의해 둘러싸여 있었습니다. 그 때 수성의 영들은 매우 겸비의 상태에 빠져 들었습니다. 그리고 그 분께서 겸비에 속한 열망(anxiety of humiliation)에 계시는 것을 그들은 시인하였습니다. 다음에는 그분께서 이 세상의 영들에게 모습을 드러내셨습니다. 그분께서는 이 세상에 계실 때 나타나셨던 모습으로 그들에게 나타나셨습니다. 그들은 차례차례 고백하였습니다. 결과적으로 그들의 대부분이 그분이 바로 이 세상에 계셨던 주님이시다고 고백하였습니다. 따라서 그들은 운집한 군중 앞에서 말하였습니다. 그 다음에는 주님께서 목성의 주민들에게 나타나셨고, 그들은 명확한 소리로 말하였는데, 그분이 바로 그들이 본 바 있는 그분이라는 것입니다. 왜냐하면 그 지구에서 그분은 과거에 보였던 그분으로 계속해서 드러나시고 있기 때문입니다. 1748년 9월 23일

빛(光)에 관하여

3293. 주님께서 모습으로 드러내신 뒤 어떤 영들이 오른쪽 영역 정면, 위 아래로 나타났습니다. 그리고 그들은 앞으로 전진해 나갔습니다. 그리고 그들은, 그들이 예전에 본 것 이상으로 아주 매우 순수한 빛을 보았다고 말하였습니다. 그리고 또한 전에는 결코 이와 같이 밝은 빛을 본 적이 없다고 말하였습니다. 그리고 그 때는 저녁이었지만 여기서의 이 일은 저녁은 아닙니다. 1748년 9월 23일

어떤 벌거벗은 자(裸身)에 관하여

3294. 서로 상이한 인격이라는 것을 인지시키기 위하여 선한 자의 무리에 숨어 들어온 어떤 자들이 있었습니다. 그것으로 인하여 그들은 격리되었고, 그래서 그들은 벌거벗은 존재로 그들에게 나타났습니다. 그런 일은 마치 그들이 자신들의 순진무구(純眞無垢・innocence)를 입증하는 것과 같았습니다. 그들은, 육신을 입은 삶을

살 때에도, 수많은 원인들로 인하여, 마찬가지로 여러 불운(不運)들로 인하여, 자기 자신들을 경건한 자들이라고 과시(誇示)했던 그런 부류의 인물이었습니다. 그들은 이 세상에 있을 때에도 그런 성품이 었기 때문에 선한 영들에 의하여 그들은 분별될 수 없는 그런 상태에 들어가는 것이 허용되었습니다. 그럼에도 불구하고 그들의 삶에 속한 일반적인 상태에로 다시 회복되었을 때 그들은 사기꾼들 사이에 있었는데, 그런 일은 마치 그들이 이 세상에서 온갖 불운들에게서 해방된 뒤의 경우와 너무나도 꼭 같았습니다. 그럼에도 불구하고 천사들이 그들의 경건에 속한 모든 상태에서 그들을 분별하였습니다. 1748년 9월 23일

발 아래에 있는 바다에 관하여

3295. 발 아래에는 파도가 일렁거리는 깊은 바다가 하나 있었습니다. 그 바다는 마치 그런 모습을 띄고 있었습니다. 어떤 자들은 그리로 떨어졌습니다. 거기에는 깊음에 속한 공포(a horror of the deep)가 있었기 때문에 그들은 그 바다에 던져지면 안 된다는 심각한 겁에 질려 있었습니다. 그것이 누구를 위한 것인지, 또는 누구가 거기에 던져지는지, 나에게는 아직은 분명하지 않았습니다.

별들의 세계에 있는 다른 세상이나 또는 어떤 우주의 주민들이 있다는 것에 관한 속편

3296. 내가 그들이 경배하는 그들의 하나님에 관해서 앞서 언급하였을 때 그는 화를 내고 있다고 하였는데, 따라서 그의 영들에게 그 사실이 알려졌고, 그래서 그들은 분노하였으며, 그의 방법대로 그는 나를 해치려고 내 머리에 자신의 몸을 던졌습니다. 나는 그의 저주(詛呪)의 성질이나 마술에 대해서 아무것도 모르고, 다만 그가 그들에게 자기 식으로 실제로 행한 것을 느끼었을 뿐입니다. 내가 내 안에 있는 어떤 것을 느끼는 것은 마치 공기의 종료(=죽음·an expiration of air)와 같았습니다. 나는 그에게, 나는 이런 일이 어떻게 일어나는지 안다고 말하였습니다. 다시 말하면 그들은, 입술이 움직일 때, 호흡을 한다는 것을 말하였고, 뿐만 아니라 내가 기억하지 못하는 다른 것들도 말하였습니다. 나는 또, 그는 나에게 어떤 해코지도 할 수 없다는 것도 말하였습니다. 그러는 사이에 나는 잠을 청하였고, 그래서 나는 잠 속에 빠져 들었습니다. 그리고 나는 나의 잃어버린 저술들에 관한 꿈을 꾸었습니다. 그런데 그것은 그것들이 소실(燒失)된 벽난로에 있었습니다. 나는 그 잠에서 깨어났고, 그리고 내 주위에 많은 영들이 있다는 것을 깨달았습니다. 그런데 그들 중 몇몇은 이 지구에 있다는 것을 깨달았습니다. 그 때 역시 선한 천사적인 영들이 그들의 무리들 가운데 있었습니다.

3297. 그 때 내가 생각한 것은 그들이 나의 꿈 속에 계속해서 있다는 것이었습니다. 왜냐하면 그들은 시끄러운 소란의 상태에 있었기 때문입니다. 그 때 나는 그들이 그들 중 그들의 하나님이라고 하는 하나에 심한 형벌을 가하고, 난도질을 하는 심한 고통의 소리를 들었습니다. 내가 아는 것은 그는 온 밤을 그렇게 나를 위해서 있어야만 했습니다. 그에게 심한 형벌을 가하고, 난도질을 한 자들은 그 지구에서 온 그의 영들이었습니다. 그들은 여전히, 그들이 심한 분노를 가지고 나를 그와 같이 다루고 있다고 상상하였습니다. 나 역시 그와 같이 깨달았고, 그리고 그와 같이 들었습니다. 나는 그들이 이와 같은 잔악한 형벌에 관해서 한참 깊이 생각하였습니다. 그리고 그들의 신을 경멸하는 이런 자들을, 그리고 그 신에 대하여 아무것도 아니라고 여기는 자들을 그들이 어떻게 취급하는지도 깊이 생각하였습니다. 이와 같이 그는 그들을 선동하였습니다. 왜냐하면 그는 악한 존재였고, 그리고 자신만을 애지중지하였기 때문입니다.

3298. 그에게 가해졌던 그들의 형벌은 이런 유의 것입니다. 그들은 그를 발에서부터 머리에 이르기까지 모포(毛布)로 둘둘 말아 감쌌습니다. 따라서 그들은 자신들의 식으로 그를 모포로 둘둘 감았습

니다. 그가 모포에 감싸인 뒤에 그들은 그를 이리 굴리고, 저리 굴리면서 끈으로 그를 꽁꽁 묶었습니다. 따라서 이렇게 묶는 일은, 내가 다른 경우에 보았던 것에 비하면 너무나 심하고 가혹하였습니다. 이와 같이 그들은 그들의 손 사이에서 이리저리 굴렸고, 그리고 점차적으로 소모시키는 가장 잔악한 방법으로 그를 갈기갈기 찢었습니다. 이런 방법은 쉽게 기술될 수 없겠습니다. 그를 굴리는 일은 수차례 계속되었습니다. 그는 다시 거기에서 끄집어내어, 다시 굴리고, 그리고 엉망으로 짓이겨 졌습니다. 그들은 망상을 결합시키려고 애를 썼습니다. 그러나 내가 깨달은 것은, 그와 같은 망상의 힘은 주님에 의하여 제거되었습니다. 그것은 그들이 고통을 주기 위하여 애썼다는 느낌이 일어나지 않게 하기 위한 것입니다. 그가 그들의 손에서 풀려났을 때 왼쪽을 향해 조금 깊은 곳에 그의 영들의 또 다른 패거리들이 나타났습니다.

3299. 그들은, 내가 보기에 아까와 꼭 같은 방법으로 그를 다루려고 하는 것 같았습니다. 다만 거기에 어떤 차이가 있다고 해도, 나는 그 차이를 찾지 못하였습니다. 그가 그들에게서 풀려나 피신한 뒤에도 다른 패거리들이 그를 아주 잔악하게 다루었습니다. 그래서 나는 계속해서 네 번째 패거리에게까지 이른 것이라고 생각하였습니다. 종국에 그가 자유하게 되었고, 그는 내게로 다가왔고, 지금은 나와 함께 있습니다. 그 때 그들에게 일러진 것은, 그들이 이와 같이 다룬 존재는 바로 그들의 신이라는 것이었습니다. 그리고 이런 사실이 명확하게 보여졌기 때문에 그들은 그것을 부인할 수 없었습니다. 왜냐하면 그것은 현존하였고, 그리고 만약에 의심이 생겼다면 그들은 그것을 고백할 것이기 때문입니다. 그들은 그를 직접 보았고, 그리고 역시 그 존재가 그라는 것과 그리고 그들은 전혀 나를 상하게 하지 못하였습니다. 위에 있는 천사들은 마치 그들이 모든 형벌들에게 가까이 있는 것처럼, 이런 모든 사실들을 완화시켰습니다.

3300. 이런 일이 있은 뒤 그 즉시 다른 영, 즉 악행자(an evil-doer)

가 꼭 같이 취급을 받았습니다. 그들의 우두머리는 조금 전과 같이 모포로 둘둘 말리웠고, 그리고 영들이나 천사들에 옮기워졌고, 그리고 그들에게 까발려졌는데, 그들은 그가 그런 존재라는 것을 시인하였습니다.

3301. 그 뒤, 나는 그들의 신에 관해서 그 지구의 영들과 이야기를 나누었습니다. 그 때 그들이 주님(the Lord)에 관해서 한 말은, 그 분이 우주를 다스리신다는 것이고, 모두에게는 선을 행하시지만, 결코 어느 누구에게도 형벌을 주시지 않는다는 것입니다. 그리고 또한 주님께서는, 각자 각자의 유아시절부터 비롯된 개별적인 것이나 전체적인 것, 모든 것들을 아신다는 것이고, 그리고 주님께서 지금은 각자의 유아 때부터 영원까지 모든 것이나 개별적인 것을 아시고 계신다는 것을 말하였습니다.

3302. 그 때 어떤 자에게 보여진 것입니다. 그의 얼굴은 매우 밝고 환하였는데, 나는 그렇게 밝고 환한 것 때문에 그를 보지 못하였습니다. 그녀는 전면, 왼쪽의 뒤에서 옮겨졌습니다. 그리고 넌지시 일러졌고, 그리고 그 때 명확하게 드러난 것은 그녀가 그의 어머니라는 것이었습니다. 왜냐하면 그는 그녀를 그의 어머니로 생각하고 있었기 때문입니다. 그러나 그 생각은, 앞에서 이미 언급된 것과 같이, 형벌을 받은 그 악행자들에게 머물고 말았습니다. 왜냐하면 그는 그녀를 그의 양모(養母)라고 부르기를 원하였기 때문입니다. 아마도 그것은 그녀가 그들에 의하여 하나의 여신(女神)으로 공경 받고 있기 때문입니다. 그 때 그는 나에게 나타났는데, 그것은 그의 생애의 그런 모습이었습니다. 그는, 여기저기에 진흙색이나 인간적인 노란색이 있는 갈색을 띈 얼굴을 가지고 있었습니다. 그러나 대체적으로는 흑갈색을 띠었습니다. 그는 매우 추악하고 무섭게 보였고, 지면 가까이에 있는 자리에 앉아 있었습니다. 그는 남루한 곳에, 그리고 모퉁이에 앉아 있었습니다. 나는, 그가 집에 있는지, 또는 집 밖에 있는지 알지 못하였습니다. 그는, 노인들이 하는 것처럼, 머리를

끄덕였습니다. 이런 모습은 입술의 미세한 동작에 의하여 말하는 자들의 가장 일반적인 움직임이었습니다. 왜냐하면 이것이 그것의 결과이기 때문입니다.

3303. 계속되는 찢기는 형벌이 진행되는 동안, 대단한 규모의 천사적인 합창단이 여기저기서 그 형벌이 진행되고 있는 동일한 장소에 나타났습니다. 그들은 거기에서 나와 대화를 하였습니다. 그들에게 악령들은 위해(危害)를 행하지 못하였습니다. 그들이 그것을 알고 있는지 나는 전혀 알 수 없었습니다.

3304. 그런 영들의 성품이나 본성은, 그들에게 진리에 속한 지식들이 일러지게 되면, 여전히 의심이 생겨나는 그런 것입니다. 그 이유는 그들의 신(神)이 이런 식으로 악령들이 그들을 감화 감동시키는 것을 허락하기 때문입니다. 그들은 악령들에 속한 온갖 조잡한 유입을 받아들였기 때문입니다. 종국에 그들에게 일갈하는 것이 허락되었는데, 의심을 용납하지 않는 진리들이 있다는 것입니다. 1748년 9월 24일

3305. 그들은, 내가 자주 언급했던 종지(宗旨)적인 생명에 유사한 하나의 생명(=삶)을 가지고 있었습니다. 그리고 일러진 것은 그런 것들에 속한 어떤 것을 다른 자들에게서 주입되었기 때문이라는 것이었습니다.

3306. 내 눈을 통해서 그들은 도시에 속한 것들인, 집들이나 숲들 따위를 보게 되었습니다. 그들은, 그들이 이런 것들을 가지고 있지 않지만, 그러나 산들이나 골짜기들은 가지고 있다고 말하였습니다. 그러므로 그들이 알고 있는 것은, 산골자기에 속한 것을 제외하면 즐거운 장소는 없다는 것입니다. 더욱이 그들은 도시를 보았고, 신기하게 여겼고, 따라서 그들은 다른 지구에 있다는 것을 알았습니다. 1748년 9월 24일

난잡(亂雜)한 성교(性交)를 열망하는 여인에 관하여

3307. 한 여인이 있었습니다. 그녀는, 혼인의 임무는 한 부인과 한 남편이 혼인으로 결합하는 것이라는 것을 알지 못하였습니다. 그녀가 점검되었을 때 그녀는 난잡스러운 성교를 열망한 그런 자였다는 것이 발견되었습니다. 그런데 그녀가 남을 속이는 것이 능하였기 때문에, 삽입(揷入)된 긴 뱀에 의하여 동시에 징벌을 받았습니다. 그 때 그녀는 그녀가 형벌을 받고 있는 그의 행위에 대하여 변명을 그치지 않기 때문에, 그 뱀에 의하여 그녀의 혀가 물려서 제거되었고, 그런 뒤에는 게헨나에 보내졌습니다. 1748년 9월 24일

천사는 사람의 성품을 단 한마디 말뿐만 아니라 하나의 숨결에서도 안다는 것에 관하여

3308. 내가 영적인 개념으로 지각한 사실은 단 하나의 낱말뿐만 아니라, 하나의 숨결에서도 천사들은 사람이나 영 안에 있는 것이 무엇인지 안다는 것입니다. 왜냐하면 숨결은 마음에 속한 생각이기 때문입니다. 나는 그 일에 관해서 영들과 대화를 하였고, 그리고 그것을 확증하였기 때문입니다. 1748년 9월 24일

집짓기를 사랑하는 자들에 관하여

3309. 어떤 자들이 내 눈을 통하여 건축되고 있는 여러 채의 집들을 보았습니다. 그들은 집들을 설계하고, 동시에 건축하기를 열망하고 실제로 건축하였습니다. 몇 주일이 지난 뒤, 내가 다시 그 집들을 보았을 때 그 집들은 완성되었고, 그 때 그들은, 그 집주인이 기뻐하는 것 이상으로, 무척 기뻐하였습니다. 그들은 역시 그것을 시인하였습니다. 그들은 자신들의 사회에 다른 자들을 끌어들이려고 하였고, 그들은 그 일에 협력하였습니다. 나는 그 이유가 무엇인지 알지 못합니다. 그 때 그들은, 마치 어부들과 같이, 그들을 자신들에게 끌어들이기 위하여 소위 낚시들을 드리웠습니다. 1748년 9월 24일

그가 해야 할 것 이상으로 천적인 기쁨을 열망하는 것은 하나의 욕망이라는 것에 관하여

3310. 나는 영들과 더불어 이야기를 하였는데, 거기에서 언급된 것은 모든 선한 사람은 주님으로부터 최고의 즐거움을 받고 있다는 것입니다. 다시 말하면 그의 극내적인 것에 최고의 즐거움이 주어지기 때문에 그는 더 이상의 것을 참고 견딜 수가 없습니다. 비록 그가 내면적인 계도로 무한한 것에 있는 것이 허락되어졌다고 해도, 그가 취하고 있는 그의 극내적인 것에 비하여 더 많은 것을 열망하는 자는 욕망이요, 탐욕입니다. 뿐만 아니라 만약에 그가 그것을 받게 된다고 해도, 그가 그것을 참고 견딜 수가 없기 때문에 그는 모든 것들의 파괴적인 것들이나 자신에 속한 파괴적인 것을 받을 것입니다. 그러므로 그는 하나의 욕망이나 탐욕 자체입니다. 다시 말하면 그는 악일뿐입니다. 이런 사실은 영들에 의하여 확인되었습니다. 왜냐하면 그것이 탐욕이나 욕망이라고 불리워졌을 때, 그들은, 마치 놀란 양, 잠잠하였기 때문입니다. 1748년 9월 24일

태고교회(太古敎會 · the Most Ancient Church)에 관하여

3311. 아주 음흉한 악한 영들이 내 생각 속에 들어왔습니다. 그들은 내 머리 위에 있었고, 그리고 그들이 내 머리 위에 있는 사기꾼들로부터 왔다는 것을 나는 인지하였습니다. 그들은 역시 흐르듯이, 그리고 아주 부드럽게 활동하였지만, 그러나 그들의 애씀(勞力 · conatus)은 악질적이었습니다. 그들은 자신들의 목적을 취할 수 없었습니다. 그들은 여러 계도로 유입하였습니다. 조잡하게 유입하는 자들로부터 아주 정교하게 유입하는 자들도 있었습니다. 그러므로 그 유입에 속한 지각도 거의 실패하기 시작하였습니다. 다만 거기에는 악이 유입한다는 지각만 남아 있었습니다.

3312. 종국에는 너무나도 정교하기 때문에 내가 그 정교함을 알

수 없는 매우 정교한 것이 높은 것에서, 즉 유사한 원칙에서 내면적으로 유입되었습니다. 그리고 그것은 앞서의 정교한 유입 안에 있었습니다. 중간 영들이 그것을 알았을 때 그들은, 그들의 관습에서와 같이, 그것을 사로잡으려고 하였고, 그래서 그것이 나를 해치도록 허용하였지만, 그러나 그들은 정교한 자들에게서 구분되는 것 이상의 다른 자들은 아니었습니다. 왜냐하면 가장 정교한 자들은 외면적인 정교한 자들에게 들어올 수가 없었고, 또한 내면적으로 정교한 자들에게도 들어올 수가 없었기 때문입니다.

3313. 나에게 까발려진 것은, 내가 전에는 지각하지 못했던 자이지만, 가장 정교한 자는 태고교회의 자손들이라는 것입니다. 다시 말하면 홍수 이전의 자들이라는 것입니다. 그런데 그들이 과거에 있었던 그런 상태에 보내졌던 것입니다. 그들의 사악함은 필설로 기술될 수가 없었는데, 그 이유는, 그것이 어떤 것이라는 것을 제외하면 나의 지각에 지각된 어떤 것에 비하여 그것은 매우 음흉하기 때문입니다. 그러나 그것 자체 즉 그것의 성질이 그들이 악하다는 사실에서 지각한다는 것이 주어졌습니다. 한마디로, 그들은 내면적으로 악하였습니다. 그래서 만약에 그들이 내면적으로 더 악하였다면, 그들은 영원히 구원받을 수 없었을 것입니다. 왜냐하면 역시 그들은 보다 순수한 것들을 왜곡시키려고 하였기 때문입니다.

3314. 그 뒤, 그들은 가장 높은 곳에서 있었지만, 태고교회에서 온 자들은 나와 대화를 하였습니다. 나는 그 보다 높은 곳은 없다고 생각하였습니다. 그들은, 그들이 거기에서 왔다고 말하였고, 그리고 이와 같이 제휴(提携)하였다고 말하였습니다. 그리고 그들은 그들이 왜 그런 높은 곳에 있어야 하는지 모른다고 하였고, 그리고 가끔 어떤 곳에서 오는 자들을 제외하면 다른 자들이 그들에게 왜 가까이 오지 않는지도 모른다고 하였습니다. 그들이 한 말은, 우주에서 왔다고 하였지만 그러나 어느 누구에게서 온지를 그들은 알지 못한다는 것입니다.

3314[A]. 더욱이 나는 주님에 관해서 그들과 대화하였습니다. 그들은, 그들이 주님에 관해서 말할 수 없다고 하였습니다. 왜냐하면 그들의 개념들은 천적이기 때문이고, 그리고 성언 안에서 주님은 영적인 개념이시기 때문입니다. 그 때 역시 나는 다른 개념들에 관해서 말하였는데, 주님께서 그 개념에 의하여 표현되었는데, 그 개념들이란, 예를 들면, 예수 또는 그리스도였습니다. 이것은 그들이, 그 개념들이 자연적인 것들에 의하여 가려졌다는 이유 때문에 그들은 지각할 수 없었습니다. 그 이유는 자연적인 것들이 바로 이름들이었기 때문입니다. 그러나 그분께서 중보자(仲保者·mediator)나 중생자(重生者·generator)로 나타내졌을 때 그 때 그들은 그것을 반신반의(半信半疑)하였습니다. 그 이유는 그 때 거기에는 지각을 주는 천적인 개념들이 있었기 때문입니다. 그들은, 그들이 우주의 인류를 구원하실 분으로 주님께서 오실 것이라고 기대한다고 말하였습니다. 그러나 이들은 태고교회가 쇠퇴(衰退)하고 왜곡되기 시작할 때 살았던 자들이었습니다. 그 때 계시(啓示)가 그들에게 주어졌습니다.

3315. 왜냐하면 그 때 그들에게 질문된 것은, 여자의 후손이 뱀의 머리를 짓밟는다는 말이 뜻하는 것을 아는지 여부였고, 그리고 어떤 자는 이것을 처음으로 말한 자가 그이다고 말하였지만, 그러나 그것이 하나의 사회이기 때문에 그들에게 일러진 것은 집회전체가 일반적으로 그렇게 말한 것이고, 인류를 구원하실 주님께서 이 세상에 오실 것이라는 것을 기대하고 있다고 말하였기 때문입니다. 그러나 그들은 전에 가르침을 받았고, 그리고 그들은 그것을 받기를 원하지 않았습니다. 즉 그들은 그분이 한 사람으로 탄생할 것이라는 것을 용납하지 않았습니다. 그러나 그 때 일러진 것은, 그분은 사람의 후손이 아니고, 오히려 여인의 후손이라는 것이었고, 그리고 그분은 태어나지 않았고, 사람의 후손이 아니지만, 그러나 성경 구절들이 말하고 있는 것 같이, 여인의 후손이었습니다. 그리고 그 여인의 후손은 뱀의 머리를 짓밟을 것이라는 것을 그들은 그 때 시인할 것이

라는 것입니다. 그러나 그런 일은 비록 쉽지 않을 것인데, 그 이유는 그들이 사람의 후손으로 태어난다는 사람에 속한 지각을 가지고 있기 때문입니다. 그들은, 더욱이 그 때로부터 자녀 이외의 어떤 존재로는 거의 생각하지 않았습니다. 그러므로 그것이 바로 자녀 때문에 그들의 아내들을 사랑하는 그들의 계속적인 기쁨이 되었는데, 이러한 내용이 이런 것에 의하여 나에게 입증되었습니다. 즉 깨어 있든 잠을 자고 있든, 육신에 속한 기쁨은 허리의 영역을 차지한다는 것이었습니다.

3316. 그들은 자손을 낳는 일 이외에는 그 어떤 것도 열망하지 않았습니다. 그리고 나는, 이것이 바로 주님의 이 세상 강림에서 비롯된 입류가 있었기 때문이라는 것을 깨달았습니다. 따라서 그것은 역사(役事)하는 것으로 암시되었는데, 거기에서부터 그들의 극내적인 가장 쾌적한 온갖 기쁨들이 생겨났습니다. 또한 가장 기쁜 즐거움이 생겨났는데, 그 기쁨이나 즐거움은 혼인애나 익애(溺愛 · storge) 이외에는, 따라서 다른 것에는 입류하지 않습니다. 내면적인 배우자(配偶者)의 사랑이 없고, 단지 자녀에 대한 사랑만 있다면, 따라서 내가 깨달은 것은, 혼인애는 사멸하고, 자녀에 대한 사랑, 즉 익애(溺愛 · storge) 안에만 남아 있다는 것입니다. 그와 같은 것은 태고교회로부터, 그리고 그것에 계승된 고대교회로부터 잘 나타나고 있습니다. 이러한 사실은, 주님께서 값진 것이라고 생각하신다면 적절한 곳에서 다루게 될 수많은 것들에게서 아주 명확합니다.

3317. 더욱이 나는 그들의 언어에 상태에 관해서 그들과 대화를 하였습니다. 그런 것을 내가 알 수 있도록 그들의 호흡의 성질이 내게 보여졌습니다. 그리고 내가 가르침을 받은 것은 허파에 속한 호흡은 그들의 믿음의 상태에 따라서 계속해서 다양하게 변한다는 것입니다. 그 사실은 나에게는 전에는 알려지지 않았었습니다. 그럼에도 불구하고 나는 그것을 지각할 수 있고, 그리고 믿을 수 있었습니다. 그 이유는 나의 호흡이 주님에 의하여 그와 같이 이루어졌기 때

문입니다. 다시 말하면 외적인 공기(external air)의 도움 없이도 상당한 시간 동안 내적으로 나는 호흡할 수 있었기 때문입니다. 그러므로 나의 호흡은 내면적으로 그와 같이 지배되었고, 그리고 외적인 감관들 역시 그와 같이 다스려졌기 때문에 행동은 여전히 그들의 활기(活氣·vigour) 가운데 남아 있었습니다. 이러한 사실은, 주님에 의하여 호흡이 형성된 자 이외에는 다른 누구에게도 결코 허락될 수 없었습니다. 다시 말하면 그것은 초자연적인 것이라는 것 외에는 달리 할 말이 없습니다. 그리고 역시 내가 배운 것은 호흡은 그와 같이 지배된다는 것입니다. 즉 내가 그것에 관해서 아무것도 모르고 있다는 것을 알게 하기 위하여 영들과 함께 있게 하고, 그리고 그들과 대화를 가지게 하였다는 것입니다.

3318. 그 때 내가 가르침을 받았는데, 그것은 천적인 천사들이나 영적인 천사들은 여러 종류의 호흡을 일으키는데, 다시 말하면 천적인 천사들은 각각 다르게 천적인 호흡을, 그리고 영적인 천사들은 서로 다르게, 영적인 호흡을 야기시킨다는 것입니다. 이러한 사실은 호흡 자체에 의하여 나에게 입증되었습니다. 뿐만 아니라, 수성의 영들은 수많은 종류의 호흡을 열거하였습니다. 그것의 일부가 나에게 교류되었습니다. 그리고 내면적인 호흡에 입류할 뿐만 아니라 외적으로는 왼쪽 눈에 입류하였습니다. 따라서 최대인간(the Grand Man)에 속한 모든 사회는 일종의 자기 자신의 호흡을 가지고 있습니다. 그것은 사람의 일반적인 호흡에 입류하고, 그리고 그것을 형성합니다. 그리고 그것의 종(種)과 유(類)도 무수히 많기 때문에 나는 특히 그것들의 본성을 일일이 제시할 수 없습니다. 이러한 사실은 이미 앞에서 언급되었습니다.

3319. 이 밖에도 허리의 영역에서부터 발뒤꿈치에 이르기까지 속해 있는 호흡이 내게 보여졌습니다. 그리고 일러진 것은 발이나 발뒤꿈치에 속해 있는 호흡은 영들의 것과 일치하는 가장 낮은 호흡으로, 그것은 영들에게서 나온다는 것을 뜻한다는 것이었습니다. 그

들은 그 호흡을 느끼지 못합니다. 마찬가지로 그 뒤에는 그것은 내면적인 호흡에서 분리되었습니다. 그러므로 배우자에 속한 즐거움을, 아니 오히려 자녀에 속한 즐거움을 파악한 자들은 내면적인 것에서 분리되어 떠났는데, 고대교회의 이런 자들도 나중에는 내면적인 것들에게서 분리되었습니다. 그리고 여전히 그들은 그들이 내면적인 것들을 인지했다고 생각하기 때문에 그들은 뱀의 머리(the head of the serpent)라고 불리웠습니다. 왜냐하면 뱀의 머리는 이런 것들을 뜻하기 때문입니다. 그러므로 그들은 간음자들이고, 또한 간음을 아무것도 아니라고 여기는 자들이었습니다. 동시에 그들은 잔악한 자들이었는데, 그들의 잔악함은 그런 종류의 혼인애와 결합하였습니다. 그들은 역시 발뒤꿈치 아래에 있었습니다. 한마디로 말하면 온갖 간음에 속한 영기나 잔악함은, 마치 혼인애처럼 보이지만, 그런 호색(好色)적인 것과 더불어 하나인 것입니다. 이런 것은 내가 경험에서 안 사실입니다.

3320. 또한 드러내 보여 준 것은, 육체의 모든 감관은 그것 자체의 호흡을 가지고 있다는 것입니다. 사실은 호흡에 속한 그것의 자리를 가지고 있습니다. 왜냐하면 깨어 있는 상태(the state of wakefulness)에 따라서 빈틈없는 것 안에 있는 중요한 임의적인 호흡이 멈추게 되면 그 때 거기에는 오직 자연적인 호흡(a natural respiration)만 남게 됩니다. 따라서 내가 영들 사이에 있었을 때 이것이나 저것의 감관에 속한 수많은 것들은 깨어 있었습니다. 다시 말하면 살아 움직이는 상태에 있었습니다. 그 때의 그 호흡은 임의적인 것인데, 그 호흡은 주님에 의하여 통제, 조절되었습니다. 그러므로 호흡의 임의적인 원리들이 수도 없이 나타나는데, 그것은 그 감관의 양과 질에 맞게 공헌합니다. 이러한 사실은 경험으로부터 깨닫도록 허락된 것입니다. 더욱이 내가 영들과 대화하기 전에, 다시 말하면 호흡이 생각에 대응한다는 것에 관해서 대화하기 전에 괄목할 만한 경험으로부터 동일한 결론을 짓는 것이 이미 전에 나에게

허락되었습니다. 예를 들면, 어린 아이시절 아침저녁으로 기도할 때, 나는 의도적으로 나의 호흡을 억제하려고 하였습니다. 그 때 나는, 심장의 호흡이 호흡의 횟수에 일치시키기를 원하였습니다. 그리고 내가 관측한 것은 그 때 이해는 거의 서서히 사라지기 시작한다는 것이었습니다. 그런 일이 있은 뒤, 내가 상상의 상태에서 나는, 마치 그것이 무언의 것처럼 나는 내 호흡을 멈추게 하였다는 것을 관측하였다는 것을 기술하였습니다.

3321. 이 사안에 관해서 그 뒤에 생각하는 것이 허락되었고, 그리고 허파에 관한 나의 관찰들 가운데 생각한 것을 나는 여기저기에서 이미 다룬 바 있습니다. 사실 나는 호흡에서 숨을 토해내는 것이 무엇인지, 그리고 숨을 마시는 것이 무엇인지 알게 되었습니다. 그리고 그것의 자연적인 원리가 어떤 것인지, 그리고 임의적인 호흡이 무엇인지도 알게 되었습니다. 그리고 자연적인 것은 밤에 의하여 다스려지고, 혼합된 임의적인 것은 낮에 의해 다스려진다는 것도 알게 되었습니다. 그리고 또한 모태(母胎)에 있을 때에는 전혀 호흡이 없지만, 감관들이나 근육이 활동하기를 필요로 할 경우 그 즉시 호흡을 시작한다는 것도 알았습니다. 영들에게 일러진 것은 그들은 호흡의 규정(=질서)을 터득하지 못하였다는 것이고, 그리고 사람은 그것에 관해서 알려고 하지도 않는다는 것입니다. 그것은 그것의 행위에서 가장 다종다양합니다. 그것이 어떻게 근육들에게 작용하는지, 그리고 어떻게 근육에 보내지고 그리고 결정되는지, 그리고 언어에 속한 모든 것 안에서도 그러한데, 이러한 것은 인간에게는 지극히 비밀스러운 것입니다. 역시 이와 같이 비밀스러운 것이기 때문에 누구나 그런 것에 대해서 주의를 하고, 깊이 생각하지만, 그럼에도 불구하고 어느 누구도 자연적인 호흡과 임의적인 호흡이 주어지고 있다는 것을 알지 못하고 있습니다. 그리고 그것은 깨어 있는 상태에서 육체에 속한 감관들이나 행동들에 대한 지시와 그것의 성질에 따라서 다양하게 혼합되어 있다는 것도 알지 못하고 있습니다. 따라서

뒤이어지는 것은, 사람에게 영들과의 대화가 주어질 때 내적인 호흡 (an internal respiration)이 허락되는데, 그 호흡은 오직 주님에 의하여 통제, 조절됩니다. 그것의 양태(樣態·mode)는 천사들도 알지 못합니다.

3322. 나는 그들의 언어에 관해서 태고교회의 사람들과 이야기를 하였습니다. 그들은 그들의 언어의 성질이 어떠한 것인지 나에게 그들의 호흡에 속한 교류에 의하여 생생하게 보여 주었습니다. 다시 말하면, 그것은 우리에게 있는 것과 같은 입의 언어, 즉 발음되는 소리의 언어가 아니고, 그들의 호흡의 교류(交流)에 의하여 이루어지는 언어인데, 그것은 배꼽으로부터 심장을 향해서 일어나는, 그리고 그래서 입술을 통해서 위로 올리워지는 것이지만 그러나 귀에 속한 외적인 길을 통해서는 들이지 않는 그런 것입니다. 따라서 그것은 외적인 소리가 불어넣는 외이(外耳)나 고막을 통하지 않은 그런 것입니다. 말하자면 고막을 두드리는 것이 아니고, 오히려 입술을 통해서 나오고, 그리고 그들의 입을 통해서 들어가고, 따라서 콧구멍을 통해서, 그리고 유스타기 관(the eustachian tube)을 통해서 귀에 들어가는 그런 부류의 호흡에 의한 것인데, 그와 같이 지각되었습니다. 오직 이런 호흡만이 하나의 충분한 개념을 담고 있는데, 나는 전에는 그것을 알지 못하였지만, 지금에서야 깨달을 수 있었습니다.

3323. 내적인 호흡의 경험에 의하여 확증된 지각에서 비롯된 것과 같이, 모든 언어나 언어에 속한 정동은 호흡을 통해서 지배, 통제된다는 것도 지금에서야 알게 되었습니다. 그러므로 낱말(=음성)의 개념 안에는 아무것도 없다는 것, 또는 호흡에 의하여 결정되지 않은 언어는 존재하지 않는다는 것도 이제야 지각하였습니다. 그러므로 뒤이어지는 결론은, 태고교회의 개념들은 오늘의 시대에서 주어질 수 있는 것에 비하여 매우매우 충분하다는 것입니다. 따라서 개념에 속한 외적인 것은, 그 개념이 그것을 알기 때문에, 이런 부류의 호흡에 속해 있습니다. 이러한 내용이 영들의 호흡입니다. 여기에서

얻는 결론적인 것은, 내면적인 호흡들의 측면에서 보면, 그들의 개념들은 한없는 서로의 차이들에 일치하고, 또한 수많은 계도들에 일치한다고 하겠습니다. 따라서 얻는 결론은, 천사들의 개념들이나, 심지어 천적인 것들은 호흡들을 제외하면 아무것도 아니라는 것이고, 그리고 그들의 생명도 오직 주님의 것이라는 사실입니다. 지금 나는 이와 같은 가르침을 받았습니다.

3324. 생생한 경험에 의하여 입증된 사실은, 태고교회의 호흡은 배꼽으로부터, 또는 가슴의 내면적인 것을 향해, 또는 등 쪽의 영역을 향해서, 그리고 그래서 입술을 통해서 위로 향해 나오고 있다는 것입니다. 그러므로 그들의 개념들은 보다 더 충분합니다. 시간이 지난 뒤에 그 교회의 상태는 변하였습니다. 즉 호흡은 배꼽에서 후퇴, 복부의 영역으로 향하였고, 그리고 그래서 입술을 통해서 후퇴하였습니다. 그런 뒤에는 더욱 더 복부의 영역으로 후퇴하였습니다. 그래서 호흡의 지극히 적은 것이 위에서 인지되었고, 그리고 그 일이 계속해서 아래로 후퇴, 가슴의 호흡이 전혀 지각되지 않을 때까지 후퇴하였습니다. 그 때 내가 생각하기에는 외면적인 호흡이 시작되었고, 따라서 기관·후두·목·콧구멍·혀·입술 따위를 통해서 소리가 시작되었고, 그리고 그것의 모든 것이 특히 소리를 결정하였습니다. 그래서 그것이 명확하게 소리를 낼 수 있게 되었습니다. 그러므로 사람들은 온전히 외적인 존재이기 때문에, 입에 속한 언어가 어떻게 생겨났는지를 알게 되었다고 하겠습니다. 이런 내용에서 나는, 마치 사람 안에 존재하는 믿음의 상태가 생겨나듯이, 호흡들이 계속해서 생겨난다는 것을 깨달았습니다. 그리고 또한 믿음에 속한 영기(靈氣)도 이와 같이 사람에 의하여 영접, 수용된다는 것도 깨달았습니다.

3325. 호흡에 속한 또 다른 다양함이 나에게 입증되었습니다. 예를 들면, 생식기나 허리 영역에 속한 복부의 호흡이 되겠습니다. 그 때 거기에는 왼쪽의 호흡이 있었는데, 그것은 오른쪽의 호흡과는

동시에 있지는 않았습니다.

3326. 여기에서 명확하게 드러난 사실은, 악령들은 결코 천사적인 영들의 영기에 있을 수 없다는 것입니다. 하물며 천사들의 영기에 그들이 있을 수 있겠습니까? 왜냐하면 그들은 그 때 질식(窒息)할 것이고, 그리고 전혀 개념을 가질 수 없기 때문입니다. 그 이유는 호흡이 개념에 대응하기 때문입니다. 호흡이 개념이기 때문에 호흡은 유기적이기 때문입니다. 1748년 9월 25일

3327. 내가 그들과의 대화가 끝이 났을 때 검은 점(a black spot)이 왼쪽 눈 아래 쪽에 보였습니다. 그것은 그들이 말하는 것을 멈추어야 한다는 것을 뜻한다고 일러졌습니다. 따라서 그래서 그 때 그들은 대화하는 것을 멈추었다고 나는 생각하였습니다.

우리 지구의 영들의 토성의 영들에 대한 적의(敵意)에 대하여

3328. 토성의 영들이 먼 거리에서 시각에 들어왔을 때, 그 때 우리 지구의 영들이 마치 미친 자처럼, 주님과 믿음에 관하여 수많은 불경건한 것들을 주입시키는 것에 의하여 수 시간 동안 그들을 공격, 괴롭혔습니다. 이런 일이 한동안 지속되었기 때문에 어떤 영들은 매우 놀랐습니다. 그러나 그 이유는 외적인 감관에 관계되는 자들과 이성(理性)에 관계를 가지고 있는 자들 사이에 어떤 일이 있는지 그들 앞에 드러내기 위해서 입니다. 왜냐하면 우리 지구의 영들은 외적인 감관을 중하게 여기고, 그리고 오늘날 그들은 이른바 이성(理性)에서는 거의 분리되어 있기 때문입니다. 그리고 토성의 영들은 이성을 중하게 여기기 때문입니다. 그러므로 이성에 대하여 적의를 가지고 있는 자들이 어떤 성품인지 잘 나타났습니다. 그러므로 그들이 가지고 있는 이성의 성질이 잘 드러났습니다. 결과적으로 그들은 계속적인 비방과 욕지거리들을 가지고 속사람을 공격, 괴롭혔습니다. 왜냐하면 내면적인 사람은 이성적이기 때문입니다. 1748년 9월 25일

3329. 지금 내가 지각한 것과 같이, 그 이유는, 우리 지구의 영들이 중요하게 여기는 외적인 감관들에 속한 영기(靈氣)가 이성의 영기, 즉 이성을 중하게 여기는 영들의 영기를 지각하였을 때 그들은 이런 영기를 너그럽게 받아들일 수가 없기 때문입니다. 외적인 감관들이 이런 성품의 것이기 때문에 거기에는 자연적인 적의(敵意)나 반목(反目)이 있습니다. 다시 말하면 사람이나 영은, 외적인 감관에 의하여 지각된 것을 제외하면 아무것도 믿지 않는 그런 성품인데, 이러한 것은 모두에게 잘 알려진 내용입니다. 우리 지구의 모든 사람들은 이성에 대해서는 이와 비슷한 적의나 반목 따위를 가지고 있습니다. 그러나 그들이 온갖 시험들을 겪지 않고서는 그것을 지각하지 못하는데, 그 이유는 이성이 이른바 멀리 떨어져 있고, 비합리적인 원칙이 그것의 망상들과 함께 계승, 그들은 그 망상들과 결합되었기 때문입니다. 1748년 9월 25일

3330. 나는 이런 영기들의 충돌의 성질을 보았습니다. 다시 말하면 이성과 이성에서 분리된 외적인 감관들의 충돌을 보았습니다. 그 충돌에서 온갖 추론들과 환상들이 생겨났습니다. 거기에서 온갖 오류들과 가설(假說)들이 생겨났고, 그리고 거기에서 온갖 망상들이 생겨났습니다. 왜냐하면 우리 지구의 영들은 토성의 영들을 공격, 괴롭히는 일 외에는 아무것도 할 수 없기 때문입니다. 그러나 토성의 영들은 두려워하지 않았습니다. 사실은 우리 지구의 영들이 그들 가운데 왔지만, 그들은 그들에게 전혀 해를 끼칠 수가 없었습니다. 더욱이 우리 지구의 영들에게 그대들은 그 영기 속에서는 호흡을 할 수 없을 것이라고 일러졌을 때 그들은 그것으로 인하여 여기저기서 자신들의 몸을 던졌습니다. 왜냐하면 그들은 자신들이 숨을 쉴 수 없는 것 같이 여겨졌기 때문입니다. 이러한 사실이 외적인 감관들과 이성에서 야기되는 환상들 사이의 갈등이고, 충돌입니다. 그것은 결코 정복될 수 없는 그런 충돌입니다. 이러한 내용은 살아 있는 개념(a living idea)에 의하여 그들에게 입증되었습니다. 그리고 거기에 그

런 충돌이나 갈등이 있게 되면 그들에게는 이와 같이 들뜬 불안 따위만 있게 됩니다. 이러한 경우는, 합리적인 원칙이 외적인 감관들에게서 야기된 온갖 망상들과 싸우게 되는 경우, 모두에게 일어나는 그런 것입니다. 그들이 멀리 떨어진 것처럼 보이고, 그리고 도망친 것처럼 보이는 것은, 사람의 합리적 원칙은, 환상들이 판을 칠 때, 안에 숨겨져 있기 때문입니다. 그러나 사람이 불행한 상태에 있게 되면, 그 때 합리적인 것은 나타나고, 불합리적인 것은 떠나버립니다. 이러한 경우, 망상들 안에 있는 사람은 이른바 평온한 상태에 있습니다. 따라서 온갖 망상들이 지배하기 때문입니다. 이러한 사실은 이런 것에 의하여 입증되었습니다. 다시 말하면 토성의 영들이 사라지게 되면, 그 때 그 즉시 우리들 지구의 영들 가운데에는 평온의 상태가 생겨납니다. 1748년 9월 25일

그리고 그 때 그들은 영적인 것이 무엇인지 알지 못합니다.

화성(火星)의 영들에 관하여

3331. 화성의 영들이 나타났습니다. 멀리 떨어져 있던 그들은, 내가 그들에게 일갈한 것과 같이, 그들을 보자 마치 미친 자들 같은, 우리 지구의 영들에 의하여 공격을 받고, 괴롭힘을 당하였습니다. 그래서 그들은 미친 자와 같이, 여러 구속들에 사로잡혀 있지 않아서 파멸 속으로 돌진할 것입니다. 그 때 화성의 천사적인 영들이 당도하였는데, 그들의 도착으로 마치 매우 순수한 공기(a purer aura)처럼 나는 지각하였습니다. 그 때 그 즉시 우리 지구의 영들과의 교류가 소멸되었는데, 우리 지구의 영들이 그들 가까이에 있었기 때문입니다. 따라서 그들은 미칠 수가 없었습니다. 그들의 부하들은 화성의 천사적인 영들의 도착에 의하여 흩어졌습니다. 그 이유는 그들이 동일한 영기 안에 있을 수 없었기 때문입니다. 그 때 멀리 떨어져 있던 자들이 주님 앞에서 무릎을 꿇었습니다. 그래서 영들은 거기에서 주어진 이런 겸비가 결코 믿을 수 없다고 말하였습니다. 그들은

역시 매우 완전히 겸비의 상태로 아래로 내려갔고, 그 겸비는 그들의 무릎에서 드러났습니다. 1748년 9월 25일

나의 생각을 통해서 그에게 드러난 목적에 일치하는 것 이외의 다른 것을 말할 수 없다는 어떤 영이 나타났다는 것에 관하여

3332. 아무런 방해 없이 자유스럽게 말하는 어떤 악령이 있었습니다. 그는 자기 자신으로 말미암아 말한다고 하였습니다. 그래서 나는 내 시선을 한 마리의 파리에 집중하였습니다. 그 때 그는, 나의 시선에 일치하여 그 파리에 관한 것 이외에는 다른 것을 말할 수 없었습니다. 그 시선의 사고의 원칙은 나에 의해서도 관측될 수 없었습니다. 따라서 내가 가르침을 받은 것은, 그가 자기 자신으로 인해서는 말을 못한다는 것입니다. 그래서 그는, 나에 의하여 제공되는 목적이 없으면 그 즉시 말하는 것이 멈출 수밖에 없다는 것입니다. 1748년 9월 25일

영기들(靈氣·spheres)에 관하여

3333. 저 세상에는 거기에 존재하는 자들에 속한 영기가 존재하지만, 사람은 그것을 알지 못합니다. 그래서 내가 그들이 존재한다는 것에 관해서 말하였을 때 사람은 그것을 거의 믿을 수가 없었습니다. 사람에게 알려진 유일한 영기는 향기(=냄새)뿐입니다. 따라서 사람이 예민한 후각(嗅覺)을 가지고 있을 경우, 그는 대기의 성질이 어떤 것인지를 잘 압니다. 따라서 그것은 차이가 있기는 하지만 여러 가지 것들로 존재합니다. 또한 사람에게 알려진 또 다른 영기가 존재합니다. 다시 말하면 그것은 이른바 식욕의 감정(食欲鑑定·determination of appetite)이라고 부르는 이것저것의 식물(食物)에 대한 그의 열망입니다.

3334. 저 세상에는 지각되는 영기가 존재하기 때문에, 그 영기가

비롯된 영의 성품이, 즉 그가 생각하고 있는지, 아닌지, 그 즉시 분별됩니다. 그 영기는 헤아릴 수 없을 만큼 많습니다. 다시 말하면 얼마나 많은 영들이 존재하는지, 또는 영들의 사회들이 얼마나 많은지, 그 때 수많은 것들이 함께 있는지 따위는 아무런 문제가 되지 않습니다. 그것은 모두의 일반적인 혼합된 영기의 성질은 식별되기 때문입니다. 다수에 속한 무수한 그들의 영기에 관한 지각을 주님께서 그들에게 허용할 경우 천사들은 즉시 그것들을 인지하고, 그리고 혼합된 것이라고 해도 역시 즉시 인지합니다.

3335. 나는, 어제와 오늘, 믿을 수 없는 영기를 지각하였습니다. 다시 말하면, 내가 본 것들을 그들의 일반적인 큰 제목들 하에 정리하였을 때 일러지고, 본 것들에 관해서 그런 부류의 영들은 전혀 믿으려고 하지 않았습니다. 이 세상에서 이런 자들은, 그들이 아무것도 믿지 않기 때문에, 그리고 또한 그들은 저 세상이나 그리고 영기들에 관해서 그 어떤 것도 믿으려고 하지 않기 때문에, 일반적으로 회의론자(懷疑論者·skeptics)라고 불립니다. 이런 부류의 인격에도 수많은 자들이 있습니다. 그리고 이들은 망상들로부터 그들이 본 것이나, 또는 감관들에 의하여 이해된 것 이외에는 아무것도 믿지 않으려는 것을 끄집어냅니다. 그러므로 그들이 이런 상태에 있는 한 그들은 아무것도 믿지 않습니다.

3336. 인식되는 것으로서 망상에 속한 모든 영기가 생겨나고, 그리고 영이 묵묵히 있는 한, 그리고 또한 전혀 무엇인가를 생각하지 않는 동안에도 그럼에도 불구하고 여전히 그는 다른 영들에 의하여 무엇인가 인지되고 있습니다. 그들은, 그들이 이런 영기를 가지고 있다는 것이나 그리고 지극히 분명한 방법 가운데서 다른 자들에 의하여 그리고 천사들에 의하여 인지되고 있다는 것을 알지 못합니다.

3337. 믿음의 영기나 그것의 성질에 관해서는 나는 이미 여기저기에서 다룬 바 있습니다.

3338. 나는 몇 일전 내가 이미 기술했던 영기들에 관해서 발췌, 요약하고 있을 때, 그 때 나는 영기의 지각 안에 있지 않았기 때문에 나는 영기가 무엇인지 알지 못하였고, 또한 내 주위에 있는 영들도 그것을 알지 못하였습니다. 그러므로 말하자면 영기는 없다고 생각하였습니다. 그 때 나는, 그런 부류의 영기는 존재하지 않는다고 하는 느낌에 거의 빠지게 되었습니다. 따라서 그것으로 인하여 사람들이 어떻게 지각하는지 나는 가르침을 받았습니다. 다시 말하면 그들이 어떤 감관으로부터 그와 같은 가르침을 받지 못하였기 때문에 그런 것은 결코 있을 수 없다고 여긴다는 것을 알게 되었습니다.

3339. 이런 부류의 영기들은 냄새에 속한 영기에 대응하기 때문에, 따라서 온갖 냄새들을 야기시킵니다. 그러므로 내가 언급할 수 있는 것은, 짐승들도 영기를 지각한다는 것입니다. 그것들이 다른 방법으로 아는 것은 결코 아닙니다. 그러므로 영기들은 자연 안에 존재하지만, 그것은 전적으로 인간에게는 알려져 있지 않습니다. 그러나 그러한 사실은 짐승들 사이에 널리 만연(蔓延)되어 있습니다. 예를 들어 보겠습니다. 개는 그의 주인이 물건을 놓은 곳을 냄새를 맡아서 그 곳을 찾아냅니다. 그리고 그 개는 그 주인을 수천의 사람들 가운데서 찾아내고, 뿐만 아니라 그의 예하의 사람들이나, 친구들의 영기에서도 찾아냅니다. 따라서 그의 주인이 가지고 있는 좋은 영기로부터 다른 자들을 분별, 피하기도 합니다. 개는 주인의 발 곁에 있기까지는 불안해합니다. 이것을 발산기(發散氣)의 탓으로 돌리지만, 그러나 거기에는 발산기 같은 것은 존재하지 않고 오히려 이런 영기를 위한 일종의 변명일 뿐입니다. 동물들은 사람이 알지 못하는 이 세계의 영역이 지니고 있는 영기를 잘 알고 있습니다. 따라서 숲이나 울창한 나무들의 곳에서는 사람은 길을 잃고 헤매지만, 동물은 결코 그렇지가 않습니다. 짐승은 자신의 집을 잘 알고 있습니다.

3340. 심지어 그 놈이 전에 본 적도 없고, 걸은 적도 없는 길을 헤쳐 나가야 한다고 해도 그 놈은 잘 헤쳐 나갑니다. 그것이 개들이

지니고 있는 능력입니다. 그 놈은, 전에 본 적도 없는 수많은 곳을 통해서 그리고 서로 다른 길을 통해서 집으로 달려옵니다. 이런 것은 말들에게서도 비슷하고, 그리고 다른 동물들에게서도 마찬가지입니다. 이와 같이 벌들도 자신의 벌집으로 날아옵니다. 모든 동물들의 경우도 이와 비슷합니다. 동물들은 그 곳에 온 적이 없을 때에도 그렇지만, 수년 전에 왔던 그 곳에 이르게 되면 그들은 역시 기쁨에 속한 영기를 갖습니다. 그들의 기쁨은 그들의 집 가까이에 그 장소가 있다는 것에서 생성됩니다. 어떤 동물이든지, 그들은 자신들이 어릴 적부터 먹어야 할 먹거리에 관한 지식의 영기를 지니고 있으며, 그리고 또한 그것은 그들을 잘못되게 하지 않습니다. 그들은 또한 이런 것에 대한 교육도 받지 않았습니다. 모든 동물은 이런 부류의 영기를 소유합니다. 그러나 사람의 경우는 그와 같지 않습니다. 동물은 자신들과 일치하지 않는 것은 즉시 피해 버립니다. 그들은 그들과 일치하는 것을 찾고, 찾아냅니다. 동물들은 계절들에 속한 영기도 가지고 있습니다. 왜냐하면 그 때 그들은 멀리 가야 하기 때문이지요. 예를 들어 보겠습니다. 기러기 떼나 제비들의 경우가 되겠습니다. 이와 같이 모든 동물은 하나의 영기를 가지고 있는데, 예를 들면 새들은 자신들의 집을 짓는, 또는 둥지를 짓는 영기를 가지고 있습니다. 비록 그들은 결코 배운 적이 없지만, 그들은 자신들의 어린 것들을 기르는 영기를 가지고 있습니다. 예컨대 비둘기들이나 다른 것들도 각양의 방법들을 가지고 있습니다.

3341. 그러므로 이런 종류의 영기들이 그들 사이에서 만연하였습니다. 그런데 이런 것들은 관능적이고, 자연적입니다. 그러나 이런 부류의 영기들은 사람에게서 생겨나지 않는데, 그 이유는 사람이 망상들 가운데 있기 때문입니다. 그것이 이런 것들을 목적한 것이 아니면 사람은 또한 가장 낮은 것인 그런 영기들을 소유할 뿐만 아니라, 그가 그를 보는 즉시 그의 동료를 인지하는 즉, 자기 자신이나 다른 자들에 대한 자연적인 성향들이나 그리고 또한 일반적인 삶에

서의 그의 성품 따위를 인지하는 영기를 가질 것입니다. 다시 말하면 내적인 감관이나 이성의 측면에서의 그의 성품을 알고, 그리고 이 세상과 모든 그의 내면적인 측면에서의 그의 성품을 인지하는 영기를 가질 것입니다.

3342. 믿음에 속한 영기의 측면에서, 그리고 믿음의 측면에서 그들의 성품은, 하나의 영과 같이, 그가 그 곳에 도착하자, 하나하나 차례로 점검하는 일 없이도, 그리고 심지어 완전히 다른 사안들을 생각한다고 해도, 그 즉시 파악, 인지될 것입니다. 이런 영기들은 경험에 의하여 아주 철저하게 나에게 입증되었습니다. 이런 영기들은 인간적인 것들입니다.

3343. 이런 영기들은 오직 주님에게 속한 것입니다. 왜냐하면 그것들은 주님을 믿는 믿음의 영기로 말미암아, 다시 말하면 이것으로부터, 그리고 이것을 통해서 내려오기 때문입니다. 그 영기에 속한 그 밖의 것은 분별되고, 그리고 그것들은 거기에서부터 나옵니다. 그러므로 향기의 영기들은 대응합니다. 따라서 성경에는 여호와께서는 감미로운 향기를 흠향(歆饗)하신다고 언급되었습니다.

3344. 향기에 속한 것들로부터 구분되는 가시(可視)적인 영기들도 또한 생성합니다. 가시적인 영기는, 내가 영기가 무엇인지 알기 전에, 이미 나에게 지각되었습니다. 다시 말하면 은혜의 영기(a sphere of grace)입니다. 이른바 황금색의 대기(a golden-yellow atmosphere)라고 하는데, 그것은 그것이 자비에 속하게 되면, 붉은 색을 띱니다. 그것이 자비에 속한 것이라면, 그 때 나는 그 은혜가 그 영기 안에 존재한다는 것을 지각하였습니다.

3345. 나는 오늘 전에는 본 적이 없는 하나의 영기를 보았습니다. 금성의 지구의 주민들에 관한 대화가 있을 때였습니다. 다시 말하면 인간적인 육(肉)으로 만들어진 그런 영기가 나에게 보여진 것입니다. 그러므로 나는 계속적인 원칙 이외의 것을 제외하면 아무것도 깨닫지 못하였습니다. 그럼에도 불구하고 그것은 일반적으로는 서로 분

리된 것이고, 그리고 인간적인 것입니다. 따라서 이런 원칙은 인간적인 정동에 속한 그런 것입니다. 그러나 그것은, 진실된 인간적인 것이라는 것 이외의 다른 낱말로는 기술될 수 없겠습니다. 여기에서 내가 지각한 것은 그 주민들의 성품은, 내적으로 인간적이라는 것이었습니다. 그러나 그 영기 아래에는 동물적인 원칙이 있는데, 그것은 나에게 드러나지 않았지만, 사고적인 지각에 의하여 그것을 아는 것이 나에게 허락되었습니다. 따라서 그들의 외면적인 것들은 이런 성질의 것들이었습니다. 1748년 9월 26일

금성(金星)의 주민들에 관하여

3346. 나는 금성의 영들의 성품이 어떤 것인지 보게 되었습니다. 그들은 역시 흉악한 자들이고, 약탈을 좋아하고, 그리고 다른 자들에게서 약탈한 것을 즐겨 먹는 그런 자들이었습니다. 그들의 쾌락은 약탈에서 비롯된 것으로, 나에게 알려졌습니다. 그것은 아주 어마어마하게 큰 것이었습니다. 그들의 됨됨이가 이와 같기 때문에, 다른 자들의 입장에서 전에 언급되었습니다. 예를 들면, 가나안 땅의 주민들이나 다윗의 주민들, 그리고 그들이 틱랙(Tiklag)을 불사른 뒤에, 그리고 모든 것들을 약탈하고, 속마음으로부터 즐거워했던, 그래서 때때로 그들은 폭군적인 왕들이나 약탈자로서 나아가는 자들처럼 그들은 이와 같은 약탈을 즐겨하는 자들이었습니다. 이런 것은 고대시대에도 여러 지역에 있었던 일종의 관습이었습니다. 그러므로 그들은 다른 자들에게서 약탈한 것을 먹고, 마실 때의 즐거움 이외의 더 다른 즐거운 생활을 즐기지 않았습니다. 그들이 망쳐놓은 일들이 없다면 자기 자신들에게서는 그들은 어떤 즐거움도 취하지 못하는 그런 성품들이었습니다. 여기에서 다윗의 잔악함이 생겨난 것입니다.

3347. 그러나 금성의 주민들이 점검되었을 때 그들이 약탈에서 매우 월등한 쾌락적인 존재라는 것이 밝혀졌고, 그래서 그들은 그것에

서 그들의 삶의 쾌락을 끌어냈습니다. 그럼에도 불구하고 그들은 그렇게 잔인하지는 않았습니다. 그들은 사실 사람들을 살해하고 그들은 그들에게서 약탈을 하였습니다. 그러나 그들은 그들이 살려두어야 할 자들은 죽이지 않았고, 그런 뒤에는 그들은 물에 던지기도 하고, 죽인 자들을 땅에 묻기도 하였습니다. 따라서 그들은 자신들 안에는 내적인 것인 인간적인 원칙을 가지고 있었습니다. 유대 민족은 그렇지가 않았습니다. 유대 사람들은 그들이 죽인 자들을 짐승들이나 새들에게 주어서 그것들이 그것들을 먹어치우도록 방치해 두는 것에서 기쁨을 만끽하였습니다. 나는, 이런 작자들이 오늘날의 유대 민족으로, 그들은 이런 짓에서 기쁨을 얻는다는 것을 지금 깨달았습니다. 나는 그들 중에 몇몇이 이런 쪽으로 돌진하고, 급히 도망하는 그들의 영기를 지각하였습니다. 1748년 9월 26일

이 세상에서 가장 현명한 자들 사이에 있는 어떤 사람에 관하여 ; 그리고 그가 천계적인 기쁨에 관해서 생각하는 것이 어떤 것인지에 관하여

3348. 육신을 입은 삶에서 매우 높은 위엄을 즐기고, 그리고 이 세상에서 가장 현명한 자들 가운데 있는 어떤 인물이 있었습니다. 저 세상에서도 역시 어느 누구도 그를 위해(危害)할 수 없을 만큼 한 몸에 존경을 받았습니다. 그 이유는 믿음에 속한 교리를 위하여 열정을 가지고 실천하였기 때문입니다. 그뿐만 아니라 그는 저 세상에 있는 행복의 상태에 관한 그의 개념의 성질을 자신에게 잘 보여주고 있었습니다. 다시 말하면 천계적인 즐거움이나 기쁨은 광영의 빛(a light of glory) 가운데 존재한다고 생각하였고, 그 빛은 태양의 빛이 황금에 비칠 때의 그런 빛과 같다고 생각하였습니다. 그리고 만약에 그가 그 빛 속에 있다면 자기는 천계에 있다고 생각하였습니다. 그러므로 이런 빛이 그에게 허락되었고, 그리고 그는 그 빛 한가운데 있었습니다. 그 때 그는 매우 기뻐하였고, 그는, 앞에서 언

급한 것과 같이, 그가 천계에 있다고 말하였습니다. 따라서 이 세상에서 가장 현명한 자가 매우 다종다양함으로 즐기는 천계적인 즐거움이나 천계에 관한 개념이 어떤 종류의 것인지 잘 드러내고 있습니다. 그들은, 상호애(相互愛·mutual love)에서 생출하는 지복(至福)이 어떤 것인지에 대해서 확실하지 않았고, 또한 무지(無知)하였습니다. 비록 그 지복이 그들에게는 어린 것들에 대한 사랑 안에, 그리고 그것에서 비롯된 기쁨 안에 있다고 여겼습니다. 그러나 이러한 생각은 우리 지구의 주민들 가운데 있는 관능적인 것을 가리키기 때문에, 따라서 이것은 외적인 것이기 때문에, 그것은 천계적인 지복에는 결코 비교될 수 없습니다. 1748년 9월 26일

그 뒤에 그에게 일러진 것은, 그가 이른바 혼인애(婚姻愛·conjugial love)라고 하는, 그리고 다른 자들은 이 세상에 있는 천계라고 하는, 그 사랑으로 말미암아 천계적인 기쁨이나 즐거움의 성질을 어느 정도까지는 추측할 수 있지 않겠습니까? 라는 말이었습니다. 그 이유는 그가 그 정도는 현명하기 때문이었습니다. 따라서 그는 그것에서 천계가 혼인(婚姻)에 비유되었고, 그리고 교회가 신랑과 신부라고 불리웠다는 것, 그리고 혼인들이 이와 같이 표징적이고, 그리고 한 아내만 존재하여야 한다는 철칙이 주님에 의하여 제정되었다는 등등의 것을 추측할 수 있었습니다. 1748년 9월 26일

영기(靈氣·spheres)들에 관하여

3349. 만약에 주님께서 그들에게 그것을 깨닫는 것을 허락하시지 않는다면 천사들은 믿음의 지각에 속한 영기(the sphere of preception of faith) 안에 있다는 것을 알지 못합니다. 그럼에도 불구하고 그들은 다른 자들 가운데에는 일치되지 않은 것들이 있다는 것도 아주 명료하게 깨닫고 있습니다. 그들이 그것 안에 있기 때문에 그들이 그것에 관해서 잘 알지 못하는 것은 향기에 속한 영기(the sphere of odour)에서 아주 명확합니다. 그리고 정원사들이, 거기에서 온 자들

과 같이, 꽃향기에 속한 영기를 지각하지 못하고 들어가는 자들처럼, 약제사들이 방향성의 영기를 알지 못하고, 또한 구두 제조자들도, 거기에 들어오는 자들과 같이, 그들이 처해 있는 그 영기를 알지 못합니다. 1748년 9월 26일

3350. 확실하게 입증된 사실은, 가장 외적인 것들 안에, 따라서 불결한 망상들 안에 빠져 있는 자들의 냄새는 그런 것들에게서 내뿜는 영기들과 같습니다. 다시 말하면 주님께서 우주를 다스리신다는 것을 확증하기 위하여 내가 영혼에 관해서 저술할 때, 그리고 영혼이 육신에 속한 모든 것들을 다스린다는 것과 그리고 의지가 근육들을 지배한다는 것을 확증하기 위하여 영혼에 관해서 내가 저술하고 있을 때 가장 낮은 종류의 악령들은 사람의 가장 낮은 것 이외의 다른 것은 아무것도 생각하지 않았습니다. 따라서 영혼과 의지가 어떻게 항문(肛門)을 다스리는지, 그리고 배설물의 씻음을 어떻게 다스리는지, 그리고 그것으로 인하여 배설물의 악취가 어떻게 생겨나는지 이외의 것은 전혀 생각하지 않습니다. 그런 것들의 냄새가 지각되었을 때 그런 것들은 바로 그들에게 속한 영기들입니다.

사람들의 것에 비하여 뛰어난 영들의 지식(=학문)이나 총명에 관하여

3351. 그들이 알고 있듯이, 인류에 비하여 뛰어난 총명을 부여받지 못하였다는 것에 대해서 가끔씩 이상하게 생각했던 자들이 저 세상에 들어왔습니다. 그러나 그들은 그들이 처해 있는 총명이 어떤 것인지 알지 못하고 있었습니다. 그 이유는 그것 안에 천사들도 있지 않기 때문입니다. 왜냐하면 하나의 그런 능력 안에 있는 자는 어느 누구도 다른 자들에 대하여 깊이 생각하는 것을 제외하면 그것이 다른 자의 것에 비하여 얼마나 더 뛰어난지를 알지 못하기 때문입니다. 그러므로 이런 것에 의하여 그들이 총명의 측면에서 얼마나 뛰어난 것인지 그런 성격을 지닌 자들에게 입증되었습니다. 다시 말

하면 그것은 내가 생각이나 유스타기 관(the eustachian tube), 그리고 일생을 사는 동안에 그들이 이런 것들을 어떻게 이해하는지를 입증하고 있는 그런 것들에 관해서 저술할 때의 일입니다. 그들이 그런 것에 관해서 전적으로 무지(無知)하기 때문에, 그러나 저 세상에서는 비록 육신을 입은 삶에서는 그들이 그것에 속한 편린(片鱗)의 지식을 가지고 있지 못하고 있다고 해도 그들은 일상적으로 이런 생각들이나 개념을 가지고 있고, 따라서 그 즉시 알기 때문에, 이런 것들에 관한 그 어떤 개념도 가지고 있지 않기 때문에 그것을 아는 일이 나에게 허락되었습니다. 그 밖의 다른 것들에 관해서도 역시 마찬가지였습니다. 왜냐하면 모든 총명적인 것들을 수용한 정도만큼 그들에게 교류가 주어졌기 때문입니다. 그리고 그것은 다른 자들에게 속한 것이었고, 그리고 그것은 누구에게나 현존하기 때문입니다. 1748년 9월 26일

뿐만 아니라, 영들은 사람의 생각들이나, 그리고 사람이 어려서부터 가지고 있는 생각들을 아주 명료하게 지각하고 있었습니다. 역시 그들은, 그들이 모든 것들에 관해서 완벽하게 알게 하기 위하여 사람의 여러 의도들까지도 명료하게 지각하고 있었기 때문입니다.

화성의 영에 의한 주님에 속한 예배에 관하여

3352. 화성의 주민들이 드리는 주님예배의 본성이 교류에 의하여 나에게 입증되었습니다. 그것은, 필설로는 표현할 수 없을 만큼, 매우 고상하고, 경이로움으로 가득하고, 동시에 즐거움이 넘치고 있었습니다. 그 예배는 우리의 지구의 영들에게는 전적으로 알려져 있지 않았습니다. 1748년 9월 26일

태고교회의 자손 즉 타락 후의 아담에 관하여

3353. 태고교회에 속한 자들 정도로 높은 것은 아니지만, 몇몇이 머리 위에 나와 함께 있었습니다. 이 자들은 처음에는 아주 온화하

고, 그리고 감시될 수 없을 정도로 유입하였지만, 그러나 지각으로 말미암아 아는 것이 허락되었는데, 그것은 그들이 내면적으로 고약한 성품이라는 것입니다. 그 이유는 그들이 내면적으로 사랑에 어긋나게 반항적으로 행동하였기 때문입니다. 나중에 나에게 암시된 것은 그들이 사이비(似而非)적인 태고교회의 자녀들이라는 것입니다. 그리고 그들에 관해서 일러진 것은 그들의 마음에 속한 계략이나 꿍꿍이는 악 이외에는 아무것도 아니라는 것이었습니다. 이러한 것은 생식기관(生殖器官)의 영역 주변의 호흡에 의하여 드러났는데, 거기에는 앞에서 언급한 바와 같이 진실된 사랑(true love)에서 분리된 그들의 사랑이 교정(矯正)되고, 그래서 그들이 말한 것과 같이 그들은 그들의 자손을 아주 극진히 사랑하였습니다. 그들이 사랑에 정반대되는 내면적인 계략을 가지고 행동할 때, 그럼에도 불구하고 주님께서 나에게 지각을 허락하시지 않았다면, 나는 결코 그것을 알 수 없을 그런 방법으로 그 짓을 하였습니다. 그 때 그들이 마음에서 이런 것을 생각하였을 때 영들은 모두 도망하고, 그리고 그들은 그들이 시체에서 나는 악취를 참고 견딜 수가 없다고 소리쳤습니다. 그러므로 그들이 지금 단언하고 있는 것과 같이, 고약한 악취가 그들을 파괴할 것이기 때문에 그런 악취를 결코 안 적이 없었습니다.

3354. 태고교회의 자손인 동일한 영들은 어느 누구도 자신들을 알 수 없을 정도의 매우 교묘한 존재라고 생각하였습니다. 그리고 그들이 나에게 한 말은, 그들은 자기 자신들로 인하여 선을 행할 수 있다고 생각한다는 것이었습니다. 이런 사안에 관해서, 그들과 나는 대화를 하였습니다. 그리고 주님에 관해서는 그들은 그 밖의 여러 가지 것들을 말하였지만, 그분을 기대한다고 말하였습니다. 그리고 그들이 그분을 경배하는 것은 자기 자신들에 의한 것 때문이라고 하였습니다. 이런 사실이 그들에게 보여지기 위해서 어떤 천사가 이런 것들에 관해서 그저 단순하게 생각한 것인데, 그런 생각이 그들에게 교류되었고, 그리고 호흡에 의하여 드러났습니다. 그들은, 그들

이 그것을 참고 견딜 수가 없어서 도망할 수밖에 없었다고 말하였습니다. 그러나 그런 것이 사라졌기 때문에 그들은 남아 있을 수 있었습니다. 1748년 9월 26일

3355. 그들이 자신들에게 주님을 어떻게 드러내고 있는지가 보여졌습니다. 다시 말하면 검은 수염을 지닌 나이 많은 사람이었습니다. 그는 거룩하였고, 그분으로 말미암아 그들도 거룩하게 되고, 그리고 마찬가지로 수염도 기른다는 것 등이었습니다. 여기서 알 수 있는 것은, 수염을 기른 자들에 관해서 읽을 수 있듯이, 이런 부류의 자들은 종교는 수염들에 관해서 생성되었다는 것입니다.

천사들의 사상들이나 언어가 그리고 천사적인 영들의 사상들이나 언어가 비유에 해당된다는 것에 관하여

3356. 내가 본서 1577항에 기술한 것과 같이, 천사적 영들이나 천사들의 생각들은 마치 비유(譬喩 · parable)들과 같은 것이라고 기술하고 있을 때 어떤 영들은 그런 것을 의심하였습니다. 그 이유는 비유에 속한 개념을 그들이 이해하지 못하였기 때문입니다. 그러므로 천사들이나 천사적인 영들은 그들의 개념들이 여러 비유들에 들어 왔는지 여부에 대해서 시험을 하였는데, 그것에 의하여 확증된 것은, 그것들은 비유들 이외에는 들어오지 않는다는 것이었습니다. 왜냐하면 비유들이란 것들은 일반적인 것들을 내포하고 있기 때문입니다. 1748년 9월 26일

3357. 더 자세하게 드러난 것은 그들의 개념들이, 사람들의 자질(資質)에 전적으로 일치하여 낙원들·포도원들·잔치들의 표징들 안에 들어온다는 것입니다. 왜냐하면 그것은 사람들에 따라서 달라지기 때문입니다. 그러므로 주님께서, 이 세상에 있는 자들의 본성에 적합하게 거의 모든 것을 비유에 의하여 말씀하셨습니다. 주님께서는 천계를 잔치에 비유하여 말씀하셨는데, 그 이유는 사람들이 천계적인 즐거움을 잔치들에 두었기 때문입니다. 그리고 다른 것들은 다

른 것에 비유하여 말씀하셨습니다. 1748년 9월 26일

간음자들 즉 타락한 태고교회의 후기 자손에 관하여

3358. 이들은 땅 밑에, 깊은 곳의 큰 바위들 사이에, 그리고 궁둥이 밑에서 살고 있습니다. 그리고 그들은 자신들의 철저한 망상들 가운데서 주님에 대한 증오심에 빠져 있습니다. 그들은 주님에 대하여 수많은 잔악한 방법으로 다루고 있습니다. 그런 아주 고약한 것들에 관해서 기록한다는 것은 허락되지 않았습니다. 그들은 궁둥이 아래 매우 깊은 곳에 있고, 그들은 거기에서 자신들의 망상들 아래서 온갖 고생을 다하고 있습니다. 이러한 사실을 듣는 것이 허용되었습니다. 그것을 들었기 때문에 거기에는 일종의 소란만 있었습니다. 이러한 사실은, 미세한 움직임에 예속되어 있기 때문에 각각의 궁둥이에서 느낄 수 있는데, 이런 사실을 나는 지금 지각하였습니다.

3359. 이들에게는 위로 올리워지는 것이 허락되지 않고, 다만 가끔씩 바위가, 이른바 엷게 되어, 지금 내가 그것에 관해서 듣고 있는 것과 같이, 그들은 거기에서 어떤 것을 듣기도 합니다. 그들은, 중간에 있는 바위들의 견고(堅固)함에 따라서 어떤 것을 들을 수 있고, 또한 뛰어난 영기 안에서 활동할 수도 있습니다. 왜냐하면 바위는 하나의 표징이기 때문입니다. 다시 말하면 보다 높은 영기들로부터 비롯된 그들의 불경스러운 영기들이고, 종지적인 영기들이 멀리 떨어져서 온다는 하나의 표징이기 때문입니다. 따라서 그들은 등을 사로잡고 있습니다.

3360. 그들 중 몇몇이, 사실은 수많은 자들이 친히 나에게 작용하는 것이 허락되었지만, 그러나 주님께서는, 중간 영들에 의하여, 그들이 나를 전혀 해치지 못하도록 처리하셨습니다. 그 때 같은 곳으로부터 그들이 정면으로 왔습니다. 말하자면 그들은 바위들을 거쳐서 왔는데, 그 일은 그들에게는 바위들의 동굴을 지나 전면을 향해 있는 하나의 통로를 궁리한 것처럼 여겨졌습니다. 그와 같이 위를

향해 바위에 오르는 일은 월등한 영기 안에서 중간 영들에 의하여 그들이 결코 해치지 못하도록 하는 주님의 섭리에 속한 하나의 표징일 뿐입니다.

3361. 종국에 그들은 왼쪽 위에 모습을 드러냈습니다. 그리고 거기에서 나에게 작용하였습니다. 그런 뒤에 그들은 다음에 나에게, 심지어 내 머리에 오는 것이 허락되었습니다. 그 때 다른 영들은 뒤로 물러났습니다. 오른쪽 위에 나와 대화를 한 자들이 있었습니다. 그들이 그들에게 작용하는 것이 허락되지 않았습니다. 오랜 동안 선한 영들이 나와 대화를 하였고, 이들은, 내가 선한 영들이 하는 말을 경청하는데 지칠 때까지, 그들의 신념들을 나에게 주입시켰습니다. 왜냐하면 그들이 주입시킨 신념으로 말미암아 나는 그들과 대화하기를 원하는 것처럼 나 자신이 생각되었기 때문입니다.

3362. 선한 영들이 계속해서 하는 말은, 악령들은, 왼쪽에 들어오는 것이 아니고 오른쪽에 들어와 활동하는 것이 허락되었다는 것입니다. 그리고 머리의 오른쪽 영역에서부터 가슴의 왼쪽에서 활동한다는 것이었습니다. 그러나 결코 머리의 왼쪽에서 작용하는 것은 허락되지 않았습니다. 왜냐하면 만약에 그렇게 한다면, 그들이 하는 말은, 나는 완전히 멸망할 것이기 때문이라는 것입니다. 이러한 것이 그들이 오랜 동안 말한 것인데, 이미 언급한 것과 같이, 이것이 나를 피곤하게 하였고, 일종의 파괴였습니다. 나는, 만약에 그들과 대화를 한다면 어떤 유해도 일어나지 않는다고 생각하였습니다.

3363. 머리의 오른쪽 부위나 가슴 왼쪽 부위를 통과한다는 것은 그들이 온갖 탐욕들에 의하여, 그리고 악이나 미치광이 같은 정욕들에 활동하는 것이 허락되었다는 것을, 그리고 그렇게 작용하는 것에 의하여, 그리고 따라서 탐욕들로부터 생각하고 말하는 것에 의하여, 결과적으로는 지각으로 그런 짓을 하는 것이 허락되었다는 것을 뜻합니다. 그러나 그들의 치명적인 종지를 가지고 머리의 왼쪽 부위에 들어가는 것은 허락되지 않습니다. 왜냐하면 그들이 이런 성품이기

때문입니다. 나는 나중에 이런 사실을 배우게 되었고, 약간의 경험에 의해서는 그들이 이런 부류의 종지에 있다는 것을 알게 되었습니다. 그 이유는 그들의 내면적인 것들이 거의 전부 주님에 대하여 적개심(敵愾心)을 가지고 있기 때문입니다. 그래서 그들이 말한 것에는 그들이 가장 강력한 종지를 주입시키고, 따라서 모든 선한 것이나 참된 것을 추방시킵니다. 그것은 마치 발가락이나 손가락이 냉기에 의하여 얼고, 그리고 더 이상 아무것도 느끼지 못하는, 그러나 마치 시체나 피가 없는 것과 같이 되는 것과 같다고 하겠습니다. 이런 식으로 주지된 것은, 이런 것들이 그들의 종지라는 것이고, 그리고 그들이 이런 성품이라는 것입니다. 하물며 주님에게 대항하여 싸우는 그들의 동료들의 성품은 얼마나 사악하겠습니까! 주님께서는 자기 자신의 힘으로 그들을 정복하셨습니다. 이러한 일은 그분의 신성(His Divine)이 없다면 불가능합니다. 이와 같이 주님의 인성(His Human Essence)은 그들을 정복하였습니다.

3364. 그들이 내 안에서 활동하기 시작하였을 때 나는 잠에 빠졌습니다. 따라서 내가 깨어 있는 상태에서는 결코 저항할 수 없는 온갖 탐욕들에 의하여 그들은 내 안에서 활동하였고, 그리고 나는 깊은 잠에 빠졌습니다. 그리고 지금은 그것의 성질이 어떤 것이라고 기술할 수도 없고, 그리고 또한 그것이 무엇으로 이루어졌는지도 알 수 없었습니다. 왜냐하면 그들의 탐욕이나 정욕들은, 기술할 수도 없는 그런 성질의 것이었기 때문입니다. 종국에 그들은 영감에 의하여 나를 죽이려고 시도하였습니다. 그 때 내가 잠든 상태에서 지각한 것은, 그들이 나를 질식(窒息)시키려고 시도하였다는 것입니다. 그 때 내가 단순하게 알게 된 것은, 그들의 망상들에 속한 조잡한 영감에서 비롯된 이른바 무서운 악몽(惡夢)이었습니다. 그럼에도 불구하고 나의 괴로움에서부터 주님께서는 나를 다른 쪽으로 돌리게 작용하였는데, 따라서 나는 그 악몽에서 깨어났습니다.

3365. 내가 잠에서 깨어났을 때 그들은 위에 있는 그들의 장소로

부터 도망하여, 그리고 거기에서 활동한다고 생각하였지만, 그러나 아무런 효과는 없었습니다. 종국에 나는 그들을 나에게서 쫓아버리려고 하였기 때문에 그들은, 마치 모포에 싸 매인 자들과 같이, 모포에 싸매어 있다고 생각하였습니다. 나도 그들이 그런 존재라고 생각하였습니다. 따라서 일직선으로 경사진 바위를 통해 어느 깊은 곳에 떨어졌습니다. 그 바위는 매우 견고하였는데, 그것은 경사진 것으로, 아래로 길게 뻗어 있었습니다. 그들이 반 가까이 내려갔을 때 그들을 감싸고 있던 모포가 풀리고, 그리고 작은 인간들의 무리들이 여기에서 나아가는 것처럼 보였습니다. 그들에 관해서 언급된 것은 그들은 악령들로서 자신들을 그렇게 끌고 간 자들이라는 것이었습니다. 말하자면 내가 아는 자들이었습니다. 그들은, 그들이 만나는 자들이 누구이든, 그들의 매우 차가운, 그리고 치명적인 종기에 의하여 죽일 수 있는 그런 무서운 종기나 신념 따위를 주입시켰습니다. 그러나 작은 사람들(小人)은 거기에서 피신한 것 같이 보였습니다. 따라서 그들이 모포에 의하여 싸매져서 보호된 그런 자들이었는데, 그들은 내가 알지 못하는 다른 부류의 사람들이었습니다. 그러므로 나는 그들이 어떻게 행동하는지를 알게 되었습니다. 왜냐하면 그들이 모포에 싸 매인 것처럼 나타났을 때에는, 그들은 그들의 종지나 신념 따위에 빠져 있는 다른 자들을 뜻하기 때문입니다. 그러나 그들을 싸매고 있는 싸맴은 그들의 종지나 신념 따위가 그들이 참고 견딜 수 있는 것 이상으로 매우 강하게 작용하지 못하도록 하는, 그런 보호를 가리키고, 그리고 그것으로 인하여 그들이 더 좋게 되는 그런 보호를 가리킵니다.

3366. 그런 뒤에 그들은, 치명적인 망상들에 의하여 중간거리에서, 즉 그 곳에서 역사하였습니다. 그러나 그것은 아주 잘 알고, 깨닫는 것이 허락된 것은 아닙니다. 왜냐하면 그들은 주님에 대하여 일종의 가장 극악하게 반항하는 그런 자들인데, 그들은 무시무시한 온갖 잔악함들을 가지고 주님을 찌르고, 찢고, 난도질을 한 그런 인물들이

었기 때문입니다. 그들의 쾌락은 이런 것들로 이루어졌고, 따라서 그들의 삶도 그런 것으로 이루어졌습니다. 바위 아래에 있는 그들의 격정(激情)은 이런 것들 안에 존재합니다. 왜냐하면 그들의 온갖 망상들은 온갖 탐욕들이나 정욕들과 더불어 동시에 작용하기 때문입니다. 이런 사실이 광야에서 겪으신 주님의 시험들에 관해서 마가복음서가 언급한 내용입니다. 그분께서는 야생 짐승들과 싸우셨고, 그리고 그런 것들 앞에 놓여 있었습니다.

3367. 그들이 바위에 이르는 중간 거리의 지점에서 활동할 때, 그 때 거기에는, 마치 아주 많고 큰 나사송곳들(augers)이 구멍을 뚫는 것처럼 그런 구멍 뚫는 시끄러운 소리가 계속해서 있었습니다. 그리고 또는 이런 것들이 빚는 아주 거친 소리만 들려왔습니다. 이런 고약한 소리는 나에게만 들려올 뿐만 아니라 오른쪽에 나에게서 아주 멀리 떨어져 있는 자들에게도 들려왔습니다. 그 때 거기에는 선한 영들이 있었습니다. 따라서 그들은 아주 먼 곳으로 옮겨졌습니다. 그래서 그들은 나와 대화를 할 수 있었습니다. 최대인간(the Grand Man)의 구조는 영들의 세계에서 이와 같이 변화하였습니다.

3368. 더욱이 오른쪽에 어떤 영이 있었습니다. 그는 모든 것들이 실제적인 것들이라고 생각하였고, 그리고 주님께서 그런 것들에 의하여 이와 같이 고통을 겪으셨다고 생각하였고, 그리고 내가 알고 있는 자들(知人)도 그들에 의하여 이끌려갔다고, 그리고 그 밖의 다른 많은 것들이 있다고 여겼습니다. 이런 것들이 바로 그의 종지요, 신념이었습니다. 그럼에도 불구하고, 그는 악한 존재는 아니었습니다. 왜냐하면 이런 부류의 절망의 소리나, 그리고 이런 부류의 말은, 아주 멀리 떨어진 그들의 치명적인 종지나 신념에 속한 일종의 영감에서 야기된 것이기 때문입니다. 이런 모든 것들은 깨어 있는 상태에서 일어났습니다.

3369. 그러는 사이 나는 단잠에 빠졌습니다. 그래서 나는 아무것도 느낄 수 없었습니다. 나는, 영들에 관해서 언급된 것들이 단잠이

있기 전에 또는 그 뒤에 일어난 것인지 아닌지를 알지 못합니다.

3370. 내가 단잠에서 깨어났을 때, 그 때 나는, 말하자면 바다에 떠 있는 사람의 육체를 보았습니다. 그리고 또한 사람이기는 하지만 땅을 기는 자들도, 그리고 죽은 시체들도 보았습니다. 그 뒤에도 역시 매달려 죽은 자도 보았습니다. 이런 것들에 관해서 알려진 것은 이런 부류의 작자들은 대홍수 이전에 죽은 자들이고, 그리고 죽은 영들이 된 자들이라는 것입니다. 다른 자들은 그들이 죽은 자들이고, 그와 같이 소멸되었다고 말하였습니다. 그리고 다른 자들은 그들이 이와 같이 수대에 걸쳐 있었다고, 그리고 그와 같이 황폐하게 되었다고 말하였습니다. 그리고 이와 같이 치명적인 것들이 소멸되었을 때 그들은 남은 자들과 더불어 다시 살아난다는 것입니다. 그 남은 자들(remains)은, 그들의 경우에서는, 가장 악한 망상들이나 가장 고약한 욕망들에 속한 죽음을 통한 황폐에 의하여 형성될 것입니다. 그런 것들 중에서 어떤 것은 표징들을 통해서 생겨나는 무지개의 어떤 것과 같습니다. 이것으로부터 지금 일러진 것은 무지개는 인류가 멸망하지 않을 것이라는 하나의 증표(證票·a token)로 만들어졌다는 것입니다. 그 이유는 그들이 다시 살기 때문이고, 그리고 그들의 남은 자 몇몇은 그들의 가장 가까운 악들에게로 그와 같이 조절되기 때문이고, 그리고 어떤 자들의 경우에는 바로 근접해 있는 악들에 의하여 조절되기 때문에 그들은 여전히 영들의 존재들로 살 수 있기 때문입니다. 따라서 그들의 망상들이나 탐욕이나 정욕에 속한 생명(=삶)은 소멸할 것이고, 그리고 그런 존재로 남을 것이기 때문입니다. 왜냐하면 이런 죽음을 통하지 않고서는 소멸하지 않기 때문입니다.

3371. 그 뒤에 그들은, 그 바위 아래의 어두컴컴한 동굴을 통해서 그 중간 지역에서 물러나는 것이 강요되었습니다. 그들은 그 곳에서 살았고, 그리고 그들은 거기에서부터 궁둥이 쪽을 향해서 활동하면서 소란을 피웠지만 그러나 지금은 내 왼쪽 발가락을 향해서 그 짓

을 하고 있습니다.

3372. 그리고 관측된 것은, 그 경사진 그 바위의 중간 지점에 있을 때에 그들이 수용할 만큼, 그리고 계속적인 계도에 의해 이성에 속한 능력에 속한 정도로 그것들은 허락되었습니다. 그럼에도 불구하고 그들은 아무런 효과가 없었습니다. 그래도 그들은 여전히 고집을 부렸습니다. 1748년 9월 26, 27일

3373. 이런 것들로부터 내가 결론을 지을 수 있도록 허락된 것은 대홍수 직후 온전한 내면적인 사람은 멸망되었고, 그래서 거의 어떤 인간적인 원칙은 남지 않았다는 것입니다.

3374. 잘 알려진 것은, 이른바 그와 같이 치명적인 본성에 속한 그들의 종지나 신념들이 생겨나게 한 것은, 말하자면 노쟁(論爭)의 힘(the force of argument)이 아니고, 오히려 그것은 바로 그들의 망상들이었습니다. 그것이 어떤 것이든 그것은 바보 같은 것이었습니다. 그들은 여전히 이런 부류의 존재들이나 신념 안에 있었는데, 그것은 바로 그들이 살아 있는 생물은 모두 죽인다는 그런 신념이고, 종지였습니다. 말하자면 선한 것이나 참된 것을 죽이는 그런 것이었습니다. 그런 것은 마치 이 종이는 검은 것이지, 흰 것이 아니라는 그들이 말하는 것과 같았습니다. 그 밖의 것들도 여럿 있습니다.

그 뒤 인류는 어떻게 해서 타락(=도치·墮落·倒置)되었는가에 관하여

3375. 그것은 내게 보여 준 것들로부터 밝히 드러났습니다. 그들은 머리의 오른쪽 부위에만 역사하였습니다. 다시 말하면 온갖 탐욕들이나 정욕들에 의하여 가슴의 왼쪽을 향해 역사하였습니다. 따라서 욕망들이나 정욕들에서 야기되는 망상들에 의하여 역사하였습니다. 결과적으로는 이런 탐욕들에서 분리된 망상들을 가지고 역사하지 않았고, 따라서 그들이 가장 큰 종지나 신념들 안에 있는 그런 본성에 속한 것들인 원칙이나 과학적인 것들로 말미암아 활동하지

않았다는 것입니다. 그들은 동시에 무서운 종지들이나 신념들을 주입시켰고, 그리고 그 때 마치 한냉(寒冷)이 사람의 기관들을 파괴하듯이, 선한 것이나 참된 것에 속한 모든 따듯함(溫氣)을 내쫓는 것에 의하여 사람이나 영들의 개념들을 파괴시켰습니다.

3376. 그 때 지각하는 것이 허락되었습니다. 대홍수 이후 사람은 이른바 타락, 도치(倒置)되었다는 것입니다. 다시 말하면 온갖 탐욕들이나 정욕들이나, 또는 주님이나, 믿음에 속한 것들을 온갖 고통이나 괴롭힘을 주는 것에 속한 치명적인 쾌락들만 남았고, 그리고 점차적으로 서서히 유전적인 원칙이 그들의 후손들 안에서 감소되었고, 그래서 분리된 과학적인 개념들이 승계되었습니다. 그러므로 사람은 전적으로 이상한 존재가 되었습니다. 다시 말하면 믿음에 속한 과학적인 것들이나 총명적인 것들은, 비록 사람이 그의 치명적인 온갖 탐욕들이나 정욕들 안에 남아 있고, 그리고 광적으로 행동한다고 해도 그 사람 안에 숨겨질 수 있었습니다. 따라서 생각(思想)은, 남겨진 의지에서 분리되었습니다. 말하자면 의지는 온갖 탐욕들이나 정욕들에게 남게 되었고, 그러므로 의지는 결코 존재할 수 없게 되었습니다. 그러나 선한 것이나 참된 것에 속한 의지는 주님의 것이고, 그리고 과학적인 믿음이나 총명적인 믿음은 분리되었고, 그리고 또한 분리된 것은 닫혀졌습니다.

3377. 대홍수 이전의 사람들의 경우는 이와는 달랐습니다. 왜냐하면 사람은 단순한 세상적인 반감(反感)들로 형성되었기 때문입니다. 그리고 이런 것에 관해서는 이미 설명된 내용들을 참조하십시오. 이런 반감들은 대홍수 이전 사람들에게도, 그리고 대홍수 이후 그들의 후손들에게 거의 계속해서 남아 있었습니다. 그리고 주님에 의하여 그것은 분리된 원칙이 되었는데, 그것은 만약에 반감들이 사람에게 남아 있지 않았다면, 결코 생겨질 수 없었을 것입니다. 그러므로 주님께서는 그들에게 하나의 반감의 존재가 되었습니다. 이런 사실이 성경 여기저기에 언급되고 있습니다. 그러므로 온갖 반감들이 남아

있어서 주님께서는 고통을 겪으셔야 했고, 그리고 십자가에 달리셔야 했습니다. 그렇지 않다면 반감은 계속될 수 없었고, 그리고 따라서 사람은, 과학적인 것들이 총명적인 것들의 각인(刻印)에 의하여 구원을 받지 못하였을 것입니다. 그러므로 이와 같은 반감들이나 추문은 나타나지 않았을 것입니다. 1748년 9월 26, 27일

3378. 이런 것들을 알게 되었습니다. 즉, 전에 대홍수 이전의 영들이 나에게 왔다는 것이고, 그리고 빛나는 흰색의 옷을 입은 아주 아름다운 어린 것이 처음에 나에게 보여졌습니다. 그리고 그것이 태고교회를 뜻한다는 것이 지금 내 안에서 일러졌습니다. 그 때 열려진 동일한 문에 청년의 옷을 입은 소년이 보여졌습니다. 나는 그것이 무엇을 뜻하는지 알지 못하였습니다. 다시 말하면 그가 동시대 사람, 즉 태고교회의 사람들을 뜻하는지 여부도 알지 못하였습니다. 그런 다음에는 흰옷을 입은 두 처녀가 머리 쪽에 나타났는데, 그녀들은, 젊은 소년들이 과학적인 것들이나 총명적인 것을 뜻하기 때문에, 태고교회의 구성원에 속한 정동들을 뜻하였습니다. 그러므로 이들의 시대, 다시 말하면 태고교회에 속한 자들의 시대에는 합리적인 개념들이 일부분 있었습니다. 즉, 그들의 과학적인 믿음은, 소년들과 같이, 청년다웠습니다. 그러나 정동들은 머리 쪽에서 빛나고 있는 처녀들의 그것들과 같았습니다. 따라서 우리들의 경우에서 보면 그것은 정반대입니다. 우리들에게는 선한 과학적인 것이 있지만, 그러나 악한 정동들일 뿐입니다.

3379. 그 뒤에 영기는 그들의 종지나 신념들로 인하여 어느 정도 독이 되어 버렸습니다. 그것이 거기에 얼마나 많은지, 그리고 그것의 성질이 어떤 것인지, 간격을 둔 긴 청색 실에 의한 잘 보이지 않는 방법에 의하여 드러났습니다. 1748년 9월 26, 27일

꿈들에 관하여

3380. 꿈이 어떻게 해서 잠자고 있는 자들에게 유입되는지 내게

알게 하기 위하여, 지금은 내가 기억하지 못하지만, 그런 것들에 관해서 내가 꿈을 꾸었습니다. 종국에 한 척의 배가 여러 종류의 먹고 마실 먹거리를 가득 싣고 나타났습니다. 특히 배 안쪽에 실려 있기 때문에 나에게 그것들은 보이지 않았습니다. 무장을 한 두 감시자가 그 배의 선장과 함께 있었습니다. 즉 한 사람의 선장과 두 감시자가 있었습니다. 따라서 이 배는 방을 통해서 지나갔고, 나는 잠에서 깨어났습니다.

3381. 내가 꿈에서 깨어서 그 꿈에 관해서 생각하였을 때, 나는, 약간 정면, 내 위에 있는 자들이 꿈들을 소개하였는데, 그들과 이야기를 시작하였습니다. 그들이 하는 말은, 그들이 모든 것을 소개, 안내하지만, 그러나 나는 내 꿈이 천사적인 영들로부터 그들을 통해서 왔다는 것을 깨달았습니다. 그런데 천사적인 영들은 낙원으로 보이는 지역 가까이에 있었습니다. 그리고 그들은 나에게 이런 것들을 보여 주었습니다. 그들은 역시 내가 꿈에서 깨었을 때 수많은 것들을 보여 주었는데, 그것들을 그들은 다른 자들에게 소개하였습니다. 다시 말하면 그 때 내가 그들과 이야기했던 잠자는 영들에게 소개하였습니다. 그리고 그들은 그것을 시인하였습니다. 그 때 나는 그들이 소개한 것들을 보았습니다. 그것들은 너무나도 아름답고, 다종다양하였기 때문에 그것들은 무엇이라고 표현할 수 없는 기쁨들이었습니다. 그래서 사람들이나 어린 것들은, 그것들이 무엇이라고 결코 표현될 수 없는 것들이라고 무척 좋아하였습니다. 뿐만 아니라 초기에는 일종의 알지 못하는 극미동물(極微動物)이 보였는데 그것은 새까만 광선들(black rays)처럼 사라졌으며, 그것들은 왼쪽 눈 주위로 놀랍게도 퍼져나갔습니다. 나는 그 밖의 다른 것들을 기억하지 못합니다. 거기에는 어떤 높은 음조의 소리가 있었는데, 그것은 꿈을 야기하는 영들에 속한 것으로, 그 노래 소리는 멀리 떨어진 곳에서 와서 지금의 높은 소리에 이르러 희미하게 끝을 맺는 소리 같았습니다. 그들은 자기들이 언제나 그들을 기쁘게 하는 잠을 자게 한다고

말하였습니다. 그들은 또한 내가 믿고 있는 것과 같이, 실제로 하였습니다.

3382. 또 다시 일러진 것은 옛날의 교회의 사람들이나 후손들은 그와 꼭 같은 가장 멋진 꿈들을 가지고 있었습니다. 그리고 그것으로 인하여 나의 경우와 꼭 같이, 암시된 지각에 의하여 꿈들이 뜻하는 것이 무엇인지 깨달았습니다. 따라서 그 당시에 잘 알고 있었던 그들의 낙원적인 표징들이나, 다른 수많은 것들이 생겨났던 것입니다. 왜냐하면 그들은 멋진 꿈들을 보았을 뿐만 아니라 지각을 받았습니다. 그것은 헤아릴 수 없을 만큼 수 만 번 내가 경험한 것과 동일한 것들입니다. 이러한 일은 이런 것들이 일반적으로 뜻하는 것이 무엇인지 그들이 알게 하기 위한 것입니다. 그러므로 태고교회는 그들이 본 모든 것들에 속한 하나의 표징이었습니다. 그러므로 시각의 대상물들로부터 그들은, 그들이 변함없이 연속적으로 가장 큰 기쁨을 가지고 이런 것들을 보았기 때문에, 그것들이 뜻하는 것이 무엇인지 즉시 생각하였습니다.

꿈들에 관하여

3383. 더욱이 또 다른 존재가 있었습니다. 내가 생각하기에는 그는 육신을 입은 삶에서 나에 관해서 나쁘게 생각하였습니다. 그 이유는 그런 식으로 말하였기 때문입니다. 따라서 만약에 허락된다면 그는 아마도 죽을 때가지 나를 박해하였을 것입니다. 그의 목적은 바로 이런 것들이었습니다. 그리고 그가 나를 죽이려고 했다는 것도 발각되었습니다. 역시 그는 꿈 속에 있었습니다. 그 때 그의 꿈이 나에게 드러났습니다. 그것에 의하여 발각된 것은 그가 일으킨 것들이 어떤 것들인지, 그리고 그가 화장실에서 처녀와의 성교(性交)를 어떻게 시도하였는지, 등등의 것입니다. 따라서 그가 육신을 입은 삶에서 일어났던, 그리고 그들이 실제로 행했던 일들이, 모든 여건들이나 장소들 그리고 인물들과 함께 아주 명료하게 폭로되었습니

다.

유대교회의 성질(=됨됨이)에 관하여

3384. 레아가 유대교회를, 그리고 라헬이 새로운 교회를 어떻게 해서 표징하는지 경험에 의하여 나에게 입증되었습니다. 다시 말하면 유대교회는, 혼인적인 의무를 무익한 것으로 생각하였고, 그래서 그 의무(=책무)에 관해서 어느 정도까지는 허용되었습니다. 이러한 사실은 경험에 의하여 나에게 드러났고, 그리고 또한 영적인 개념에 의하여 입증되었습니다. 혼인적인 의무(=채무)는 이런 성질의 것이었습니다. 성교의 원칙이나 결합된 그것의 쾌락들이 지속되는 동안 그 때 거기에는 한 배우자, 즉 한 아내가 있어야만 했습니다. 그러나 이런 것들이 소멸되었을 때 혼인적인 채무는 느슨해지고, 따라서 그들은 그것을 무가치한 것으로 여겼습니다. 그 채무가 느슨해졌기 때문에, 따라서 간통(姦通·adultery)은 무가치한 것이 되고 말았습니다. 따라서 그들은 하나의 남편으로 여겨지는 자에게, 또는 남편이 되기를 열망하는 자에게 의지할 수 있게 되었습니다. 이런 여인들은, 그들이 혼인적인 채무에 되돌아오게 하기 위하여, 무엇이라고 표현할 수 없는, 찢기고 또 찢기는 가장 처참한 형벌을 받아야 했습니다. 그 뒤에 나의 머리 위에 있는 자들과 대화를 하였는데, 그들은 그 때 혼인에 반대되는 것들을 토해냈습니다. 다시 말하면 한 남편이 여러 명의 여인들을 취할 수 있다는 것, 따라서 그들은 한 아내에 속한 혼인을 증오한다는 것 등을 토로하였습니다. 내가 지금 기억하지 못하지만 그 밖의 것들도 있었습니다. 그것을 언급한다는 것도 적합하지 않았습니다.

동일한 영인들은 오른쪽 눈의 시력을 약하게 하였습니다. 여기에서 레아의 눈들의 시력이 약한 것으로 기술된 그 이유를 알게 되었습니다. 1748년 9월 27일

내면적인 것들·극내적인 것들·보다 더 월등한 것들이 아비소스의 흑암과 같다는 것에 관하여 ; 그 때의 믿음에 속한 지식들·외현들·오류들에 관하여

3385. 나는 옛 예루살렘의 양쪽 정면에서 극히 작은 구름처럼 올라온 영들과 이야기를 하였습니다. 따라서 왼쪽에서 온 자에게는 고대 교회에 속한 자, 즉 노아의 후손들이라는 것이 일러졌습니다. 그들이 그런 자들인지 아닌지, 나는 아직까지도 알지 못합니다. 그들은 여러 가지 질문을 받았고, 그리고 대답을 했습니다. 그들은 보다 더 신비스러운 것들에 관해서, 사실은 가장 신비스러운 것들에 관하여 몇 가지 질문들을 하려고 했습니다. 그러나 그 때 내가 지각한 것은 그들이 이런 질문들을 열망하였지만, 그들에게 허락된 것은 내가 이런 질문들에 대해서 아무런 답을 할 수 없다는 것이었습니다. 왜냐하면 만약에 그들이 그저 단순하게 내면적인 영들이나, 또는 천사적인 영들에게 관계되는 것들에 관해서 질문하고, 그리고 알게 된다면, 이런 것들은 그들에게는 어둠이나 또는 불영명한 원칙이나 흑암적인 원칙과 같이 나타날 것이기 때문입니다. 그런데 하물며 만약에 그들이 천사들이나 보다 더 내면적인 것들에 속한 것들에 관해서 질문하기를 원한다면, 그것들은 그들에게 흑암 같은 것으로 보일 것입니다. 그 때 내가 가장 신비스러운 것들에 관해서 무엇을 말할 수 있겠습니까? 그것에 의하여 만약에 그들이 그들의 자연적인 시각(=빛)으로 말미암아 그것들을 관찰하기를 원한다면, 그들은 확실하게 장님이 될 것입니다. 왜냐하면 그들이 이런 것들 가운데서 볼 수 있다는 것은 그들에게는 칠흑 같이 가장 어두운 것이기 때문입니다. 그리고 그것을 열망하는 자는 확실하게 장님이 될 것입니다. 그러므로 나는 이런 것들에 대한 대답을 하는 것을 원하지 않았습니다. 그 이유는 내가 그렇게 할 수 없었기 때문입니다. 나는 오직 관능적인 것들이나, 자연적인 것들 안에 있었습니다. 따라서 나는 이런 것들 가운데 있는 자들을 도울 수 있는 것만 준비하였습니다.

3386. 더욱이 나는 오류들이나 거짓들에 관해서 대화를 가졌습니다. 그 때 언급된 것은, 거기에는, 그들이 거짓들이나 오류들이라고 생각하지 않는 그런 것들이 있다는 것이었고, 그리고 그 때 거기에는, 그런 것들처럼 보이는 헤아릴 수 없을 만큼 수많은 것들이 있다는 것 등이었습니다. 그 때 사실 그것들은 그렇지가 않았습니다. 예를 들면, 낙원적인 광영이나 그와 비슷한 것들이 되겠습니다. 따라서 그들은 이런 것들이 오류들인지 아닌지 질문을 받았습니다. 그 때 허락된 대답은 이런 것들은 전부가 오류들이요, 거짓들이라는 것이었습니다. 그리고 그것은 참된 것들도 아니고, 또한 그것들은 진리들이 적용될 수 없는, 그런 오류들이라는 것이었습니다. 그러나 천사적인 영들이나 천사들에게 속한 그런 것들은 오류들이나 거짓들이 아니고, 다만 그것들은 외현들이고, 그리고 그것들은, 말하자면 믿음에 속한 지식들을 적용할 수 있는 그릇들이라는 것이었습니다. 그러므로 믿음에 속한 지식들이 무엇인지 일러졌는데, 그것은 외현들이 아니라는 것입니다. 다시 말하면 믿음에 속한 지식들은 바로, 주님께서 우주를 다스리신다는 것이고, 그리고 모든 선한 것이나 참된 것은 오직 주님으로 말미암아 존재한다는 것이고, 그리고 우리 안에는 악 이외에는, 그리고 그와 비슷한 것 이외에는 아무것도 존재하지 않는다는 것 등등입니다. 1748년 9월 27일

3387. 그 뒤에 그들은 그들이 왔던 그 장소로 내려갔고, 그리고 서로 함께 말하였습니다. 그러나 그들이 말한 것은 나에게 미치지 못하였습니다. 뿐만 아니라 따라서 그들은 나와 더 말을 할 수가 없었습니다. 그럼에도 불구하고 그들에 의하여 내 머리에는 혼란스러운 것들이 있었고, 그리고 복잡하게 엉클어진 것들이 있었습니다. 그것은 바로 그들의 영기였습니다. 그 이유는 그들이 이런 것들 안에 있었기 때문입니다. 따라서 그것은, 일종의 혼돈으로 내 대뇌를 그와 같이 영향을 끼친 믿음에 속한 진리들에 거스르는 일종의 종지나 신념의 영기였습니다. 왜냐하면 그들에게 일러지는 것은, 만약

에 그들이 가장 심한 불영명에 있는 것이나, 그와 비슷한 것에 관해서 말하려고 한다면, 그 때 그들은 여러 권들의 책으로 큰 도서관을 채울 수 있었을 것입니다. 이러한 사실이 그들에게 드러나는 것이 허락되었습니다. 그럼에도 불구하고 그 모든 것들의 골자는 여전히 그들이 믿음에 속한 지식들이라고 불리우는 것이고, 또한 전에 여기서 언급된 것에 지나지 않을 것입니다. 1748년 9월 27일

3388. 나는, 이런 본성에 속한 종지나 신념에 관해서 그들과 대화를 하였습니다. 그 때 언급된 것은 사람은 악이 선이다고, 그리고 거짓이 참이라고 설득되었다는 것이고, 그리고 사람이 다른 사람들의 말을 들을 때 그는 주의해서 들을 수 있다는 것이고, 그 때 잘 연마된 논지(論旨)들이나 유창한 언변(言辯)이나 건전한 감정 따위들로 인하여 자기 자신은 신념을 가지고 있다고 생각하지만, 그러나 그런 일이 끝났을 때 그는 말하는 사람(話者)이 말한 것을 아무것도 알지 못합니다. 다만 그는 말을 유창하게 잘 한다는 것 때문에 그를 칭찬할 것입니다. 운집한 군중들 사이에는 이런 자들이 있고, 그리고 수년 동안 그 강연을 칭찬하는 자들이 있지만, 그럼에도 불구하고 그들이 악한 것이나 거짓된 것에 속한 신념에 빠져 있기 때문에 그들의 삶(=생명)은 전혀 개혁(改革)되지 않았고, 또한 그들은 언급된 것들이 무엇인지도 전혀 알지 못합니다. 1748년 9월 27일

순진무구(純眞無垢·innocence)에 속한 밝음에 관하여

3389. 내가 눈으로 본 것은, 더 이상 찬란한 상태가 없을 만큼 아주 빛나는 상태에 어린 것들과 어머니가 있는 것이었습니다. 그 찬란함은 이노센스에 속한 것이었습니다. 따라서 그것은 이 영기 안에 드러났습니다. 그 찬란함이나 밝음은, 어떤 것과 비교할 수 없을 만큼 어느 백색에서도 분별되지 않았습니다. 백설(白雪)이 눈의 겉모습에 비견(比肩)되지만, 그럼에도 불구하고 그 밝음이나 찬란함은 어떠하다고 기술할 수 없는, 그런 것이었습니다.

아담 이전의 사람들(the pre-Adamites)에 관하여

3390. 나는, 주님에 의하여 중생한, 그리고 아담이라고 불리는 아담 이전의 사람들의 성품이 어떤 것인지 알게 되었습니다. 어떤 사람이 그들의 삶을 특징짓고 있는 그런 언어에서 나와 이야기를 하였습니다. 그 언어는, 관습처럼, 빨리하는 말이나 명확한 언어는 아니지만, 그러나 그들이 한 낱말들에는 약간의 생명이 있었습니다. 그래서 그것을 들을 수가 있었습니다. 내가 한밤중에 잠에서 깨었을 때 나는 그가 하는 말을 들었습니다. 그는 나를 보호하기 위하여 임명되었고, 그리고 악한 자가 나를 어디론가 끌고 가려고 했다는 것을 말하였습니다. 나는, 그가 그런 파수꾼이었고, 그리고 나쁜 자는 아니지만 그러나 생명은 약간 남아 있고, 그래서 그는 겉사람(an external man)이지만, 그럼에도 불구하고 내적인 것들이 그의 외적인 것들 안에 존재한다는 등등을 들었습니다. 그러므로 그는 그 사람 안에 있는 외적인 것들이 내적인 것에서 분리된 우리시대의 겉사람과 같은 그런 존재는 아니었습니다. 그러나 이 경우 내적인 것은, 비록 지극히 적은 것이지만, 안에 존재하였습니다. 이런 내용이 지금 나에게 명확하게 드러난 것입니다. 나는 그런 것에서, 그리고 그의 언어에서, 그의 내면적인 삶(=생명)이 남아 있다는 것을 알 수 있었습니다. 아담 이전의 사람들이 이런 자들이라는 것이 암시되었고, 일러졌습니다. 그래서 그들은 악한 존재는 아니라는 것입니다. 더 많은 것이 암시되고, 지각된 것은, 그 때 그들이 생식기관들의 털(陰毛)에 관계를 가지고 있다는 것이었습니다. 그가 아담 이전 시대의 사람인지 아닌지는 알 수가 없습니다. 그 이유는, 아담 이전 시대의 사람들은 수세기 동안 살았고, 그리고 오늘날에도 그런 성격을 지닌 사람들이 매우 많았기 때문입니다. 그렇지 않다면 그들의 이웃에 관계되는 대응들 따위는 없었을 것입니다.

3391. 그 뒤 그는 조절되었습니다. 왜냐하면 그와 동일한 수준의

악령들이 그를 괴롭히기 시작하였기 때문입니다. 다시 말하면 그들의 방식대로 그를 비트는 것에 의하여 괴롭혔습니다. 그래서 그의 전신은, 수차에 걸쳐서, 그리고 아주 천천히 앞뒤로 접쳐지고, 아주 비참하게 비틀렸는데, 이런 일은 그에게 무척 고통을 주었습니다. 나는 그가 악한 자가 아닌데, 이런 형벌을 받는다는 것을 이상하게 생각하였습니다. 그러나 나는, 악령들이 그의 자신들의 외면적인 것들에 그와 같이 역사하지 않으면 안 된다는 것을 깨달았습니다. 왜냐하면 그의 내면적인 것들은 보호받는 다른 자들의 것들과 같이 보호되고 있기 때문입니다. 그러나 그가 그들과 일치하기 위하여 그는 악령들에 의하여 그와 같이 비틀렸고, 그리고 고통을 받고 있을 때 그는, 선한 자이기 때문에 선한 영들이나 천사들의 동요들에 의하여 여전히 그 상태에서 간수되었고, 그리고 동의하지 않고, 저항하였습니다. 그러므로 그들은, 그들이 형벌을 통해서 열망했던 것과 같이, 그런 정도로 그에게 강요할 수가 없었습니다. 따라서 그는 점차적으로 매우 빠른 소용돌이(回轉運動)에 보내졌고, 따라서 회전운동의 첫 번째 국면에 들어 보내졌습니다. 따라서 그는 그의 외면적인 것들을 지닌 채 내면적인 영들 사이에 있을 수 있었습니다. 이러한 상태는, 외면적인 것들과 내면적인 것들이 서로 대응하기 위하여 조정시키는 첫 번째 국면입니다. 이러한 일은 사실 심한 고통을 야기시킵니다. 그럼에도 불구하고 그들은, 주님에 의하여 그들이 그런 고통을 느끼지 않는 상태에서 간수됩니다. 다시 말하면 그들의 몸통을 비틀면 외적인 원수들이 정복하는 것을 막기 위하여 온갖 악들에 저항하고 그리고 악들을 정복하기를 원하는 것처럼 자신들을 여기는 그런 성격의 내면적인 것들이라는 그런 상태에 그들이 점차적으로 들어간다는 것입니다. 그 때 그들은 확실한 수면 상태에 있었습니다. 그래서 그들은 고통을 전혀 느끼지 않게 되었습니다.

3392. 나와 동시대에 살았던 또 다른 사람이 있었습니다. 나는 그와 친하게 살았습니다. 그는 동료들에게서 떠나갔습니다. 사실은 살

아 있었지만, 그는, 마치 죽은 사람처럼 내 등 뒤에 있었습니다. 나는 그 사실을 그의 생기(animation)로부터 지각하였는데, 그는 마치 혼수상태(昏睡狀態)에 빠진 것 같았습니다. 그 뒤에 그는 그런 부류의 영들에 의하여 점유되었습니다. 그래서 그는 마치 소용돌이 속으로 빠져들었습니다. 그의 소용돌이는 처음에는 조잡하였습니다. 그래서 만약에 내가 잘못한 것이 아니라면, 거기에 여섯의 조잡한 소용돌이가 있는데, 그는 가장 변방의 한계에 의하여 분별되었습니다. 그러나 나는 그가 매우 빠른 소용돌이에서 단련할 수 있을 것이라고 거의 희망할 수 없을 정도로 그 소용돌이는 매우 조잡하였습니다. 그는 동일하게 고통을 겪었지만, 그러나 다른 자들처럼, 온몸으로 고통을 겪지는 않았습니다. 그러나 주로 입 몸 쪽에서 고통이 있다는 것을 알았습니다. 따라서 온 전신은 아니었습니다. 그래서 나중에 안 것이지만, 일치할 수 있도록 행해졌습니다. 여러 시간이 지난 뒤, 주로 내가 잠든 동안에, 그는 매우 빠른 소용돌이 속으로 보내졌습니다. 내가 잠에서 깨었을 때 그가 그렇게 보내진 것을 이상하게 생각하였습니다. 그것은 그가 몇몇 시간 동안 거의 계속해서 그 소용돌이 속으로 보내졌기 때문입니다. 그런 소용돌이는 천사적인 소용돌이와 거의 닮은 것이라고 난 생각하였습니다. 나는 그것을 내면적으로 관찰하였습니다. 따라서 다른 영들은 그가 이와 같이 자신들에게서 피신한 것을 이상하게 생각하였고, 그리고 불평하였습니다.

3393. 왜냐하면 그가 달리될 수 없었지만, 그가 이런 식으로 천사적인 동료들 사이에 있었다는 것이 지각되었기 때문입니다. 그러나 이러한 것은 그들이 이와 같이 해서 그 속에 보내진 최초의 것입니다. 왜냐하면 생각들이나 탐욕들이 여전히 전에서와 꼭 같이 남아 있기 때문입니다. 그러나 만약에 이런 국면이 주어지지 않는다면, 따라서 이와 같은 관능적인 것들이 그 다음의 내면적인 것들에 적절하게 조절되지 않는다면, 생각들이나 정동들의 측면에서 천사적인

영들과의 현존(現存)은 주님에 의하여 허락되지 않습니다. 전신의 측면에서 저급의 영들로부터 그가 지금, 소용돌이들이나 동시에 그의 작은 몸이 여러 번 겹치는 것에 의하여, 제거될 수 있다는 것이 나에게 보여졌습니다. 그 신체는 색깔에 관해서도 인체에 닮았다는 것이 나에게 드러나기도 하였습니다. 그래서 그는 악령들인 저급의 영들에 의하여 해를 입지 않을 수 있었습니다. 그리고 그들이 유입할 수 없다는 것이, 그리고 온갖 망상들을 통하여 그의 인체에 고통을 야기시킬 수 없다는 것이 지각되었기 때문에, 그리고 이러한 일은 그들이 저급의 영들에게서 제거될 수 있다는 것을 준비하지 못한 자들에게 일상적인 것이기도 합니다.

3394. 그 때 그는 나와 함께 이야기하였고, 그리고 전과 같이 있었지만, 그러나 그가 이런 온갖 종류의 뒤틀림의 고통을 겪었다는 것을 모르고 있기 때문에, 그가 지금은 다른 존재라는 것을 이상하게 생각하였습니다. 그는 오로지 그가 서로 다르다는 것을 이상하게 생각하였습니다. 그러므로 그는 변하였다는 것을 말하였습니다. 그 이유는 그가 지금은 내면적인 영들의 동요들 가운데 있기 때문입니다. 그럼에도 불구하고 그가 그의 예전 상태로 바뀌어 질 수 있다는 것이 입증되었습니다. 천사적 원칙에로 보내졌던 첫 번째 상태에서 그에게 허락된 것은, 그가 내면적인 감동으로 주님을 찬양하고 감사를 드릴 때, 그에게는 자신의 감동에 속한 어떤 것을 느끼는 것이 허락되었습니다. 그 이유는 그의 생전에 그의 광영에 속한 열망에서 비롯된 저항이 여전히 남아 있었기 때문입니다. 이러한 것은 다른 모든 자들의 열망을 거의 뛰어넘는 그런 성질의 것이었습니다. 그는 로마 사람들이 그 시대에 지녔던 것과 같이, 거의 그것에 모자라지 않는 그런 성품이었습니다. 그러나 로마 사람들은 그 사람에 비하여 더 용감하였습니다. 그러나 입증된 사실은, 로마 사람의 용맹은 미친 것이었다는 것입니다.

따라서 그는, 말하자면 잠자는 상태에서 이런 개혁(改革·바로잡음)을 터득하였습니다. 그리고 그것이 바로 첫 번째 개혁입니다.

신념(=종지)의 영기에 관하여

3395. 다시 나에게 보여진 것은, 고대교회의 악한 자들에 의하여 널리 확산된 신념이나 종지의 영기는 청색의 수직적인 묶음에 의한 그것의 사라짐에 의하여 어느 정도 측정되었습니다.

3396. 내가 이미 알고 있는 자들이 이 영기 안에 나타났는데, 그 때 그들은 높은 곳에 있었습니다. 그들은 마치 가두어진 곳에, 또는 넓은 회랑 안에 있는 것처럼 희미하게 보였습니다. 그들은, 아주 멀리 떨어진 것처럼 거기에서, 그리고 다른 어조로 나와 이야기하였습니다. 1748년 9월 28일

천사적인 동료들 안에 현존할 정도의 첫 번째 국면에, 또는 첫 번째 능력에 들어가는 일이 오직 주님에게서 비롯된다는 것에 관하여

3397. 아담 이전 사람들에 관해서 언급된 것에서 나타난 것은 그 첫 번째 들어감(=시작)은 오직 주님에 의하여 허락된다는 것이고, 심지어 한동안 그 영들은 그것을 알지 못한다는 것입니다. 왜냐하면 그들이 악령들에 의하여 이와 같이 찢기어질 때, 그 때 그는 수면상태에 있고, 그리고 고통을 느끼지 못하지만, 그러나 오히려 그것을 더 사랑할 것입니다. 그 이유는 주님께서 그의 내면적인 것들을 통하여 역사하실 것이기 때문입니다. 그러므로 그는 외면적인 악들을 정복하기를 열망할 것입니다. 따라서 안에는 우세함이 있고, 그래서 그는 외면적인 악을 전혀 느끼지 않을 것입니다. 더욱이 그는 잠자는 상태에 있게 되고, 따라서 무감각의 상태에 있습니다. 따라서 그가 알지 못한다는 것조차도 그가 알지 못한다는 것은 이런 사실에 의하여 입증되었습니다. 다시 말하면 그가 이와 같이 드러나 보여진 뒤 장시간이 지난 뒤 나에게 와서, 그리고 그는 자신이 변하였다는

것을 이상하게 여겼고, 그러므로 그는 그것이 어떻게 일어났는지를 알지 못하였습니다. 그가 나에 의하여 알게 된 것은, 그것이 어떻게 해서 이루어졌는지, 그리고 그것의 성질이 어떤 것 인가였습니다. 이와 같이 사람이나 영이 무지한 상태에 있는 동안 그는 준비되었고, 그 때 개혁되었습니다. 1748년 9월 28일

천계가 어떻게 드러나는지에 관하여

3398. 내가 영들과 길에서 대화하고 있을 때 이런 일이 일어났습니다. 말하자면 천사들은 머리를 천계에 두고 있지만, 그러나 발은 저급의 천사적 영들의 천계에 두고 있다는 것입니다. 따라서 말하자면 동일한 자들은 그들의 천계에 머리를 두지만, 그러나 발은 저급의 천사적 영들의 세계에 둡니다. 그리고 머리를 영들의 세계에 두는 자들은 발은 사람에 둡니다. 그러나 땅에서 근자 유입된 자들은 오류로 말미암아 자기 자신에게는 사람들과 같이 나타나지만, 그러나 악령들은, 지금 암시된 것과 같이, 저급의 영들은, 머리는 궁둥이에 두고, 발은 위를 향해 둡니다. 1748년 9월 28일

소용돌이에 들어온 것은 호흡에 들어온 것이라는 것에 관하여

3399. 아담 이전의 사람들이나 그들과 닮은 자들이 매우 빠른 회전운동에 들어왔을 때, 나는 비록 처음에는 그들이 서로 단절된 것이었지만, 나중에는 계속적인 것이라는 것을 깨달았습니다. 깨닫도록 허락된 것은 그런 회전에 들여보내졌을 때 그와 같이 들어온 것은 호흡에 들어온 자들과 꼭 같은 정황에 있다는 것입니다. 왜냐하면 호흡이 사람 안에 주어지게 되면, 감관들이나 지각들 그리고 행위들이 살아납니다. 그리고 내면적인 호흡이 주어졌을 때 내가 지각한 것은 내면적인 감각들이나 지각들이 살아난다는 것입니다. 이런 것들은 생생한 경험에 의하여 나에게 입증되었습니다. 왜냐하면 나는 역시 호흡에 속한 내면적인 회전운동(=소용돌이)에서 실제 행동하

게 되었기 때문입니다. 따라서 호흡에 들어오는 일은 단지 최초의 것에 지나지 않지만, 그것이 허락되면 그 때 영은 내면적인 지각들이나 그 밖의 것들에 안내됩니다. 왜냐하면 입증된 것과 같이 개념들은 호흡들에 속한 순간들(moments)이고, 다양한 변화들이기 때문입니다. 이러한 사실은, 내가 앞서 언급한 것과 같이 허파들의 적용을 통해서 근육들에게서 일어나는 의지의 활동에서 잘 드러나고 있습니다. 1748년 9월 28일

다른 지구의 영들에 관하여 ; 알지 못하는 영들의 어떤 종류의 불가사의(不可思議)한 행위들에 관하여

3400. 내가 잠자리에 있을 때 약간 정면 위에 한 영이 내게 나타났습니다. 그는 또한 위쪽 후면에 나타났습니다. 왜냐하면 그는 위치를 바꿀 수 있었기 때문입니다. 그 때 그것은 많은 것들로부터 보여졌습니다. 사실 그는 영기 안에 있는 모든 것의 위치를 바꾸었습니다.

3401. 내가 제일 먼저 깨달은 것은 다른 영기 가운데 있으면서 자신들의 거처에서 말을 한 영들은 그 때 말을 할 수 없었다는 것입니다. 그리고 그는 자신들의 망상들 안에 있었다는 것입니다. 그리고 나는 이런 영들의 망상들은 이런 것들이라고 상상할 수 없었습니다. 그래서 그들은, 그들이 예전과 같이 말을 할 수 없다고 말을 하였는데, 이런 말은 내가 역시 들은 것입니다. 따라서 또한 그는 그들의 개념들 안에 들어왔고, 그들은 망상들에 의하여 자제되었습니다. 그리고 또한 망상들에 의하여 그들은 다른 지역으로 쫓겨났습니다. 따라서 그들은 다른 쪽에 있을 수 있었습니다. 지금은 그들은 다른 영역에 있으며, 그리고 그들이 전에 했던 것과 다르게 말하였습니다.

3402. 그는 말하려 하지 않았지만, 그러나 내가 그와 말하고 있다고 생각하고 있을 때, 그 때 그는, 내가 생각했던 것들에 관해서, 전

혀 생각하지 않는다는 그런 망상들을 가지고 있었습니다. 더욱이 그는 내가 가지고 있는 소견에 정반대되는 것을 생각하고 있었습니다. 그러나 이런 사실을 내가 생각하고, 말하였을 때, 그는 내가 알고 친하게 지냈던 사람들이나 영들을 자극하였습니다. 왜냐하면 그는 내 생각의 개념 안에 있지 않았고, 다만 그는, 말하자면 곁에 있지 않고 멀리 떨어진 나의 개념들에게 결합된 자들의 개념 안에 있었기 때문입니다. 한마디로 말하면 그는, 나의 생각들에게서 아주 멀리 떨어진 사람들이나 영들을 자극하였습니다. 왜냐하면 사람의 모든 개념은 어떤 것이든, 마치 사람들이 그것들에게 결합된 것과 꼭 같이, 장소들뿐만 아니라, 사람들에 의하여 함께 있기 때문입니다. 그러므로 내가 생각하고 있을 때 그들은 내 생각으로부터 전혀 아무것도 깨닫지 못하였습니다. 그러나 그의 망상에 속한 개념은 멀리 떨어져 있고, 그리고 내가 앞서 말한 것과 같이, 사람들 안에 있었습니다. 그래서 그는 그들을 자극하였습니다. 이렇게 그런 일이 생길 수 있다는 것은 다른 자들에게는 놀라운 일이고, 믿기 어려운 일이라고 생각되었습니다.

3403. 이런 것들로부터 얻을 수 있는 결론은, 다른 자들의 생각들로부터 그 생각하는 자가 그것에 관해서 알지 못하는 그런 것들을 자극하는 영들이 존재한다는 것입니다. 이러한 사실은 내가 주의를 하지 않았을 때 배설물들을 본 자들에게서 나에게 확증된 것이고, 그리고 그들이나 그들의 본성에 적합한 것은 무엇이나 모든 개념들로부터 자극하는 다른 영들이 있다는 것입니다. 이러한 것은 이미 자주 예전에 깨달은 바입니다. 그러므로 사람의 생각 안에 있는 것은 어떤 것이나 모든 것들을 자극하는 영들이 주어졌습니다. 어떤 자들은 그것들 가까이에 있는 것들을, 어떤 자들은 아주 멀리 떨어져 있는 것들을, 그리고 어떤 자들은 심지어 뒤이어지는 것들을 자극하였습니다. 이런 자들은 내가 알고 있는 사람들을 자극하는 그런 부류이고, 그리고 따라서 내 생각으로부터 흘러나와서, 그리고 멀리

떨어져 있는 자들을 자극하는 그런 부류이지만, 그러나 다음의 자들은, 다시 말하면 내가 생각한 자들을 자극하지 않는 그런 자들입니다.

3404. 그는, 그의 성질에 관한한, 나에게 입증되었습니다. 다시 말하면 이른바 그의 눈으로부터 입증되었습니다. 그러나 그것은 귀에서 비롯된 것입니다. 양쪽에서 마치 밝은 가시들 같은, 광선이 발출하는 것이 보였습니다. 그것은 양쪽에 가시들을 가지고 있는 어떤 곤충에 속한 그런 것이었습니다. 그러나 그의 것은 빛이 났습니다. 그것은 나 자신에게 힘을 가하고, 그리고 서로 다르게 조절하는 것을 나에게 허락하였습니다. 그는 이런 빛나는 가시들을 등에서 뽑았습니다. 그리고 지금은 나를 향하여 그것들을 펼쳐 놓았고, 때로는 옆구리에, 때로는 그의 머리의 뒷부분에 펼쳐 놓았습니다. 그 때 일러진 것은, 그가 광선들을 후두부를 향해 뻗칠 때, 그리고 그것들을 결합시킬 때, 그 때 그는 모두를 수집한다는 것이고, 따라서 그는 그 생각에서 멀리 떨어져 있다는 것이었습니다. 왜냐하면 빛나는 가시들을 등에다 뻗치고, 그리고 그것들을 결합할 때, 그 때 그는 개념에서 멀리 떨어져 있는 자들을 자극하기 때문입니다. 그리고 그가 그것들을 좌우 양쪽으로 뻗칠 때 그것은 이와 같이 그리 멀리 떨어지지 않고, 그 생각 안에 있는 자들을 자극합니다. 그리고 그가 그것들을 나에게 적용할 때 그 때 그는 그 개념 안에 가까이 있는 자들을 자극합니다. 그리고 그가 그것들을 곧장 뻗으면, 그리고 사실은 그것들을 서로 교차시키면, 그 때 그것은 나 자신에게 행한 것으로 내게는 보였는데, 그 때 그는 그 개념 안에 가장 가까이 있는 자들을 자극합니다. 그것에서 뒤이어지는 것은, 그리고 암시된 것은, 그 사안이 그러하다는 것입니다. 그가 나에게 보여 준 것을 제외하면, 내게 일러진 것과 같이, 그의 얼굴에는, 가시들이 나온 수염이나 귀들을 제외하면, 아무것도 보이지 않았습니다. 그러나 그는 이런 것들을 변하게 할 수 있었습니다. 그래서 영들은 그의 얼굴을 형성

하는 것에 관해서 전혀 알지 못하였습니다. 더욱이 그는 비가시적이 었습니다.

3405. 그는 자신의 망상들에 의하여 사람들을 자극하기 때문에, 왜냐하면 사람들에 관한 개념 안에 있는 것은 무엇이나 그가 수집하고 그 안에서 직관(直觀)을 취하고, 따라서 그가 침투했던 영들의 개념들 속으로 들어가기 때문에, 그러므로 사람들, 다시 말하면 영들은 저항할 수가 없었습니다. 그러나 그는 그들의 개념을 자극시키고, 그래서 그들의 개념들 속으로 갑니다. 그것은, 이미 언급한 것과 같이, 그것들을 그 자신에게 끌어들이는 것처럼 보였습니다. 나는 또 불평하는 다른 자들의 말을 들었습니다. 그 때 그들은 앞에서와 같이 그들 자신의 장소에 있지 않은 것 같이 보였습니다. 그러나 그와 나 사이에 있는 것처럼 보였습니다. 사실, 그가 온 게헨나를 자극하는 것 같이 나에게 보였는데, 그것은 내 왼쪽 아래 아주 가까이에서 들렸습니다. 따라서 게헨나는 왼쪽 귀 아래에 있었고, 나는 그들의 시끄러운 소용돌이 소리를 들었습니다. 따라서 그의 망상들에 의하여 그는 영기들을 왜곡시켰고, 그래서 그들은 자신들의 장소에서 더 이상 아무것도 듣지 못하였습니다. 그러므로 만약에 이런 존재들이 다스리기 시작한다면 영들의 세계의 측면에서 보면 최대인간(the Grand Man)의 위치는 도치(倒置)될 것입니다. 그들이 나의 육신에 작용할 때 그들의 행동은 왼쪽 팔 중간 부위에 들어왔습니다. 다시 말하면 앞에서 보여진 바와 같이 그의 전방의 팔에 작용하였습니다.

3406. 나는 가끔 잠을 잤는데, 서너 차례 잠에서 깨고는 하였습니다. 내가 잠에서 깨었을 때 그는 자신의 자리에 있었고, 그리고 계속해서 있었습니다. 왜냐하면 그는 잠자는 자들에게 아무런 힘을 쓰지 못하였기 때문입니다. 거기에는 역시 나와 함께 몇몇 영들이 있었는데, 그들은 잠을 자는 상태이고, 그는 그들에게 자극을 줄 수 없었지만, 다만 깨어 있는 자들에게만 자극을 줄 수 있었습니다. 내

가 잠자는 동안에 나는 개들이 나의 것들을 가지고 있는 꿈을 꾸었습니다. 그리고 그것들이 나의 물건들을 가지고 갔기 때문에 나는 그것들을 뒤따라 추적하였습니다. 그러나 갑자기 그 놈의 개들은 험난한 길을 내달려가서, 자신들을 숨겼습니다. 그리고 그 길은 매우 험한 내리막길로 보였습니다. 그러나 그 개들은 어떤 자들과 함께 책상 밑에 자신들을 숨겼고, 따라서 나는 그 개들을 보지 못하였습니다. 내가 잠에서 깨었을 때 나는 그 개들에 관해서 그리고 내 앞에 있었던 절벽에 관해서 생각하였습니다. 그 때 그 절벽에 속한 가장 큰 공포가 나를 엄습(掩襲)하였습니다. 따라서 그 절벽에 관해서 생각하였을 때 두 세 번 그에게서 공포가 흘러나왔는데, 그에게는 이런 것에 대한 매우 심한 공포를 가지고 있었습니다. 내게 일러진 것은, 그가 감히 천사들이나 천계에 관해서 생각할 수 없다는 것과 그리고 그런 일을 하게 되면 그런 무서운 공포가 지금처럼 솟구친다는 것 등이었습니다. 따라서 그는 망상에 의하여 천사들이나 천사적인 영들을 결코 끌어들일 수 없습니다. 만약에 그렇게 한다면 그는 반드시 멸망할 것입니다.

3407. 그가 잠을 자지 않고 깨어 있을 때면, 그는 계속해서 마귀를 불러들였습니다. 그래서 그는, 나와 같이 있는 동안, 악마적인 것들을 제외하면 아무것도 하지 않았습니다. 그 이유는 아마도 그들은 계속해서 악마를 부르는 그런 존재들이고, 그리고 그들은 모든 것을 할 수 있다고 생각하는 그런 존재이기 때문입니다. 그는 이런 자들을 유혹하였습니다. 왜냐하면 그는 그와 같이 수많은 자들을 끌어들였기 때문입니다. 그 이유는 그런 것들이 수많은 자들의 망상 안에 밀착되어 있기 때문입니다. 따라서 그와 같은 수많은 패거리들이 그가 들어간 망상들 안에서 충동질되었고, 그리고 그와 같이 그들을 유혹하였고, 따라서 그는 그 수많은 패거리들을 끌어들였습니다.

3408. 내가 말을 하였을 때 그 때 나는, 그는 그가 말한 어떤 것들을 생각하고 있다고 짐작하였습니다. 그러나 그들이 하는 말은,

그는 이런 것들에 관해서 전혀 생각하지 않고, 오히려 마치 생각하지 않는 것처럼 말한다는 것입니다. 그리고 그 때 그의 마음 속에서는 매우 다른 사안들을 궁리하였다고 말하였습니다. 그래서 그는 그가 무엇을 말하였는지 알지 못하였습니다. 나에게 허락된 지각은, 이런 인물들이 이 세상에 주어지는데, 그들은 그들이 말을 할 때 전혀 주의를 기울이지 않고 말한다는 것이고, 그리고 그들이 말한 내용을 거의 알지 못한다는 것이고, 그러나 낱말들은 그저 입에서 흘러나온다는 것 등입니다. 그리고 그들은 그 때 전적으로 서로 다른 것들을 생각한다는 것입니다. 가령 사람들에 관해서 보면 그들은 사람들에 관해서 파괴한다, 잘못 인도한다, 또는 설득한다 등으로 생각하지 그들은 그들이 지금 말하고 있는 자들에 관해서 생각하지 않고, 오히려 전혀 알지 못하는 다른 자들에 관해서 생각합니다. 그리고 그들이 말할 때 그들은 그들의 말에 속한 개념이나 다른 자들의 개념에서 그와 말하는 자들에 관해서 기억을 상기시킵니다. 지금 암시된 것은, 여러 사안들에 관해서 그들이 말할 수 있는 자들에게는, 그들은 그것에 관해서 생각하지도 않고, 오히려 다른 사안들에 관해서 생각하는 이런 부류의 성격을 지닌 자들이 많이 있다는 것입니다. 그래서 사람들은 그들이 다른 자들에 대해서 생각한 것을 결코 알지 못한다는 것입니다.

3409. 내가 용에 관해서 생각하였을 때 그가 바로 이런 성격을 지닌 자였습니다. 다시 말하면 그가 어떤 것을 말하고 있을 때 그는 다른 것을 생각하는 그런 자였습니다. 그가 나에게, 그는 이런 성격의 사람들을 잘 알고 있지만, 그러나 그는 그들에 의하여 깨닫는 바는 없다고 대답하였습니다. 그러나 증오해야 할 악마적인 영들이 활동하기 시작하였을 때, 그 때 그 용이 옛 예루살렘에 보내졌는데, 거기에는 가장 어두운 곳에 유대인들이 숨겨져 있었습니다. 일러진 것은 유대인들은 그런 영들이 와서, 활동하게 되면 그와 같이 숨는다는 것이었습니다. 다시 말하면 어둠의 본질 안에 있는 것을 없애

버리고, 따라서 시야에서 가리운다는 것입니다. 그것은 그런 사악한 영들의 망상들이 그들에게 미치지 못하게 합니다. 내가 깨닫도록 허락된 것은, 유대 사람들은 이와 같이 믿음에서 멀리 떨어져서 간수되고, 그래서 그들은 전적으로 주님을 부인합니다. 이런 이유 때문에 그들은 가장 어둠의 본질 안에 숨겨질 수 있습니다. 그리고 그렇지 않다면 그들은 아마도 그런 악령들에 의하여 끌려갔거나, 쫓겨났을 것입니다. 유대 사람과 같이 하는 그 용은 이렇게 생각하였습니다. 그들은 어두운 곳에 그들 자신들을 숨기고, 그 속에서 그들은 자신들을 감싸지만, 그러나 지금 그 용에게 드러난 것은, 그리고 그가 역시 그것을 고백한 것은, 그는 유대 사람과 함께 끌어낼 수 있었고, 그리고 그를 어둠 안에 자기 자신을 사로잡는 것에 의하여 저항할 수 있다고 생각하였습니다. 그러므로 그 악령에 대항하여 싸우는 일이 자신에게 허용되었다고 생각하였습니다. 그리고 그는, 주님께서 그를 지켜 주시지 않는다면, 능히 저항할 수 없다고 고백하였습니다. 그러므로 그는 지금 간청자(懇請者)가 되었다고 고백하였습니다.

3410. 그 뒤 나에게 보여진 것은 그가 어떤 빛 안에 있었다는 것입니다. 다시 말하면 그가 하나의 빛 안에 있다고 일러졌습니다. 그 빛 안에는 불꽃과 같은 본질이 있다는 것도 영명하지 않은 희미한 것이었는데, 그것은 마치 어둠과 불꽃의 빛이 뒤섞였을 때의 그런 것이었습니다. 그 때 내게 일러진 것은, 그가 그들의 피술자(被術者)이고, 그런 성격을 지닌 수많은 자들이 있었다는 것입니다. 즉 그는 야행적인 불빛들(nocturnal igneous lights)이었습니다. 따라서 그는 이런 불빛으로 에워싸였고, 그리고 이들이 바로 저 세상에서 영들이 그들의 망상들을 가지고 수많은 것들을 수행한다고 보았을 때의 그들입니다. 그 때 그들은, 사실은 내가 다른 여러 곳에서 그리고 여기저기에서 다루었다고 생각한 망상들에 의하여 악마적인 패거리들이 모든 것을 수행할 수 있다고 믿었을 뿐만 아니라, 그래서 그들은

모든 것들을 성취할 수 있다고 하여 그들은 이러한 것들에 자기 자신을 내맡기고, 망상들에 의하여 행동하는 것을 익혔습니다. 따라서 그들은 그들이 모든 것들을 지배할 수 있다고 생각하였습니다. 따라서 그들은 자신들을 이런 일에 내맡기었고, 그리고 그런 유의 어떤 존재가 되기를 열망하는 것에 자기 자신을 맡겼습니다. 따라서 그들은 우주가 자신들에게 종속되어 있고, 또한 자신들의 망상들에 예속되어 있다고 생각하였습니다. 내게 입증된 것은 이것이 그들의 성품이라는 것, 따라서 그들은 그들이 우주의 지배자이고, 주인들(lords)이라고 생각하였습니다. 그들은 자신들이 야광적인 빛들(nocturnal lights)이라고 생각하였지만, 실은 촛불에 불과하였습니다. 그 이유는 그들 안에 수지(獸脂) 보다는 유황(硫黃)이 더 많이 있기 때문입니다.

3411. 나는 그런 자들의 출처를 알고자 하였습니다. 왜냐하면 나는 그들이 우리 지구에서 온 것이 아니기를 원하였기 때문입니다. 그는, 그가 여러 별들로부터 왔다고 말하였습니다. 다른 자들은 그가 식인종(食人種)이라고 말하였습니다. 나는 그들에 관해서 영들과 이야기를 나누었습니다. 그리고 밝혀진 것은, 그들이 그런 성격의 소유자라는 것입니다. 더욱이 그들의 쾌락에 속한 성질은, 그들이 사람을 죽이고, 그리고 그것을 먹을 때, 가장 크다는 것이었습니다. 그리고 또한 그런 식으로 살았다는 것이었습니다. 그러므로 그들은 식인종이라는 별명이 주어졌습니다. 그러나 나는 그들이 여전히 그렇게 사는지 여부는 알지 못합니다. 따라서 칼머크들(the Calmucks)이 이런 성격이었는지도 알지 못합니다. 내게 일러진 것은 이런 부류의 인물들은 이 이외의 다른 세상에게 거의 오지 않는다는 것, 그리고 거기에서 그들은 치명적인 증오 가운데서 서로를 사로잡고 있습니다. 다시 말하면 그들은 서로를 가장 잔인하게 다룰 뿐만 아니라, 한번은 그런 일이 실제적으로 일어났을 때 아주 쉽게 그 잔인성이 드러났고, 그리고 그것은 마치 식인종들 사이에서와 같이 확장되었습니다. 나는 또한 유대 사람에 관해서, 그들은 치명적인 증오 가

운데서 기독교인들을 다루고 있다고 말하였습니다. 나는 그것이 참인지 아닌지 알 수 없지만, 프라하(Prague · Praha)의 경우가 그러하다고 보고되었습니다. 사실 그들에게는 사람의 피보다 더 좋은 것은 아무것도 없다는 것, 그리고 또한 어떤 자들은 광적인 격정에 사로잡히기도 한다는 것, 심지어 어떤 자들은 그들의 그런 분노나 격정의 상태에서 그런 것들을 먹기를 열망하기도 하였다는 것 등등이 보고되기도 하였습니다.

3412. 그러므로 작금의 세상은 외적인 것들에서나, 잔인한 생각들의 측면에서 유리방황(遊離彷徨)하고 있고, 그리고 내적으로 보면, 내가 생각하기에는 내적인 것이 온갖 잔악한 것들을 생각한다는 것을 어느 누구도 알 수 없을 정도로 자기 스스로 외적인 것이 되었고, 또 그렇게 말하고 있습니다. 그러므로 그들이 밝은 이성으로 되돌아오지 않는다면 이 세상의 마지막 때가 임박하였습니다.

3413. 그럼에도 불구하고 그 망상에 속한 영기가 소멸되었기 때문에 그리고 나를 에워싼 지역들이 부분적으로 변하였기 때문에, 그러므로 밑에 보였던 자들이 지금은 위에 있습니다. 그러나 여기서 깨달아야 할 것은 다만 지역들은 믿음의 상태에 있지 않는 자들 앞에서 이와 같이 변하였다는 것이고, 그리고 최대인간(最大人間)에 속한 지역들은 믿음의 상태 안에 있는 자들 앞에서는 영원히 그대로 남아 있다는 것입니다. 왜냐하면 망상들은, 최대인간에 대해서는 어떤 것을 수행할 수 있다는 것이 불가능하기 때문입니다. 왜냐하면 그런 망상들에 속한 영기는, 그것이 주님을 기쁘게 할 때에는 언제든지 소멸되기 때문입니다. 이런 경우가 어떻게 해서 있는 것인지 나에게 보여졌습니다.

3414. 거기에는 역시 패거리들이 왔는데, 그들은 노상강도들이 운집한 것과 같은 고약한 의도로 결합된 것들을 소산(消散)시키는 자들입니다. 그 때 전에 언급한 바와 있는 동풍이 일어났습니다. 그러나 그들은 그런 망상들에 속한 영기를 소멸시킬 수 없었습니다. 다

른 한편, 이런 망상들은 그것들을 휩쓸어 가버렸습니다. 그와 같은 침투가 바로 망상들에 속한 영기입니다. 그러나 보다 정교한 동풍의 바람소리가 들려왔고, 그리고 그것은 내 머리와 귀 주위에 있다는 것을 나는 깨달았습니다. 그것은 망상들에 의하여 그것에 대하여 어떤 활동을 할 수 없었습니다.

3415. 그들이 망상들에 의하여 자신들에게 끌려오고, 그리고 집합된 자들과 더불어 어떤 것을 행하기를 원했는지 질문되었습니다. 그들은, 그들이 그들을 그물 안에 덮어 싸매고, 그리고 그들을 바다, 즉 아비소스에 처넣을 것이라고 말하였습니다. 그러므로 몇몇은, 홍수에 의하여 그러하듯이, 망상들에 의하여 그들이 소멸되기를 원하였습니다. 홍수 시대 이전에 홍수에 속한 대응이 있었는지 여부는 있었다고 생각되지만, 그러나 그 홍수가 생겼다는 것은 내가 그들과 그것에 관해서 이야기한 수많은 것들에서 명확합니다. 그러나 노아의 방주(Noah's Ark)에 관해서는 그것이 뜻하는 바를 나로 하여금 믿게 하기 위해서는 수많은 것들이 야기됩니다. 예를 들어 보겠습니다. 그 방주에는 방주 안에 실려 있는 그렇게 많은 동물들을 위한 장소·먹거리가 반드시 있어야 하였고, 그리고 그 방주는 그와 같은 것들을 수용하기 위해서는 매우 커야만 했습니다. 그러나 내가 이런 사안들에 빠졌는데, 그 이유는, 실제적으로 일어난 사실을 그것에 의하여 혼란스럽게 하려는 영들이 있기 때문입니다. 그러므로 나는, 창세기서에 모세에 의하여 기술된 각각의 것이나 모든 것은 그런 성질에 속한 것이라고 생각합니다. 예를 들면 낙원(paradise)이 그러하고, 아담이나 그 밖의 많은 다른 것들이 그러합니다.

3416. 내게 입증된 것은 그가 이와 같이 수집한 모든 것들을 그는 아주 큰 그물 안에 넣었다는 것입니다. 왜냐하면 그는, 자신의 망상들에 의하여 큰 그물을 추론하였고, 그래서 그것들은 그 그물 안에 넣어졌고, 또한 그들은 탄식에 휩싸일 수밖에 없었습니다. 그러나 그들은 끌려나와 군중 속에 모여졌습니다. 그것은 한 사람처럼 보였

습니다. 나는 그가 누구인지 몰랐습니다. 내가 누구인지 물었을 때 그들은 여러 사람의 모습을 생각나게 하였습니다. 왜냐하면 어떤 때는 이런 사람으로, 어떤 때는 저런 모습을 대신하는 것이 그들의 하나의 관습이기 때문입니다. 그들은 그물 안에 넣어졌습니다. 그리고 저질스러운 영은 불평하였습니다. 그 때 그물 안에 있었던 자가 그물 안에 있는 자기 자신을 멀리 뻗쳐서, 다종다양한 휨(=굽힘)에 의하여 나의 발 아래에 있는 다양한 지역들에까지 뻗어 나왔습니다. 내게 넌지시 일러진 것은 그 영이 바로 온갖 미망들을 야기시킨 그 영이라는 것입니다. 그가 종결된 그 그물의 마지막 영역에까지 뻗친 다종다양한 확장이나 뻗침에 관해서 기술한다는 것은 지루할 것입니다. 왜냐하면 그 휨(=굽힘)은 수도 없이 많았기 때문입니다. 1748년 9월 30일

영들에 관한 망상들을 거론한 철학자들은 영들이 즐거움을 향유한다는 것을 믿을 수 없다는 것에 관하여
3417. 내가, 영들이나 그들의 감관에 관해서 1719·1720항에서 깨달은 것을 회상, 끌어내고 있을 때 그 때 어떤 여러 학자들이 나타났고, 그리고 그들의 지각이 내게 교류되었습니다. 그 교류에서 내가 깨달은 것은, 영들이 그 어떤 느낌을 향유한다는 것을 결코 믿을 수 없다는 것입니다. 하물며 영들이 고통들, 공포들, 두려움 따위를 갖는다는 것을 어떻게 믿겠습니까! 이와 같은 그들의 철학적인 망상들은 그들에게 암흑을 유발하였습니다. 그러므로 무지(無知)한 자들이 그런 것들을 믿을 수 있는 자들입니다. 1748년 9월 30일

악한 영들, 사실은 가장 사악한 영들은 잠자고 있는 자들을 자극할 수 없다는 것에 관하여
3418. 가장 사악한 악령들이나 마귀들이 그들의 생각에 의하여 보다 정교한 영들을 자극할 수 있을 정도로 내 주위에 있다는 것이

인지되었을 때, 그들이 잠자는 자들에게 그렇게 할 수 없다는 것을 깨달았습니다. 왜냐하면 내가 잠에서 깨었을 때 나는 내 곁에 잠자고 있는 영들이 있다는 것을 깨달았기 때문이고, 그리고 심지어 내가 그런 악령들에 의하여 에워싸여 있었지만, 그들이 잠자는 자들을 움직이거나 자극할 수 없다는 것을 깨달았기 때문입니다.

　　최대인간의 전체는, 하나의 유기적인 기관이고, 그리고 육신에 속한 보다 순수한 피막들이나 조잡한 것들을 드러낸다는 것과 그리고 주님께서 홀로 내면적인 것들이나, 따라서 그것에서 파생된 혈액들을 드러낸다는 것에 관하여

3419. 최대인간에 관해서 깨달은 것에서 확실한 것은 그는 오직 하나의 유기체에 지나지 않는다는 것입니다. 따라서 그는 하나의 막으로 이루어진 본질이라고 하겠습니다. 다시 말하면 인체의 유기적인 것, 또는 인체의 막으로 된 것들에 대응하는 것인데, 그것은 주님의 생명에 의하여 실제적으로 활동합니다. 따라서 주님으로 말미암아 생각하고 움직이는 그런 존재입니다. 그분께서 생명이시기 때문에 주님께서 홀로 이런 것들을 생기발랄하게 하시고, 활동하게 하십니다. 그러므로 인체의 궁극적인 성질 안에 있는 발랄한 생기(animal spirits) 또는 혈기(血氣)에 의하여 표징됩니다. 왜냐하면 주님의 생명은 제일존재(第一存在 · firsts)들이나 최초의 것들(primaries) 안에 존재하는 것과 같이 궁극적인 것들(ultimates) 안에 꼭 같이 존재하기 때문입니다. 그러므로 누구든지 자기 자신의 생명을 살리고, 그리고 자기 자신의 생명을 움직이기를 원하는 자는 최대인간 안에 존재할 수 없고, 오히려 그가 이런 것들을 열망하는 것에 비례하여 그는 자기 자신을 거기에서부터 추방되고, 쫓겨나기를 강요합니다. 그러므로 최대인간 전체는 하나의 인내적인 힘(a patient force) 또는 수동적인 힘(受動的 · passive force)을 가리키는데, 이 낱말은 본질적으로 죽었다는 것을 뜻합니다. 그러나 주님께서 홀로 능동적인 힘

(the active force)이시고, 발동적인 존재(發動的 存在・the agent)이시고 또한 살아 있는 힘(living force)이십니다. 여기서부터 혼인(婚姻)이 생겨나고, 그리고 그것에서부터 천계는 배우자 또는 아내에 비유되고, 그리고 주님만이 오직 신랑되십니다. 1748년 10월 1일

거기에는 결코 항성(恒星・fixed star)은 존재하지 않고, 다만 그것 주위에는 그것이 지닌 유성의 세계(流星・行星・its own worlds planets)가 존재한다는 것에 관하여

3420. 나는 영들과 더불어 별들과 그것들 주위에 있는 세계들의 근원에 관해서 대화를 하였습니다. 그 때 언급된 것은, 그것 주위에 있는 세계들(worlds)을 가지고 있지 않는 별(星・star)은 결코 존재하지 않는다는 것입니다. 그 이유는 그것이 태양(太陽)과 같은 존재이고, 또한 중심(中心・center)과 같기 때문입니다. 왜냐하면 하나의 목적(as an end)으로서의 최대인간 때문이 아니면, 따라서 주님을 위한 것이 아니면 창조된 것은 아무것도 존재하지 않습니다. 1748년 10월 20일

망상들을 수용한 학자는 확증하는 것 이외에는 어떤 것에도 주의를 집중하지 않는다는 것에 관하여

3421. 나는 학자들에 관해서 영들과 대화를 하였습니다. 그 때 언급된 것은, 영들은, 학자들이 다른 것들에서 취한 것에 비하여 자기사랑(自我愛)이나 세상사랑(世間愛)으로부터 취한, 그리고 여러 원칙들로 채택한 그런 주장이나 견해에 속한 확증이 더 많다는 것이 그들에게서 발견된다는 것이었습니다. 왜냐하면 학자들은 사람들 안에 존재하는 철학적인 것이나 과학적인 것은 어떤 것이든 여러 확증들로 바꾸기 때문입니다. 즉 그들은 어떤 것도 보지 못하는 확증들로 바꾸기 때문입니다. 또는 만약에 다른 것들에 의하여 그들이 자극을 받는다고 해도 그것들을 그런 것들로 휘게 하여 어떤 것도 보지 못

하게 하는 여러 확증들로 바꾸기 때문입니다. 설교자들도 주님의 성언 안에 있는 것들도 이런 식으로 다루고 있습니다. 그들은 자신들의 견해와 상충되는 것들은 전혀 보지 못하고, 다만 그것들을 선호(選好)하는 문자적인 뜻에서 이런 것들을 다루고 있습니다. 그러므로 학문적으로 많은 것을 배운 사람이면 그럴수록, 그리고 성경에서 많은 것을 배운 사람이면 그럴수록, 그들은 더 미친 사람이 됩니다. 아마도 이런 것으로 인하여 사제들은, 그들이 사제들이 되었을 때, 즉시 이른바 그들의 마음을 바꾸고, 그리고 다른 자들에 비하여 더 무자비하게 되고, 그리고 그 밖의 등등의 것으로 바뀌나 봅니다. 이러한 것들은 영들의 생각들이나 개념들에게서도 마찬가지입니다. 이런 부류의 영들은 멀리 떨어져 있는 불결한 것들을 보고, 그리고 그들이 본 오직 그런 것들로부터 결론을 도출합니다. 1748년 10월 20일

영들의 개념들에 관하여

3422. 저급의 영들의 개념의 본성이 어떤 것이고, 그리고 천사적 영들의 개념의 본성은 어떤 것이고, 천사들의 그것들이 어떤 것인지 단 하나의 무언(無言)의 개념에 의하여 영들에게 잘 드러날 수 있었습니다. 다시 말하면, 천사적인 영들에 속한 개념의 내면적인 것들이나, 천사들에 속한 그들의 내면적인 것들을 개념에서 깨달은 그들의 지각에 의하여 그들에게 잘 드러날 수 있었습니다. 그리고 동시에 이렇게 언급되었는데, 그것은 한순간에 이루어지고, 지각된 것은 수많은 페이지로도 사람에게 설명될 수 없다는 것이었습니다. 더욱이 지각되지 않을 것이라는 것입니다. 그 이유는, 사실, 개념이 무엇인지 사람은 아무런 지각을 가지고 있지 않기 때문이라는 것입니다. 그런데 하물며 내적인 것이나, 또는 기술된 개념들을 어떻게 지각할 수 있겠습니까! 왜냐하면 사람은 모든 사물을 아주 단순한 것이라고 여기기 때문입니다. 왜냐하면 관능적인 사람들은 이와 같이 그것들

의 개념들이 그러하다고 결론을 짓기 때문이지요. 1748년 10월 24일

영들에 속한 운율(韻律)적인 생각에 관하여

3423. 영들이나 천사들은 운율적으로 말합니다. 그래서 그들의 언어는 지장 없이 시원스럽게 흘러나옵니다. 그들은 친숙한 말을 쓰고, 의미를 증폭하는 것이나, 다른 방향으로 왜곡시키는 그런 낱말은 하나도 사용하지 않습니다. 그래서 그들은 낱말들에 속한 기교적인 품위 있는 말이나 짜 맞춤들 따위에서 비롯되는 자기사랑으로부터 그 어떤 것도 흘러나오지 않게 하기 위하여 예의 주의를 합니다. 왜냐하면 이런 것들은 마음을 혼란스럽게 하기 때문입니다. 그들이 홀로 있고, 사람에 속한 주의의 막힘이 없을 때, 그들은 마치 물이 흐르듯이 말을 하고, 그리고 또한 그들이 어떤 낱말에 집착하지 않게 되면 그들은 의미(=뜻)에 집착합니다. 내 경우 그들의 운율적인 언어는 가능한 한 가장 단순한 하모니에서 끝을 맺었습니다. 그들이 다른 운율적인 것에서 시도하였을 때 그들은 악센트에 의하여 하모니를 불러왔습니다. 그와 같은 일들은 수많은 영들의 시원스러운 화술 때문이었습니다. 그렇지 않다면 수많은 자들이 동시에 말을 한다는 것은 불가능하였을 것입니다. 따라서 그들의 언어에는 반드시 화합(=하모니)이 있어야만 했습니다. 최후의 하모니는 그것의 계속적인 것에 의하여 완숙하게 되었습니다. 다시 말하면 앞서의 것은 그것에 유입되어 이루어진 것입니다. 선율적인 언어는 내면적인 것들로부터 외면적인 것들에게로, 그리고 중간목적이라고 부르는 것을 통해서 진전합니다. 그것에 속한 모든 것은 바로 하모니요, 화합입니다. 그러나 영들에 속한 말의 하모니(the harmony of speaking)는 천사들의 말의 하모니와는 차이가 있는데, 그것이 어떻게 일어나는지 관찰한다는 것은 허락되지 않았습니다. 이러한 것들은 여러 방법에 의한 것입니다.

이(lice・기생충)에 관하여

3424. 믿음에 속한 것들을 비밀리에 공격하고, 그리고 잘 알지도 못하는 자들을 여러 가지 방법으로 음흉스럽게 왜곡시키고, 타락시키는 자들은 기생충 이를 가리키는데, 특히 집안에 있는 이들입니다. 그것들은 더러운 악취를 가지고 있습니다.

생쥐들에 관하여

3425. 그들은 진리들에 속한 것들을 해치는 생쥐 같은 무리였습니다. 그것들은 마치 생쥐들이 낟알을 해치우듯이 진리들에 속한 것들을 파괴시켰습니다. 최고로 흉악한 생쥐들이 가리키는 자들은, 보다 내면적인 것들을 매우 음흉하고, 속이는 방법으로 다루고, 그리고 보다 그럴싸하게 다루는 자들입니다.

이런 자들이 바로 생쥐들 안에 있는 최고의 영들의 성품입니다. 그래서 그들은 그것이 참된 것이든 선량한 것이든, 성장하는 모든 것들을 뭉개 버리고, 속임수를 가지고 변함없이 왜곡시키고 타락시킵니다.

영들의 협의(協議)에 관하여

3426. 영들은 자신들에게는 협의들을 행한다고 여깁니다. 그러나 그것들은, 그것들이 그들의 본성에서 발출하기 때문에 한순간에 이루어집니다. 그리고 그들의 생각들이나 대답하는 것도 그와 비슷합니다.

영들의 명정(酩酊)에 관하여

3427. 영들의 명정에 관해서 어느 정도 느낄 수 있는 정도로 가시적인 경험을 통해서 아는 것이 나에게 허락되었습니다. 그것은 지옥적인 형벌의 하나이지만, 그러나 그것은 그리 심한 것은 아닙니다. 동일한 영들이 명정의 곤혹이나 마비로 오랫동안 영향을 받았습니

다. 그리고 예전에는 실제로 이성적으로 판단하였고 그리고 그들은 자주 수많은 진리들을 듣기도 하였습니다. 그것으로 인하여 그들은 취한 상태가 되기도 했지만, 그것은 영적으로 취한 상태였습니다.

외현들(外現)에 일치하여 말한다는 것은 정당한 것이지만, 그러나 그것에 일치하여 생각한다는 것은 그렇지 않다는 것에 관하여

(1) 하나님께서는 사악한 자를 벌하신다는 것 ; 그리고 하나님께서 분노하신다는 것 ; 하나님께서는 그분 자신에게서 물리치신다는 것 ; 그리고 하나님께서는 돌보시지 않는다는 것.
(2) 사람은 선을 행하고, 진리를 말한다는 것 ; 사람은 선하고 참되다는 것 ; 사람은 자기 자신으로 말미암아 살아간다는 것 ; 그럼에도 불구하고 그 때 사람은 자기 자신으로 말미암아 살아갈 수 없고, 자기 자신으로부터 생각할 수도 없고, 선을 행할 수도 없다는 것.

선은 무엇이고, 선에 속한 진리란 무엇이고, 진리는 무엇인가에 관하여

과일을 예로 들어보겠습니다.
—열매가 보증하는 것은 선용(善用)입니다.
—선용이 적용되는 방법은 선에 속한 진리입니다.
—맛・냄새・아름다움의 측면에서 열매의 성품은 진리입니다.
열매들이나 꽃들의 향기를 예로 들어 보겠습니다.
—향기가 두뇌・폐장・심장에 관계해서 도움을 주는 선용은 선을 가리킵니다.
—그것이 콧구멍・관자놀이의 측면에서 또는 꽃다발처럼 머리 주변에 그것의 선용에 보답하기 위하여 적용되는 방법은 선에 속한 진리입니다.
—향기에 속한 성질이나, 그와 같은 것들은 곧 진리입니다.

인애(仁愛)
　―그것이 섬기는 선용이 곧 선입니다.
　―인애가 집행되는 방법이 곧 선에 속한 진리입니다.
　―인애에 속한 성질이 곧 진리입니다.

천계의 일반적인 법칙들에 관하여

(1) 지배적인 사랑이 사람에게 들어오는 것에 비례하여 이웃을 향한 사랑이 떠나간다.
(2) 따라서 이웃을 향한 사랑이 떠나가는 것에 비례하여 주님에 대한 사랑이 떠나간다. 왜냐하면 주님에게서 비롯된 선은 곧 이웃이고, 또한 선에 속한 진리이기 때문이다.
(3) 거기에서 뒤이어지는 것은, 지배적인 사랑이 들어오는 것에 비례하여 주님에게서 오는 구원하는 믿음(a saving faith)은 떠나간다. 왜냐하면 믿음은, 선에 속한 진리이기 때문이다.
(4) 이것이 혼인애로 인하여 매우 분명한데, 그것은 지배적인 사랑이 들어오는 것에 비례하여 떠나간다. 그리고 혼인애가 모든 사랑들의 근본이다.

이 세상에서 모든 믿음을 배척하는 자들과 오직 믿는 자들에 관하여

3428. 어떤 영이 있었는데, 그는 다소 불영명하게 보였습니다. 그는 개념들에 의하여 처음에는 나와 대화를 하였습니다. 그리고 후에는 자기 자신을 내 왼쪽 귀에 바짝 대고 말하였는데, 그러나 뒤집힌 자세였습니다. 그의 머리는 아래로 향하고, 그의 발은 위를 향해 있었습니다. 그는 이와 같은 자세로 내 귀에서 두세 번 말을 하였습니다. 그러는 동안, 나는 그가 누구인지, 그리고 그의 성품이 어떤지 알지 못하였습니다. 나중에 생생한 대화나, 여러 지각들에 의하여 나에게 밝혀진 것은, 결정적으로 믿음을 배척하는 그런 성품의 인물

들이라는 것입니다. 그래서 그들은 믿음에 관해서, 또는 지식들에 관해서 그 어떤 것도 들으려고 하지 않습니다. 그것은 그들이 이브와 아담을 현혹(眩惑)시킨 지식의 나무(the tree of knowledge)라고 생각한 것입니다 그러나 한편 그들은 아주 매우 삶을 주창하고, 그리고 강력하게 그것을 떠들어댑니다. 그렇지 않으면 그들은 그것을 매우 의기양양하게 찬양합니다. 이러한 경우는, 그들이 뒤집힌 자태로 드러난 것과 동일한 상태인데, 정반대되는 것을 믿는 자들의 경우라고 하겠습니다. 이런 부류의 자들이 바로 행함(works)이 없이 오직 믿음만이 구원한다고 주장하는 루터파라고 불리우는 자들입니다. 전자는 그 믿음을 주창합니다. 그래서 그들은 그것이 구원하는 것이 아니라고 말하는 것이나, 그리고 그것이 구원하는 것이 아니라고 하는 말조차도 들으려고 하지 않고, 전적으로 배척하는 자들입니다. 사실 그들은 그것이 정죄하는 종지(宗旨·신념)에 빠져 있는데, 그러한 사실은 삶에 관한 그들의 주장에서 추측할 수 있겠습니다. 그들은, 비록 지식에서 이미 떠난 것이지만, 그것만이 오직 삶이라고 주장합니다. 그리고 또한 그들은, 그 어떤 것이 그러한 것이 아니라면 그것은 무가치한 것이라고 주창합니다.

3429. 이런 계층의 영들에 종속된 동일한 인물이 있었습니다. 그는, 그의 머리와 발뒤꿈치가 뒤집힌 상태로 나의 귀에 말을 하였습니다. 비록 그런 자세는 눈에 잘 띄는 것은 아니지만, 그럼에도 불구하고, 그 뒤에 그는 거의 대부분, 또는 대부분의 시간을 등을 바닥에 대고 반드시 누워, 쭉 뻗은 상태로 나에게 보였습니다. 그리고 그 때 흰색의 몸(a white body)으로 보였지만, 그러나 온전한 몸이 아니고, 오히려 그는 흰색과 같은 그런 어떤 것이었습니다. 그 이유는 그의 삶이 이런 식으로 드러났기 때문입니다. 그가 그 자신이 지각된 생명의 성품에 대하여 조사되었을 때, 그것은 믿음에서, 따라서 온갖 지식들로부터 추상된 것으로 밝혀진 것인데, 그들은 생명이 현존해 있지만, 지식들은 무가치한 것이라고 생각하였습니다. 그에

게 일갈하는 것이 나에게 허락되었는데, 그것은 그의 종지와 교류된 것이고, 그리고 이른바 나에게서 생출된 것입니다. 즉, 삶은 생명이 행한 것이라는 것이고, 그리고 그 생명은 믿음에 속한 것이라는 것, 그리고 그 믿음은 생명 이외의 아무것도 아니라는 것 등입니다. 그리고 한 존재가 믿음에 속한 생명을 살 때, 그 때 지식은 인식되지 않는데, 그것은 곧 천사의 경우가 되겠습니다. 또한 사람은, 말을 할 때, 소리들이나 낱말들에 주의하지 않고, 오히려 낱말들의 뜻에 남아 있기 때문에, 그래서 사람이 사는 동안 지식들에 속한 것들은 사멸되고, 그와 꼭 같이 과학적인 믿음이나, 총명적인 믿음에 속한 것들도 사멸해 버립니다.

3430. 나신(裸身)으로 반듯하게 누운 채 흰 살갗을 드러내고 있는 그 사람이, 이런 것은 그가 자주 반복하는 것이지만, 그것 안에 주로 존재하는 생명에 대해서 생각할 때 무가치한 것이라고 말하였습니다. 그런 이유 때문에, 그리고 그가 그런 무가치한 존재이기 때문에, 악령들이 그를 해친다는 것은 불가능하였습니다. 왜냐하면 그가 무가치한 존재라는 것이 그의 신념이고 그리고 그 신념 안에 그의 삶을 두고 있었기 때문입니다. 그러나 그가 무가치한 존재라는 관점에서 무엇인가를 내가 지각한다는 것은 불가능하였고, 그러나 내가 알 수 있었던 것은, 그는 그것을 주님을 향한 겸비(謙卑)에서 그와 같이 말한 것이 아니고, 또한 자기 자신 안에는 악한 것이나 순결하지 않은 것을 제외하면 아무것도 아니라는 자각(自覺)에서 말한 것도 아니라는 것이었습니다. 이런 이유 때문에 그는, 비록 그들이 거룩하다고 말하지 않는다고 해도, 모두가 자신들은 순결하다고 생각하는 것을 허용하지 않았습니다. 그러나 그의 신념이나, 그들의 신념의 종지는, 그 때 그는 순결하다는 것이었고, 그리고 그들에게 속한 것은 악에 속한 것은 전무(全無)하다는 것이며, 더욱이 더럽혀진 것은 역시 전무하다는 것이었고, 따라서 모든 악이나 불결 따위는 전부 씻겨졌다는 것이었습니다.

3431. 그러나 내가 생각하는 것은 이런 피술적인 영(subject-spirit)은, 생명이 이런 것 안에 존재하는 것 이외의 다른 신념이나 종지 안에 있지 않았습니다. 다시 말하면 그는 무가치한 존재라는 신념에 빠져 있었습니다. 그러나 그는, 무가치한 것이 어떤 것인지를 알지 못하였습니다. 그가 처해 있는 다른 것들 안에는, 다른 것과 비교되었을 때 그는 오히려 설득되기 쉬운 것이었습니다. 예를 들어 보겠습니다. 주님께서는 생명이시라는 말이 일러졌을 때, 그는 그것에 동의하였습니다. 뿐만 아니라 다른 것들에 대해서도 그는 쉽게 받아들일 수 있었습니다. 그러므로 그의 흼(白色)은 그의 몸이 벌거벗고, 유연한 것처럼 보였습니다. 그 이유는 그 사람 자신이 유연하기 때문인데, 그것은 밝히 드러났습니다. 따라서 내가 판단한 것은 참된 것이나, 선한 것들에 그는 쉽게 인도되었다는 것입니다. 그러나 지금 내가 깨달은 것은, 사실은 그렇지가 않았습니다. 그리고 또한 그는 이노센스의 상태에서 살았다는 것이고, 그리고 이노센스의 상태가 일체라고 생각하였다는 것입니다. 다시 말하면 지금은 나와 함께 있고, 그리고 그를 지시하고 있고, 그리고 과거에 그를 지시했던 그의 설교자나 선생님은 지금 내가 기술하고 있는 내용을 인정하지 않았습니다. 그는, 내가 참되고 선한 것이라고 말하려고 하는 것을 시인하지 않았습니다. 왜냐하면 이것은 믿음을 내포하고 있고, 그 믿음을 그는 그 믿음을 왜곡시키는 지식들이나 과학적인 것들로 여기고 있기 때문입니다. 그리고 그의 설교자나 교사가 그에게 가르친 것들이 그런 것이라고 생각하였습니다. 그래서 그는 무지의 상태에 머물러 있었습니다. 그 이유는 그가 자기 자신이 단순한 자이고, 그리고 수동적으로 인도되는 것을 선호하기 때문입니다. 그러므로 그에게는 아직 희망이 있었습니다. 왜냐하면 무지(無知)가 변명이 되기 때문입니다.

3432. 결과적으로 명료한 사실은, 앞서 나에게 나타났던, 그의 설교자나 교사는 그의 감화력(感化力)에 의하여 자신들을 드러냈습니

다. 왜냐하면 그는 그와 함께 있으면 언제나 그 영은 동일한 소견이 나 신념 안에 있고, 그리고 그가 좋아하는 것을 행하기 위하여 그를 인도하는 능력을 가지고 있기 때문입니다. 그는 그가 원하는 것은 어떤 것이든 그것을 설득할 수 있었기 때문에, 따라서 그는, 생명 (=삶)은 모든 것 안에 있는 전부(all in all)이다는 것을 그에게 설득 하였습니다. 심지어 그는 낱말 믿음이라는 말을 발설하는 것을 용인 하지 않았고, 또한 진리와 선이라는 낱말을 발설하는 것도 용인하지 않았습니다. 그 이유는 그것들은 믿음에 속한 것이기 때문입니다. 나는, 그가 사랑이라는 말이나 그것을 입에 올리는지 여부를 의심하 였습니다. 왜냐하면 나는, 그가 사랑이 무엇인지를 알지 못하고 있 다는 것을 개달았기 때문입니다. 결과적으로 그는 생명이 무엇인지 도 알지 못하였습니다. 그 이유는 그가 믿음에 속한 삶을 용납하지 않았기 때문이고, 그리고 사랑에 속한 삶도 거의 용납하지 않았기 때문입니다. 그러므로 그의 삶은 냉랭하다는 것이 지각되었습니다. 그럼에도 불구하고 그가 육신을 입고 사는 동안, 그는 나쁜 행동을 한다고 자신에게 여기지 않았습니다. 그는 그가 관능적이고, 세상적 이라고 여겨지는 것은 무엇이나 배척하였고, 그리고 그가 매우 진지 한 기질을 지니고 있기 때문에 음담패설(淫談悖說)적인 것이나 쾌락 적인 것은 모두 기피하였습니다.

3433. 그리고 그가 삶에 속한 지식이 없이 한 생애를 보냈기 때문 에, 그리고 그는 생명을 어떤 영적인 것이나 육체에서 추상한 어떤 것으로 생각하였기 때문에, 그는 불영명하게 자신을 나타낼 수밖에 없었습니다.

3434. 그러므로 그의 설교자가 생명에 관한 자기 자신의 어떤 신 념이나 종지 안에 있을 때, 그리고 그가 희미하게 보이는 검은 옷을 입고 곤추선 모습(直立)으로 나타났을 때, 그 때 위에 있었던, 내면 적인 성품에 속한 선한 영들이, 그들의 머리는 아래로, 그들의 발은 위로 한 도립(倒立)된 모습으로, 그리고 회색을 띈 모습으로 나타났

습니다. 왜냐하면 그와 같은 그의 종지(宗旨·신념)이나 그의 종지에 속한 영기가 선한 영들을 그런 모습으로 뒤집어 놓았기 때문입니다. 그 뒤에 그 자신이 이와 같이 도립되었고, 그리고 검은 옷을 걸치고, 희미하게 보이면서 나타났을 때, 그러한 결과는 매우 심한 어려움 때문이고, 거기에 있는 선한 영들은 그 때 곧추선 모습이었습니다. 사실, 그가 설득시킨 그의 피술자가 반드시 누워 있을 때, 그 때 오른쪽 위에 있었던, 그리고 이와 같이 그를 인도했던 선한 영들은, 그들이 곧추설 수 있었지만, 그러나 그들이 똑바로 자신들을 세우려고 앞으로 나아가려고 했기 때문에, 거기에서 반대적인 힘(an opposing force)에 속한 어떤 것을 느꼈다고 말하였습니다. 그리고 지금 나는 그 설교자는 내 머리 위에 자기 자신을 두려고 하였고, 그래서 냉기는 아주 넉넉하게 그에게서 발출되고 있었습니다. 선한 영들은, 내가 그와 같은 매우 혹독한 냉기에 관해서 저술하기를 원하였습니다. 왜냐하면 그런 바람은 특히 내 손과 나의 왼쪽 무릎에 감동을 주었고, 그리고 내 발뒤꿈치를 향해서 통과하였기 때문입니다. 그들은, 내가 보다 심한 냉기를 느끼기 위하여 나에게 허락된 것이 아니라고 말하였습니다. 이런 것에서부터 그 냉기의 정도가 매우 심하다는 것을 잘 알 수 있겠습니다.

3435. 그가 이런 이름으로 불리우기를 바랐기 때문이지만, 교훈자(敎訓者·preceptor) 즉 설교자는, 그의 생명의 성질을 점검하기 위하여 여러 종류의 영기들에 인도되었습니다. 예를 들면, 사람 안에는 악이나 불결 이외에는 아무것도 없다는 것을 신봉하는 자들의 영기에 인도되었습니다. 그러나 그는 그런 영기 안에 머물 수 없기 때문에 그에게 지금 일러진 것은, 주님께서 모든 악이나 불결(=모독)을 제거하셨고, 그래서 사람에게는 그것에 속한 것은 아무것도 남아 있지 않다는 것입니다. 주님께서 홀로 그런 존재이신지 아닌지, 그는 그것을 말하려고 하지 않았는데, 그 이유는 그는 그가 지금 저 세상에 있고, 그리고 그들의 말을 듣는 영들이 현존해 있는 것을 알고

있기 때문입니다. 어쨌든, 영적인 개념에 의하여 내가 깨달은 것은, 그가, 주님께서는 온 인류에게서 모든 불결이나 모독을 제거하셨기 때문에, 그리고 따라서 주님께서 최후심판 때까지 남아 계실 것이기 때문에, 그리고 그 때 그분은 광영의 상태에 들어가시고, 그 때 그것은 서로 분별될 것이기 때문에 그분께서는 인류를 구원하시기 위하여 이런 불결이나 모독 따위를 담당하시는 것을 택하시기 때문에, 주님께서 불결하게 되셨다는 것을 사실이라고 생각한다는 것이었습니다. 이런 사실로부터 설득되었기 때문에 주님께서는 사람들의 온갖 악들이나 더러움들을 짊어지셨다는 것을 믿게 되었습니다. 그는, 자기는 그 밖의 다른 것을 전혀 알지 못한다고 말하였습니다.

3436. 여기서부터 선한 영들이 뒤집혀진(倒置) 이유, 즉 그의 신념이나 종지에서 비롯된 것이 잘 드러나고 있습니다. 진리는 그것과는 정반대로, 주님만이 홀로 생명이시고, 주님만이 순수하시고 거룩하시고, 그리고 천사이시고, 천사적인 영들이시고, 영들이시며, 사람들이 되시고, 모든 것들은 그들이 아무리 많다고 해도 악이고, 불결하고, 그리고 주님에게서 비롯된 것을 제외하면 그들은 결코 선에 속한 것이나, 생명에 속한 것을 어느 것도 가질 수 없으며, 그리고 그 악은 영적인 죽음이고, 선은 천적인 생명이고, 그리고 선한 생명에서 비롯된 진리도 천적 영적이라는 것 등입니다.

3436[A]. 그는 다른 영기에 보내졌습니다. 그 영기에서 그들은, 주님에게서 비롯된 것을 제외하면 생명에 속한 것은 전무(全無)하다는 것을 믿었지만, 그러나 그는 거기에서 살 수는 없었습니다.

3437. 주로 믿음에 속한 지식들에 관해서 그와 대화를 하였습니다. 그 내용은 이런 지식들을 통한 것을 제외하면 참된 생명은 결코 주어질 수 없다는 것입니다. 그리고 믿음에 속한 지식에, 또는 믿음에 속한 교리에, 다시 말하면 믿음에 의한 것이 아니라면 참된 생명은 결코 받을 수 없다는 것이고, 그리고 거기에는, 구약이나 신약의 성언 어떤 것이든, 성언에 속한 계시는 전혀 있을 필요가 없습니다.

이런 사실에 대해서 확신을 가지기 위하여 허락된 것은, 그렇지 않다면 거기에는 그의 설교에 관한 것 또한 있을 필요가 전혀 없고, 그리고 생명에 속한 행실(行實)에 관해서, 그리고 믿음에 속한 배척의 측면에서 가르치기 위한 그의 설교는 역시 필요가 없다는 것 등입니다. 그리고 또한 이런 주제에 관해서 나와의 그의 논쟁 따위도 역시 필요치 않을 것입니다. 그 이유는, 생명은 성언이 없이도, 또 그의 설교가 없이도 직접적으로 주입되기 때문입니다. 이런 모든 것들에 대하여 그가 대답할 수가 없었기 때문에 그가 한두 번 고백한 것은 그것이 사실이라는 것이지만, 그러나 그가 앞서 언급한 이런 종지나 신념에 빠져 있기 때문에 그는 다시 그것에 되돌아 왔고, 그리고 그런 내용들을 취소하기를 원하였습니다. 이런 것이 바로 이 단원에서 내가 기술한 내용입니다. 그는 또한 중생에 관해서 무지하지만 사람은 중생하였다는 것을, 따라서 생명을 얻었다는 것을 넌지시 말하려고 한다는 것입니다. 그것에 관해서는 전에 그와 같이 대화를 하였고, 그리고 여기서 말할 수 있는 것은, 사실 중생(重生)의 경우가 그런 것이지만, 그럼에도 불구하고 중생은 믿음에 속한 지식들에 의하여 이루어진다는 것입니다. 비록 사람이 그 때 그것에 관해서 아무것도 알지 못하지만, 그래도 사람은 역경이나 시험의 상태에 있습니다. 그 때 육신적인 것들은 뒤로 후퇴하고, 그리고 믿음에 속한 것들은 주님에 의하여 그의 마음에 회상됩니다.

3438. 천사적인 생명(=삶)에 관해서 말하는 것이 허락된 적이 있는데, 그것은 사랑에 속한 생명이라는 것이었습니다. 그리고 일러진 것은 사랑에 속한 생명은, 그들이 선을 행하는 것에 존재하는 삶에 속한 지복(至福)을 지각하기 때문에, 그들의 지복(至福·永福)이라는 것이고, 그리고 천적인 삶이 그런 것이고, 거기에는 영적인 것도 나온다는 것입니다. 그러나 사람들에게서는 경우가 다릅니다. 사람이 태어날 때 사람들은 이미 더럽혀졌고, 그리고 악 이외에 아무것도 아니고, 그리고 자기사랑과 세상사랑으로 가르침을 받았고, 그리고

이러한 삶은, 진리나 선에 속한 지식들에, 따라서 믿음에 속한 지식들에 의한 것을 제외하면 그 어떤 것에 의해 개정되고, 개혁될 수 없다는 것입니다. 그러므로 그 사람에게 일러진 것은 속사람은 이해와 의지로 이루어졌다는 것이고, 그리고 이해가 결여되었다면 거기에 결코 사람은 존재하지 않는다는 것이고, 그럼에도 불구하고 사람은 어떤 이해에 태어나는 것이 아니며, 더더욱 의지에 태어나는 것도 아니라는 것입니다. 그러나 사람은 처음에는 총명적인 것들에 태어나고, 그리고 따라서 사람은, 믿음에 속한 것들을 가리키는 진리와 선에 속한 총명적인 것들에 들어가고, 그리고 따라서 주님에 의하여 생명에 인도됩니다. 이와 같이 주님에 속한 생명이 되는데, 그것이 바로 사랑에 속한 생명입니다.

3439. 그 때 그는 그에게 옮겨졌습니다. 즉 그들에게 옮겨졌습니다. 그는 그들의 피술자였습니다. 그들은, 구원하는 것은 율법에 속한 행위들(行爲·works)이 결여된 오직 믿음만(依唯信得義)이라고 생각하였습니다. 따라서 정반대적인 신념 안에 있는 자들에게 옮겨졌는데, 거기에서 나는, 그들의 영기가 여러 가지 것들과 동시에 작용할 때 어떻게 작용하는지를 알게 되었습니다. 그들은 각자 실제는 루터 종파의 사람들이었다고 고백하였습니다. 그러나 구원하는 것은 선한 삶(善行) 없이도 믿음만이라고 그는 생각하였는데, 그는 다른 자신들의 신념의 영기로 말미암아 처음에는 머리 주변에서 변화하기 시작하였는데, 그 머리 주변은 불영명한 흰 것으로 보였습니다. 그 때 그는 거의 눈에 보이지 않았고, 그리고 그는 자신이 저항할 수 없다고 불만을 토로하였습니다. 아마도 그에게는 다만 뒤집힌 것으로 보여졌던 것입니다. 그 때 그는 뒤로 물러서는 모습으로 보였고, 그가 차지했던 장소도 불꽃 같이 빛나는 것, 즉 어떤 발광체처럼 보였습니다.

3440. 뒤쪽 약간 왼쪽 머리 위에는, 모든 선은 서로 공유(共有)하여야 하고, 따라서 역시 혼인도 공유하여야 한다는 신념 때문에 무

차별적인 혼인(promiscuous marriage)을 선호하는 자들이 서 있었습니다. 그들은, 혼인이나 부부관계들이 성립되는 이유는 그들이 함께 동거(同居)한다는 이유 때문이고, 그리고 어린 것들이 어느 한쪽으로 속하고, 그리고 동시에 그들은 다른 쪽에 속해서, 양육되어야 한다는 이유 때문이라고 주장하였습니다. 이런 삶에 관해서 그가 생각하는 것이 무엇인지 질문을 받고, 그리고 거기에 있는 선이 공통적인 것이라는 질문을 받게 되었을 때, 그것은 바로 지각이 허락된 것으로, 그는, 자기는 그것을 거부하지 않는다고 대답하였습니다. 사실 그는 그것을 인정하지 않았지만, 그럼에도 불구하고 여전히 그는 그것을 비난하지 않았는데, 그 이유는 모든 선은 공통적인 것, 따라서 공유하는 것이기 때문이라고 대답하였습니다. 그의 제자였던 또는 전자의 피술자인 그와 다른 자가 그와 같이 생각한 것은 이런 사실에서 기인한 것입니다. 즉 그들은 자기 자신들의 아내를 가지고 있었습니다. 그 추문 때문에 그들은 그 결과를 양보하려고 하지 않았습니다. 그러나 다른 자들은 그와 같이 생각하고 행동하였고, 그래서 그는 전혀 반대하지 않았습니다. 그러나 그에게 일러진 것은, 이것은 저주스러운 것이고, 그리고 혼인애는 유일한 것이고, 그 혼인애로부터 자녀사랑 뿐만 아니라 다른 모든 사랑들이 파생된다는 것입니다. 그리고 이 혼인애가 해이(解弛)해지면, 가장 무법적인 방종(放縱)이 모든 혼인애에 강력하게 거슬러 일어나고, 그리고 생명에 속한 것은 아무것도 남지 않습니다. 이것이 바로 영적인 죽음입니다. 그 이유는 사랑에 속한 삶(=생명)이 전혀 없기 때문입니다. 1748년 10월 2일

3441. 깨닫게 된 것은, 그 설교자나 또는 교훈자의 신념이 내 안에서 역사할 때 종전에 내가 가지고 있던 진리나 선에 속한 신념은, 이른바 제거되었습니다. 그래서 나는 과학적인 것들이나, 또는 믿음에 속한 여러 지식들에게 과학적으로 되돌아갈 수밖에 없었습니다. 왜냐하면 나는 그 때 혼인들이 그렇게 거룩하고, 범해서는 안 되는,

그리고 매우 엄격한 것이라는 사실을 깨닫지 못하였기 때문입니다. 여기에서 잘 알 수 있는 것은, 어떤 사람들의 신념들이나 종지들은 그들이 가르친 자들에게 매우 강력하게 작용한다는 것이고, 그리고 이 교훈자의 신념들이 그의 제자에게 매우 강력하게 작용한다는 것입니다. 만약에 그 제자가 왕이라면 얼마나 강력하게 작용할 것인지 잘 알 수 있겠습니다. 역시 이런 것에서 잘 드러나는 것은, 만약 그 자 앞에 서 있는 그가 선행 없이도 믿음만이 구원한다는 가르침을 믿고 있다면, 그 신념의 영향력 때문에 머리 주위는 하얀 구름으로 바뀌어 버릴 것입니다. 왜냐하면 그 신념이 매우 깊이 침투하였기 때문에, 그는 거의 이미 자기 스스로 그것들에 대하여 긍정하였기 때문입니다. 따라서 그는 제거되었습니다. 이러한 내용이 신념에 속한 영기(=영향력)의 힘입니다.

3442. 위에서 언급되었던 사건들에게서 보면, 자신의 망상들에 따라서 자기 자신을 위해 해석한 것이지만, 성언에 속한 단 하나의 표현도 하나의 전적인 거짓 교리나 이단사설(異端邪說)을 능히 야기시킬 수 있다는 것입니다. 따라서 하나의 삶도 유발할 수 있다는 것입니다. 예를 들어 보겠습니다. 모든 선은 반드시 공유하여야 한다, 따라서 역시 아내들도 공유해야 한다는 궤변이 생겨납니다. 다시 이런 궤변에서 보면 그것에 관한 무지(無知) 가운데 있는 동안 사람은 중생한다는 것, 그리고 지식들이 필요 없이도 중생한다는 것입니다. 그리고 주님께서는 인류를 순수하게 만드시기 위하여 온갖 죄악들을 짊어지셨다는 것, 결과적으로 주님께서는 홀로 죄를 담당하셨다는 것이고, 더욱이 생명은 존중되었지만 믿음은 존중되지 않았다는 것, 그 이유는 그것이 기억지(=과학지)이기 때문이라는 것 등등입니다. 그 밖에 이와 비슷한 다른 것들도 여럿 있습니다. 따라서 수없이 많은 이단사설도 성언의 문자적인 뜻으로 말미암아 존재한다고 하겠습니다.

3443. 앞에서 언급한 피술자가 나에게 교류된 어떤 즐거움을 깨닫

기 위하여 천계에 올리워졌고, 그리고 그는 "그런 부류의 즐거움은 어떤 목적을 위해서 있는 것입니까? 왜냐하면 내가 생각하기에는 모두는, 천사들과 같이, 자신의 행복을 선용에 주는 것이기 때문입니다"라고 물었습니다. 그 때 전 천계를 취할 자들 가운데서는 예외 없이, 아무것도 아니라고 여기는 것이 알려졌기 때문에 나는 그가 자신의 지복을 그 신념에서 취하고, 따라서 그 어떤 선용 안에서 얻지 못한다는 것을 지각하였습니다. 그래서 그런 사안에 관해서 그에게 일깨하는 것이 허락되었습니다. 상호적인 사랑(相互愛·mutual love)이나 자기 자신에 비하여 다른 자에 대한 사랑은 천사적인 사랑이라는 것이었습니다. 그리고 그 때 지복(至福)은 주님에 의하여 주어진다는 것입니다. 이와 같이 나는 그 때나 지금도 그에게 일러 주었습니다. 그리고 어떤 자는 그들이 혼인에서 기쁨을 얻기 위하여, 그리고 어떤 자는 자녀 사랑에서 기쁨을 만끽하기 위하여, 어떤 자는 온갖 시험들 가운데서 고통을 겪는 자를 돕는 것에서 기쁨을 얻기 위하여, 그리고 어떤 자는 죽은 자가 부활, 천국에 인도된다는 것에서 기쁨을 취하기 위하여, 그리고 그 밖의 여러 가지 선용에서 희열을 얻는다는 자신들의 선용을 위하여 자신의 모든 것을 그것에 바친다는 것도 일러주었습니다. 1748년 10월 2일

3444. 그런 생명(=삶)의 성질이 어떤 것인지 나는 사랑에 속한 것들에 관해서 내가 진리를 면밀하게 검토하였을 때, 그런 사랑에 속한 것들은 열(熱·heat)에 의하여 드러났습니다. 다시 말하면 어떤 종류의 식물도 열이 없으면 존재할 수 없고, 존속할 수도 없다는 것으로 드러났습니다. 식물의 경우는 겨울에 자랄 수 없듯이 사람 안에 있는 어떤 것은 사랑이 없으면 존재할 수 없다는 것이었습니다. 만약에 사랑이 결핍(缺乏·destitute of love)되었다면 그의 생명은 겨울철의 생명과 같은데, 그런 유의 생명을 그 설교자는 역시 자신의 것으로 전유(專有)합니다. 그것은 마치 겨울철의 생명과 결코 다르지 않습니다. 그런 생명에서는 진리나 선에 속한 것은 아무것도 나오지

않습니다. 더욱이 믿음에 속한 열매는 그 어떤 것도 생산될 수 없습니다. 그러므로 그의 현존은 곧 냉기 그것입니다. 이런 내용이 그에게 일러진 것입니다. 1748년 10월 2일
내가 이런 사실들에게서 깨달은 것은, 그가 사랑이라는 낱말을 허용할 것이라는 것에 썩 마음이 내키지 않는다는 것이었습니다. 그리고 또한 그가 자신의 반감에도 불구하고 그것을 허용한 것은, 잘 알고 있듯이, 오로지 아내에 대한 성욕(性欲) 때문이라는 것이고, 그리고 이와 비슷한 그런 것들 때문인 것으로 보였습니다.

그것의 계속

3445. 그 뒤에 이런 설교자와 교훈자가 검증되었습니다. 그리고 제일 처음의 대화는 양심(良心 · conscience)에 관한 것이었습니다. 즉 참된 양심은 믿음에 속한 지식들이 없으면 허락되지 않는다는 것입니다. 그러나 그는, 인류가 진리에 속한 양심으로 태어났고, 그리고 그것으로 인하여 그가 진리나 선이 무엇인지 알기 위하여, 참된 양심을 가질 것이라고 말하였습니다. 그러나 입증된 사실은, 사람은 어떤 지식에 태어나지 않았고, 오히려 짐승에 비하여 더 비도덕적으로 태어났다는 것입니다. 만약에 교육을 통해서 진리나 선에 속한 지식들을 수용, 용납하지 않는다면, 사람은 짐승에 비하여 더 비열한 존재가 될 것이고, 아마도 하나의 희귀한 동물이 될 것입니다. 이와 같이 사람은 전적으로 양심이 결핍된 존재가 될 것입니다. 그리고 양심은 사람이 진리나 선을 깊이 생각하는 것들에 속한 산물(産物)입니다. 따라서 그것은 거짓된 양심이나 더럽혀진 양심을 받게 합니다. 예를 들면 어떤 사람이 참된 것도, 선한 것도 아닌 그런 것들에, 그러나 그것을 그는 오직 참된 것이라고 생각하는, 마치 이단자들이나 우성숭배자들처럼 참된 것도, 선한 것도 아닌 그런 것들에 거스르는 온갖 속임수들 때문에 곤경에 빠져 있는 경우가 되겠습니다. 그리고 거기에는 악에 속한 것은 아무것도 없다고 하는 그런 경

박(輕薄)한 심사숙고(深思熟考)에서 행동하는 다른 자들의 경우가 되겠습니다. 이에 반하여, 믿음의 진리에 속한 것들에 거스르는 범죄나 속임 때문에 곤경이나 불안이 거기에 생기는 것이 아니고, 그러나 거기에 먼저는 지식들이 있어야 하고, 그것들에 의하여 그것은 터득되고, 그 때 종국에는 주님에 의하여 충분하게 양심을 받게 됩니다. 그러므로 사람은 그가 행동하게 된 원인들에 관해서 무지하고, 그리고 어릴 적부터 말이나 학문들을 배운 사람처럼, 종국에 마치 그런 것들을 알지 못하는 사람처럼 되지만, 그러나 그것들은 비록 그들이 결코 터득하지 못한다고 해도 계속해서 생기게 되는 것이 사람이라는 것입니다.

3446. 따라서 먼저 배우는 것들이나, 뒤에 고정되어 남게 되는 것들은 정직하게 사는 것, 복종의 법률인 율법에 따라서 사는 것, 공공 단체의 선을 추구하는 것 등등입니다. 따라서 누구나 그가 배운 것을 인정하지 않고, 오히려 양심이 지시하는 것에 따라서 주님에 의하여 주어진다는 것입니다. 이런 내용들이 그에게 일러졌지만, 오히려 그는 그것을 시인, 허용하려고 하지 않았습니다. 그들의 신념에서 그들이 생각하게 될 것은 이런 개념들은 사람에게서는 선천(先天)적인 것이기 때문에, 그리고 그렇게 명명되어 있듯이, 추악한 간음들에 속한 양심 또한 그대로 남아 있고, 그 밖의 다른 그릇된 것들도 그러하다는 것입니다. 그것은 그것이 거짓된 것들이라는 것을 그는 시인하지 않았기 때문입니다. 그러므로 그가 진리를 더 잘 깨닫기 위하여, 내면적인 것들을 그들이 깨달을 수 있는 보다 높은 곳에 그는 올리워졌습니다. 그러나 양심이 없는 자의 성품이었기 때문에 그가 시인을 하였다고 해도, 여전히 그는 시인하지 않았고, 그리고 그가 믿음에 속한 지식들을 용납하지 않았기 때문에 더욱 시인하지 않았습니다.

3447. 밝히 드러난 사실은, 성언(聖言)으로부터 그가 사악의 표징이나 수치스러운 벌거벗은 것에 의하여 수많은 확증된 것들을 자신

이 배워 터득하였다는 것입니다. 그러나 그것에 관해서 언급하는 것은 허락되지 않았습니다. 따라서 그는 양심을 자기고 있지 않습니다.

3448. 그가 다른 자들에 대하여 지배하기를 원하였는지 여부에 관해서 점검되었기 때문에 발견된 것은, 그는 마음 속에 다른 자들을 복종 하에 두려는 열망을 가지고 있으며, 따라서 앞에서 언급했던 왕까지도 자신의 발 아래로 옮기고, 그리고 온갖 신념들을 그에게 주입시키기를 원하였지만, 그러나 그런 일은 절대로 할 수 없었고, 다만 그는 어느 누구에게도 동일한 지배권을 행사하기를 열망하였다는 것입니다. 그에게서 아주 으뜸 되는 것은 자기사랑(自我愛)이었습니다. 이러한 사실은, 오랫동안 내게 잘 알려진 비슷한 영들의 이런 목적을 위해서 시도된 비밀스러운 기도(企圖)들에 의하여 확증되었습니다.

3449. 그는 순진무구한 자를 유혹하려고 하였습니다. 예컨대 어떤 일로 그가 비난을 받게 되면, 그는 그의 처지에 순진한 자를 기꺼이 대신 두려고 하고, 자기가 알고 있는 순진한 자들까지도 꼭 같이 비난받는 자로 만들어 속이기도 합니다. 이러한 짓은 그는 자기 자신이 무죄라는 것을 해명하기 위한 것뿐만 아니라, 그가 찾아내는 자는 누구든지 이와 같이 자신을 대신해서 정당한 일처럼 다른 자를 설득하기 위한 것이었습니다. 양심이 결여되었거나, 다른 자들에 대한 사랑이 없는 자들은 이런 식으로 행동합니다.

3450. 나중에 그에 의하여 적발되고 고백된 사실은, 그가 간통자들과 한패거리가 되었다는 것이고, 그리고 불결하고 무차별적인 혼인이 흑암 속에서뿐만 아니라, 밝음 가운데서도 행해졌다는 것이 밝혀졌습니다. 왜냐하면 그들은 불영명을 요구하였지만, 그러나 그들이 두려워했던 자들이 사라졌을 때 빛이 옮겨지고 그것에 불이 밝혀지고, 그 때 그들의 예식이 발각되었기 때문입니다. 그들의 추악함은 필설로 기술할 수 없었습니다. 그들이 말한 것과 같이 그들의

성교(性交)는 공유해야 한다는 것입니다. 그래서 그들은 무분별하게 행하였고, 아내는 자신의 임신이 누구에 의한 것인지 알지 못하였고, 따라서 어린 아이는 모두의 공유물이 되었습니다. 그럼에도 불구하고 어린 것은 남편에 의하여 양육되었습니다. 이와 같이 누구나 하나의 공유적인 존재로 어린 것을 인지하였습니다. 그리고 이렇게 하기 위해서 여러 남자들이 한 여인과 관계를 가지게 되었고, 그리고 사실은 특정한 인물이 알려지지 않기 위한 것이었습니다. 그들의 성품이 더러운 돼지에 의하여 빛 가운데 표징되었는데, 그들은 그 돼지와 닮았습니다.

3451. 그들은 자기 자신들을 이런 것에 의하여 확증하였습니다. 즉, 이런 식으로 자녀들의 번창이 조장되었고, 그리고 또한 사악하고 구역질나는 다른 것들에 의하여 조장되기도 하였습니다.

3452. 이 왕에 속한 설교자는 몹시 싫어하는 것에 관련되어 있는 것들로 발각되었을 때 나머지 사람은 그것이 사실이라고 고백하였고, 그럼에도 불구하고 여전히 그에게서부터 독자적으로 살아간다고 고백되었을 때, 그들은 그런 부류의 성교를 하였고, 그러나 그의 참여 때문에 그들은 거의 수치심 없이 그것을 행하였다고 고백하였습니다. 노란색의 그 집은 입구와 함께 보였지만, 그러나 그 입구는 지금은 구름에 의하여 가려졌습니다. 그는 거기에 그의 아내가 있다고 말하였습니다.

3453. 그들의 불결한 사랑들의 성질이 나에게 드러났습니다. 다시 말하면 그들은 불결한 추론에 의하여 그런 실제적인 것들을 확증하였는데, 감관에 의해서는 생식기관의 영역에서 야기시켰습니다. 처음에는 작은 서혜(鼠蹊) 림프샘에서 야기되었는데, 그 뒤에는 매우 큰 침략에 의하여 복부의 영역을 향해 시작되었습니다. 다음에는 생식기관에 있는 감관을 차례차례로 그 샘들을 향해 야기되었고, 동시에 왼발의 큰 발가락에서 야기되었습니다. 그리고 다음에는 중간 발뒤꿈치 아래에 있는 불같은 감정에 의하여, 특히 왼쪽 발 큰 발가락

의 발톱에 있어났고, 종국에는 그 샘들 안에 불꽃같은 열기로 작용하였습니다. 그것은 불꽃이었습니다.

[2] 이런 과정들에 의하여 드러난 것은 그들이 어떻게 점차적으로 확증되고, 그리고 불결한 추론들에 의하여 서로를 어떻게 격려하였는가 하는 것이고, 종국에는 가장 조잡한 땅의 것들에 의하여 격려하였는가 하는 것입니다. 그리고 왼쪽 발 큰 발가락에 있는 격렬함에 의하여 상징되었습니다. 그 때 일종의 불타는 감정에 의하여 요도(尿道)에서 보다 일찍이 일어났는데, 그 과정들은 방광(膀胱)의 불결한 물질에 속한 모든 것들을 상징하였습니다. 그래서 그들의 추악한 사랑들은 차례차례 뒤이어졌습니다. 왜냐하면 종국에 그들은 배우자들에게 향하게 되고, 그리고 따라서 혼인들을 생각하게 됩니다. 그것은 마치 모두가 소변보는 것이 허락된 요강과 같습니다. 그러므로 종국에 그들은 혼인들이나 혼인애를 미워하고, 그리고 싫어합니다. 그리고 나중에는 전 여성을 미워하고 싫어합니다. 결과적으로 모든 사랑들은 그 사랑에서부터 일어나게 됩니다. 그러므로 종국의 그들의 삶은 겨울철의 삶과 같고, 그리고 사실은 불결한 삶입니다.

3454. 그들은, 이와 같은 추한 탐욕이나 정욕에 의하여 매우 강력하게 유혹되어 있었기 때문에, 그들은 전 세계에 그와 같은 기질(氣質)이거나 또는 그렇게 되도록 설득되지 않은 자가 하나도 없다고 생각하였습니다. 왜냐하면 원칙적으로 그들은 가장 최고의 육생(陸生)적인 쾌락을 거기에 두기 때문입니다. 비록 그 뒤에 그들은, 혼인애와 더불어 정말로 사랑에 속한 모든 것을 구역질나게 하였고, 혐오스럽게 여겼습니다.

3455. 종국에 그 설교자는 그의 얼굴의 측면에서 변하였고, 검은 불꽃처럼 되었고, 그리고 그의 몸은 흰색과 검은색의 옷을 걸쳤고, 그리고 모습은 추하게 바뀌었습니다. 그리고 그의 과거가 얼마나 추한 사람인지 그들이 알게 하기 위하여 그는 영들이나 천사들에게 옮겨졌고, 그리고 그렇게 드러났습니다. 그는, 자신의 행동이 어린

것들을 위한 것이라고 생각하였기 때문에 그는 자신에게 마치 어린 것의 어떤 모습을 드러냈고, 그리고 그렇게 보여졌다고 생각하였지만, 그러나 어린 것들의 경우에서와 같이, 그의 머리 주위는 검은 것으로 뒤덮였고, 검게 되었습니다. 따라서 그의 얼굴 모습은 더욱 더 추한 꼴로 보였습니다. 종국에 순진한 자도 자기와 꼭 같이 동일한 일을 행하는 자들로 자신에게 보였습니다. 왜냐하면 그는 자기 자신을 가리기 위하여 이런 자들을 자신의 대리자로 책략적인 것에 두기 때문입니다. 그 때 그는 그가 성경에서 할 수 있는 것은 무엇이나 긁어모았습니다. 예를 들면 다윗에 관한 것들이고, 아담 이전 사람들에 관한 것들입니다. 사실 나는 이런 것들에 관해서 전에 들은 적도 없습니다. 그 때 그의 몸 전체는 다시 감싸졌는데, 따라서 검은 모습을 드러냈습니다. 그 때 머리에서부터 아래로 길어진 앞부분의 그의 모습은 말상(馬相)을 하고 있기 때문에 그의 모습은 더욱 더 추한 꼴이 되었습니다. 그 뒤 그는 고문자들에 의하여 갈기갈기 찢기어졌지만, 그렇게 잔인하게 다루어지지는 않았습니다. 그리고 기둥에 매어 놓았습니다. 그 때 그의 얼굴은 태어날 때의 크기로 나타났지만, 그러나 송장의 모습으로 말미암아 추하게 보였습니다.

3456. 그럼에도 불구하고 그는 자신 안에 있는 다른 자와 말을 하였습니다. 그것으로 인하여 밝히 드러난 것은 그는 고상함이 결여되었다는 것입니다. 왜냐하면 그는 자신의 됨됨이가 어떤 것인지를 부끄러워하지 않았기 때문입니다. 그리고 또한 그가 그런 흉측한 모습으로 기둥에 결박되었다는 것도 부끄러워하지 않았기 때문입니다. 왜냐하면 관측되는 수치감의 증표가 조금도 없기 때문입니다. 1748년 10월 3일

사악한 자에게 참된 생명은 아무것도 밀착되어 있지 않다는 것을 영적인 개념에 의하여 지각되었다는 것에 관하여

3457. 머리 위에는 비밀리에 속임수에 의하여 활동하는 그런 자들

이 있었습니다. 왜냐하면 그들은 자신들에게 해가 되지 않는다면 그런 짓을 하는데 그와 같은 짓은 이런 식으로 활동하는 것이 일상적인 버릇이 된 자들입니다. 이런 자들은 짧은 순간에 그들의 전 상태로 보내지는데, 그 즉시 자신들의 본성에서 행동합니다. 따라서 나는, 그들에 대하여 그들 안에 어떤 생명이 있는지 조사하였습니다. 왜냐하면 나는 영적인 개념에 의하여 근육(筋肉)과 같이 그들이 활동한다는 것을 지각하였기 때문인데, 이러한 일은 그것이 이완(弛緩)되었을 때만 그것은 활동합니다. 그러나 차이가 있었습니다. 이런 부류의 영들은 마치 살아 있는 존재처럼 활동을 하지만, 그러나 자신들은 생명의 수용 형체들이라고 생각하였습니다. 역시 영적인 개념에 의하여 지각되었는데, 그것은 자신들에게는 생명이 결핍된 존재라는 것이었습니다. 그러한 것은 생명이 없고, 어떤 검은 것의 외현에 의하여 암시되었습니다. 그들은 자신들이 그것을 알지 못한다고 대답하였습니다. 그 이유는 그들은 역시 이완된 근육과 같이 활동한다는 것을 지각하였기 때문입니다. 따라서 그들은, 주님의 생명이 그것에 입류한 그들 자신의 형체들로부터 주님의 생명이, 소멸되든지 떠나가든지, 비례하여 전적으로 속이는 것이나 부패된 것에 기울게 된다는 것이었습니다. 1748년 10월 3일

  3458. 그들이 개혁되었을 때 그들에 관하여 더 자세하게 말할 때 내가 터득한 것은, 그 때 채용된 수단들은 명예·공포·수치나 이런 성질에 속한 것들이라는 것이고, 그리고 이런 것들은 온갖 형벌들이나 박탈들(剝脫·vastations)에 의하여 그들에게 각인(刻印)되었다는 것이고, 그리고 종국에는 그들은 자신들에 대하여 몹시 경계하고 주의하는 일에 습관이 되었고, 따라서 만약에 비난(非難·reprehension) 같은 일이 없다면 억제될 수 없는 그런 존재라는 것 등입니다. 그 결과는 시간의 경과 속에서 그들은, 동일한 성질이 남아 있기는 하지만 더욱 큰 자유가 그들에게 허락될 수 있는 그런 존재가 될 수 있다는 것입니다. 1748년 10월 3일

동물적인 정신과 섬유들에 관하여

3459. 동물적인 정신들(the animal spirits)에 관해서 어떤 자들과 대화를 하였습니다. 그 때 거기에는 육신을 입은 삶에서 이런 것들에 관해서 어떤 것들을 알고 있는 것 같이 보이는 하나 또는 여러 명이 나타났습니다. 내가 한 말은, 학자 중에는 아주 극소수만이 동물적인 정신을 받고 있다는 것을 믿지만, 그러나 섬유들은, 마치 아마(亞麻)의 말라빠진 줄기들처럼, 텅 빈 것(empty)이라고 믿고 있습니다. 그럼에도 불구하고 어느 누구에게나 확실한 것은, 그것의 속 안에 액체(樹液)가 없다면 그런 섬유들은 전혀 활동할 수 없다는 것이고, 그리고 더욱이 능동적인 것이 없다면 거기에는 수동적인 것도 있을 수 없다는 것 등입니다. 이런 것으로 그것이 불가능하다는 것을 알게 되었습니다. 왜냐하면 그 때의 섬유들은, 마치 피가 없는 혈관들처럼, 모든 생동적인 활동을 잃게 되기 때문입니다. 그럼에도 불구하고 이런 인물들은, 만약에 어떤 쥬스가 나타나는 것을 보게 되면, 또는 도구에 의하여 주입된 액체를 보게 되면 그 때는 믿게 될 것입니다. 그 이유는 그것이 지각적인 것이 될 수 있기 때문입니다. 만약에 안에는 능동적인 것이 있고, 밖에는 반응자(反應者·re agent)가 있지 않다면 그 때 동시에 생명에 종속된 것은 아무것도 주어질 수 없다는 것입니다. 이러한 사실은 너무나 많은 말들로 언급된 실제적인 것은 전혀 아니지만, 그러나 그것은 내가 저술하고 있는 동안 영들과 함께 생각했던 것입니다. 1748년 10월 3일
아마도 이런 일은 천 년 동안 행해졌지만, 동물적인 정신이 섬유들 안에 존재하는 것인지 여부에 관해서 논쟁하는 동안 그들은 지식들에 속한 바깥마당에도 이를 수 없었고, 또한 그것을 알지도 못하였습니다. 그러나 다만 멀리 떨어져 서 있을 뿐입니다. 왜냐하면 대부분의 경우 학자들은 한 사물이 그런지 아닌지에 대한 단순한 논쟁만 일삼기 때문입니다.

3460. 학문들이나 과학적인 것들은 본질적으로 그것들이 배척되어야 하는 그런 성질의 것이 아닙니다. 왜냐하면 영적인 것들이라고 하는 그런 것들은 학문에 의하여 확증될 수 있기 때문입니다. 왜냐하면 천사들은, 모든 학문들 안에서 믿을 수밖에 없는 것 이상으로, 그리고 또한 가장 비밀스러운 성질의 것들을, 무한히 이해하고 있기 때문입니다. 그러나 유식한 자는, 모든 학문에서 그것이 어떤 것인지 공개적으로 또는 비밀리에 각자는 자신의 특정한 학문으로부터 영적인 것들에 관하여 결론을 얻고, 그리고 그것을 위해 애쓰는 일에 거의 실패하고, 따라서 모두는 자기 자신을 눈먼 자로 만듭니다. 왜냐하면 학문을 위한 하나의 명성을 얻기 위하여 수많은 자들은 그들의 학문들로 말미암아 결론을 짓기 때문입니다. 예를 들면 철학자들은 자신의 철학적인 것들로부터, 논리학자는 자신의 것들로부터, 형이상학자는 자신들의 것들로부터, 해부학자는 자신들의 해부학에서, 기하학자는 자신들의 것들에서, 역사학자는 역시 자신의 것들에서, 정치학자는 자신들의 것에서, 그리고 역시 그 밖의 자들은 그들의 것에서 생각하기 때문입니다. 유대 사람은 자신들의 사소한 것들로부터 그렇게 한 것과 같이, 그들은 환상들을 싸올렸습니다. 그러므로 유식한 자에 속한 생각들은 닫혀졌고, 그들에게서 영적인 것들이나 천적인 것들은, 따라서 천계 자체는 불학무식한 자들에게만 개방되었습니다. 1748년 10월 3일
어느 누구가 서로 상이한 여러 학문에서 갈고 닦은 자들 이상으로 하나님으로서 자연을 예배하는 자입니까?

설교자와 그의 삶에 관한 속편

3461. 이런 여건에서 이런 사람의 생명의 성질이나 그리고 그와 동일한 자들의 성질을 아는 것이 내게 허락되었습니다. 내가 천계에서 소유한 믿음에 속한 주요한 지식들을 형성하는 것들에 관해서 읽고 있는 동안 그것은 천사들을 기쁘게 하기에 충분한 개념과 제

일 먼저 함께하는 것입니다. 그러나 그가 현존하고, 그의 생명에 속한 신념이 입류하였을 때, 그 때 그런 깨달음들(知覺)은 둔하게 되었기 때문에 내 주위에 있는 영들은 거의 그 말들의 뜻을 이해할 수가 없었습니다. 그리고 거의 어떤 기쁨도 느낄 수 없었습니다. 그렇기 때문에 오직 그의 신념에 속한 생명으로 인하여 모든 것들은 완전히 닫혀졌고, 불영명하게 되었고, 나약하게 되었습니다.

3462. 더욱이 그는 그가 영원한 생명을 얻을 것이라는 신념 안에 있기 때문에 그는 구속(拘束)에서부터 그의 예전의 자유의 상태에로 회복되었고, 그리고 다시 점검되었습니다. 그 이유는, 그는 매우 높은 직위의 설교자였기 때문에, 그는 이런 영들의 피술자로서 섬겼을 것이고, 그리고 그 때 피술자로서의 그는 그들과 달리 생각할 수 없었고, 결과적으로는 점검자들은 스스로 속임을 당하였을 것이기 때문입니다. 그러나 그 사건의 과정은 그의 성품을, 또는 그의 삶에 속한 신념을 적발하였기 때문에, 그것의 과정은 그것의 결과가 어떤 것일 것이라는 것을 언급하는 것이 허락되었습니다. 그러나 그가 사제였기 때문에, 그리고 사제들은 서로 각자들이 보호하고, 감싸주는 일에 익숙하기 때문에, 그렇다고 하지만 극악무도하였기 때문에, 어떤 영들은, 만약에 그가 기소(起訴)된다고 해도, 사제적인 위계질서에 해를 당할 것 이기라도 하듯 그를 보호, 방어하기 위하여 이미 마음을 작정하였습니다. 따라서 그는 다른 자들의 사회로 옮겨졌는데, 그들의 특징은 교활하고, 악의(惡意)에 빠진 자들이었습니다. 그럼에도 불구하고 그의 진실된 성품은 과거에 그러하였다는 것만 드러났습니다. 그 뒤, 그는 경건한 사제들의 사회로 옮겨졌는데, 그 사제들은 자신들이 거룩하다고 여겼고, 그리고 나와 같이 면전에 있었습니다. 그는 거기에서 옳은 것이나 옳지 않은 것, 경건한 것이나 경건하지 않은 것, 신성한 것이나 모독적인 것을 통과하기를 그에게 지시하는 자들과 제휴(提携)하게 되었습니다. 그럼에도 불구하고 그는 거기에서 그의 진실한 성품이 인지되었습니다. 종국에 그는, 그

가 사제였기 때문에, 만약에 사제들이 감싸는 일이 없다면, 사제 직무를 맡은 자들은 해를 입게 될 것이라는 그릇된 생각들로 인하여 그를 이미 감싸주고 있는 어떤 영들의 무리에 이송(移送)되었습니다. 이 사회에서 그는 자신이 진정한 그런 존재라는 것을 그가 결코 읽을 수 없는 그런 존재가 되어 버렸습니다. 왜냐하면 그는, 지금 그를 이끌고 가는 자들처럼 충분한 믿음으로 고백하였다고 생각하였기 때문입니다. 그는 그것을 비록 명료하게 깨닫지 못하였지만, 내 주위에 있는 영들은 이렇게 말하였습니다. 그것은 그런 일로 비난받아야 할 자는 그가 아니고, 오히려 그들이라고 하였습니다. 그리고 또한 그는 하나의 피술자로서 단순하게 그들을 섬겼다는 것인데, 그런 일은 그의 자신의 능력 밖에서 그가 행한 것이라는 것이었습니다. 왜냐하면 이런 것들로 인하여 그는 모든 위험한 것들에게서 도피될 수 있었기 때문입니다. 그러나 진실은 이러합니다. 그 사제들은 그를 그들의 상태에로 보냈고, 그래서 자기 자신을 잊게 되었기 때문에 그는 그들이 행한 것을 말하였다는 것입니다. 이런 사실에서 드러난 것은, 일반적으로 사제들의 성품이 어떠한 것인지, 그리고 그들 가운데 있는 감독들의 성품이 어떠한지도 잘 드러났다는 것입니다. 다시 말하면 그들이 가상하고 있는 그릇된 주의 주장으로 말미암아 그들은 가장 방탕하고, 악랄한 자들까지도 방어할 것이고, 그리고 사제 직무에서 멀리 제거하여야 할 가장 흉악하고, 비열한 작자들을 사제에게 허용하는 것 이상으로 주님의 교회가 그 일을 하기를 선호한다는 것을 이해하였습니다. 분명한 사실은 그들의 임무는, 전 무리들을 속이고, 왜곡시킬 수 있는, 그리고 그들을 지옥으로 빠지게 하는 근본적으로 이단적인 악당들의 복지에 비하여, 영혼을 돌보는 것이 우선이라는 것입니다. 그러나 그들의 감독들과 꼭 같이 대부분의 사제들은 세속적이고, 관능적인 방종(放縱)에 빠져 들떠 있기 때문에, 이런 짓거리 외에는 아무것도 행하지 않고, 또한 교회에 속한 것들이나, 심령의 구원에 대해서는 전혀 생각하지 않았습니다. 내가 이런 내용을 저술하고 있는 동안에도 그들은 자신의 성품이 이러하다는 것을 시인하였고, 그리고 다소 부끄러움을 시인하고, 퇴장하였습니다.

3463. 그러나 그 설교자가 그들로부터 갑자기 붙들려 왔고, 내 왼쪽 귀, 조금 아래에 이르렀습니다. 그리고 그는, 그의 말을 기술할 수 없었지만, 거칠게 잔소리하는 영처럼 말을 하였습니다. 그는 처음에는 이빨을 가는 소리를 내었는데, 그 때 그것은 그의 낱말들에게서 나오는 하복부의 트림소리와 같았습니다. 이러한 것은 위에 기술된 자들의 육신을 입은 삶에서의 일종의 고백으로, 그는 말하자면 무차별적인 간음들에게서 쾌락을 만끽하였고, 그리고 또한 그런 것들을 인정하였을 뿐만 아니라, 실제로 그런 짓을 행하였습니다.

3464. 그런 뒤에 나 역시 이런 성격의 무리에 들어가는 것이 허락되었고, 거기에서부터 내가 그들의 성품을 알게 하기 위하여 숨결이 흘러들었습니다. 그 때 그 숨결은 흉부 영역에서 분리되어, 배꼽 주위의 복부에 옮겨졌습니다. 그리고 그것은 더 이상 퍼져나가지는 않았습니다. 이러한 현상은 선과 진리로부터 분리된 생명을 뜻합니다. 그 때 미상(未詳)의 호흡이 보여졌는데, 그것에 관해서는 수많은 대화가 있었습니다. 예를 들면, 영들의 세계에 있는 일반적인 것을 가리키는 하나의 외적인 것과 일상적인 호흡의 결합이 되겠고, 그리고 다음에는 지각되지 않는 외적인 것과 결합된 내적인 호흡이 있는데, 이것은 아주 좋은 것입니다. 그 다음에는 외적인 것이 없는 내적인 것으로, 그것은 보다 더 좋은 것입니다. 그리고 마지막으로는 거의 나에게도 지각되지 않는, 천사적인 것인 비감각적인 호흡이 있습니다. 그러나 이런 것들은 지극히 일반적인 것입니다. 더욱이 다른 종류의 것들도 있습니다. 그리고 또한 수많은 종류가 되겠습니다. 이러한 것들은 인체의 여러 영역에 속한 것이고, 거기에서 비롯된 종결된 것들에 속한 것들이기도 합니다. 이런 것들에 관해서는 주님께서 선호에 의하여 적절한 곳에서 언급할 것입니다. 나는 제일 먼저

나의 어린 시절 이와 같이 호흡하는 일에 익숙하였습니다. 즉 아침과 저녁으로 기도하는 것이고, 그 뒤에는 때때로 폐장과 심장의 조화를 점검하는 것입니다. 특히 그 때 이미 인쇄된 저서들을 집필할 그와 같은 호흡에 친숙하였습니다. 왜냐하면 수년이 경과할 때 나는 계속해서 깨달은 것은 거의 깨달을 수 없는 무언의 호흡이 있다는 것입니다. 따라서 내가 유아기부터 수년 동안 이런 부류의 호흡들에 소개되었고, 특히 흥미진진한 고찰이나 사색에 의하여 소개되었습니다. 그럴 때에 보면 호흡은 정지된 것처럼 보였습니다. 그렇지 않았다면 진리에 대한 열렬한 연구는 거의 불가능하였을 것입니다. 그런 뒤에 나에게 하늘(heaven)이 열렸고, 그리고 나는 영들과 대화를 할 수 있었습니다. 나는 가끔 짧은 순간이기는 하지만 전혀 호흡을 통한 숨 쉬는 일은 거의 없었습니다. 그저 다만 생각의 진전만 유지되는데 충분한 공기의 흡입만 있었습니다. 이와 같이 나는 주님에 의하여 내면적인 호흡의 상태에 인도되었습니다. 내가 거듭해서 깨달은 것은, 그 때 나는 잠자는 상태를 보내고 있었다는 것과 그리고 나의 호흡은 거의 제거되었다는 것이고, 따라서 나는 잠에서 깨어났고 다시 숨을 쉬었다는 것입니다. 내가 이런 종류의 것을 전혀 알지 못하였을 때 나는 계속해서 저술하고, 생각하였습니다. 그리고 나는 만약 내가 그것에 대해서 깊이 생각하지 않았다면 나의 호흡이 정지되었다는 것을 알지 못하였습니다. 이런 일은 수도 없이 일어났다는 것을 내가 말할 수 있겠습니다. 그리고 또한 나는 그러한 경우 다종다양한 변화들도 깨달을 수 없었습니다. 그 이유는 나는 그것들에 대해서 깊이 생각하지 않았기 때문입니다. 이런 모든 것들에 속한 의도는 상태의 온갖 종류나 영기의 온갖 종류나, 그리고 온갖 종류의 사회에 관해서, 특히 보다 내면적인 것에 관해서 내 자신 안에서 적절한 호흡을 찾아내기 위한 것입니다. 그것은 나 자신에 대한 특별한 주의를 두지 않고서, 따라서 교류의 매개체인 영들이나 천사들과의 교제를 이루기 위한 것입니다.

3465. 한번은 잠에서 깨어나자 나의 왼쪽 귀 쪽에서 특별한 소리도 들리고, 또는 회전하는 정교한 소리가 들렸습니다. 그것을 묘사하기 위해서 그 어떤 낱말도 거의 찾을 수 없었습니다. 다시 다른 때 잠에서 깨어났을 때 나는, 돌리고 찢어지는 것 같은 거친 소리를 들었습니다. 나는 이런 소리에서 그것이 치명적으로 찢어지는 것 같은 자들에게서 오는 울부짖는 소리라는 것을 깨달았습니다. 이런 자들은 바로 설교자와 동일한 성품이었습니다. 그런 형벌에 속한 이유는 자신들의 비행과 비슷한 좋지 않은 행위를 속임수로 다른 자들에게 부과한 그런 짓 때문입니다. 왜냐하면 그들은 다른 자들이 모두 무구(無垢)하다고 해도, 자기 자신과 같다고 말하는 것이 버릇처럼 되었기 때문입니다. 그 이유는 그는, 그것이 지각된 것이지만, 망상에 의하여 다른 자들을 자신에게 결합시키고, 그리고 무구한 자를 갈기갈기 찢기 위한 것이기 때문입니다. 깨달은 사실은 그가 무구한 자를 대신해서 실제로 세웠다는 것을 믿고 있다는 것입니다. 그러나 다른 한편 나는, 비록 사실은 그러하였다는 일종의 신념을 가지고 있었지만, 그것은 불가능한 것이라는 주장을 하였습니다. 찢는 자들이 그를 잡으려고 무진 애를 썼기 때문에, 그는 여러 번 도망하는 동안, 무구한 자가 그를 대신해서 세워졌다고 여겼습니다. 그러므로 내 머리 주위에서 천사적인 영들이 그 형벌을 지시하는 것 같이 보였습니다. 그 때 거기에는 그의 도피의 증거는 결코 없었습니다. 왜냐하면 그들이 그를 붙잡았다는 것이 알려졌고, 그리고 그 때 그가 뒤로 다시 되돌려진 것처럼 보였기 때문입니다. 앞서의 잘못은 보다 우둔한 자질의 찢는 자들에 의한 그의 처리 때문이었습니다. 이런 우둔한 자들은 내면적인 것들을 바르게 깨닫지 못하였습니다.

3466. 그 뒤 나는 이런 기질의 자들과 대화를 하였습니다. 그리고 내가 그들에게 알려준 것은 그들이 천사적인 영기에 들어간다는 것은 불가능하다는 것입니다. 왜냐하면 그들은, 마치 물고기가 물에서 나와 바깥으로 나올 때와 같이, 고통을 받기 때문입니다. 그러나 그

들이 보다 더 예민한 기질이기 때문에, 정면 위 보다 높은 곳에 있었고, 그리고 일종의 지각할 수 없는 정교함으로 입류하였습니다. 그들은 앞에서 언급한 것과 같이 기혼 여자나 미혼 여자와의 그런 간음을 정당한 것으로 생각할 뿐만 아니라, 거룩한 것으로 생각하는 그런 자들이었습니다. 따라서 자신들에 대해서는 신성한 성품을 꾸미고 있었습니다. 이러한 자들에게 말하고 싶은 것은, 이런 부류의 아주 고약한 간통자들은, 마치 한 마리의 새가 에텔에서 사는 것이 불가능한 것과 같이, 천사적인 영기에 들어간다는 것은 불가능하다는 것입니다. 그래서 나는 공기 펌프 같은 빈 용기 안에 있는 한 마리 새를 보여 주었습니다. 그러나 그들은 그것이 가능하다고 생각하였습니다. 그래서 그들은 자신들이 대기에서 에텔로 올리워 가듯이, 표징적으로 위로 옮겨졌습니다. 그 설교자 자신은 이런 과정의 피술자가 되었기 때문에, 그의 방광(膀胱)이, 아마도 그의 머리를 제외하고, 그의 전신(全身)을 차지한 것처럼, 팽창하였습니다. 그러므로 그는, 이른바, 불결한 오줌통처럼, 또는 고약한 그릇 같이 되어버렸습니다. 이와 비슷한 일이, 앞에서 언급한 높은 곳에 있는 자들에게 일어났는지 여부에 관해서 나는 생각하지 않았습니다. 이 때에 나는 내가 기술한 것을 보았습니다. 그러나 깨닫게 된 것은, 그들이 아주 무서운 고문을 격고 있다는 것입니다. 왜냐하면 그들이 거룩함을 꾸몄기 때문에, 보다 더 정교한 개념들 속으로 보내졌기 때문입니다.

3467. 그들이 한 시간 가까이 이와 같이 고문을 겪고 있을 때, 오줌통에 의하여, 이런 아주 고약한 장기들의 모습으로 바뀌었기 때문에, 거기에는 마치 벌거벗은 인체와 같은 것이 이런 각각의 가리개들로부터 갑자기 튀어나왔습니다. 이러한 일은 나로 하여금 그것이 그들의 선에 속한 남은 것(殘滓)이라는 것을 생각하게 하였습니다. 왜냐하면 그것은 다소 붉은 색조를 제외하면, 벌거벗은 인체와 크게 다르지 않기 때문입니다. 그러나 그것은 거의 수직선으로 땅 아래로 내려갔고, 그리고 그 때 그것은, 비록 전부는 아니지만 불꽃같은 그

런 어떤 것이 되어 버렸습니다. 그러나 잠시 뒤에 그것은 게헨나로 이송되었습니다. 그것은 바로 모독된 그들의 거룩함이었습니다. 그러므로 그것은 이런 식으로 나타나게 되었습니다.

3468. 이와 같은 인체가 게헨나의 중앙을 향해 내려갔을 때 그 때 거기에 있는 자들은 어떤 변화를 인지하였습니다. 불꽃같은 그들의 호색(好色)은 감퇴되었습니다. 그 이유는 다른 호색의 쾌락이 더 컸기 때문입니다. 왜냐하면 나에게 그것을 지각하는 것이 허락되었기 때문입니다. 이런 사실에서 알 수 있는 것은, 그들의 호색이나 색욕이 게헨나에 있는 자들의 그것에 비하여 보다 더 극심하다는 것이었습니다. 그런 이유 때문에 그들은 거기에 보내질 수 없었습니다. 게헨나의 불꽃은 타오르는 불처럼 더 붉었습니다. 그러나 그들의 불꽃은 회색처럼 보여졌는데, 그것은 마치 보다 격렬한 열기의 불꽃과 같았습니다. 이와 같은 그들의 수동적인 생명은 마치 눈빛(雪光)과 같았습니다. 왜냐하면 그들은 겨울철의 빛을 드러내기 때문입니다. 그러나 그들의 악질적이고, 혐오스러운 색욕과 짝을 맺었을 때 그것은 하나의 타오르는 불꽃이었습니다.

3469. 게헨나의 불이 이런 불꽃의 더 격렬한 불과 결합되지 않으려는 것이 발견되었을 때, 그 때 게헨나에서부터 온 이런 성품의 작자들이 그들에게 가까이 왔으며, 그리고 이들 양자들이 하나로 뭉쳤는데, 그것으로 인하여 그들은 주위를 떠돌아다녔습니다. 그 때 내가 상상한 것은, 그리고 내가 한 말은, 하나의 새로운 게헨나(a new Gehenna)가 이런 성품의 자들로 이루어질 것이라는 것과 그리고 이런 이유 때문에 그들은, 여기에 기술된 것과 같이, 천성적으로 그런 존재라는 것 등입니다. 그러나 그들은 그런 영기에 머물 수 없었습니다. 그리고 내 머리 위로 왔으며, 거기에 잠간 동안 머물렀습니다. 나는, 그들이 무엇이라고 표현할 수 없는 일종의 설치음(舌齒音)의 소리를 내는 매우 많은 자들이 있다는 것을 알았습니다. 그들은 가끔 내 머리 위에 있었고, 그리고 공포적인 이빨소리를 냈지만, 그러

나 앞서 내 왼쪽 귀에 가까이 왔던 게헨나의 자들과 달리 조용하였습니다. 내가 그것에 관해서 말하면, 만약에 내가 전에 틀린 것이 아니라면 거기의 속삭임은 보다 더 귀에 거슬리는 소리였습니다. 그 이유는 보다 더 짙은 불꽃에서 온 것이기 때문입니다. 그러나 이것은 보다 더 정교하였습니다. 그 이유는 보다 더 정교한 불꽃에 속한 것이기 때문입니다. 그것은 그것 자체를 내 머리 주위에 확장하였는데, 그것은 거룩함에 속한 이런 부류의 원칙들을 가장(假裝)한 것에서 생겨났습니다. 그 뒤 그들은 뒤쪽에 있는 영역으로, 또는 후방에 있는 지역으로 쫓겨났습니다. 마치 이 태양의 세계에서부터 광활한 우주로 보내진 것과 같이 쫓겨났습니다. 그 광활한 우주에는 닮은 자들이 있고, 그리고 그들의 호수에 잠긴 자들이 있다고 생각하는 곳입니다. 그들은 거기에서, 내가 알지 못하는 곳으로 쫓겨났습니다. 내가 동시에 깨달은 것은 나의 눈, 특히 오른쪽 눈의 시력이 약해진다는 것이었습니다. 1748년 10월 4일

확대된다는 영에 관하여

3470. 나는, 육신을 입은 삶에서 영들은 확대되는 것이 아니고, 더욱이 이런 주의로 인하여 심지어 확장의 개념을 가리키는 낱말의 사용까지도 허용하지 않을 그 정도에까지 온갖 망상들을 계발한 그런 자들과 대화를 하였습니다. 이런 사실을 알고 있기 때문에 나는 이런 신념에 깊이 뿌리를 박고 있는 어떤 자에게 물은 것은, 그가 지금 영혼 또는 영에 관해서 생각한 것이 무엇인지, 그리고 그것이 확대되는지 아닌지를 질문하였습니다. 그 때 나는 그로 하여금 마치 그가 실제적으로 육신을 입고 있을 때와 같이, 그가 보고, 듣고, 냄새 맡고, 만지고, 맛본 것들을 생각나게 하였습니다. 예를 들면 촉각(觸覺)에 대해서 그가 그것을 가장 완벽하게 즐겼던 것이기도 합니다. 뿐만 아니라 그의 관능적인 삶에서 가지고 있는 그 사람의 다종 다양한 정욕이나 탐욕들이 되겠습니다. 그런데 그는 동일한 생각 안

에 있었습니다. 그가 고백한 것은 그의 생애에서 그는 영혼이나 영이 확장되지 않는다는 소견을 가지고 있었다는 것입니다. 결과적으로 그는 아무것도 용납하지 않을 것이고, 심지어 그런 낱말의 사용까지도 허용하지 않을 것이라고 고백하였습니다. 이러한 내용이 그런 신념을 뜻하는 것입니다. 그 때 그는, 그가 이 세상에서 이와 같이 생각하였을 때 그가 처해 있던 그 개념 안에 한동안 있게 되었습니다. 그 때 그는, 영은 생각(思想)에 불과하다고 말하였습니다. 그러나 나는 그에게, 마치 그가 이 세상에 여전히 살고 있는 것처럼 물었고, 그리고 시각이 시각의 조직이나 또는 눈 밖에 존재할 수 있는지 여부에 관한 물음으로 대답하였습니다. 본질적으로 시각은 확대되지 않지만, 그러나 눈이나 시각의 조직은 확대됩니다. 마찬가지로 시각의 대상물도 확대되지만, 그러나 시각은 기관이나 대상물에서 추상(抽象)되지는 않습니다. 따라서 내적인 시각을 가리키는 생각의 경우도 그와 같습니다. 나는 그에게, 마치 시각이 시각의 조직이 없다고 생각할 수 있다면 그가 조직들이나 조직적인 원질(organic substance)에서 분리된 생각, 즉 내적인 시각을 생각할 수 있는지 여부에 관해서 물었습니다. 그리고 더 부연하였습니다. 본질적인 관점에서 볼 때 생각은 조직적인 원질 밖에 있는데, 그것은 마치 통찰력(洞察力·vision)과 같습니다. 그것에 속한 범위는 예견되지도 않고, 예견될 수도 없습니다. 만약에 내적인 시각, 즉 생각이 하나의 기관(器官) 밖에 있는 실제적인 능력이라면 나는 어떤 근원에서, 그리고 어떤 수단에 의하여 그것을 요구할 수 있겠습니까? 라고 질문하였습니다. 그 때 그는, 그가 육신을 입은 삶을 사는 동안 영이 오직 생각이지 결코 유기적인 것이 아니라는 억설(臆說)적인 망상(the phantasy of supposing)에 빠졌었다는 것을 시인하였습니다. 그러나 지금은 그것이 유기적인 것이라는 것을 밝히 깨닫고 있다고 말하였습니다.

3471. 여기서 유식한 사람이 사후(死後)의 삶 또는 영이 있는 것을

믿지 않는 이유가 명확하게 드러납니다. 다시 말하면 그들은 그것이 유기적인 관계들에게서 생각을 추상화하는 이유가 드러납니다. 그것은 마치 그들이 그들의 기관들에게서 시각이나 청각을 떼어버리는 것과 꼭 같습니다. 이런 사실에 우리가 더 부연할 수 있는 것은, 만약에 영이 생각 이외의 아무것도 아니라고 한다면 사람은 사람이 가지고 있는 것과 같은 수많은 머리를 필요로 하지 않을 것입니다. 왜냐하면 전 두뇌는 내적인 감관들(the internal senses)의 한 기관(an organ)이기 때문입니다. 사실 그런 경우 두개골(頭蓋骨)은 그것의 내용물들을 전체가 빈 껍데기로 만든다고 해도 여전히 생각은 영으로서 활동할 것입니다. 그 때 그것이 세상의 학자들에게 나타나는 것이 어떻게 실패할 수 있겠습니까? 다시 말하면 두뇌 안에서는 생각에 속한 유기적인 것(organics of thought)이 있다는 것, 그리고 그것에서부터 비가시(非可視)적인 섬유들이 나온다는 것, 그리고 그것을 따라서 생각들은 외적인 감관들로부터 내적인 유기적인 것으로 통과한다는 것, 그리고 그 유기적인 것으로부터 근육적인 활동들이 나온다는 것 등이 학자들에게 어떻게 알려지지 않을 수 있겠습니까!

3472. 대화의 또 다른 주제는 영들의 형체들에 관한 것이었습니다. 왜냐하면 그들은, 영에 속한 가장 극내적인 것은 인간 육신과 비슷한 형체를 열망하기 때문에 그것들이 인간의 형체 이상의 그 어떤 다른 형체에 점유되어 있다는 것을 알지 못하기 때문입니다. 예를 들면 양친의 영(=정신)은 태아 안에 있는 그것의 형체를 열망하고, 그리고 사람의 전 영은 인체의 그 형체를 열망하는 것과 같다고 하겠습니다. 그럼에도 불구하고 그것은 천적인 생명에 적합하게, 그리고 순응하는 보다 더 완벽한 형체를 열망합니다. 이러한 사실은 애벌레에서 날개 달린 곤충으로 변신하는 누에의 경우로 입증될 수 있겠습니다. 따라서 생식에, 또는 대기 가운데 존재하는 생명에, 또는 그들의 하늘에 있는 선용들에 적합한 형체로 변신하는 누에에 의하여 설명될 수 있겠습니다. 이러한 형체는 벌레의 형체와 전적으

로 꼭 같은 것은 아닙니다. 그 이유는 선용(善用·use)이 형체를 만들기 때문입니다. 그러나 영들이 이 땅의 몸들이 아니라는 것은 이런 사실에서 명확합니다. 즉, 이 땅의 몸들(the earthly bodies)은 벌레들과 일치하고, 그리고 벌레들의 먹거리입니다. 그러나 저 세상에서 여러 가지 내장들, 예를 들면 심실(心室)·내장·간·심장·폐장 등 등은 어떤 것에는 결코 선용에 속한 것은 아닙니다. 왜냐하면 이런 것들은 피를 목적해서 형성된 것들입니다. 그리고 피는 근육들이나 감각기관들을 위해 형성된 것입니다. 그리고 그런 것은 사람이 이 세상에서 살고, 그리고 활동하기 위한 것입니다. 그러므로 영들의 형체들은 보다 더 완벽합니다. 사람의 형체를 표징하는 그 원인은 이미 설명하였습니다. 그러나 영들의 형체의 성질이 어떤 것인지는 여러 가지 이유들 때문에 아는 것이 허락되지 않았습니다. 1748년 10월 4일

사람에게 명확한 것은 선한 영들에게는 불영명하고, 그리고 그것의 역(逆)에 관하여

3473. 나는 이런 취지에서 영들과 대화를 하였습니다. 다시 말하면 나는, 사람들이 그것의 뜻을 이해하고, 깨달아야 하는 그런 방법으로 필히 저술하여야 했기 때문입니다. 왜냐하면 만약에 내가 영들이나 천사들의 이해나 지각에 일치하여 저술한다면 그것은 사람에게는 매우 불영명해서, 사람은 거의 아무것도 이해할 수 없을 것입니다. 사실 그것은, 비록 영들이나 선한 영들, 그리고 천사들이 그것을 거의 믿지 못하지만, 그것은 그들이 자신들의 빛 안에 있기 때문이지만, 흑암 안에 두는 것입니다. 그래서 그들이 자연스럽게 얻는 결론은 그들에게 명료한 것은 사람들에게도 명료할 것이다는 것입니다. 그러므로 그들에게 말할 수 있는 것은 사람들에게 명료한 것은, 생각에 속한 개념들을 이해하고, 지각하는 영들에게는 불영명할 것이라는 사실입니다. 마찬가지로 영들에게 명료한 것은 천사들에게

는 불영명합니다. 그 이유는 그들이 개념들에 속한 빛과 정동들 안에 있기 때문입니다. 왜냐하면 만약에 천사들이 영들에게 있는 동일한 방법으로 지각한다면, 그들의 지각들은 조잡한 것이 될 것이고, 그리고 그것은 마치 어둠에 의한 구름 덮힌 것과 같을 것이기 때문입니다. 더욱이 다른 한편에서 보면 사람에게 불영명한 것은 영들에게는 명확하고, 명료한 것이라는 것과 그리고 영들에게 불영명한 것은 천사들에게는 명료하다는 결론이 뒤따르게 됩니다. 17448년 10월 4일

사람・영・천사의 고유속성에 관하여 ; 그리고 그것에 관한 진리의 밝힘에 관하여

3474. 사람・영・천사의 고유속성(固有屬性・proprium)은 본질적으로 전적으로 악 이외에 아무것도 아니라는 것을 저술하고, 말하고 있을 때, 내면적인 성품의 어떤 영이 일러준 것은, 그들은 악하지 않은 고유속성을 가지고 있다는 것입니다. 다시 말하면 내적인 마음이나 보다 더 극내적인 마음을 가지고 있다는 것이고, 그리고 극내적인 마음은 내적인 마음에 영적인 힘이나 천적인 힘이 되는 힘과 능력을 준다는 것이었습니다. 나는 지금까지 사람 안에 있는 극내적인 마음은 짐승들 안에 존재하지 않는다는 것 이외의 다른 것은 결코 상상도 하지 않았습니다. 그러나 그들이 주장하는 것은, 내적인 마음이나 극내적인 마음인 이런 마음들은 그들의 고유속성이고, 그리고 그것들이 주님에게서 비롯된 천적인 것들이나, 영적인 것들을 잘 영접, 수용하기 때문에, 그리고 그것들이 사람의 본래의 마음에 그것의 능력을 주고 있기 때문에, 따라서 그들은 선 이외에는 악을 가지고 있지 않다는 것입니다. 그러나 그들에게 주어진 대답은, 이와 같은 내적인 마음이나 극내적인 마음은 그들의 것이 아니고 주님의 것이라는 것이고, 그리고 그들의 마음은, 전적으로 왜곡된 자연적인 마음뿐이라는 것이고, 그리고 만약에 영이나 천사가 그의 자

연적인 마음에 속한 그의 고유속성을 빼앗긴다면, 낮은 것과 꼭 같이, 내면적인 것(=높은 것)들을 빼앗긴다면 그는 전적으로 생명을 박탈당할 것이라는 것 등입니다. 그리고 이러한 내용은 사소한 경험에 의하여 영들에게 입증되었다고도 일러졌습니다. 그리고 그는, 만약에 이런 경험이 더 진전되었다면 그는 아주 무가치한 존재가 될 것이라는 것도 고백하였습니다. 그러나 고유한 마음이나 자연적인 마음은 참된 영적인 마음이나 천적인 마음에 대해서는 복종하여야 하는데, 이런 사안은 질서 정연한 것이기 때문에 그것은 삭제(削除)될 수 없고, 파기(破棄)될 수 없습니다. 그리고 따라서 그것은 이른바 복종적인 것으로 지음을 받았습니다. 왜냐하면 그와 같은 경우 누구나 자기 자신이나 자기 자신의 것에 대해서 아무것도 느끼지 못한 것이기 때문입니다. 그러나 그의 고유속성은 무지개에 비교될 수 있는 형체로 잘 정리 정돈되어 있습니다. 무지개에 있는 색깔들은 그것들의 근원을 흑색과 백색에서 취하고 있습니다. 그것은 사람의 고유속성에 일치합니다. 다시 말하면 그의 온갖 악들에 일치합니다. 이러한 것들은, 사람이 살아가기 위해서, 말하자면 사람 자신의 삶으로 말미암아 살아가도록 주님께서 처리하십니다. 그리고 거기에 남은 것들이 적으면 적을수록 그는 자기 고유속성에서 비롯된 삶을 덜 가집니다. 그러므로 사람은 자기 자신을 위하여 내면적인 마음이나 극내적인 마음을 자기 자신의 것으로 주장하는데, 주님께서는 내면적인 마음이나 극내적인 마음에 의하여 어떤 것이 되게 하기 위하여 그의 자연적인 마음에 능력을 주시는 것이지만, 따라서 사람은 자신의 것이 아닌 것을 자신의 것이라고 요구하는 꼴입니다. 왜냐하면 사람이나 영, 심지어 천사까지도 이런 마음에 관해서 전혀 알지 못하기 때문입니다.

3475. 뿐만 아니라, 만약에 이런 마음들이 완전한 상태에 있지 않다면 사람은 결코 개혁될 수 없을 것입니다. 사람이 태어날 때 보다 내면적인 마음은 단순히 잠재적인 존재이고, 그리고 그것은 참된 것

이나 선한 것을 이해하고, 지각하는 기능을 사람에게 부여하기 위하여 내적인 것에 의하여 열려야 합니다. 이와 같이 거짓이나 악이 더욱 증대하고, 그리고 그것이 내면적인 것들에 대하여 침투하게 되면, 그것에 비례하여 보다 내면적인 마음은 닫혀집니다. 다시 말하면 남은 것은 극소수만 남게 됩니다. 이러한 내용은 여러 곳에서 입증하였습니다. 어린 것들에 속한 것에서 보면 그들의 내적인 마음은 천계에 있는 어린 것들의 개념들에 일치하여 열려 있습니다.

하나님께서는 이 세상 창조 전, 영원부터 어떤 것에 종사하였는지 캐묻는 것으로 말미암아 미친 상태에 있고, 그리고 그것에서 주님 자신의 근원에 관해서 추측하는 자들에 관하여

3476. 그들이 이 세상에 있을 때와 같이, 심하게 관능적인 것에 머물러 있는 자들은, 그들이 이런 성품에 젖어 있는 한, 그들은 관능적이고 물질적인 것에서 비롯된 것 이외의 다른 것을 논리적으로 생각할 수 없습니다. 결과적으로 그들은 지극히 유한하고, 외면적인 것으로부터 생각합니다. 예를 들면, 천적인 행복에 대해서 생각할 때 육신에 속한 쾌락들로부터, 그리고 영적인 모든 것에 대해서 생각할 때도 육에 속한 감각적인 즐거움에서 판단합니다. 논리적으로 생각할 때 그들 중 몇몇은, 시간이나 공간 같은, 지극히 한정적인 것들에 기초한 공리(空理)나 추측들에 빠져서 생각하고, 그리고 영원한 것에 관해서는 시간(時間)으로부터, 그리고 무한한 것에 관해서는 공간(空間)으로부터 결론을 짓습니다. 그것은 그들이 저 세상에는 시간이나 공간에 관한 개념조차 있지 않다는 것을 모르기 때문입니다. 왜냐하면 이 땅에서 수 천 년을 산 자들도 그들이 일순간을 살았다는 것을 모르기 때문입니다. 그리고 나에게서 지역으로 아주 멀리 떨어져 있는 자들, 예를 들면, 인도나 또는 다른 지구에 있는 자들도 그것의 거리에 비교할 때, 우리 지구에 있는 모든 거리는 아무것

도 아닌 것으로 소멸하지만, 그럼에도 불구하고 거기에 있는 자들은 한순간에 현존(現存)하기 때문입니다. 그러므로 시간과 공간의 개념은 영들에게는 주어져 있지 않고, 다만 예외적으로 관능적이거나, 관능적인 것에 있는 자들에게만 허용됩니다. 그러나 참되고, 올바른 개념은 그런 것들을 인정하지 않습니다. 그 이유는 내면적인 심사숙고(深思熟考)는 그런 작자들에게는 주어지지 않기 때문이고, 그리고 심사숙고가 없다면 참된 개념은 존재하지 않기 때문입니다. 이러한 사실은, 이런 종류의 관능적인 것들에 관해서 관심도 없고, 따라서 깊이 생각하지 않는 육신을 입은 사람의 경우에서 명백합니다. 그 때 그 사람은 그런 것들의 개념 안에 있지 않기 때문입니다. 이러한 내용은 천사들의 현존에서 기술되었고, 따라서 천사들과 더불어 기술되었습니다.

3477. 그러므로 여기에서 얻는 결론은, 세상의 창조에 관해서 시간에 근거하여 추론하고, 그리고 따라서 하나님에 관해서도 창조 이전에 그가 행한 것이 어떤 것인지를 시간에 근거하여 추론하는 일에 빠져 있는 자들이 있다는 것입니다. 그 이유는 그들은 시간에 속한 개념 이외의 다른 것을 가지고 있지 않기 때문이고, 그리고 그들 중 어떤 자들은, 그 때 신(神)이 어떻게 세상을 창조하였는지를 생각한다는 것과 그리고 그것 안에 있는 삼라만상(森羅萬象)을 어떻게 창조하였는지를 생각한다고 역설합니다. 그리고 신(神)은 개별적으로 모든 것을 어떻게 예견하시고, 섭리하시는지를 주장합니다. 따라서 그들은 어처구니없는 결론을 도출(導出)하고, 그들 중에 어떤 자들은, 하나님은 이 세상과 더불어 존재하기 시작하였다고, 따라서 자연이 하나님이시고, 다른 말로 하면 하나님은 자연으로 말미암아 존재한다고 하는 그와 같은 것을 추론하기도 합니다. 그 밖에도 이와 비슷한 많은 것들을 추론하기도 합니다.

3478. 그들이 이런 종류의 망상에 빠져 있을 때 몇몇 관능적인 영들은 영원으로부터 시간을 지각한다는 것은 불가능합니다. 사실 그

들은 이런 것에서, 다시 말하면 시간이 존재하지 않는다는 것, 따라서 시간은 끝이 없다는 이런 것에서 비롯된 영원을 지각할 수 있습니다. 그러나 그들은 시간은 지나간 영원부터 존재한다는 것을 알지 못합니다. 그리고 그들의 추론이 그런 방향으로 확장될 때, 그들은 이와 같은 어리석고, 부조리한 것에 몰입(沒入)합니다. 그러므로 자연주의자들은 궁극적으로는 자연은 하나님(神)이다, 그리고 신은 자연에서 왔다는 따위로 자신들을 확증합니다.

3479. 이상에서 볼 때 사람들이 철학적인 것들이나, 물질적인 것, 감관적인 것, 사실은 가장 저급의 자연적인 것이나 유한한 것 등등으로부터 영적인 것들이나 천적인 것들에 관해서 추론할 때, 더욱이 신령한 것들에 관해서 추론할 때, 그들이 어떻게 불경건한 원리들이나 치명적인 망상들에 빠지게 되는지 잘 알 수 있었습니다. 그것들은 모두가 그들이 참된 믿음 안에 있다는 것에서 비롯된 결과입니다. 그래서 주님께서는, 개별적이든 전체적이든, 그들의 생각들을 인도하십니다. 이에 반하여 그들은 자신들을 정반대쪽으로 이끌어 갑니다. 왜냐하면 이런 것들은 모두가 그들의 고유속성에서 야기되기 때문입니다.

3480. 세상 창조에 관해서 추론하는 그런 부류의 영들이 있었습니다. 그들은 스스로 그것을 문제 삼았는데, 이를테면 영원 전부터 창조 이전에 주님께서 할 수 있었던 것은 무엇인가? 그리고 최종적으로 그들이 추론한 것은 영원이라는 것은 주님에 관해서 서술할 수 없다는 것이고, 그 밖의 이런 성질과 같은 수많은 터무니없는 것들이 되겠습니다.

3481. 나는 내가 그들의 노출된 오류에 의하여 그들에게서 자유스럽게 되기 위하여 그런 부류의 망상들에 그들에 의하여 스스로 인도되었을 때, 그들에게 질문이 허락되었습니다. 그것은, 그들이 우주의 경계들 너머에 어떤 것이 존재하는지 알 수 있는지 여부였고, 그리고 우주 밖에 공간이 있는지의 여부였고, 만약에 거기에 그런 것

이 있다면 이것은 무한정 확대할 수 있는지 여부 등등의 것이었습니다. 왜냐하면 만약에 공간이 생각될 수 있다면, 종점(終點·termination)은 결코 생각할 수 없는 것이 되기 때문입니다. 따라서 어떻게 거기에, 공간에 관해서 서술할 수 없는 공간 밖의 공간(space without space), 즉 무한정의 공간이 있을 수 있는 것입니까? 어떤 자는 거기에 그가 무한하기 때문에, 하나님(神)이 계신다고 생각합니다. 그러므로 육신을 입은 삶에서 이런 부류의 망상적인 독자적인 사견(私見)이나 발상(發想) 안에 빠져 있는 자들은 우주 밖으로 자기 자신을 이동시킨다고 상상합니다. 그들 중 몇몇은 그들이 거기에 도착하였을 때 그들의 상태는 그들의 마음먹은 대로라고 주장하였습니다. 그것은 그들이 창조된 우주 안에 종속되는 귀찮은 성가심입니다. 고통들로부터 멀리 떨어져서 거기에 머물기를 열망하기 때문입니다. 그러나 그들이 우주 밖으로 빠져나왔다는 망상 안에 사로잡혀 있는 한, 온갖 것들은 그들의 망상에 일치하여 자신들에게 나타나기 때문에, 그 때 그들은 우주 너머의 비공간(非空間·non-space)에 관해서 그것은 한계가 없는 것으로, 추론하기 시작합니다. 따라서 그들은 자신들이 아주 멀리 앞서간다고 여기고, 종국에는 그들은 거기에서 그들에게 말하는 어떤 존재들(certain beings)을 보았다고 말합니다. 그리고 나 역시 그들이 하는 말을 들었습니다. 그들이 하는 말은, 그들은 우주 너머에 있는 종점에 있었다는 것이고, 사실 그들 자신은 끄트머리에 있었고, 그리고 만약에 그들이 거기에 가까이 이르게 되면 그것들은 그들을 삼켜버릴 것이라는 등등이었습니다. 그래서 만약에 그들이 위험을 무릅쓰고 더 나아간다면 삼켜버릴 것이라는 예상에서 생기는 공포에 사로잡혔습니다. 사실 그들은 그들의 공포가 빚은 결과 때문에, 말하자면 실제적으로 삼켜지는 것 같이 보였습니다. 따라서 그들은 자신들이 무가치한 것으로 되돌아갈 것이라고 상상하였고, 그리고 반드시 소멸될 것이라고 상상하였습니다. 따라서 이런 종점에 서 있는 자들은, 또는 자신들이 마지막이라고 생각하는 자들은 일종의 조상(彫像)들로, 아니, 돌도 아니고, 나무도 아닌 그런 조각품으로 기술되었습니다. 그럼에도 불구하고 다소 생명이 있다고 하지만, 생명이 없는 것으로 기술되었습니다. 그리고 차가운지, 더운지 한정될 수 없지만, 그러나 그들은 양쪽 다 같이 보였습니다. 이런 추론자들은 육신을 입은 삶에서 이런 망상에 빠져 있었던 자들입니다. 다시 말하면 신령무한존재(the Divine infinite)를 무한 공간(infinite space)과 동일시하는 그런 망상에 빠져 있었던 자들입니다. 그러므로 그들은 무한한 공간에 의한 것이 아니면, 주님에 속한 무한을 생각할 수 없습니다. 따라서 그들이 공간의 무한을 생각할 수 없기 때문에 또한 그들은 주님의 무한도 용납하지 못합니다.

3482. 위에서 언급한 것과 같이 나 역시 그런 망상에 빠져 있는 자들에 의하여 사로잡혔습니다. 그럼에도 불구하고 나는 나의 전 상태를 회상하고 있지만, 그러나 나는 주님에 의하여 우주 너머에 공간이 존재하지 않는다는, 즉 한계가 없는, 무한 공간(infinite space)에 대한 생각에서부터 빠져 나왔습니다. 이런 생각이나 개념은 상상할 수 없는 것에 빠지게 합니다. 그리고 이것이 공간에 대한 참된 생각이듯이, 또한 세상 창조 이전의 영원에 대한 생각이기도 합니다. 그 뒤 나는 주님에 의하여 형체들에 속한 어떤 지각에 인도되었습니다. 그것의 개념은 기하학자들이 수용한 모든 개념들을 아주 훨씬 초월한다는 것입니다. 왜냐하면 심지어 가장 낮은 인간적인 형체들이라고 해도, 예를 들면 내장들의 형체들에서와 같이, 기하학적인 개념에 의하여 파악되는 형체들을 훨씬 뛰어넘기 때문에, 따라서 그들에 의해서는 결코 그것들을 깨달을 수 없기 때문입니다. 이러한 사실은 내장의 기관에서도 사실이기 때문에 그리고 그들의 결과적인 형체들에서도 사실이기 때문에, 그것의 활동의 형체에서 보면 더욱 그러하기 때문에, 그것들의 가장 정교한 것은 기하학이나 그것의 무한한 계산이나 예상으로부터 결코 깨닫는다는 것은 불가능하다고 하겠습

니다. 그것은 그것들이 이런 모든 계산을 끝없이 초월하기 때문입니다. 그 때 매우 정교한 유기체들의 형체들에 관해서 기학으로 말미암아 깨달은 것은 무엇이고, 그리고 생동적인 형체에 관해서 생각될 수 있는 것은 무엇이고, 그리고 또한 생명의 수용그릇에 적용된 것들에 관해서 생각될 수 있는 것은 무엇입니까? 그리고 그것들은 유기적인 형체들이나 시각을 좌절시키는 것들을 훨씬 초월하는 것 아닙니까? 여기에서 잘 드러나는 것은, 어떤 식이든 인간의 마음은 영적, 천적인 주제들이나 신령한 주제들에게 영향을 끼친다는 것입니다. 그것은 장들에 속한 배설물들로부터 추론할 수 없기 때문이고, 그리고 그것들이 어떻게 분리되는지도 보여 줄 수 없기 때문입니다. 그와 같은 사실은 그들의 무한한 헤아림(計算)에서도 깨달을 수 없기 때문입니다. 그러므로 그들은 이런 배설물들의 진정한 찌꺼기들에게서, 그리고 가장 불쾌한 모든 것들이나, 가장 치사한 것들에게서 추론합니다.

3483. 손 하나가 나의 왼쪽 눈 앞에 나타났습니다. 그것을 보았을 때 나에게 허락된 지각은, 이런 부류의 망상에 의하여 그들이 유혹되었다는 것을 뜻한다는 것입니다. 왜냐하면 사람, 또는 영이 자기 자신을 세상창조에 관해서 이런 망상에 두는 한, 즉 그것은 고대철학자들의 한 사람의 소견에 일치하여 그것이 영원 전부터인지 아닌지에 관한 그런 망상에 사로잡혀 있는 한, 그들은 자연에서 비롯되었다는 하나님(神)의 근원에 관해서, 따라서 자연이 곧 신(=하나님)이다는 가공할 온갖 자만(自慢)들과 상상(想像)에 빠지게 될 것입니다. 이런 망상에 한번 물들게 되면, 그리고 위에서 지적한 것과 같이, 따라서 관능적인 것들에 머물러 있는 한 그들은 아주 쉽게 그리고 동시에 다시 빠지게 되고, 따라서 그들은 통치권을 취할 것입니다. 그리고 만약에 그들이 자기 스스로 확증하게 되면, 그들은 자연이 곧 신(=하나님)이라는 생각을 주장할 것이고, 특히 기하학자들은 그와 같이 주장할 것입니다. 기하학자들은 그 어떤 것도 그들의 학문

을 넘어가지 못하고, 또한 그들의 학문을 뛰어넘지 못할 것이라고 생각하는 자들입니다. 그럼에도 불구하고 기하학의 궁극적인 범위는 상스럽고 추한 분비물의 생성과정을 파악하는 지점에도 이르지 못할 것입니다. 그리고 내장들의 형체의 측면에서 보면 기하학은 자신의 무한한 것들의 전체 힘을 가지고서도 전혀 그것을 파악할 수 없을 것입니다.

3484. 그러므로 주님께서는 내가 매우 궁극적이고 한정적인 것들에 사로잡히지 않게 하기 위하여 모든 기하학의 형체를 뛰어넘는 형체들의 개념이나 생각을 나에게 허락해주셨습니다. 왜냐하면 기하학은 원주(圓周)에서 정지되고, 또한 그 원주에 관련된 곡선(曲線)에서 결정되기 때문입니다. 그리고 그런 것들은 모두가 단순한 이 땅의 것이고, 그리고 대기의 형체들이나 물의 형체에 속한 가장 낮은 것조차도 포용할 수가 없습니다. 이런 가장 낮은 형체들이나, 또는 이 땅적인 형체들에게서 중력(重力)·정지(靜止)·냉기나 등등의 원인과 같은 불완전한 것들의 제거에 의하여 그런 원인들의 작용으로부터 자유 한 형체들을 지각하는 것이 허락되었습니다. 그리고 그때 그것들로부터 보다 더 자유스러운 형체들이 남게 되고, 그리고 또한 그것에 비하여 더 자유스러운 다른 것들도 남게 됩니다. 종국에 모든 점에서 중심들을 제외하면 그것 안에서 아무것도 알 수 없는 형체들만 주어지게 됩니다. 그러므로 그것들은 원주들이나 원주들이 생겨나고, 그리고 중심들을 뜻하는 모든 점들도 생겨납니다. 그리고 이런 중심들로부터는 여전히 유사한 것들과 관계를 가지고 있고, 종국에는 공간들이나 시간들의 경계들을 뜻하는 끄트머리(末端)에는 제거될 가장 낮은 형체가 있습니다. 나는 자 자신이 제한적인 것에서 전적으로 비워진, 따라서 공간들이나 시간들의 관계에서 떠난, 형체들에게 진전한 것을 목격하였습니다. 그러나 이런 형체들은 여전히 제한적이었습니다. 그 이유는 그것들의 개념이 비록 그것들이 여전히 제한적인 것으로 남아 있다고 해도, 보다 더 제한적인

것들에 속한 어떤 추상에 의하여 지각될 수 있었기 때문입니다. 그러므로 이런 모든 형체들은 여전히 자연 안에 존재하고, 그리고 그것들은 생명이 없는 것들입니다. 결과적으로 그 마음이 그것 자체에 붙들려 있고, 또한 이런 형체들 안에 갇혀 있는 한 그것은 여전히 생명의 영기에 곧 들어가지 않고, 그러나 그들 안에, 또는 그들 위에 있는 것들은 주님으로 말미암아 살아 있는 것이지만, 그럼에도 불구하고 유기적인 것들은, 그것이 자기 자신의 생명을 지니고 있지 않기 때문에, 자연 안에 있는 형체들 그 이상입니다. 그러므로 어느 누구도 일종의 추상에 의해서는 결코 자연적인 것들 안에 있는 형체들에 관해서 알지 못할 것입니다. 이러한 사실은, 내 앞에 있는 종이 위의 형체들에 관해서 기술되고 있는 동안, 내가 지금 깨달은 것입니다. 따라서 내가 고백할 수밖에 없는 사실은 결코 지각될 수 없는 자연에 속한 매우 정교한 형체들 안에는 영적인 형체들이 존재한다는 것입니다. 1748년 10월 5일

데모크리토스(Democritus)에 관하여

3485. 어떤 자가 내 왼쪽에 잠깐 동안 있었습니다. 그는 사악한 것들을 시도하려고 하였습니다. 나는 그가 누구인지 알지 못하였습니다. 그 이유는 그는 아주 예민하게 행동하였기 때문입니다. 그래서 나는 그의 영향력을 거의 알지 못하였습니다. 그럼에도 불구하고 그것을 지각하는 일이 내게 허락되었습니다. 그는, 말하자면 내 왼쪽 안에 있었습니다. 나는 그를 가장 고약한 악마라고 불렀습니다. 그 때 그는 정면 조금 높은 곳으로 후퇴하였고, 거기에서 말을 하였습니다. 그러나 그는, 무엇이라고 기술할 수 없는 개념들의 일반적인 영기를 유발하였습니다. 어쨌든, 거기에는 개별적인 것의 개념은 결코 없었지만, 그러나 그는 마치 개별적인 것들에게서 비롯된 것처럼 말을 하였습니다. 왜냐하면 모든 대화는 개별적인 것들이기 때문입니다. 나는 전에 지각했던 유사한 영기를 회상하지 못하였습니다.

다시 말하면 일반적인 종류의 영기 가운데서 한 그의 말을 기억하지 못하였습니다. 그러므로 그의 영기는 그의 본성에 속한 영기였습니다. 따라서 그의 본성은 원칙들에 억매이지 않은 자의 본성이었습니다. 그러나 모든 것에 정반대되는 일반적인 성질의 영기였습니다. 다시 말하면 그의 영기는 누구의 것이나, 또는 어떤 원칙이나, 그리고 어떤 믿음에 대해서도 정반대가 되는 그런 것이었습니다. 그러므로 그는 모두에 대하여 자기 자신을 과시하였습니다. 그리고 선과 진리에 관해서 아무것도 알지 못하면서도 그는 정교하게 그들을 논박하고, 또한 비방하였습니다. 그 뒤에 나는 이런 성품의 작자들이 어떻게 존재하는지 이상하게 생각하였습니다. 다시 말하면 진리에 관해서 알지 못하면서 매우 교묘하게 다른 자들을 논박하고, 그리고 아주 예리하게 침을 찌르듯이 공격하는 자들이 있다는 것을 매우 이상하게 생각하였습니다.

3486. 그 뒤에 그는 더 가까이 다가왔습니다. 그는 처음에는 얼굴이 검게 보였습니다. 종국에 아주 가까이 다가갔고, 그리고 어떤 빛 가운데 있게 되었습니다. 그는 흰색과 회색이 도는 흙으로 빚은 물통(水桶) 하나를 취하였습니다. 그 병을 손에 들고 나에게로 왔습니다. 그리고 그는 그 안에 값비싼 포도주가 있다고 하면서, 그것을 마시기를 권하였습니다. 그래서 나는 그것을 마시고 싶었지만, 그렇게 하지 못하였습니다. 왜냐하면 나는 그가 누구인지 알지 못하였기 때문입니다. 그러나 내게 즉시 알려진 것은 그는 데모크리토스라는 것이고, 그리고 그는 포도주 병을 보여 주었다는 것입니다. 그 이유는 그가 예전에도 꼭 같은 모략(謀略)을 실천하였다는 것이기 때문입니다. 그 때 그는 그에게 반박하는 이유 때문에 그에 대한 그의 분노 때문에, 그의 이해의 능력을 파괴하기 위하여 그는 독성이 혼합된 포도주를 주어서, 그가 말하는 것을 마치 어린 것이 가지고 있는 것 이상 결코 더 많이 알지 못하게 하였다는 것입니다. 더욱이 그는 그가 속이려고 하는 자에 대해서는 이런 성품의 인물이었습니

다. 그리고 그는 그런 인물에게서, 이른바 진리와 선의 이해를 모두 빼앗습니다. 심지어 그에게 밀착된 자들도 그 자신의 소견을 제외하면 아무것도 알지 못하는 것처럼 보였습니다. 나 자신은 그에게 밀착된 자들 가운데 있었습니다. 그리고 나는 그의 저술들에게서 수집된 다종다양한 것들을 들었지만, 그러나 그것의 지극히 작은 것들까지도 기억에 남아 있지 못하였고, 그리고 또한 심지어 내가 생각한 것이 무엇인지 알지 못하였습니다. 그리고 어처구니없는 것들을 생각할 수밖에 없었습니다. 이러한 것들이 그에게 밀착된 자들에 대한 그의 반대적인 의견들입니다. 진리와 선에 속한 그들의 모든 총명을 제거한다는 측면에서, 그리고 그들이 일종의 정신착란 상태에 떨어져 그들 주변에 있는 것들을 알지 못하게 하였습니다. 그러므로 그가 어느 누구에게 독성을 탄 것을 주었는지, 그리고 그에게 밀착된 또 다른 자에게 나누어준 그의 그런 성품을 뜻하는 포도주나 물병에 의한 것인지 아닌지 나는 알지 못합니다. 그것은 아마도 양쪽일 것입니다.

3487. 그의 성품이 사실은 이빨들이지만, 누런색의 커다란 나무토막에 의하여 나에게 드러났습니다. 그러나 그것은 괴물같이 매우 컸습니다. 그래서 그의 얼굴 전체는 이빨 이외에는 아무것도 없는 것 같이 보였습니다.

초대교회나 모라비안 교회에 비슷한 다른 지구의 뛰어난 영들에 관하여

3488. 영들의 무리가 내 왼쪽 관자놀이에서 멀지 않은 곳에 와서, 일종의 언어를 가지고 내게 불어넣었습니다. 그러나 나는 그것을 이해할 수 없었습니다. 그러나 나는 그것이 내 생각들의 영기 안에 있다고 생각하였기 때문에 나는 그것이 내가 예전에 경험했던 기억에 비하여 더 부드러운 어떤 것으로 느꼈습니다. 그것은 처음에는 아주 부드러운 공기(aura)처럼 내 왼쪽 관자놀이와 그리고 다음에는 왼쪽

귀 위쪽으로 불어왔고, 그리고 왼쪽 눈으로, 그리고 오른쪽 눈으로는 약하게 펴져나갔습니다. 그리고는 입술 쪽으로, 특히 왼쪽 눈에서부터 펴져나갔습니다. 그것이 입술에 닿았을 때 그것은 입을 통해서 들어갔고, 그리고 따라서 내가 생각하기에는 이관(耳管·유스타기관)을 통해서 생각에 들어갔습니다. 그 때에 거기에는 생각들의 교류가 주어졌습니다. 그래서 나는 그들의 것들을, 그리고 그들은 나의 것을 지각하였습니다. 그 때 그들은 어떤 방법에 의하여 발설(發說)이 이루어지는지를 사고적인 언어(cogitative speech)로 말하였습니다. 다시 말하면 입술의 움직임에 의하여 이루어지는 것으로 내게 있어서도 꼭 같이 움직였고, 그리고 또한 혀(舌)도 잠깐 동안 움직였는데, 이런 움직임은 그들 모두에게 공통적인 것이었습니다. 왜냐하면 개별적인 것들이 있는 곳에서는 반드시 공통적인 것이 있어야만 하기 때문입니다. 더욱이 그들의 생각들은 입술에 속한 섬유들에 의하여 교류되었고, 그리고 생각 가운데 언급된 것은, 이와 같이 그들은 그들의 개념들이 다른 자들에게 이해되기 쉽게 이송된다는 것입니다. 그것으로 인하여 내가 결론을 지을 수 있는 것은 그들의 입술을 단순하게 움직이는 것에 의한 그들의 말에서부터 그들이 다른 지구에서 왔다는 것입니다. 그러나 개별적인 것 안에 있는 어떤 것으로부터는 나는 알 수 없었을 뿐입니다. 믿음에 관한 그들의 고백으로부터 나는 그들이 목성(木星)에서 왔다고 생각할 수 있었습니다. 왜냐하면 우리 지구에서와 같이, 모든 지구에는 믿음에 속한 다종다양한 지식들이 있기 때문입니다. 그리고 우리의 태고교회의 지식은 이들 영들이 속해 있던 것에 비하여 매우 꼭 같았기 때문입니다. 더욱이 그들의 언어는 또 다른 공통적인 특이한 것에 의하여 특징지을 수 있겠습니다. 다시 말하면 그들의 언어는 약간 아래의 턱에 의하여 이루어지는 것으로, 그것은 그들에게서와 같이 나에게도 있는데, 그것들은 윗입술 아래에 돌기처럼 약간 튀어 나와서 생긴 것입니다. 최대인간에서 그들은 대뇌와 소뇌 사이의 중간영역에 속한 요소들을 형성합니다. 따라서 이들은 대뇌에 대한 생각이나 이해와 관계를 가지고 있고, 그리고 소뇌에 대한 정동이나 의지에 관계를 가지고 있습니다. 이런 이유 때문에, 그들과 그것들과 더불어 이해에 속한 것들이나 의지에 속한 것들은 한 몸처럼 역사합니다. 그리고 그들의 온 안면(顔面)은 말을 하고, 그들의 눈들은 생각을 합니다.

3489. 그들은, 그들이 오직 한 분 주님만을 시인한다고 고백하였습니다. 그 고백은, 나로 하여금 그들이 목성에서 왔다는 결론으로 인도하였고, 그리고 또한 그들에게 있는 고유속성도 오염(汚染)되었다고 결론짓게 합니다. 이런 것들에 관해서, 아마도 세 번째 주제에 관해서는 비록 내가 그들이 참된 믿음 안에 있는 것을 추측할 수 있지만, 나는 기억하지 못합니다. 그 때 그들은 내가 예전에 불결하였다고 말하였습니다. 왜냐하면 그들은 내가 전에 어떤 성격이었다고 공언하였기 때문이지만, 그들은 그러한 것을 나의 영기에서 그 즉시 지각하였기 때문입니다. 그러므로 나는 그들에게 그들이 언급한 것과 같다고 말하였습니다. 그것은 내가 잊기는 했지만, 바로 위에서 언급한 셋째 주제였습니다. 다시 말하면 모든 선은 주님의 것이라는 것이고, 자신들에게 있는 선은 악 이외에 아무것도 아니라는 것이고, 따라서 그들의 모든 선은 주님으로 말미암아 존재하는 것이고, 그리고 그들 자신은 본질적으로 악마적이고, 지옥적이라고 생각한다는 것이 셋째 주제라는 것입니다. 결론적으로 주님께서 홀로, 그분께서 우리를 그렇게 한 것과 같이, 그들을 지옥에서 구출하셨고, 그리고 구원해 주셨다는 것입니다. 대화는 더 진전되었는데, 그들은 나에게 내가 어째서 악마들과 말을 하느냐고 물었습니다. 내가 한 대답은, 그것은 내게 허락된 것이고, 그리고 또한 악마들 중에서 가장 사악한 자들과 말하는 것도 허락된 것이라는 것입니다. 그리고 이런 자들의 기고만장으로 말미암아 사람의 고유속성에 속한 모든 측면에서 오직 인간만이 영적으로 파괴되기 쉽다는 것을 말하는 것이 허락되었기 때문이라고 대답하였습니다. 내가 그들에게 일러준

것은 이런 성격의 악마들은 언젠가 한번 사람들이었다는 것이고, 그리고 육신을 입은 삶을 살 때 내가 아는 자들이지만, 그들 중의 몇몇은 고위직에 있던 자들이고, 그리고 나는 그들에 관해서 그들이 악마적인 성격이라는 것이나, 그리고 악마들이 악마들이 될 것이라는 그런 것은 결코 나는 생각해 본적이 없습니다. 그러나 나는 다만 그들이 더 선량한 자가 될 것이라고 생각했을 뿐입니다. 왜냐하면 주님께서 어느 누구에게 지옥에서 형벌을 받게 한다는 것을, 더욱이 영원히 벌을 받게 하실 것이라고 생각한다는 것은 있을 수 없는 것이고, 비이성적인 것이기 때문입니다. 짧은 생애의 죄악들, 특히 각자가 그의 원칙들은 참된 것이라고 생각하고, 따라서 그의 신념에 굳게 세운 그것 때문에 영원히 벌을 받도록 주님께서 허락하신다는 것은 비이성적이기 때문입니다. 그러므로 주님께서 어느 누구가 벌을 받는 것을 선호하신다는 것이나, 더욱이 바로잡음(改革)에 대한 살핌도 없이, 영원히 끊임없이 벌을 받는다는 것을 선호한다는 것은 생각할 수 없기 때문입니다. 주님에게서 온 것은 무엇이나 선하기 때문에, 그리고 선은 그것이 목적이지만, 그러나 영벌(永罰)은 그런 목적을 결코 가지고 있지 않기 때문입니다. 이러한 내용이 내가 그들에게 거친 어조로 대답한 이유이고, 그리고 그들의 고유속성의 측면에서 그들을 악마적이라고 부른 이유입니다.

3490. 내면적이고, 배꼽의 영역 안에 있는 그들의 호흡이 내게 교류되었고, 그리고 가슴을 통해서 상하로 유입되었지만, 그것은 인지되지는 않았습니다.

3490[A]. 초대교회에 관해서 생각하는 것이 내게 허락되었습니다. 그 교회에 관해서 어떤 자들은 이들이 곧 영들이라고 상상하기도 하였습니다. 그러므로 초대교회에서 온 자들 몇몇이 가까이 왔습니다. 그들은 그들에게 닮기는 했지만, 그러나 그들은 입술의 단순한 운동에 의하여 말을 하지 않았고, 또한 그들은 이런 식으로 유입하지도 않았습니다. 그들은 대뇌와 소뇌 사이에 있는 분리선(分離線·

the separating line) 주변으로부터 이마 쪽을 향해 머리의 위의 영역에 영지(靈知·afflatus)에 의하여 유입하였고, 따라서 두뇌의 상부와 거의 내부에 유입하였고, 그것으로 인하여 그들은 나에게 불어넣은 숨결은 흉부의 내면과 그리고 가로 질러서 코의 왼쪽에 유입하였습니다. 그 때 처음에는 흉부를 호흡으로 채웠고, 그리고 그것에서부터 배꼽의 영역을 통과하였는데, 거기서 그들은 배꼽으로부터 흉부의 뒤쪽을 통과하여 내적으로 호흡하였습니다. 숨결은 거의 입에는 미치지 못하였습니다. 이와 같이 호흡은 상호적인 내부로 향하지만, 그러나 외부로는 방출하지는 않습니다. 다시 말하면 그것은 배꼽의 영역으로부터 등을 향해 흉부의 영역을 통과하고, 그리고 그 때 목을 향해 위로 올라왔습니다. 이와 같이 상호적인 회전으로 행해졌는데, 그것은 아주 멋진 것이었습니다.

3491. 나는 또한 이런 자들로부터 동일한 믿음의 고백을 들었습니다. 다시 말하면 주님께서 천계를 지배하신다는 것과 그리고 모든 선은 주님으로 말미암아 존재한다는 것과 그들에게는 더러운 것 이외에는 아무것도 없다는 것 등등을 들었습니다.

3492. 그러나 내가 여전히 나의 기억에 회상되는 것은, 이러한 영들은 초대교회(=원시교회·the primitive church)에서 오지 않고, 오히려 모라비안 교회(the Moravian church)에서 왔다는 것입니다. 따라서 지금 일러진 것은 그들은 모라비안 교회에서 왔고, 그들 가운데는 초대교회의 이미지가 남아 있었다는 것입니다.

믿음에 속한 지식들은 논쟁에 의하여 심지어 부정에까지 이르게 된다는 것에 관하여

3493. 나는 자신들은 참된 믿음 안에 있다고 자부하는 영들과 대화를 하였습니다. 그들은, 입과 과학적인 방법으로는, 주님께서는 우주를 다스리신다는 것, 모든 선은 그분에게서 온다는 것, 그리고 모든 사람의 고유속성은 악 이외에 아무것도 아니라는 것 등을 시인

하는 자들입니다. 그리고 그들은 이런 모든 것을 긍정하였습니다. 그러나 그들에게 꼭 지적하고 싶은 것은, 본질적으로 명백하게 이해하는 이런 것들이라고 해도, 그들이 토론하는 것에 빠지게 되면 그런 것들은 불영명의 상태나 무지에 빠지게 되고, 그리고 무지나 불영명의 상태로 인하여 의심(疑心)의 상태에 빠지고, 그리고 그 의심의 상태에서 부인(否認)의 상태로 빠지고, 따라서 사람은 무신론자(無神論者)가 되고 만다는 사실입니다. 그러나 그들의 대답은 그들이 그와 같이 될 수가 없다는 것이었습니다. 그리고 이런 사실이 그들 사이에서 주장되었습니다. 그 이유는 그들이 자기들 스스로 믿음에 속한 지식들을 확증하였고, 그리고 따라서 그들은 다른 자들과의 논쟁에 대한 위험 따위가 없다는 것이 가능하였고, 심지어 불영명의 상태를 유발하는 위험도 있을 수 없기 때문입니다. 내가 경험을 통해서 그들에게 부연한 것은 그들은 의심하게도 되고, 심지어 자신들이 부인한다고 여기기도 하지만, 어떤 신념의 영기는 영적인 것들을 소멸시킬 수 있는 그런 부류의 것이기 때문인데, 이러한 것은 홍수 이전의 사람들에 관해서 이미 내게 일러진 것과 같습니다. 그러나 믿음 안에 있는 자들은, 그리고 그들 안에 주님께서 깊이 뿌리를 내렸고, 그리고 믿음의 지식들을 스스로 확증한 자들은 비록 그들이 신념의 영기로 말미암아 부인의 상태에로 휩쓸려 간다고 해도, 그들이 생각하고 있는 것은 그런 것들은 모두 사라진다는 것입니다. 그런 일이 여러 번의 제거나 옮김에 의하여 드러나기도 하였습니다. 사실 처음에는 부인(否認)이 사라지게 되고, 그 다음에는 의심이 제거되고, 그 다음에는 불영명의 상태가 소멸되고, 최후에 이르러서 그들은 빛의 상태에, 다시 말하면 지식들 가운데 놓이게 됩니다. 그러므로 명확한 사실은, 비록 그들이 악마들 가운데 있다고 해도, 그리고 파멸이 다가오는 것 같이 여겨지는 그런 영기들 안에 있다고 해도, 믿음 안에 있는 자들을 그 어떤 것도 해칠 수 없다는 것입니다. 1748년 10월 6일

사후 즉시 합창단 속에, 또는 일치하는 하모니에 들어간 마호메트 교도들에 관하여

3494. 나는 다소 쉰 소리였지만, 높은 곡조의 합창단 노래를 듣게 되었습니다. 나는 그 선회(旋回)와 소리에서 그 합창단이 마호메트 교도들로 구성되었다는 것을 즉시 알았습니다. 내가 지적했던 것과 같이, 그 합창단은 내가 전에 들었던 합창단의 소리에 비하여 조금 쉰 소리였고, 그렇게 유창한 소리도 아니었습니다. 나는 그들이 삼사일 전에 죽은 마호메트 교도들이라는 것을 다른 자들에 의하여 알게 되었습니다. 마찬가지로 나는 마호메트 여신도들의 합창단의 노래도 들었는데, 그들에 관해서도 동일한 내용이 일러졌습니다. 그들이 마호메트 교도들이라는 것은, 나는 그들이 그 여자들 가까이에 있다는 것을 듣게 되었을 때 그들의 기쁨에 속한 교류에 의하여 깨닫는 것이 내게 허락되었습니다. 그들은 한밤을 노래하였고, 나는 종국에, 사실 그들은 하루 밤 동안에 그 하모니를 거의 터득하기 때문에, 그들은 자신들의 합창을 특별히 신속하게, 그리고 아주 쉽게 열창한다는 것을 들었습니다. 왜냐하면 이런 합창은, 각자 각자 그리고 모두가 한 사람처럼, 모두 말하고 생각하는 것으로 인하여 형성되기 때문입니다. 어떤 영들은, 기독교인들은 거의 30년 동안 이런 합창단이나 하모니를 거의 시작하지 못한다고 말하였습니다. 1748년 10월 6일

한 영이 어떻게 다른 자를 생각하고 말하는 것에 인도하는가에 관하여

3495. 자유에 관해서 저술할 때 나는, 주님에 의하여 인도되는 자가 바로 자유인이라고 말하였습니다. 그는 자신의 견해로서는 자기 자신에 의하여 인도되는 자는 하나의 노예라고 말하였습니다. 한 영이 나의 왼쪽에 자신을 바싹 붙이고서, 그는 자기 스스로 말하기 때

문에 그는 자유인이라고 생각하였습니다. 그러나 그에게 일갈하도록 허락된 것은 그는 자신에 의하여 인도되지 않고 다른 자들에 의하여 인도되고, 그리고 역시 그들은 그들이 할 수만 있다면 그를 죽이려고 하는 그런 성격의 자들에 의하여 인도받고 있다는 것 등입니다. 나는 그에게, 모두에게 선한 것을 주시고, 그리고 모두가 잘 되기를 원하신 분이신 주님께서 만약에 그대를 인도하신다면 그것이 더 좋은 것이 아닙니까? 라고 물었습니다. 그는 여전히 자신은 자신에 의하여 지배된다는 것을 그리고 자기 자신으로 말미암아 말한다는 것을 생각하기를 주장하였을 때 아래와 같은 일이 그에게 일어났습니다. 즉, 그가 어떤 영들에 의하여 인도되는지, 그리고 어떤 영들이 그를 통해서 말하고 있는지, 그리고 이들이 말하고 있을 때 다른 자들이 그들 안에서 말하고 있고, 그리고 그들을 인도한다는 것과 그리고 그러한 일이 계속해서 행하여져서 그 숫자가 5, 6, 7로 늘어났고, 그리고 그 자들은 다른 자들을 통하여 말하고 있지만, 자기들은 자기 자신들로 말미암아 말하고 있다고 생각한다고 고백하였습니다. 그리고 또 알게 된 것은, 그들이 일종의 원형의 나선형을 형성하였다는 것과 그리고 따라서 주님의 생명의 입류는 일종의 부단한 나선형을 통해서 유입한다는 것 등입니다. 그러나 주님 이외에는 어느 누구도 이 형체를 결코 알 수 없습니다.

사람들의 선한 정동을 통해서 활동하고, 그리고 그들을 그들 자신들의 목적으로 향하게 하는 자들에 관하여

3496. 비록 나는, 그의 지배 동기들이나, 행동 양식들에 관해서는 알지 못하지만, 그의 생애에서 내가 잘 아는 어떤 영이 있었습니다. 그러나 그는 그의 생애에서는 천부적인 이지적 재능(才能·資質) 때문에 매우 높이 존경을 받았습니다. 이런 인물과 나는 대화를 하였습니다. 그리고 그는 일반적인 방법을 통해서 유입하였습니다. 그의 유입은, 숙련된 확고한 원칙이 없이 행동하는 자들의 그것과 별로

큰 차이가 없었습니다. 그러나 그는 사람에게 상쾌하고, 선한 정동들이라고 불리우고 있는 그런 것들만을 취하기 때문에 그는 이런 것들에 동의하였습니다. 예를 들면 그는 어린 것들을 데리고 와서, 그들로부터 즐거운 광경을 보여 줍니다. 이러한 것은 이른바 선량한 자들을 끌어들이기 위한 것입니다. 그는 이런 식으로 그들의 좋은 정동들을 통하여 그들의 마음을 유인, 사로잡았습니다. 여기서 발견된 것은, 그가 선이나 진리의 뜻에 정반대되는 어떤 것을 흔쾌히 하려고 하지 않는 양심을 가지고 있다는 것입니다. 나는 역시 그의 부드러움(tenderness)을 지각하였는데, 그것은 그가 상호적인 사랑 안에 있는 자들을 해치지 않을 것이라는 것을 가리킵니다. 그 사랑은, 찬란한 광선에 에워싸여, 한 어머니에게 안겨 있는 젖먹이에 의하여 표의되고 있습니다. 이러한 광경은 주님께서 유아이실 때 가끔 보여 주시고는 하셨습니다. 그에게 이런 행동을 멈추라고 일러졌을 때 그는, 만약에 주님께서 그를 구해주시지 않는다면 그는 그런 일을 멈추지 못할 것이라고 말하였습니다. 그리고 그 이유는 그가 선한 정동들에 의하여 행동하는 그런 성품이었기 때문이고, 그리고 또한 그는 양심에 속한 부드러움에 의하여 고취(鼓吹)되었기 때문에, 그는 그와 비슷한 기질을 가지고 있는 자들의 사회에 영접, 수용되었습니다. 그는 그것으로 인하여 얌전한 입류에 의하여 행동하였는데, 그 입류는 진주와 같았지만, 그래도 흐르는 것에 비유된다고 하는 것 이외에는 기술할 수 없는 그런 것이었습니다. 그것은 왼쪽 눈의 피막을 향해 있었습니다. 이런 성격의 그들은 내적으로 그들의 원하는 것들에 의하여 활동하였지만, 그럼에도 불구하고 그들은 왼쪽 눈의 외부 피막에 속한 자들입니다. 그들의 영지(靈知)는 다소 차가운 것이지만, 이런 부류의 차가움(冷氣)은, 특히, 왼쪽 무릎 영역에 있는 것으로 지금은 느껴졌습니다. 그는 호흡에 의하여 가슴의 왼쪽 영역으로 유입하였고, 내가 다른 것에 비하여 기쁘게 아는 것에 비례하여 나의 느낌에 영향을 주었습니다. 그러므로 이런 부류의 인물들은 왼쪽 눈의 바깥 피막에 대응합니다. 1748년 10월 7일. 그들은 왼쪽 눈에 속한 어떤 것을 양심의 특별한 부드러움으로 더욱이 보호하려는 자들입니다.

3497. 그러나 이런 부류에는 악하지는 않지만, 몇몇 악한 자들이 속해 있습니다. 그들의 성품은, 위에서 언급한 데모크리토스와 비슷한 그들의 닮음에 의하여 이해될 수 있겠습니다. 그들은 일반적인 개념들을 가지고 있는데, 그것들은 그들이 자신들에게 확증한 개별적인 어떤 원칙에 얽매어 있지는 않습니다. 이런 영들을 분별하는 이와 같은 일반적인 개념들은, 즉 분명하지 않은 개념들은 쉽게 기술되지 않습니다. 그들은 이를테면, 어떤 확실한 것들이나 종결된 것들로부터 느슨하게 된 나의 마음을 사로잡았습니다. 그리고 그들은 마치 광활한 넓은 들판을 정처 없이 돌아다니듯이 행동하였습니다. 그러므로 만약에 그들이 어떤 다른 자들이 어느 정도 제한된 곳에서 나의 생각들을 잡아두지 않는다면 나는 틀림없이 어떤 것에 대해서도 정확한 지각을 가지지 못할 것입니다. 그래서 그들의 영기는 매우 산만하였습니다. 그래서 내가 이상하게 생각할 수밖에 없었던 것은, 그들은 심지어 그런 영기 안에서도 확실한 것들을 말할 수 있었다는 것입니다. 만약에 이런 부류의 영들이 언어의 개념들 안에 억류되어 있지 않다면 나는 그들이 존재하고 있다는 것조차도 거의 알지 못할 것입니다. 왜냐하면 그것은 이른바 하나의 전체로서 영들에 속한 공통적인 영기라고 할 수 있기 때문입니다. 육신 안에 있는 작용들이 그것에 일치하여 일어나게 된다면, 운동섬유들은 느슨하게 되어, 사람은 그의 대변이나 배설물들까지도 거의 통제할 수 없을 것입니다. 이러한 사실은 경험에 허락된 것입니다. 사실 그들은, 선한 사람은 선한 정동들에 의하여, 그리고 악한 사람은 악에 속한 정욕들이나 탐욕들에 의하여 인도되는 바람 이상으로 그들의 마음 안에 있는 결정적인 성품에 속한 것은 아무것도 없습니다. 그리고 그들이 이런 일반적인 개념 안에 있기 때문에, 그리고 삶을 통해서 결

정된 것이 아니기 때문에 선한 그들은 선한 자들의 수많은 사회들과 섞이게 되고, 그리고 거기에는 확정된 것들이나 결정된 것들이 있게 됩니다. 그러나 좋지 않은 어떤 것에는 종결되지 않습니다. 이러한 사실은 명확하게 확정됩니다. 다른 한편 악한 자는 수많은 악한 사회들과 뒤섞일 수 있고, 그리고 거기에 고정됩니다. 이런 일반적인 개념들의 상태에 있는 자들은, 비록 여전히 수많은 것들이 그들의 생각들 속에 떨어지는 것이지만, 다른 사람들에 대해서는 거의 깊이 생각하지 않습니다. 그러므로 그들이 깊이 생각하기 전까지는, 그들은 그들의 이해관계에 다른 자들을 실제적으로 끌어들인다는 사실을 알지 못합니다. 1748년 10월 7일

다른 사람들의 재물을 교활이나 속임수에 의하여 빼앗는 개별적인 네델란드 사람들에 관하여

3498. 명료하게 보이지 않지만, 어떤 영이 내 머리 위에 나타났습니다. 그것은 내가 그의 이빨에서 나는 악취에서 알게 되었고, 그리고 그것에 비하여 더 지독한 냄새에서 알게 되었습니다. 그리고 잠시 뒤에는 뿔이나 뼈를 태울 때의 냄새에 의하여 알게 되었습니다. 그가 명확하게 보이지 않기 때문에 나는, 그와 같이 분별되는 그런 등급의 영들의 몇몇이라고 생각하였습니다. 그러나 내게 일러진 것은 그는 네델란드 사람 중의 하나라는 것입니다. 그 때 이들 위에 아주 큰 무리가 밀려왔는데, 그들은 마치 구름 같이, 위, 아래, 뒤로 밀려왔습니다. 그들에 관해서 나는 동일한 기질(氣質)의 성품이라는 것을 알았습니다. 머리 위에 있는 것처럼 파악된 그들은, 내가 생각하기에, 그들이 부분적으로 보이는 것에서, 특히 예민한 성품의 자들이라는 것, 따라서 영적으로 사악한 자들이라고 생각하였습니다. 그러나 내게 일러진 것은 그런 영기가 있는 곳에서 이런 부류의 인물들은 명료하게 보이지 않고, 오히려 자연적인 영기에서 그들은 서로 간에 분명하게 보인다는 것입니다. 그 이유는, 이와 같이 자연적

으로 생각하는 자들은 영적인 것들에 관해서는 아무것도 생각하지 않고, 또한 지옥이나 천계를 믿지 않고, 또한 영들의 존재도 믿지 않기 때문입니다. 결과적으로 그들은 다만 자연적으로 막연하게 보일 뿐입니다.

3499. 그들이 전면 위에 이르렀고, 그리고 매우 큰 열의를 가지고 말하였습니다. 그들은 한동안 모든 교활한 술책으로 그들에 관한 나쁜 것이 밝혀지는 것을 예방하기 위하여 무척 애를 썼습니다. 그들이 써먹은 개별적인 술책들은, 설명할 필요는 없지만, 그들이 다른 자들의 개념들이나 생각들을 빼앗는 것을 목적하고 있는 것이고, 그리고 그와 같은 일은 오랫동안 계속된 것으로, 그들이 발견된 것들을 미리 막는다는 관점으로서의 수많은 망상들을 유발하는 그런 것들이었습니다. 그러므로 여기에서 알 수 있는 것은, 그들이 행한 것이나 생각한 것들이 겉으로 폭로되는 것은 원하지 않기 때문에, 얼굴을 위장하고, 말을 꾸미고, 그리고 다른 사람들을 속이고, 그들의 재물을 빼앗을 의도를 가지고 행하는 그들의 일생에서 그런 성품의 인물이라는 것이었습니다. 육신을 입은 일생의 삶에서 굳어진 이런 관습 때문에 그들은, 눈에 들어오는 것은 무엇이나 빼앗지만, 그들의 생각들이나 행위들은 숨기는 그런 꼭 같은 그런 일에 빠지게 됩니다. 비록 내가 거짓 위장이나 실제적인 거짓말에 의존한다는 것을 기억하지 못하지만, 그들은 그들의 거래를 속이는 일에 온갖 술책을 다 써먹고, 그리고 그들이 할 수 있는 것들은 전부 속이는 겉모습을 버리는 꾸밈을 서슴치 않았다는 것을 기억합니다. 그들은 이런 짓들을 거의 10 내지는 12시간 동안 계속하였고, 그리고 이런 것들이 드러나는 것을 막기 위하여 온갖 노력을 다 하였습니다. 나는 명확한 사기는 알지 못하였지만, 그들은 지금은 감쪽같이 자신들을 숨기고 있습니다.

3500. 그들의 사업의 수익에 관해서 말하고 있기 때문에 내가 깨달은 것은 그들의 삶이 금전보다는 오히려 사업 자체에 더 관계가

많다는 것입니다. 왜냐하면 그들의 재물이나 부(富)는 금고 안에 쌓여 있는 돈에 존재하지 않고, 또한 그들의 상품들 자체에 있지 않으며, 그런 것들에 관해서 그들은 상대적으로 덜 생각하지만, 그러나 그들의 목적이나 그들의 삶을 가리키는 사업 자체에 두기 때문입니다. 그러나 그들에게도 최소한의 것이지만, 그들이 호화스럽게 사는 멋진 가옥과 교외의 넓은 집을 갖는다는 그들에게 있어서도 공통적인 것이 되겠습니다. 그럼에도 불구하고 이런 여건은 거의 극소수의 자들의 경우가 되겠습니다. 나중에 나는 그들과 이 사업의 성질에 관해서 대화를 하였는데, 그것은 역시 그들의 생명이고, 영혼이고, 그리고 이 세상 어디에나 있는 다른 자들이 가지고 있는 것들을 그 어떤 술책과 수완(手腕)에 의하여 차지하려고 하는 소유의 열망이고, 그리고 그런 모든 것들이 반드시 그들에게 속해져야 한다는 것에 대한 생각이었습니다. 유대 사람들에 관해서 그들은, 그들이 그들의 외국무역 때문에 그들을 미워한다고 말하였지만, 그러나 사업의 측면에서 보면, 그들에게 잘 알려지지 않은 다양한 비밀스러운 방법들에 의하여 그들의 나라에 어마어마한 금전을 긁어모으는 것이기 때문에, 그들은 어느 정도 관용(寬容)을 가지고 그들을 생각한다고 말하였습니다. 그러나 그들은 그들을 속여서 어떤 것을 취할 수 없기 때문에 그들은 그들을 결코 취급하지 않으며, 그러나 실제적인 관점에서 보면 그들은, 그들의 온갖 수단들에 의하여 자신들에게 다른 사람의 재물을 능히 끌어들일 수 있다고 생각하고 있기 때문에, 그 밖의 다른 모든 것들에 대해서는 오히려 그들을 좋게 여깁니다.

3501. 이런 일련의 이들에게서 잘 드러나고 있는 것은, 그들은 이웃사랑에 의하여 전혀 다른 자들을 감동시키는 일이 없다는 것입니다. 이런 사실은 그들이 순진한 자들을 파괴하는 일에 도취(陶醉)되어 있다는 것을 입증해 줍니다. 그러한 것은 그들이 살해하려고 하는 어린 것에 의하여 잘 드러나고 있습니다. 왜냐하면 그의 영기는 그런 것이기 때문입니다. 그 이유는 그들이 어린 것을 보게 되면 그

들은 어린 것을 살해하는 것에 불을 태우기 때문입니다. 그리고 어떤 자들은, 가능하기만 하면, 심지어 순진무구(純眞無垢) 자체를 죽여 버립니다. 그들이 자기 자녀들에 대한 사랑을 품고 있다는 것은 어린 것과의 그의 어머니의 입맞춤에 의하여 잘 입증되고 있습니다. 그러나 일러진 것은 그들의 사랑은, 자신들의 어린 것들을 사랑하는, 금수의 사랑과 꼭 같다는 것이었습니다.

3502. 그들에 관해서 언급되고, 알게 된 것은, 그들이 저 세상에 들어가면 그 즉시 그들의 부자는 자신들이 찬란한 궁전에 거할 것이라고 생각하고, 그 밖의 다른 점에서도 그들이 육신을 입고 살았을 때와 같이 살 것이라고 생각하지만, 그러나 생명이 계속해서 변하기 때문에, 그들은 점차적으로 이런 것들에서부터 보다 더 누추하고 보잘 것 없는 주거로, 그리고 더 열악한 주거로 옮겨지고, 종국에 그들은 어떠한 거처도 없는 곳에 남게 됩니다. 이와 같이 그들은 자신들의 환상적인 재물은 모두 빼앗기고, 아주 비참하게 됩니다. 그들은 이런 사실을 시인하도록 억압됩니다. 그 때 그들은 일자리를 찾느라고 이리저리 떠돌아다니게 됩니다. 그들의 성품이 이러하기 때문에 그들은, 그들이 가는 사회들에게서 퇴짜를 맞고, 어디에서나 손해를 입고, 어떤 종류의 벌금을 물게 됩니다. 따라서 그들의 삶은 그가 원했던 것과는 정반대의 상태로 계속해서 악화되고, 그들은 그저 한낱 쓰레기처럼 되고, 오물처럼 되어 버립니다. 그리고 썩은 이빨의 악취를 내뿜습니다.

3503. 나는 이런 작자들과 여러 주제들에 관해서 이야기를 나누었습니다. 예를 들면, 저 세상에서는 인물에 관해서는 관심조차 없다는 것입니다. 부자도 가난한 사람과 동일하게 구원받는다는 것이고, 그리고 사람들은 누구나 부자가 될 수 있고, 그 계급에서 가장 활동적인 사람과 같이 사업에 종사할 수 있고, 그럼에도 불구하고 구원을 받는다는 것 등입니다. 왜냐하면 누구나 모두 그의 목적과 사랑에 따라서 평가되기 때문입니다. 그리고 거기에는 이와 같이 사업을

하는 부자들에 속한 자들도 있고, 그럼에도 그들도 영생을 향유(享有)합니다. 가난한 자의 대부분은 그들에 비하여 더 나쁜 자들도 있고, 그리고 배척당하는 자들도 있습니다. 그러나 다른 한편 그들이 역설한 것은, 만약 그들이 구원을 받는다면 그들은 반드시 그들의 사업을 포기하여야 하고, 그들의 재산을 가난한 자에게 주어야 한다는 것 등입니다. 그리고 이런 일은 그들을 아주 비참하게 만들 것이라고 주장하였습니다. 그러나 답으로 주어진 것은 사실 결코 그렇지가 않다는 것입니다. 그리고 선하고, 구원받는 그들의 부자들은 전적으로 그와 달리 느낀다는 것입니다. 그들은 역시 사견(私見)이 세워진 터전들을 잘 알지만, 그러나 그들은 그 터전들을 내면적인 뜻이나 보다 더 참된 뜻에 일치하여 설명하였습니다. 따라서 예를 들어 보겠습니다. 내가 그들에게 암송한 주님의 기도를 언급한 그들은 주님께서 그들을 시험으로 인도하지 않을 것을 기도하였습니다. 이런 인물들이 만약에 참된 기독교인들이라면, 그들은 주님께서 어느 누구도 결코 시험에 들지 않게 하신다는 것을 이미 알고 있으며, 그러므로 그들은 문자적인 뜻에 살지 않고, 오히려 그 문자의 내면적인 뜻에 삽니다. 그러므로 부자청년에게 그의 재물을 모두 팔고, 그리고 십자가를 지라고 명령한 것에 관해서 살펴보면, 이런 명령 역시 문자적인 뜻과 달리 내면적인 뜻에서 이해됩니다. 그러나 문제에 사로잡힌 인물들은, 그들이 부정한 이문(=금전)에 빠져 있고, 그래서 그들 자신들의 지옥적인 삶을 살기를 원하기 때문에, 그들의 입술로는 그런 감정들이나 소견을 발설합니다. 더욱이 그들은, 만약에 재물의 취득이 허락되지 않는다면 그들은 강력한 적의(敵意)에 찬 이웃에 대항하여 그들의 작은 공공의 이익단체(=소국가)를 지킬 방법을 결코 가질 수 없을 것이라는 것을 역설하였습니다. 그러나 그들에게 입증된 것은, 어느 누구도 이런 애국심의 원칙으로 말미암아 행동할 수 없다는 것이었습니다. 그러나 그것은 그저 단순한 궤변에 지나지 않으며, 그리고 이 외에도 그들은 다른 자들에게 속한 다른 것들을 빼앗기를 열망 없이도 재물 안에 있을 수 있다는 것 등입니다.

3504. 나는 역시 이런 자들의 형벌들이 어떤 것인지를 들었습니다. 다시 말하면 허리·가슴·머리로부터 갈기갈기 찢긴다는 형벌에 관해서 들었습니다. 그러나 허리·가슴·머리에 속한 것들이 무엇을 뜻하는지 나는 아직까지 확실하게 알지 못합니다.

3505. 더욱이 나는 그들 중의 몇몇은 주님을 시인하지 않는다는 말을 들었습니다. 더더욱 주님께서 우주를 다스리는 것을 시인하지 않는다는 말을 들었습니다. 그럼에도 불구하고 그들은 어떤 최고의 존재가 있다는 것과 그 존재가 다스린다는 것을 시인한다는 말도 들었습니다. 왜냐하면 그들은, 사람이 아무리 근면하고, 애쓴다고 해도, 그 노력을 통하여 성공의 왕관을 얻는 자도 있고, 얻지 못하는 자도 있는데, 그런 것을 다스리는 힘이 존재한다는 것을 사업의 경험으로부터 가르침을 받았기 때문입니다. 이런 원인으로 말미암아 그들은 기도하였고, 그리고 성스러운 예전들을 수행하고 있지만, 그러나 이런 것까지도 사적(私的)인 목적들이나 그 밖의 다른 것들을 고려하고 있을 뿐입니다.

3506. 대화가 그들의 공화국에 돌려졌을 때, 그리고 그들이 자신들의 국경에 인접해 있는 적국(敵國)에 저항하기 위하여 이런 식으로 행동하고, 그리고 부자가 되려고 한다고 말하였을 때, 그들에게 일러진 말은, 이런 것은 그들의 진정한 목적이 될 수 없다는 것이었습니다. 왜냐하면 만약에 그들이 거대한 이득을 얻을 수 있는 곳을 알았다면 그들은 즉시 자신들의 재물을 가지고 그것을 살피기 위하여 그 나라를 떠날 것이기 때문입니다. 이러한 사실은 그들이 고백한 말입니다. 뿐만 아니라 위에서 언급한 것 이외에도, 그들은 재물을 증식시키기 위한 것이지만, 그럼에도 불구하고 약탈은 하지 않았다고 고백하기도 했습니다. 그들에게 명백히 드러난 것은 사업은 본질적으로 악은 아니라는 것입니다. 왜냐하면 사람들은 칼들·총들·

화약들을 만들어서 비록 인류를 파괴하는 도구를 만들지만, 그것은 선량한 사람이 되기 위한 것이기 때문입니다. 왜냐하면 그들은 그들이 적용하려고 하는 선용(善用·use)에 대해서 생각도 하지 않고, 깊이 염려도 하지 않기 때문입니다. 그들은 오직 이러한 것들은 사회의 방어를 위해서 필수적인 것이라고 생각하였습니다. 그리고 그들은 그 사회가 지금과 같이 존재하기 위해서는 그것들은 필수적인 것이라고 생각할 뿐이기 때문입니다.

3507. 그들이 심히 자연적인 존재라고 볼 때 그들은, 그들이 저 세상에 있다는 것을 거의 알지 못하였고, 또한 영적인 삶이 어떤 것인지도 알지 못하였습니다. 그리고 그들은 그런 것들에 관해서 육신을 입은 삶에서 무지(無知)하였고, 뿐만 아니라 영적인 삶에 관해서 말하는 자들을 경멸하였고, 조롱하였습니다. 영적인 영기 안에 있을 때 그들의 부패한 이빨의 악취만을 뿜었습니다. 그리고 그들의 얼굴의 상부는 위로 밀려 올라갔기 때문에 얼굴은 거의 보이지 않게 되었습니다. 이러한 것들은 여러 방법으로 밝히 드러났습니다.

3508. 네델란드 사람들이 다른 국민들에 비하여 다른 삶을 가지고 있고, 또한 다른 성질을 가지고 있다는 것은, 다른 국민들이 그러하듯이, 여러 가지 사항들로부터 추측할 수 있겠습니다. 뿐만 아니라, 재물의 획득을 목표로 삼고 있으면서도, 어떤 정직한 것이나, 경건하고, 종교적이고, 학문적이고, 우정적인 것들에 속한 생각을 가지고 있는데, 이러한 것들은, 그런 특징에 의하여 분별되는 자들이 그러하듯이 그들이 존경을 한 몸에 받게 합니다. 그러나 네델란드 사람들은 전적으로 이런 성품과는 다릅니다. 그들은 돈에 비교하여서는 존경을 전혀 받지 못하고, 그리고 부자를 제외하면 모든 것은 별것 아닌 것으로 생각합니다.

3509. 그들과 대화를 하고 있는 동안, 나는 그들에게 그들이 육신을 입은 삶에서 예견되는 것이 무엇인지를 물었습니다. 그리고 그 때 그런 삶(=생명)은 단지 한 순간이며, 그리고 사후의 삶에 의하여

계속 이어진다는 것, 그리고 심지어 그 때의 일천 년이라는 것도 아무것도 아니라는 것, 그리고 그 때 50년이나 60년의 생명이 무엇인지를 물었습니다. 그들이 이런 질문에 대해서 생각하였을 때 그들은 이런 것들이 암시적인 내용이라는 것을 시인하였습니다.

3510. 더욱이 그들은 다른 영들에게 보이지 않는 존재였습니다. 다른 영들은 그들이 있는 곳이 어딘지 알지 못한다고 말하였고, 그리고 그들이 어떻게 천계에 오르는지도 알지 못한다고 하였습니다. 그들은 나에게 하루 이상은 거의 보이지 않았습니다. 그럼에도 불구하고 그들은 아주 강력하게 작용하였습니다. 특히 그들은 그들에 관해서 내가 어떤 것을 기술하는 일을 막으려고 하였습니다. 나에게 작용하고 있는 그런 힘에 대해서 나는 다른 어떤 일에 비하여 매우 강하게 인지되었고, 더욱이 그들은, 내가 기술하려고 하는 내면적인 것들을 심지어 비웃는 것 외에는 아무것도 용납하려고 하지 않았습니다. 그들은 할 수만 있다면 내가 분노하도록 약을 올리기 위하여 그 전에 다른 자들이 했던 것에 비하여, 사실은 더욱 강력하게 작용하였습니다.

3511. 그들이 이와 같이 보이지 않게 한 것은 그들로서는 자연적인 원인에서 일으킨 것입니다. 다시 말하면 그것은 사람들이 그들의 생각을 알게 하고 싶지 않다는 그들의 바람에서 생긴 것입니다. 따라서 그들은 침묵하였고, 그리고 그들의 계획을 숨겼고, 그리고 다른 자들의 성격을 그들의 목적에 어떻게 하면 쓸모 있게 할 것인가 하고 궁리궁리 하였습니다. 이런 무언(無言)이나 다른 자들에게서 자신들의 목적들을 숨기려는 열망에서 볼 때 그들은 그들이 자연적인 것임에도 불구하고, 눈에 보이지 않는다는 성격을 몸에 지니고 있었습니다. 따라서 이러한 것은, 다른 영들이 그들이 어디에 있는지 알지 못하게 하는 것이고, 그래서 어떻게 그들이 천계에 오르는지도 알지 못하게 하는 것입니다. 거기에는 그 사실과 꼭 같은 또 다른 영적인 원인이 있었습니다. 다시 말하면 그들은 영적인 것들이나 저

세상의 삶에 관해서 지극히 조잡한 것으로 생각하고, 그리고 그들 자신들의 인습적인 관습을 믿기 때문에, 그리고 지고존재(至高存在 · a Supreme Being)를 단순히 믿기 때문에, 그들은 그 존재를 시인하지만, 그러나 그들의 생각이나 사상을 넓은 세상으로 확산시키려고 하지 않습니다. 따라서 그들은 그들의 성전에 조각들이나 신상들이나 그림 따위를 부착하는 것을 용인하지 않는데, 그것은 그들의 생각들이나 사상들 또는 관념 따위가 조잡하게 되는 것을 막기 위해서입니다. 이런 것은, 십자가 상의 주님의 모습이, 이러한 광경은 다른 곳에서는 일상적인 것이지만, 그들에게 나타나게 되면, 그들이 즉시 도망하는 것이나, 사라짐에 의하여 명료하게 입증됩니다. 내가 듣고, 그리고 깨달은 것은, 그들은, 이런 성품에 속한 것들도 그들의 생각들을 확고부동하게 할 수 없는 그런 부류의 인물이라는 것입니다. 그러나 또한 그들은 불영명한 것들이나, 막연한 것들에 머물러 있는 것을 선택하였고, 그래서 그들은 자연에 비하여 월등하고, 그리고 내면적인 것을 전혀 이해하지도, 깨닫지도 못하였습니다. 그리고 또한 그런 것들에 관해서 생각조차도 하지 않았습니다. 다른 한편 만약에 그들이 이런 주제에 관해서 어느 누가가 깊이 생각한다는 말을 듣게 되면, 그들은 그런 자를 미친 사람으로 생각하고, 공공연하게 부자 외에는 모두가 보잘 것 없는 인물로 만들고, 그리고 자신의 개인적인 목적들 때문에 그들은 그 부자의 감정을 상하지 않게 하려고 무척 조바심을 내고, 다른 자들을 그들이 좋아하는 대로 생각하게도 하고, 당혹하기도 하지만, 그럼에도 여전히 그들의 내면적인 생각이나 사상 따위가 종국에는 밝혀지게 된다는 생각을 가지고 있습니다. 그들의 성품이 어떠한지는 양쪽이 투명하게 된 원형질 사이에 내포되어 있는 엷은 액체에 의하여 드러났는데, 그것은 자연적인 것에 속한 적절한 드러냄이었습니다.

3512. 명확하게 입증된 사실은, 그들이 내면적인 영기나 천사적인 영들의 영기에 올리워졌을 때 그들의 개념들에 속한 언어는 파도치

듯(undulating)하였고, 그리고 내가 그것을 지각할 수 없을 만큼 매우 정교하게 되었습니다. 이와 같이 나의 지각에서 그들의 거의 사라짐으로부터 나는 그들이 천사들 사이에 있었다고 생각하였습니다. 그들은 하나의 엷은 흰 구름으로 나타났는데, 그들은 거기에 있는 그 영기 안에 머리와 몸뿐만 아니라 발까지도 전부 두었습니다. 이러한 모습은 영들의 낮은 세계에 그들의 발을 두는 자들과는 전혀 달랐습니다. 그러나 일러진 것은, 이와 같이 올리워진 자들은 영적인 것들에 관해서는 전혀 아무것도 생각하지 않고, 다만 그들이 어떻게 이와 같이 세련될 수 있었는가만 생각하였다는 것입니다. 앞서 암시한 것과 같이, 그것은 일종의 최초의 국면이지만, 그것은 보다 높은 영기와 관계를 가질 수 있다는데 그들에게 가능하게 합니다.

3513. 나는 동일한 영기에서 어떤 자들이 하는 말을 들었습니다. 그들은 주님께서 어떤 분이신가에 관해서 가르침을 받았습니다. 누구가 우주를 다스리시는가? 그리고 누구가 그분에 의하여 그런 가르침을 영접, 수용하는가? 라는 내용의 가르침이었습니다. 이와 같이 가르침을 받았을 때 확신하고, 신념을 가지게 된 것은, 주님께서 홀로 우주의 통치자라는 것입니다. 이것으로 말미암아 그들은 다른 자들에 비하여 더욱 더 확고하게 되었습니다. 그리고 그 때 그들이 그 영기 안에 거의 전적으로 있었기 때문에 그들은 영들의 세계에 있는 자들과 함께 있기를 원하지 않았고, 또한 그들이 하는 말을 들으려고도 하지 않았습니다. 그들은 눈에 보이는 것들이나, 그리고 이와 비슷한 것들, 그리고 그들 자신을 어둡게 하고 어리둥절케 하는 자들로 말미암아 추론하기를 원하지 않았습니다. 사실 그들은 이런 것들을 비웃었고, 그리고 그들은 모든 그들의 추론 따위를 포기하였고, 그리고 진리 안에 머물러 있었고, 이런 일로 말미암아 그들은 자기 스스로 거기에서 떨어져 나가는 것을 좋아하지 않았습니다. 이러한 성격은 그들이 육신을 입은 삶에서 취한 것입니다. 그 이유는 그들이 어느 누구도 알지 못한다고 말하는 내면적인 것들에 관

해서 그들이 추론하지 않기 때문입니다. 그리고 이런 것에서 볼 때, 그리고 그들의 사업의 거래들에서 볼 때, 그들은 확실하고 옳다고 명시된 길 이외의 길을 그들의 궁극적인 목표에 이르는 다른 길을 거쳐 나가지 않습니다. 따라서 그들이 경험에서 터득한 것은 속이지 않는다는 그런 수단들이나 그런 방법 등을 적용합니다. 이것은 그들의 본성에 스며든 생각의 정교함을 소유하기 때문에 또 다시 다른 자들이 경험도 없이, 그리고 원칙도 없이, 불확실한 조언이나 수단들을 적용하는 일에 어떻게 과오를 범하는지, 그리고 따라서 일반적으로 성공을 거두지 못하는지 잘 직시합니다. 그들이 이런 성격이라는 것은 다른 자들에게도 잘 알려져 있습니다. 그러므로 저 세상에서 그들이 무엇이 참되고 어떤 것이 진정한 선인지에 관해서 확증되고, 신념을 가지게 되었을 때 그들은 동일 과정을 밟게 됩니다. 주님께서는 여전히 그들의 특유의 성질에서 그들을 도와주고, 그것으로 인하여 그들은 다른 자들에 비하여 더욱 강하게 확증되고, 그리고 신념을 가지게 됩니다. 이런 이유 때문에 다른 영들은, 그들이 어디에 있었는지, 그리고 그들이 어떻게 해서 천계에 왔는지 모른다고 말하였습니다. 1748년 10월 10일

3514. 그들은 다른 자들과 같이 교육을 받지 못하였습니다. 그 이유는 그들이 그러한 가르침을 추론들이라고 불렀기 때문입니다. 그러나 그들은 그들이 어떻게 해서 천계에 이르고, 또한 비참함을 어떻게 피하는지를 모르기 때문에, 긴 시간 동안 방황을 하였을 때 그 방법들에 관하여 깊이 생각하고, 그리고 그들이 방법들의 쏨쏨이에 있지 않다는 것을 알게 하기 위하여, 방임(放任) 상태에 있게 되었습니다. 믿음에 속한 지식들은 그 때 점차적으로 주입되었고, 그리고 그들은 그들이 신념을 가질 때까지 그 반성에 의하여 확고하게 되었습니다. 그러나 그들은 그 이유를 거의 알지 못하였습니다. 왜냐하면 그것은 다른 자들의 경우와 같이, 교육에 의한 것이 아니기 때문입니다. 이런 자들 중에 몇몇은 지조가 굳은 자들(constancies)이라

고 불리워도 좋을 영들의 천계에 있는 자들입니다. 왜냐하면 그들은 확고한 성품이기 때문이고, 또한 그들은 속임수에 의하여 자신이 인도되기를 선호하지 않기 때문이고, 그리고 또한 그들은 술책이나 추론, 또는 온갖 의심의 주입, 그리고 그런 것에서 비롯된 불영명, 오류, 외현, 망상에 의하여, 자신들이 인도되기를 선호하지 않기 때문입니다. 특히 그들의 삶이나 영혼은 돈이 아니고 사업이고, 그리고 그들의 통치 목적은 우아한 생활양식이었기 때문입니다.

3515. 그러나 아직까지 믿음을 영접, 수용하지 않은 자들의 영기는 내면적인 것들을 시인하고, 그리고 깊이 묵상하는 자들에 대하여 계속해서 반감(反感)적이고, 그리고 모든 다른 영들의 영기에 비하여 더욱 반감을 가지고 있습니다. 그러므로 꼬박 하루 이상에 걸쳐서 내게 명확하게 드러난 것은 그들이 성언(聖言)의 내면적인 것들을 시인하기 위해서 아주 큰 어려움이 따른다는 것입니다. 왜냐하면 그들은 이러한 내면적인 것들의 분명한 명시(明示)에 의해서도 다른 자들처럼 기뻐하지도 않았고, 감동받지도 않았고, 오히려 계속해서 그것들에 대하여 저항하고, 싸웠기 때문입니다. 뿐만 아니라 공공연한 어떤 반박이나 부인도 없이 그저 묵묵하였기 때문입니다. 그들은 그저 철저하게 일반적인 내적 저항을 제거하였습니다. 그러므로 이 세상에서 그들은 참된 믿음에 속한 것들의 신념에 대하여 다른 사람들이 하는 것에 비하여 매우 심한 어려움이나 고통 따위를 초래하는 것처럼 보였습니다. 나에게 명확하게 드러난 것은 그들의 영기는 믿음의 상태에 있고, 그리고 자기 자신이 정복되기를 선호하지 않은 매우 고집 센 자들의 영기에 대해서는 충돌한다는 것입니다. 전자의 영기는 후자의 영기를 그들 자신과 함께 오른쪽으로 강제로 추방시켰습니다. 그러나 그들은 여전히 항복하기를 거절하였고, 그리고 또 다시 그들의 공격자들을 쫓아내었고, 그리고 공격자들도 번갈아 가면서 서로 쫓아내었습니다. 종국에 전자(=믿음의 상태에 있지 않는 자)는 물러나게 되었습니다. 더욱이 그들은 마치 우리 지구의

사람들과 같이, 때로는 상하 의복을 입고 나타났지만, 그러나 그 옷을 입었을 때는 희미하게 보였고, 또한 희미한 환상 안에 있는 것처럼 보였습니다. 1748년 10월 10일

3516. 그들은 어디에서나 그들의 입술로 주장하는 것은, 마치 이 지구상의 모든 것들이 그들에게 속해 있는 것처럼, 그들이 다른 자들의 모든 재산을 빼앗는 기질이 된 것은 오직 그들의 나라를 위한 것이라는 사실입니다. 그러나 그들에게 일러진 것은 그들은 공공의 이익에 관해서는 진정한 관심을 가지고 있지 않고, 오히려 그들은 철저하게 마치 확고부동한 논쟁 따위에 흠뻑 빠져 있다는 것입니다. 그것은 어떤 사람이, 마치 그가 어떤 것에 대한 탐닉자(耽溺者)가 되는 것에 대하여 어떤 욕망이나 정욕을 방어하는데 놓여 있을 때와 같다고 하겠습니다. 그러므로 그들은, 만약에 가능하다면, 그들이 국가나 그의 신민들에 속한 것은 무엇이나 빼앗고, 자기 것으로 삼는지 아닌지 그 여부를 시험하기 위한 그런 상태에로 보내졌습니다. 이러한 사실은 나에게 교류된 한 개념에 의하여 입증된 것입니다. 즉 그들은 능히 그것을 행할 것이고, 그리고 그 뒤에 만약에 그의 나라가 나라 자체를 유지할 수 없게 되면, 그들은 자기 재산을 모두 거두어 가지고 다른 나라로 이민을 가고, 그리고 그의 나라가 멸망한다고 해도 전혀 관심도 가지지 않는다는 것이었습니다. 그러므로 명확한 것은 그 논쟁은 지나간 가정(假定)일 뿐이고, 그리고 그들의 입증 또한 진정한 목적이 아니고, 만약에 그것이 참된 목적이었다면 그것은 어떤 선한 것의 현실이 나타났을 것입니다. 그것은 악 이외에는 아무것도 드러나지 않았기 때문이고, 그리고 그들은 이웃사랑에 전적으로 정반대이기 때문이고, 그리고 이웃에 대해서는 전혀 관심이 없기 때문입니다. 이러한 것은 명료하게 드러났습니다. 그들은 여러 가족의 구성원들에게서 그들의 소유물을 약탈하였고, 그리고 그들은 그들의 어린 것들이 구걸을 하면서 살아갈 정도로 발가벗겨서 내쫓았을 것입니다. 그러므로 그것은 그들에게는 악 이외에는 아

무것도 없다는 것을 보여 주는 것입니다. 그들은 그들이 그렇게 깨달을 수밖에 없는 것이지만, 자신들 안에 선이 전혀 없다는 것을 깨달았을 때, 이상하게 생각하였습니다. 그 이유는 그들이 이런 성품이기 때문에 참된 것을 지각할 수 있었기 때문입니다. 왜냐하면 그들은, 이웃사랑이 으뜸 되는 율법이라는 것을 알고 있었기 때문입니다. 그러나 그들 자신들은 그들의 저술에서, 그리고 장사하는 일에서 그들을 돕고, 호의를 가지고 가난한 자를 위한 것을 제외하면 이웃사랑을 가지고 있는지 살펴볼 때 비록 그들이 그것을 깊이 생각은 하지 하지만, 그들은 그것에 대한 확신은 찾지 못하였기 때문입니다. 다른 자들에 대해서도, 그들은 그들의 마음에 감염된 망상들 하에서 애쓰는 사람으로 그들을 여겼습니다. 그러나 그들이 전적으로 사랑에 반대되는 그런 자인지 조사되었을 때, 그리고 또한 이것이 여전히 최고의 으뜸적인 원칙인지 여부가 질문되었을 때 그들은 대답을 하지 못하였습니다.

3517. 그들 중 몇몇은 예전에 가졌던 천계적인 기쁨에 속한 생각들에 남게 되었을 때, 일러진 것은, 그들이 이 세상에서 터득한 것으로 즐겼던 그런 것들과는 조금 다르다는 것을 생각하였다는 것입니다. 그러나 그것이 이 땅의 것인지 아닌지에 대해서 그들은 말할 수는 없었습니다. 그러므로 여기서 명확한 것은 그들은 지상적인 것에서 비롯된 것을 제외하면 천계적인 기쁨이나 즐거움의 개념을 전혀 가지고 있지 않다는 것입니다. 그들이 저 세상에서 기대되는 것이 무엇인지 질문을 받았을 때 거기에는 더 이상의 사업도, 재물도, 교역도 없다는 것이었는데, 그것은 거기에서 그런 것들을 알 수 없는 것들이기 때문에, 그들은 아무 말도 하지 않았습니다.

3518. 다만 나는 듣지 못하였지만, 그들에게 그들의 천계에 들어가는 일이 확실하게 그들 자신들의 노력에 의해서는 아무것도 할 수 없다는 것이 일러졌을 때 그들이 깨달은 것은, 그들은 곧장 그들의 손을 벌리고, 신령작용(the divine influnce)을 기다려야 한다는 것

은 당연한 일이라는 것입니다. 왜냐하면 이런 성격의 사람들은 그 밖의 다른 영향력이나 감동 따위를 전혀 받지 않기 때문입니다. 그러나 그들에게 일러진 것은 이것이 사실이 아니라는 것이고, 그리고 사람은 반드시 활동을 하여야 하고, 그러나 그 업적은 모두에게 능력과 힘을 주시는 주님 그분에게 그 공로를 돌려야 한다는 것입니다. 그것은 마치 설교자가 설교를 할 때 주님께서 자신을 통하여 말씀하신다는 것과 같고, 그리고 그분께서 자신의 생각들이나 말들을 지시하신다는 것이나, 그와 비슷한 것들을 말하는 것과 같습니다. 그리고 그는 침묵을 지키지 않고, 그리고 주님의 신령작용을 기다리지는 않지만, 그럼에도 불구하고 설교자들은 마치 자기 스스로 하는 것 같이 말하지만, 그는 뒤에 가서는 여전히 주님으로 말미암아 말한다는 것과 같습니다. 이러한 원칙은 다른 경우에서도 동일합니다.
1748년 10월 10일

3519. 그들은 자신들의 사제들을 세상적인 사제들이라고 하였습니다. 그리고 그들에 대하여 그렇게 조장하기도 하였습니다. 그 이유는 그들이, 다른 사람들과 꼭 같이 가정을 이루고 살기 때문입니다. 그러므로 그것은 그들이 천적인 본성에 속한 것을 알 수 없다고 상상할 것은 아니라는 것입니다. 왜냐하면 천계적인 성격으로 살아가야만 그들이 가정에서 살 때, 어떻게 그들이 사람들 가운데 천계적인 것들이 있다는 것을 믿을 수 있겠는가? 라고 생각하기 때문입니다. 더욱이 그들은 사회에 속한 구속(拘束)이나 제재 따위를 믿음에 속한 교리라고 부릅니다. 그리고 그것은 부도덕한 자를 목적한 것이라고 하기 때문이고, 그리고 또한 그것은 일종의 어떤 결함에 합치기 위한 것이라고 여기기 때문입니다. 그들의 것들이 바로 사업의 생명이기 때문에, 그것은 마치 겨울철의 햇빛의 생명으로 드러나고 있고, 그것에서 발출한 감관적인 냉기는 발이나 무릎에서 지각됩니다.

3520. 그들의 믿음에 속한 영기의 성질이, 내가 바울의 성전에 들

어갔을 때 잘 드러났습니다. 그 때 내게 갑자기 일러진 것인데, 그 것은 어떤 사람이 성령에 의하여 이 큰 성전에 안내되는 것을 그의 잠자리에서 꿈을 꾼 것입니다. 그 뒤 어떤 사람이 왼쪽에서부터 오른쪽을 향해 천계에 올리워지는 것이 보여졌습니다. 그리고 나에게 일러진 것은, 그래서 내가 깨달은 것은, 그는 죽은 지 얼마 되지 않은 자들 중 하나라는 것, 그리고 천사들에 의하여 즉시 천계에 이송되었다는 것 등입니다. 이런 내용이 가끔 이야기 거리가 되는 것인데, 거기에서 언급된 내용은, 어떤 자가 사후 즉시 그를 부활시킨 천사들에 의하여 천계에 올리워졌고, 그는 주님에 의하여 영접되었다는 것과 그리고 천계의 광영 상태에 들어가게 되었다는 것입니다. 이런 사건이 화제의 주제가 되었을 때 내 주위에 있었던 네델란드 사람들은 그런 사실의 신념을 질식(窒息)시킬 만큼 불신(不信)의 영기를 유발하였습니다. 나는 실제적으로 그들의 생각들을 깨닫지 못하였지만, 그러나 불신의 영기는 확증된 수많은 생각들의 하나의 집합체로 존재한다는 것을 지각하였습니다. 그들은 그들이 아래에서 있었고, 그리고 다른 자들이 천계에 올리워졌다는 것에서 생긴 일종의 몹시 불쾌한 광경에 그들이 흥분되었습니다.

3521. 그들의 영기의 작용에 관한 그들과의 대화는 계속되었습니다. 그들 중의 몇몇은, 만약에 그들이 관 속에 누어있는 죽은 사람을 나로 하여금 사라지는 것을 보게 한다면, 그들은 그 사실을 믿을 것이라고 말하였습니다. 그러나 그들에게 주어진 대답은, 만약에 그들이 죽은 사람이 소생되었다는 것을 본다고 해도, 그들이 나로 하여금 여러 사람들이 다시 살아온 것을 보지 못한다면, 그들은 믿지 않을 것이라는 것이고, 그리고 심지어 그 때 그들은 그것을 자연적인 원인들의 탓으로 돌릴 것입니다. 따라서 그들은 예전에 비하여 더 믿지 않을 것입니다. 왜냐하면 그와 같이 친숙했던 어떤 일이 일어난다고 해도, 그 원인들을 깊이 생각하지 않는다면 아주 작은 광경을 자극하는 푸른 초장의 광경에 비하여 더 이상 감동되지 않는

인상을 주기 때문입니다. 그것은 비록 그들이 매일 같이 그것을 본다고 해도 마치 유대 사람에게 있었던 만나의 경우와 같다고 하겠습니다. 그러므로 믿음은 기적들에 의하여 사람의 마음에 뿌리를 내릴 수 없고, 심지어 신념 또한 그러합니다. 만약에 그들이 설득되었다면 그것은 기적들 밖에 있는 일입니다. 그 뒤 그들은 그들의 생각들에 다시 남게 되었을 때, 만약에 화장장으로 실려 가는 죽은 시체를 어느 사제가 살려내는 것을 그들이 본다고 해도 그들은 그것이 사기(詐欺)라고 할 것입니다. 그리고 그들이 그것이 사기가 아니라고 확신되었을 때에는 그들은 죽은 사람의 영혼은 사제와의 어떤 비밀스러운 교류나 내류를 가지고 있다고 말할 것이고, 그리고 그것에 의하여 부활이 일어났다고 말할 것입니다. 그리고 또한 만약에 그런 일이 여러 번 반복되어 일어나는 것을 보게 되면, 어떤 경우에는 그들이 이해하지 못하는 어떤 비밀이 있다는 생각으로 확증될 것입니다. 그리고 이와 같은 수많은 사안들이 잘 이해하지 못하는 자연의 진행행로에서 일어나기 때문입니다. 그러나 그들은, 그와 같은 결과가 천적인 능력에 의하여 일어난다고 하는 사제의 주장까지도 결코 믿지 않을 것입니다. 그래서 그들은 그것을 자연의 공으로 돌릴 것입니다. 비록 기적에 의하여 행해진다고 하더라도, 이렇게 드러날 것입니다. 그것은 그들이 영을 믿지 않기 때문이고, 또한 천계나 지옥도 믿지 않기 때문입니다.

3522. 그들은 자신들의 삶의 상태에 보내졌습니다. 그러나 그것이 믿기 어려운 것이지만, 그럼에도 불구하고 저 세상에서는 행해지고 있습니다. 그리고 그들의 생명(=삶)은, 앞에서 그는 무가치한 것이라고 언급된 사람에서와 같이, 희미한 빛처럼 나타났습니다. 그 생명은 사랑이 결여된 생명을 가리킵니다. 그리고 후자의 사랑이 결여된 생명은 자연적인 것들 안에 있습니다. 그 이유는 그들이 그 사람 자신의 이웃을 향한 사랑을 결코 가지고 있지 않기 때문입니다. 그리고 그 이유는 그가 믿음을 시인하지 않을 것이기 때문이고, 그리고

낱말 사랑을 허용하지 않았기 때문입니다. 따라서 그것은 사랑이 결여된 생명인데, 그런 생명이 희미한 빛에 의하여 드러내졌습니다. 이런 종류의 외현이나 외관은 그들이 그들의 사업에 속한 생명의 상태나, 하는 일들이 그들에게서 번창한 그들의 생각들의 상태에 보내졌을 때 일어납니다. 냉기가 머리 왼쪽 영역 주위에서 인지되었습니다. 그것은 일종의 생명에 속한 그런 냉기를 가리킵니다. 그러나 그들은, 그들이 그것에 속한 그들의 기쁨들이나 정동 안에 있기 때문에, 전혀 냉기를 느끼지 않는다고 말하였습니다. 그들은 자신들의 천계에 있다고 하였고, 그것에서부터 그들의 열기가 내게 전달되었다고 그들은 말하였습니다. 그것은 앞이마의 왼쪽 영역에서, 그리고 왼쪽 볼에서 느껴졌습니다. 그러나 내가 알도록 허락된 것은, 그들의 생명은 어름 같은 냉기로 변하였고, 그들의 삶의 찬란함은 비참 그것으로 바뀌었고, 따라서 모든 것들은 그들의 반대적인 것들로 바뀌었다는 것 등등입니다. 왜냐하면 그들은 영적인 것들에 의하여 달리 감동될 수 없기 때문인데, 더욱이 천계적인 것들에 의하여 더 감동될 수 없기 때문입니다. 1748년 10월 10일

3523. 종국에 나를 통해서 그들에게 일러졌습니다. 만약에 내가 오류를 저지르는 것이 아니라면, 그들이 자신들의 생애를 보내는 동안 매우 총명한 인물들이었기 때문에, 그리고 무엇이 진리인지를 잘 알고 있었기 때문에, 그리고 그들이 이것을 능히 알 수 있었기 때문에 그 동일한 국가의 몇몇 사람들에 의하여 이웃에 대한 사랑이 으뜸적인 율법이라는 것, 그리고 그것이 없으면 어느 누구도 천계에 들어갈 수 없다는 것도 알게 되었습니다. 왜냐하면 천계나 천계적인 사회들은 사랑으로 완성되고, 그리고 오직 주님에 의해서만 완성되기 때문입니다. 그러므로 그들이 알 수 있었던 것은 그들이 이 사랑을 가지고 있는지의 여부와, 그리고 따라서 그들이 천계에 영입될 수 있는지 여부도 알게 되었습니다. 그러나 그들은, 사업에 전적으로 헌신하는 자들은 이런 본성에 속한 생각들에게 마음을 쓸 수 없

다고 반대하였습니다. 이런 주장에 대하여 일러진 대답은 천계에 있는 부자 사업가들은 그들에 비하여 엄청난 부자들이라는 것입니다. 그 부자 사업가들은 나를 통해서 그들과 말하였습니다. 그리고 내가 한 말을 확증하였습니다. 그리고 동시에 그들은 한 목적을 위해 공통적인 선을 가지고 있었고, 그리고 이웃에 대한 사랑을 가지고 있었다는 것을 말하였습니다. 그리고 그들은 이 세상에서는 그들의 선용(善用·쏨쏨이)을 이루기 위하여 상업적인 사업들을 계속하였고, 그리고 그들의 마음을 그런 것들에게 두지 않았고, 재물들이나 상업에서 결코 삶을 추구하지 않았다고 말하였습니다. 그들이 실제적으로 다른 자들에 비하여 더 부자가 되었다는 것은 영적인 개념이나 뜻에 의하여 입증됩니다. 더욱이 그들은, 저 세상에서 존경받는 인물들이 아니라고 말하였습니다. 1748년 10월 10일

이런 내용에 이런 것들이 부연되었습니다. 즉 부자는 부자로 남을 것이고, 그리고 다른 자들을 지배하는 자들은 여전히 강력하게 지배할 것이라고 생각하는 이런 부류의 영들에게 각인된 것은, 부득이 다가올 것들에 관한 영들의 망상들인데, 그것은 그들의 완악하고, 사악한 술책들이라는 것 등입니다.

여러 사회들로 말미암아 존재하는 것들에 속한 정교(精巧)한 인식을 가지고 있는 영들에 관하여

3524. 나는 두 번 일어났던 일로 기억하고 있습니다. 내가 알지 못하는 중에도 어떤 영들이 일종의 열정이나 또는 분노에 의하여 내 마음과 얼굴에서 그들이 지각했던 것들을 유발하였는데, 그러한 것들은 그런 방법에 의한 것이 아니면 나에게 알려질 수 없는 것들이었습니다. 그렇게 해서 내가 알게 된 것은 영들이 어떤 것들을 유발할 경우 정동들이나 신념들의 변화들에 대한 아주 정교한 지각을 가지고 있다는 것입니다. 그러나 그것을 나는 그 결과로 말미암아 지각할 수 있었습니다. 따라서 그들은 일종의 수치심에 속한 분노를

주입, 마음에 품게 하였습니다. 나는 그 원인을 한참 지난 뒤에야 이해하였습니다. 나는 그들이 어떤 영들인지 알지 못하였고, 또한 그들이 나타나기 전까지는, 그들이 말한다는 것도 생각하지 못하였습니다. 1748년 10월 10일

사람을 인도하는 수호천사들(守護天使)이나 영들에 관하여

3525. 나는 모든 사람은 누구나 그의 머리에 두 천적인 영들이 있다는 것을 배워 알게 되었습니다. 주님께서는 그들에 의하여 사람을 지키시고, 보호하시는데, 그들의 임무는 그들에게 접근해 오는 악령들의 활동을 완화시키고, 다스리는 것입니다. 그리고 그 밖에 사람들의 진리나 선에 속한 다종다양한 것들을 그렇게 하는 것입니다. 이러한 자들은 바로 위에서 언급한 그런 부류라고 나는 생각합니다. 더욱이 거기에는 그들 자신이 사람이라고 생각하는 영들이 있는데, 그 중에 한두 명은 영들의 세계에 속한 피술자들이었는데, 그들에게는 그들의 영향력이 늘 작용하였습니다. 이러한 영들은 사람의 상태에 있는 일반적인 변화들에 일치하여 변화되었습니다. 그리고 또한 그들이 전혀 알지 못하는 천사적인 영들에 의하여 조정되고, 다스려졌습니다. 만약에 깊이 생각하는 일이 없다면 천사적인 영들은 자신들이 사람이라는 것 이외의 다른 것은 전혀 알지 못하지만, 그러나 내면적인 사람인 그들은 그 사람 자신의 양심적인 것 안에 있지 않는 생각들을 가리키는 그들의 내면적인 생각들 안에서 그들이 활동한다는 것 이외에는 다른 것을 알지 못합니다. 그러나 깊은 생각이 허락되었을 때 그들은 그들이 천사적인 영들이라는 것을 알게 됩니다. 이들의 변화에 관해서, 즉 다른 자들이 대신해서 하는지의 여부에 관해서 살펴보면 그 어떤 가르침도 허락되지 않았습니다. 이러한 경우는 목성의 주민들의 경우와 유사합니다. 그들에게 어떤 괴롭히는 영들이 가까이 오게 되면 거기에는 머리에 현존하는 두 천사들이 있습니다. 그와 같은 것은 소생하게 될 죽은 사람에게서도 역시

언제나 두 천사들이 현존해 있습니다. 1748년 10월 10일

네델란드 사람에 관한 속편

3526. 내면적인 것을 파괴하려고 하고, 혼인애에 저항하려고 하는 그들의 사악한 술책에 관해서 이 밤에, 그리고 내가 잠에서 깨어난 뒤에도, 수많은 것들이 드러나 보여졌습니다. 그러나 나는 그것들이 뜻하는 것이 무엇인지, 또한 그것들이 그들에게서 발출한 것인지, 아닌지, 그리고 방탕한 다른 영들의 사전의 음모(陰謀)에서 비롯된 것인지의 여부를 배울 수 없었기 때문에, 나는 그것에 관한 상론은 생략하겠습니다.

3527. 다만 내가 언급하려고 하는 것은, 어떤 경우에서도 참되고 선한 어떤 것을 변화시키려는 기질(氣質)은 없다는 것입니다. 그리고 또한 그들이 참되게, 그리고 올바르게 믿는 것이면 무엇이든지 변화시키려는 기질 또한 없다는 것입니다. 예를 들면 그들이나 또는 다른 자들에게 있는 믿음에 속한 교리를 가리키는 주님께서 우주를 다스리신다는 가르침입니다. 왜냐하면, 주님께서 직접 말씀하신 것과 같이, 하늘과 땅의 모든 능력과 권세가 주님에게서 주어졌기 때문입니다. 역시 그들에게 주지된 것인데, 그들은 아무것도 아니라는 것입니다. 그리고 또한 그들은 반드시 옛사람(the old man)을 벗어 버려야 한다는 것인데, 그것은, 새사람(the new man)이 일어나기 위해서 옛사람은 그것의 쾌락들이나 정욕들과 함께 죽어야 한다는 것입니다. 역시 주님께서 생명의 전부이시라는 것입니다. 왜냐하면 주님께서 모든 그들의 생각들·말들·행동들을 다스리시기를 갈망하고, 기도하고, 그리고 가르치시기 때문입니다. 더욱이 주지된 사실은, 그들이 그 믿음이 전부라고 믿는다고 고백하기 때문이고, 그리고 이웃사랑이 으뜸되는 율법이라고 믿고, 고백하기 때문이고, 그와 같은 사랑은, 전체적이든 개별적이든, 천계에 속한 모든 것 안에 존재하고, 또한 역시 믿음 안에 존재한다고 믿고, 고백하기 때문입니다. 그

리고 주님께서는 오직 그 사랑 자체이시고, 그것에서 비롯된 연민(憐愍·compassion)이시기 때문에 주님께서는 우주를 다스리시고, 그리고 그 믿음은 사랑에 속한 것이고, 그러므로 그런 것들은 주님의 것이라는 것입니다. 1748년 10월 10일
결과적으로 그들의 사업은 정죄되지 않는다는 것입니다.

   3528. 따라서 상태가 말씀드렸듯이 두 천사들이 사람의 내면적인 것을 다스리고, 그리고 동시에 수많은 욕망들이나 정욕들을 야기시키고, 그리고 그들이 사람이라고 생각하는 영들을 통치한다는 것입니다. 특히 상태가 일반적으로나 개별적으로나 악령들은 실제적인 힘이 될 정도로 매우 강력하게 유입한다고 하겠습니다. 그리고 한편 선한 영들이나 천사들은 그저 저항하는 힘에 지나지 않습니다. 따라서 거기에서 일러지는 것은 영들의 세계는 악에 속한 영들로 가득 채워졌습니다. 그런데 그 악령들은 그들의 본성에 속한 악을 사람에게 주입시켰습니다. 그리고 선한 영들이나 천사들은 그 정도에 대항하여 더 이상 저항 할 수 없었고, 따라서 평형의 상태가 파괴되는 위험한 상태가 되었습니다. 그와 같은 일은 이방 사람의 예견된 마무리와 동일한 것이기도 합니다. 왜냐하면 악이 정복, 승리하기 시작할 때, 더욱이 선을 내쫓기 시작할 때, 만약에 그 때 선한 영들이 후퇴하게 된다면 인류의 실제상황은 절망의 상태가 되고 맙니다. 그러나 선한 영들은 주님의 직접적인 도움이 없다면 저항할 수 없다는 것은 넉넉하게 나에게 드러내 보여 주었습니다. 그럼에도 불구하고 직접적인 도움은 질서에 일치하지 않습니다. 왜냐하면 질서는, 거기에 모든 것들의 평형상태를 요청하고 있기 때문입니다. 그리고 그 평형상태가 소멸하게 되면, 그 때 종말의 때가 이미 당도(當到)한 것이기 때문입니다. 이런 위험한 위기가 임박했다는 것은 경험한 수많은 것들로부터 능히 추측할 수 있겠습니다. 왜냐하면 작금의 악령들의 떼거지들은 매우 거대하고, 그리고 그들의 악의(惡意)도 믿을 수 없을 정도로 창대(昌大)하기 때문입니다. 그들은 사실 극히 적은

힘으로도, 심지어 젖먹이의 힘으로도, 그들 전부를 내쫓을 수 있습니다. 그러나 그 경우 악한 자는 심한 고통들의 상태나 지옥에 던져지는데, 그런 고통의 상태는 그들의 교정(矯正)이나 바로잡음(改革)을 촉구하고, 도움이 되는 것 이상의 매우 격심한 고통을 참아야 할 정도의 그런 상태입니다. 1748년 10월 10일

비록 그들이 사람의 감관들을 통해서 어떤 것도 보지 못하고, 깨닫지 못하지만, 그러나 사람이 생각한 것을 알고, 그리고 사람이 탐(貪)한 것을 아는 영들에 관하여

3529. 내가 경험을 통해서 알게 된 것은 비록 영들이 사람의 눈이나 귀를 통해서 어떤 것도 보지 못하고 듣지 못한다고 해도, 그럼에도 불구하고 그들은 사람의 생각들이나 사상들을 알고, 그리고 사람의 열망들을 안다는 것입니다. 왜냐하면 내가 영들과 말할 때 나의 생각들이나 열망들이 그들에 의하여 좌우되는 것을 알았기 때문입니다. 그 때 영들은, 예를 들면 내가 불 곁에 있을 때 나를 보지 못하였지만, 그러나 그들의 나의 행위들을 알고 있었고, 또 적절히 처리하려고 하였다고 말하였습니다. 아주 멀리 떨어져 있는 자들이 이와 같이 보지도 못하고 듣지도 못하지만, 그럼에도 불구하고 그들은 적절하게 처리한다는 것입니다. 사실 영들은, 비록 그들이 맛을 본 것은 아니지만, 그들은 내가 먹고 마시는 것들의 맛을 알았습니다. 이런 일까지도 그들은, 만약에 그들에게 심사숙고(深思熟考)가 주어지지 않았다면, 알 수 없었을 것입니다. 그러나 그들은 나의 생각들이나 바람들을 적절하게 처리하였습니다. 왜냐하면 그들은 사실 생각들, 말하자면 그 사람 자신의 생각들이었고, 그리고 그의 욕망들이나 정욕들이었기 때문입니다. 감관들을 통해서 들어온 것들은 무엇이나 사람은 그것을 그의 생각들 안에, 그리고 그의 정욕들 안에 끌어들이기 때문입니다. 이와 같이 시중드는 영들에게 끌어들이기 때문입니다. 그러므로 경우가 이러하기 때문에 그들은 나에게서 그

들의 보는 것이나 듣는 일은 별로 필요하지 않습니다. 1748년 10월 10일

천계에 있는 상호애(相互愛)는 자기 자신보다 이웃을 더 사랑하는 것이라는 것에 관하여

3530. 이러한 사실은 참된 혼인애에서 비롯된 그림자에서 볼 수 있겠습니다. 거기에서 한 남편은 자신 보다 더 그의 배우자를 사랑합니다. 그러한 사실은 그녀를 위하여 그는 죽음까지도 감수(甘受)하기 때문이고, 그리고 그는 그의 모든 재산을 그녀를 위해서 쓰기 때문이고, 그리고 그는 자기 자신을 위해서 하기 보다는 그녀에게 주려고 하기 때문입니다. 그래서 자녀들에 대한 사랑도 부부의 사랑에서 비롯된 것입니다. 이러한 사실은 모두에게 주지되었기 때문에 어머니는 그녀의 어린 것이 먹을 것이 없이 사는 것 보다는 자기 자신이 배고픈 것을 선택합니다. 짐승들이나 새들도, 이런 식으로 자기 자신들 보다는 그들의 어린 것들을 위해 더 염려하고 걱정합니다. 따라서 어느 누구가 그의 친구를 위해 희생하려고 할 때 그것은 참된 우정에서 비롯된 것이고, 또한 자신보다 먼저 모든 면에서 도우려고 하는 것도 참된 우정에서 비롯된 것입니다. 따라서 이와 같은 것은, 일상적인 예의에서도 알 수 있는데, 그 예의범절까지도 이 근원에서 비롯된 그것의 원인들을 끌어냈습니다. 거기에서의 상호적인 사랑은, 다른 자에게 선을 나누어주고, 좋은 것을 주고, 자기 자신은 조잡한 것을 취하는 것에서 겉으로 잘 입증되고 있습니다. 결과적으로 돈을 맡기고, 빌리는 일에서 잘 드러나는데, 그 때 선량한 사람은 자기 자신의 것에서 행하는 것에 비하여 이웃에 속한 것을 더 조심스럽게 잘 지키고 간수합니다. 1748년 10월 10일. 동일한 일이 사랑의 본성에서 잘 드러나고 있습니다. 그것은 바로 다른 자들에게 자기 자신을 주기를 원하는 그런 부류입니다. 그리고 그 사랑의 즐거움은 그것 자체를 섬기는 것이 아니고 다른 자들을 섬기는

것인데, 이런 부류의 자들이 거기에 많이 있을 때 거기에 상호적인 사랑이 존재합니다. 왜냐하면 유사한 것이 곧 상호적이기 때문입니다. 그러나 자신들을 월등하게 사랑하는 자들은, 또는 돈을 탐하는 자, 더욱이 탐욕스러운 자들은 이 사랑 상호애를 영접할 수 없습니다. 따라서 이런 사랑 안에 계신 주님께서는 반영되어 나옵니다. 이러한 내용이나 사실은 영들의 현존에서 언급되었습니다.

보통 사람이나 시골뜨기나 이와 비슷한 자들에 관하여

3531. 오른쪽, 마치 깊은 아비소스로부터 아주 많은 사람이 홍수와 같이 올라왔습니다. 저 세상에서는 아주 큰 무리의 사람들은 밀려오는 파도 같고, 소용돌이치는 파도의 물결같이 보입니다. 나는 전에 이런 광경을 자주 보았습니다. 그들은 이런 식으로 마치 오열할 때의 쉰 목소리를 냈습니다. 나는 그것을 거글(gurgling)이라고 하는데, 그 이유는 그 소리가 마치 거글할 때의 소리였기 때문입니다. 그들이 어떤 인물인가 하고 의심하고 있을 때 내게 일러진 말은, 그들은 보통 사람들이고, 무지하고 거칠기는 하지만, 그러나 강도나 사기꾼이나 또는 악당들처럼 타락하지는 않았지만, 그러나 그들은 단순한 시골뜨기들과 같은 인물들로 아주 큰 무리를 이루는 또 다른 계층의 인물들이라는 것이었습니다. 나는 그들과 대화를 하였는데, 내가 발견한 것은 그들은 주님에 관한 것 이외에는 아무것도 아는 것이 없다는 것이고, 그분의 이름에 그들은 자기 자신들을 전적으로 내맡긴다는 것 등입니다. 그 밖의 다른 것들에 관해서 보면, 그들은 마약에 믿음에 속한 약간의 지식들을 가지고 있다는 것을 제외하면, 놀라울 정도로 무식하고, 무지하였습니다. 이와 비슷한 다른 영들이 이런 식으로 계속 이어졌는데 그들의 흐느끼는 울음(sobbing)은, 다시 말하면 수많은 군중의 흐느끼는 소리의 조음(調音) 같았지만, 매우 빨랐습니다. 그들은 오른쪽에 매우 가까이에서 올라왔습니다. 그 때 다른 무리들이 더 신속하게, 그리고 아주 활발하게

발을 통해서 그리고 몸통을 통해서 배속까지 몰려들었습니다. 내가 그들에 관해서 깨달은 것은, 그들이 일생을 지내는 동안, 그들은 믿음에 속한 지식들을 너무나도 많이 가지고 있었다는 것이고, 그리고 그래서 인체의 내면적인 지역의 매우 다양한 영역에 속한 자들이라는 것 등입니다. 따라서 그들은 세 등급(three class)이 있었고, 그리고 그들이 주님을 경배한다는 것을 제외하면 실제로 생전에 거의 아무것도 알지 못하였습니다. 그들 중 몇몇은 믿음에 관계되는 것을 알았고, 그리고 어떤 자들은 약간 더 알기도 하였습니다. 이와 같이 그들은, 단순하게 믿음 안에 있는 모든 부류의 사람에게서 모집된 자들입니다. 나는 또 다른 쪽에 있는 자들에게서 그들이 주님의 기도문을 읽는 소리를 들었는데, 그것은 너무나도 단순하기 때문에 그것의 문자적인 뜻에나 거의 이를 정도였습니다. 그럼에도 불구하고 그것은 그들의 내면적인 것들이 열려 있다는 것을 보여 주는 그런 것이었습니다. 마구간들의 냄새에서 깨달은 것은, 그들은 양떼나 소떼나 이와 비슷한 가축들을 돌보는 일에 종사한 그런 인물들이라는 것입니다.

3532. 그들의 언어에 관계되는 것을 살펴보면, 그들의 대부분은, 사실 그들은 함께 모두 모여 있었는데, 동시적으로 말하도록 장려되고 있습니다. 그래서 비록 그들이 한 사회는 아니지만, 어느 누구도 서로 다르게 말하지 않습니다. 그들은 변함없이 모두 같이 말하고, 그리고 같은 것을 생각합니다. 이러한 것은 그들로 하여금 보다 더 쉽게 가르침을 받을 수 있었습니다. 그 뒤에 나는 이들에게서, 또는 이들과 닮은 다른 자들로부터 이런 내용을 들었는데, 그것은 그들이 모든 면에서 가깝게 있고, 그리고 다소 쉰 소리이기는 하지만, 한 사회, 즉 합창단에 있는 다소 높은 소리를 낸다는 것이고, 그 뒤에는 보다 빠른 소리를 낸다는 것인데, 이것은 그들이 그 즉시 교육을 받을 수 있고, 그리고 선한 영들로 구성된 모임에 들어갈 수 있고, 그런 뒤에 적절하게 가르침을 받았을 때에는 그들은 천사적인 영들

의 사회들로 이루어진 모임에 들어갈 수 있다는 것과 그 밖의 이와 비슷한 것들을 가리키고 있습니다. 그들의 양심이나 선에 속한 지각이 나와 내통되었는데, 특히 그들의 혼인애가 교류되었는데, 그것은 마치 혼인한 배우자들과 같이, 그들이 서로 상호적으로 사랑한다는 것이었습니다. 그러나 그것이 너무나도 단순하기 때문에, 나는 그것에 관한 깨달음을 어떻게 표현해야 하는지 알지 못합니다. 나는 그들과 더불어 혼인애에 관해서 대화를 하였는데, 그 때 그들은, 그들의 부인들이 그들을 사랑하는지 여부를 알지 못한다고 말하였습니다. 그들은 언어에 의하여 부분적으로 말을 하였습니다. 그러나 내게 교류된 지각으로부터 알 수 있었던 것은 그들이 진정으로 사랑한다는 것이었습니다. 만약에 그들이 간음을 혐오하지 않는다면, 그럼에도 불구하고 그들이 양심의 어떤 율법으로 말미암아 그런 것들로부터 단절한다면 그리고 그들이 현재는 그들이 그 율법을 알지 못한다고 말하고, 그리고 그들은 단지 그런 길로 가는 경향을 전혀 가지고 있지 않고, 그리고 결과적으로 그럴 힘도 없다는 것 등을 말하였습니다.

3533. 저 세상에서 이런 부류의 인물들이나 유아들은 전혀 의심이 없이 믿음 안에 굳세게 남아 있고, 항상 머물러 있는 자들입니다. 그리고 또한 음흉한 반대적인 것들에 의하여 자신들을 납치해 가는 것을 용납하지 않는 자들이기도 합니다. 그러므로 그들은, 주님께서 우주를 다스리신다는 것을 주장하기 때문에, 머뭇거리지도 않고, 그리고 반대를 위한 반대 따위는 조금도 두려워하지 않습니다. 1748년 10월 11일

매우 매우 교활한 자들에 관하여

3534. 왼쪽 눈 약간 앞에, 그리고 정면에 어떤 것이 올리워졌습니다. 그것은 서로 모여서 이루어진 일종의 공(球)의 형체였습니다. 그들의 성품은 그들이 몰래 숨어서 음흉하게 행동하는 그런 자들의

성품이었습니다. 그들의 정도는 다른 자들에 비하여 더욱 심하였습니다. 이런 자들에 관해서 기술하도록 허락된 것은, 그들이 계속해서 비밀리에 음흉스러운 스파이들을 파견하고, 그들은 마치 피술자들에게 하듯이 그들에게 이런저런 것들을 주입시키고, 그리고 그들은 도저히 기술할 수 없는 아주 묘한 것을 가지고 행동하며, 그리고 다른 자들을 속이고, 그리고 지금까지 나에게 알려지지 않은 다종다양한 사기들을 행합니다. 특히 그들은 혼인애에 정반대가 되는 술책들을 자행합니다. 그것으로 인하여 그들은 내면적인 원칙들이나 그보다 내면적인 원칙들에 거슬러 행동합니다. 뿐만 아니라 그들은 영적인 것들이나 천적인 것들의 원칙들에 거슬러서 행동합니다. 그들의 피술자들은 아주 멀리 떨어진 곳까지 나아가는데, 그 때 다시 돌아와서 그들이 행한 것들을 보고하였습니다. 그들 중의 몇몇은 선한 사회들의 사람들처럼, 감히 나에게 그들의 피술자들을 보냈고, 한동안 나를 그들의 영향권 아래 잡아두려고 하였습니다. 1748년 10월 11일

3535. 이런 음흉한 영들 중 몇몇이 주님에 관한 그들의 유독스러운 생각들을 나에게 주입시키려고 하였습니다. 그들은 단순한 추행들로 그런 것들을 만들어내는 것에 익숙한 자들입니다. 그러나 그들에게 일러진 것은, 주님께서는 아버지(聖父)이시고, 따라서 주님 친히 말씀하신 것과 같이 한 분 존재이시라는 것이 그들의 확신을 위해 밝혀질 것이라는 것입니다. 밝혀질 사실은, 주님께서 말씀하신 것으로, 주님께서는 순진무구(純眞無垢·Innocence) 자체이시고, 그분으로 말미암아 평안(平安·peace) 자체가, 그리고 그분으로 말미암아 자비 자체가, 그분으로 말미암아 상호적인 사랑 자체가, 그리고 그분으로 말미암아 선 자체와 진리 자체가 존재한다는 것이고, 그리고 이런 모든 것들은 신령하다는 것입니다. 그분에 관해서는 모세와 예언자들이 기술하였고, 그리고 그분께서는 교회에 속한 모든 전형적인 예전들에 의하여 표의(表意)되고 있습니다. 그리고 나는 이런 모

든 관점들에 대해서 충분하게 확신하고 있기 때문에, 그리고 신념을 가지고 있기 때문에, 그들이 그 밖의 많은 어떤 것을 가지고 있을 것입니까? 그들은 이 물음에 어떤 답도 할 수가 없었습니다. 1748년 10월 11일

3536. 그들의 삶이나 생명에 관한 신념들이 이러하기 때문에, 그리고 그들이 가는 곳은 어디든지, 그들은, 이른바, 그들의 신념들에 속한 삶에 의하여 그들의 영기가 활동하기 시작하면 그 즉시 다른 영들을 속입니다. 그들에게 질문이 주어진 것은, 만약에 어느 누구가 따뜻한 상태인데, 그가 얼음으로 에워 싸진다면, 그는 추울 수밖에 없겠지요? 그리고 또한 만약에 그가 빛 안에 있다면, 또는 창문들이 닫혀지게 된다면 그는 어떻게 어둠에 감싸이지 않을 것이고, 따라서 그가 보지 못할 것입니까?

어떤 여건들에 의하여 진리들이 변한다는 것과 그 진리들에 관하여

3537. 나는, 한 사물의 기질이나 성질은 환경이나 여건에 의하여 자주 다양하게 변한다는 입장에 관해서 영들과 대화를 하였습니다. 그들은, 절대적인 진리가 있는 것은 결코 아니라고 생각하였고, 그리고 환경에 속한 힘으로 인하여 개개의 사실의 성질은 바뀌게 되는데, 그래서 빌라도는 주님에게 "진리가 무엇인가?"라고 질문하였다고 주장하였습니다. 답이 주어졌습니다. 그것은 모든 믿음에 속한 지식들이 진실들(verities)이고, 그리고 진리들은 영원한 것이고, 그리고 믿음에 속한 진리는 어떤 것이든 영원한 진리라는 것 등이었습니다. 그러나 여건이나 환경이 영향을 끼치고 있는 한, 그들은 진리들을 제거하지 못합니다. 예를 들어 보겠습니다. 가령 아담은 첫 번째 사람이고, 오직 한 사람뿐이었습니다. 그리고 그의 아들들과 딸들이 혼인으로 결합될 수 있었다라고 가정했을 때, 그럼에도 불구하고 이런 혼인은 불법이라는 영원한 진리를 무효(無效)라고 선언하지

않았습니다. 다시 이렇게 가정해 봅시다. 그것은 젊은 시절 혼인 전에 내연(內緣)의 관계를 가지는 것 보다는 정상적인 혼인의 관계를 가지는 것이 더 좋다는 것이 되겠습니다. 이것은 사회가 이루어져 있기 때문에, 그리고 그들이 어린 것을 낳기 전에는 혼인은 맺어질 수 없다는 진리를 제거하지 못합니다. 이러한 사실은 유대 사람이나 이방 사람에게서도 마찬가지입니다. 가령 유대 사람의 어린이에 관해서 살펴보면, 주님께서는 메시아가 아니라는 그들의 부모들의 신념으로 말미암아 그것을 믿도록 가르쳐지지 않고 있습니다. 그러나 그들은, 그럼에도 불구하고 그것을 단순히 여건이나 환경 때문이라고 합니다. 그래서 자녀들은 부모가 하는 것 이외의 다른 것을 믿을 수 없습니다. 이러한 것은 그들에게 있는 진리를 파기(破棄)하는 것은 아닙니다. 그것은 주님께서는 약속된 메시아이시기 때문입니다. 따라서 무지의 상태에 있는 이방 사람의 측면에서 보면 그것은 주님께서 우주를 다스리신다는 것을 모르기 때문입니다. 하나의 여건이나 환경이라고 할 수 있는 이런 무지의 상태는 저 세상에서 가르침을 받고, 그리고 구원받을 수 있는 것을 가로막아, 불가능하게 할 수는 없습니다. 그 밖의 다른 많은 예들도 있습니다. 1748년 10월 11일. 따라서 성언의 문자적인 뜻이 암시하고 있는, 이른바 주님께서 악을 행하신다, 그리고 주님은 살인을 하시고, 주님은 분노하신다는 등등이나, 마찬가지로 사람은 선을 행한다는 것이나 구약성경의 이와 비슷한 것들의 언급들은, 성경의 내면적인 뜻이 진리라는 진정한 입장에 아무런 영향을 주지 못합니다.

천사적인 영들은 발생하는 것은 무엇이나 보고 있다는 것에 관하여

3538. 내가 천적인 영들에 의하여 교류된 영적인 개념에 의하여 깨달은 것은, 그들은 현존하는 사물의 그 하나하나에도 주님의 배려(配慮·dispose)와 허락(許諾·permission)이 있다는 것을 생각하게 한

다는 것입니다. 그들은 이와 같은 주님의 배려와 허락으로부터 생겨 나는 사건들을 끊임없이 생각합니다. 그러나 그와 같은 생각이나 주목(注目)은 사람들이나 또는 악하지 않은 존재, 또는 악령들이 하듯이, 그들은, 주님께서 그들의 특정 견해들, 망상들, 정욕이나 탐욕들에 따라서 사물들을 처리하신다고는 생각하지 않으며, 그리고 사물들이 생각한 것과 달리 일어나게 되면 그들은 섭리를 의심하고, 부정합니다. 이러한 모든 일들은, 그들이 믿음 안에 있지 않다는 것에서 뒤이어지는 것인데, 따라서 그들의 망상들로부터 그들은 우주와 그것의 개별적인 삼라만상(森羅萬象)은 마치 그들이 그것을 다스린다고 생각합니다. 그들은, 전체적인 것이든 개별적인 것이든, 모든 사건들을 시인도 부인도 하지 않을 것이고, 그리고 사람이 그것을 깨닫지 못할 것이라는 것, 따라서 믿음 안에 간직될 수 있다는 것, 또는 천사적인 영들의 상태에 들어갈 수 있다는 이런 방법으로 일어나게 한다는 것을 그들은 시인도 부인도 하지 않을 것입니다. 나는 지금 이런 자들에 관해서, 특히 장래에 관해서 골돌하게 염려하지 않고, 또한 그 자신의 영특에 대해서도 신뢰하지 않는 사람에 관해서 언급하고 있습니다. 그러므로 믿음 안에 있는 자들은, 그들이 열망하고는 있지만, 그들의 열망에 속한 대상물들을 거의 얻지 못합니다. 그럼에도 불구하고 그것이 그들을 위해서 유익한 것이라면, 그 뒤에 그들이 그것들에 관해서 생각하지 않을 때 그들은 그것들을 얻습니다. 1748년 10월 11일

악한 자의 삶(=생명)의 성질이 어떤 것인지에 관하여

3539. 악한 자에 속한 정동들의 생명이나, 의지에 속한 생명(=삶)은 마치 횃불의 불꽃과 같고, 또는 촛불이나 유황의 불꽃과 같습니다. 왜냐하면 온갖 정욕들이나 탐욕들의 하나인 그런 생명에 주님의 사랑과 자비의 생명이 들어가면 변하기 때문입니다. 그들의 이해에 속한 생명은, 거기에서 나온 어두운 빛(a dim lumen)으로 존재하는

데, 그것은 대단히 먼 곳에까지 확대하지만, 그럼에도 불구하고 그것은 불영명(不英明)에 기울고, 전적으로 사라져버립니다. 그러나 참된 천적인 사랑이, 마치 태양의 빛이 이 세상에 비추게 되면 그러하듯이, 가까이 근접하고 먼 곳에까지 퍼지게 되면, 그것은 소멸합니다. 그런 불꽃은, 참된 사랑에 정반대이기 때문에, 처음에는 소멸되고, 그들에게는 냉기(冷氣)로 변합니다. 냉기의 계도의 차이는 그 사랑의 접근이나 양에 일치합니다. 다시 말하면 상호적인 사랑, 혼인애, 부모의 사랑의 양에 일치합니다. 그리고 그것은 그것들 안에 있는 자비·평화의 양에 일치합니다. 그러나 총명적인 빛을 가리키는 진리가 근접하게 되면 그들의 불꽃의 빛은 점점 희미하게 사그러들고, 그리고 종국에 그것은 암흑으로 바뀝니다. 그리고 그러한 현상은 빛의 거리나 양에 따라서도 그러한데, 그 암흑의 정도는 고정되어 있지 않습니다. 그러므로 우리가 여기서 배워, 터득할 수 있는 것은, 무지개들의 본성은 정동들이나 진리들에 대응한다는 것이고, 그리고 의지와 이해에 대응한다는 것입니다.

영들은 대기(大氣)의 본성이라고 생각하는 자들의 조잡한 영기(靈氣)에 관하여

3540. 나는 잠시 동안 기분 좋은 것에서 아주 멀리 떨어진 어떤 영기 안에 있었습니다. 말하자면 아주 조잡하기 때문에 나는 거기에 전혀 영들이 없다는 것을 제외하면 더 이상 아무것도 영들을 지각할 수 없었습니다. 왜냐하면 그들이 완전히 사라졌기 때문에 나는 그들이 어떤 존재라는 것을 거의 깨달을 수가 없었기 때문입니다. 그들은 대단히 수가 많았고, 엄청나게 많은 작은 별이 선회하면서 불꽃을 내는 것으로 이루어진 작은 별 안에, 또는 하얀 불꽃을 튕기는 것 안에 있는 것처럼 나타났습니다. 그들에 관해서 일러진 것은, 그들은 숫자적으로 그와 같이 많아서, 그러므로 그들 중의 어느 하나도 어떤 것으로 깨달려 질 수 없다는 것입니다. 거기에는 동시에

어떤 무질서가 그들 주위에 존재하였는데, 그것은 어떤 명확한 제휴(提携)나 결합 따위를 위한 그런 것이었습니다. 그래서 그들의 영기 안에는 애매하고 이상한 것들이 있었습니다. 사실 그 영기 안에는 매우 조잡한 어떤 것을 제외하면 아무것도 없었습니다. 다시 말하면 사회들에 고정된 성향 따위는 아무것도 없었습니다. 한마디로 하나의 결성되지 않은, 또는 결합되지 않은 어떤 공동체를 제외하면 아무것도 존재하지 않았습니다. 그런데 그 영기는 나에게 아주 고약하게 느껴졌고, 그리고 그것은 마치 거기에는 사회가 없는 생각을 야기시켰고, 그리고 서로가 아무것도 모른다는 생각을 유발하였습니다. 그러나 마치 광대한 우주 안에 유입한 것처럼, 모두가 방황한다는 생각을 가지게 하였습니다. 내가 가르침을 받은 것은, 그들이 육신을 입은 삶에서 영들에 관해서 영들은 대기에 속한 어떤 것이고, 비가시적이고, 몇 마디 말로 밝힐 수 없는 어떤 기질 밖에 가지고 있지 않은 그런 존재의 개념을 품고 있었다는 것입니다. 따라서 비록 우주 안에서 떠돌아다닌다고 해도 지각되지 않는 그런 존재라는 생각을 가지고 있었습니다. 이런 생각이나 개념 안에 있는 자들은 부지기수입니다. 그리고 그런 이유 때문에 이런 부류의 성품인 자들은 모두 그런 영기 속으로 보내집니다. 나는 그런 영기 속에 있었을 때 저 세상에서 어느 누구가 다른 자를 알 수 있을까 라고 의심하였습니다. 그것은 모든 인식(認識·깨달음)은 사멸할 것이고, 더욱이 제휴나 연합 같은 것도 사멸할 것이라고 생각하고 있기 때문입니다. 그럼에도 불구하고, 어느 누구가 어떻게 해서 다른 자를 알고 있을 것이며, 그리고 내가 조잡한 것이라고 부르는 지극히 불쾌한 영기가 이런 근원에서 생겼다는 것을 누가 알고 있을까 생각하였습니다. 내게 일러진 것은, 비록 그것이 그와 같이 나타나지 않는다고 해도 그들은 실제적인 교제 안에 있다는 것입니다. 왜냐하면 아직까지 생명을 가졌기 때문이고, 그리고 그들의 제휴된 삶(=생명)으로 말미암아 그들은 나와 대화를 하였기 때문입니다.

어느 영들의 종지(宗旨)나 신념(信念)에 관하여

3541. 어떤 영이 자신의 종지(=신념)를 가지고 내게 들어왔습니다. 그리고 그는 그것을 가지고 나에게 해를 입히려고 시도하였습니다. 그런 신념은 허용될 수 없기 때문에 그는 아래로 떨어지고 말았습니다. 그것으로 인하여 점검이 있게 되었습니다. 그리고 머리 위에 있는 자들은 이런 성품이 어떤 것인지 드러나게 되었습니다. 그리고 그들은 그들의 눈에서 발산되는 것처럼 보여졌는데, 그것은 뒤를 향했습니다. 그러나 그들의 경우는 전에 그들의 신념의 힘이 보여졌던 자들의 것과는 아주 달랐습니다. 즉 비록 더 이상은 아니지만, 어떤 방사성에 의하여 소멸된 홍수 이전 사람들의 경우와는 아주 동떨어져 있었습니다. 이들은 육신을 입은 삶에서 그들이 하는 모든 일에서 성공한 이런 부류의 사람들인데, 그것으로 인하여 그들은 신념이 종지를 취하였습니다. 그리고 그들은 그들이 하고자 하는 것을 시도한다면, 그들은 성공할 것이라는 신념을 가지고 있었습니다. 이런 부류의 인물들이 악하다면 그들이 저 세상에서 무엇이든지 그들이 꾸민 것은 모두 성공한다는 확신을 가지고 믿는다면, 그리고 이런 신념 안에 빠져 있다면, 그리고 대부분의 자들이 다른 자들에게 그런 신념을 가지게 한다면, 앞서 여기서 언급한 것과 같이, 그 때 그들은 자신들을 이런 신념 안에 둘 것입니다. 그 때 그들은, 앞서 홍수 이전 사람들에 관해서 언급한 것에서 알 수 있는 것과 같이, 그들에게 가까이 온 자의 영기를 조절하기도 하고, 변화시키기도 합니다. 머리 위에 있는 자들은, 그들이 믿고 있는 것과 같이, 그들이 능히 다른 자들에게 자신들의 신념들을 주입시킬 수 있으며, 그리고 그 주입된 신념들에 의하여 그 어떤 일도 수행할 수 있다고 말하였습니다. 그들의 신념의 영기는 널리 퍼져 나갔지만, 그리고 외적인 것으로 인식되었습니다. 그래서 그들은 내면적인 것에 대해서는 아무런 힘을 쓸 수가 없었습니다. 뿐만 아니라 더욱이 믿음 안에 있는

자들을 타락시킬 수는 없었습니다. 이러한 능력은 마술적인 술책들 가운데 있었지만, 그러나 그들은 여러 사회들로부터 쫓겨나고 말았습니다. 1748년 10월 12일

어린 것들(幼兒)에 관하여

3542. 가끔 어린 것들이 여러 무리를 이루어서 나에게 오고는 하였습니다. 그리고 그들은 나를 에워쌌습니다. 그들이 내는 음성에서 나는 그들이 어린 것들이라는 것을 알 수 있었습니다. 그들의 음성은 잘 묘사할 수는 없었지만, 그들의 음성은 감미로웠고, 제멋대로였고, 불규칙적이었습니다. 그들은, 말하자면, 머리 주위나 바로 머리 위에서 유입하였습니다. 그들에 관해서 적절하게 언급한다면, 그들의 음성이 들릴 때마다 거기에 있는 영들은, 그들이 그들을 통해서 말하도록 그들을 인도하는 일이나, 그들에게 말하는 것을 억제하는 일로부터 거의 자유스러웠습니다. 그러나 이러한 일은, 이런 일이 시도될 때나다 거부되었습니다. 그리고 어린 것들은, 다른 자들이 그들을 지배하려고 생각한다든지, 그리고 강제로 말을 하게 하려고 한다면, 이른바 심히 화를 내었습니다. 나는, 그런 시도가 있을 때마다, 그들의 저항이 일어난다는 것을 깨달았습니다. 그리고 그런 일이 용인되었을 때에 그들은, 그들이 말하는 것을 원하였지만, 그러나 이런 식으로 그렇게 하는 것은 원하지 않는다고 말하였습니다. 사실 그들에게는 자유스럽게 말하는 것이 허락되었습니다. 내게 알려진 것은, 이것이 그들의 시험이라는 것이고, 그리고 또한 그들을 인도하고, 지배하려고 하는 자들을 향한 변함없는 반감(反感)에 갇혀 있다는 것이고, 그리고 주님께서 홀로 자신들을 인도하시고, 다스리신다는 것에 관해서, 그리고 주님으로 말미암아 그들이 생각하고 말하기를 원한다고 하는 그런 습관에 젖어 있다는 것 등입니다. 이와 같이 그들은 성장하였습니다.

3543. 더욱이 그들은 세, 네 번 다른 경우들도 있었습니다. 그들은

주님의 기도를 암송(暗誦)하였습니다. 그러나 너무나도 부드러워서 그들은 심지어 문자적인 뜻까지도 이해하지 못하는 것으로 여겨졌 습니다. 그러나 그들이 성장하였기 때문에, 그리고 그들이 주님에 의하여 그 뜻에 관한 충분한 지각이 주어졌기 때문에, 그리고 또한 개념들 속에 점차적으로 들어갔기 때문에 그들은 종국에 속뜻의 이 해에 들어가게 되었습니다. 왜냐하면 주님께서는 내면적인 근원으로 말미암아 그들을 통하여 주로 역사하시기 때문입니다.

3544. 그들 중 몇몇은 영적인 자질을 가지고 있고, 몇몇은 천적인 자질을 가지고 있었습니다. 영적인 자질의 영들은, 그들이 보다 더 예민하기 때문에, 그리고 선이나 진리에 정반대되는 어떤 것을 깨닫 게 되면, 그것을 교정하려고 할 때 성급한 분노가 솟기 때문에 어떤 멋진 음성에 의하여 알게 되었습니다. 그러나 그들이 그와 같이 성 내고, 원하는 것 이상 어떤 일을 하는 일이 그들에게 허용되지 않았 습니다. 왜냐하면 그들은 아직도 이해하지 못하였기 때문입니다. 나 는 여러 번 마치 화살을 격발하는 것처럼, 그들이 자신들의 분노를 발설하려고 할 때 이런 특별한 분출(噴出)이 일어나는 것을 목격하 였습니다. 그 이유는 다른 자들이 진리에 대하여 폭행하는 짓을 하 였기 때문입니다. 그리고 그들이 그것이 어떤 것인지 알고 있는 것 처럼 사실을 천명하는 것이 그들에게 허락되지 않았기 때문입니다. 그러나 여전히 이런 것이 그들에게 허락되지 않았기 때문에 그들은 즉시 제거되었습니다.

3545. 그들이 천계에서 그리고 천사들에 의하여 교육을 받았다는 것이 나에게 언급되었고, 또한 그들이 성장하였다는 것도 나에게 알 려졌습니다. 그리고 그들이 다른 자들에 비하여 보다 더 천적인 존 재나 영적인 존재가 되었다는 것이 수년 전에 사망했던 어린 것이 지금 우리들처럼 어른이 되었다는 어느 한 사람의 경우에서 잘 드 러났습니다. 그는 그의 형제들과 더불어 상호적인 사랑 또는 형제적 인 사랑의 격려로부터 대화를 하였습니다. 그래서 그 형제는 감동되

었고, 눈물을 억제할 수가 없었습니다. 그 이유는, 그 뒤에 그가 말한 것과 같이 언급된 것은 바로 사랑 자체였기 때문입니다. 어린 것들이 성장해 가는 동안 그들은 주님에게 아주 가까이 있는 그런 존재들입니다. 1748년 10월 12일

영들의 세계에서 능력 있는 단 하나의 천사의 현존에서 도망할 수밖에 없다는 것에 관하여

3546. 악한 상태는 아니지만, 내 주위에 영들이 있었습니다. 유아기 때 왕자였던 한 천사가 내게 왔습니다. 나는 그에게 영들이 그에 앞에 서 있을 수 없다는 것을 지각하기 때문에 영들이 피한다는 것을 일러주었습니다. 사실 그런 일이 그대로 일어났기 때문입니다. 왜냐하면 영들은 자기들 스스로 먼 곳으로 물러나기 때문입니다. 그것은 그들이 그의 영기 밖에 있어야 하기 때문이고, 그리고 또한 그들이 악하지 않기 때문에 그것의 먼 변방에 자신들을 두려고 하기 때문입니다. 여기서 잘 드러나고 있는 것은 어린 것, 즉 한 천사는 수많은 영들을, 아니 영들의 세계 전체를 내쫓을 수 있다는 것입니다. 왜냐하면 그들은 상호적인 사랑에서 참고 견디어 낼 수가 없기 때문입니다. 그래서 그의 영기는 다른 자들의 제휴에 의하여 조정되고, 그러므로 그것은 상대적으로 적은 힘을 가지게 됩니다.

비록 그들이 천계에서 성장한다고 해도, 유아들은 여전히 죄가 많고 불결하고, 그리고 본질적으로는 악 이외에 아무것도 아니라는 것에 관하여

3547. 이것은 바로 어떤 영들의 왜곡된 소견이었습니다. 그것은 천계에서 성장한 유아들은, 이 땅의 어른들 안에 실제적인 악이 있듯이, 그들 안에 실제적인 악이 없기 때문에, 순결하다고 하는 견해입니다. 그러나 거기에 어린 아이 때 사망, 천계에서 성장한 어떤 영이 있었는데, 그는 그와 같이 생각하지 않았기 때문에 그리고 아

마도 그가 자신의 악에 관해서 무지(無知)하기 때문에, 다른 자들처럼 그는 영들 가운데 보내졌고, 그는 그 때 유아들에 속한 주제에 관해서 그들과 대화를 하였습니다. 그가 한 말은 유아들은, 이른바 유전악(遺傳惡·hereditary evil)으로 만들어졌고, 그래서 그들은 악 이외에 아무것도 아니지만, 그럼에도 불구하고 부모에게서 계속해서 유전된 악에 따라서 약간의 차이는 있지만, 계속해서 치솟아 나오는 정욕에 속한 악이 계속해서 온갖 거짓들을 생각나게 한다는 것이었습니다. 그러므로 그들은 영원히 완전하게 될 수 없다는 것이고, 그리고 또한 절대적인 대응(絶對的 對應·an absolute correspondence)도 주어질 수 없다는 것입니다. 그 이유는 악에 속한 밑동은 계속해서 싹을 내고, 그것으로 인하여 육신을 입은 삶에서 끝없는 실제적인 악이 생겨나오고, 유전악에 의하여 자극을 받고, 그리고 그 악의 끊임없는 다양함은 계속해서 이어진 부모의 실제적인 유전악에 따라서 존재합니다. 그러므로 여기서 얻는 것은, 어떤 가정의 악들은 다른 가정의 악들과 구분될 수 있다는 것입니다. 선은 이와 같은 근원으로 인하여 어린 것들 안에 결코 활착(活着)할 수 없다는 것이고, 그 이유는 그들이 동시에 선이 악이 될 수 없기 때문이고, 그러므로 모든 선은 주님으로 말미암아 존재한다는 것 등입니다. 1748년 10월 12일

3548. 어린 나이에 죽고, 천계에서 성인이 된 어떤 사람이, 유전악에서 얻은 성질을 알아보려고 영들 가운데 보내졌습니다. 그는 왕자로 태어났습니다. 그리고 내가 깨달은 것은, 그는 다른 자들을 지배하려고 하는 유전적인 기질을 지니고 있다는 것이고, 그리고 또한 그는 그의 조상들이 가지고 있었던 간음들에 대한 경시(輕視)의 성향을 지니고 있다는 것 등입니다. 그것으로 인하여 밝히 드러난 것은 유전악은 뒤로 물러나는 것이 없이 밀착(密着)된다는 것이고, 그리고 그런 기회가 있으면 그것을 내뿜는다는 것입니다. 그는 그와는 다르게 천계에서 아주 높은 정도에서 상호적인 사랑으로 물들게 되

었습니다. 1748년 10월 12일

악령들은 주님에 의하여 믿음에 속한 지식들 안에 간수된 단순한 자들에 의하여 소산(消散)된다는 것에 관하여

3549. 지금 경험에 의하여 깨달은 것입니다. 모든 악령들은, 내가 보편적인 지식들에 속한 믿음 안에 단순하게 머물러 있는 사이에도, 후퇴하고, 그리고 그 자신들을 나에게 말하거나, 생각하거나 교류할 수 없는 상태에 남아 있다는 것 등입니다. 왜냐하면 그들에게 일갈하는 것이 허락되었기 때문입니다. 그것은 반대적인 것을 주장한다는 것은 전혀 쓸모가 없다는 것이고, 그러나 만약에 그들이 매우 영리하다면, 내가 지금 간수되고, 머물고 있는 믿음의 지식들로부터 야기되는 반대의견들이나 의심들에 관해서 의논하는 것이 보다 낫다고 하겠습니다. 그러나 모든 영들은 마치 잠든 사람처럼 말을 못하는 벙어리 같았습니다. 사실 그들 중 몇몇은, 내가 이해하고 있는 것과 같이, 잠든 상태에 있었습니다. 따라서 잘 드러나고 있는 것은, 그들은, 예를 들면, 주님께서는 우주를 다스리신다, 주님께서는 홀로 생명이시다, 사람들의 고유속성은 악 이외에 아무것도 아니라는 아주 단순하게 믿는 자들이라는 것이고, 그리고 그들은 의심이 생겨난 반대의견을 허용하지 않는다는 것입니다. 그리고 그들에게서 악들이 소산된다는 것인데, 왜냐하면 그들 스스로 생각하는 것을 내가 깨달은 것과 같이, 이런 부류의 존재에게는 그들이 함께 있을 수 없기 때문입니다. 1748년 10월 12일

보통 사람 중 가장 낮은 계층의 사람들에 관한 속편

3550. 나는, 처음에는 오른발에, 다음에 왼발에, 발뒤꿈치로부터 발을 통해서 무릎에, 그리고 심지어 허리까지 오는 아주 심한 냉기를 한동안 인식하였습니다. 명확하게 드러난 것은 그들이 이와 같이 차가운 영들이고, 시원한 영들이라는 것이었습니다. 그리고 내가 그

들이 누구인가 의심하고 있을 때 내게 일러진 것은 오른쪽 발을 통해서 올라온 자들은 아주 깜깜한 무지(無知) 속에서 살았다는 것이고, 그리고 외적인 측면에서 보면 나의 사랑에는 전적으로 반대되는 자들이고, 그리고 음주에 빠져 있었고, 서로 치고 받고, 그런 성품으로, 서민 계층에서 가장 저급에서 볼 수 있는 그런 인물이었고, 그리고 그들은 짐승과 별로 크게 다르지 않는 숲에서 사는 자들이었고, 그리고 생각하는 기능을 가지고 있다는 것을 제외하면 짐승들이라고 할 수 있고, 그리고 그 기능에 의하여 그들은 짐승들과 분별되는 그런 성품이었습니다. 왼쪽 발을 통해서 매우 찬 냉기를 상승시키는 자들은 마찬가지로 사람의 가장 하층 계급에서 온 자들인데, 그들은 사후의 삶을 부인한다는 것이나, 그들은 짐승들처럼 살다가 죽을 것이라는 것을 믿는다는 것 등을 아주 심하게 떠벌렸습니다. 그러므로 이런 주의나 신조에 빠져 있는 자들은 왼쪽 발 영역을 통해서 올리워졌습니다.

3551. 이와 같이 그들이 올리워진 뒤, 오른발 영역을 통해서 상승한 자들이 말하는 것이 들렸지만, 그러나 나는 그들의 말로부터 생동적인 것은 거의 지각할 수 없었습니다. 사실 생동적인 것이 너무 빈약하기 때문에 나는 그들이 죽음의 시점에 있다고 상상하였습니다. 그들은, 마치 생명이 없는 조각상이 말하듯 억지로 말하는 그런 모습으로 말하였습니다. 그러므로 나는 그들 안에 남아 있는 생명은 전혀 없다고 절망하기 시작하였습니다. 왼쪽 발을 통해서 올려진 자들은 아주 비슷하게 말하였지만, 그러나 영적인 것에 관한 차이는 있었습니다. 다시 말하면 그들에게는 영적인 생명은 거의 없는 것처럼 보였습니다. 그 차이는 음성에서 지각될 수 있었습니다. 이런 자들에 관해서도 역시 나는 그들이 살 수 있는 것에 대하여 절망하기 시작하였습니다. 왜냐하면 그것 안에는 생동적인 것은 전혀 없는 조각상이 강요되어 말하는 것처럼 하였기 때문입니다. 이런 부류의 양자들의 무리는 위쪽 뒤에서 말하였습니다.

3552. 그러나 나는 즉시 이런 말을 들었습니다. 그들은 강제적으로 일종의 어떤 활동에 들어갔습니다. 다시 말하면 합창대의 일을 하게 되었습니다. 따라서 선한 영들이나 천사적인 영들과의 교제의 상태에 보내졌습니다. 이 영들은 자기 자신을 그들의 특별한 보호의 대상들로 만들었고, 그리고 이 영들은 만약에 그들이 그들에게 생명을 주입시키지 않는다면 그들이 움직인다는 것이 불가능할 정도로 거의 설득되었습니다. 이런 일은 필설로는 기술할 수 없는 열정과 정성을 가지고 시도하였습니다. 그들은 이 일에 싫증이 나거나, 지치는 것은 원하지 않았고, 오히려 일상적인 소리가 수반된 일종의 선회운동(旋回運動·gyration)에 의하여 끊임없이 그들을 선동하는데 무척 애를 썼습니다.

3553. 선한 영들이나 천사적인 영들이 여러 시간 동안 그들을 위한 그들의 인내를 참고, 견디고 있을 때 그들은 다소 생기를 받는 그런 존재가 되기 시작하였고, 그리고 더 이상 생명이 없는 그런 존재로 보이지 않기 시작하였습니다. 이런 것이 지각되었을 때, 역시 그들이 교제의 상태에 활동할 정도로 생기가 그들에게 주입되었을 때, 그들은 그들이 천계에 있었다고 말하였습니다. 왜냐하면 주입된 이런 생명이 그들의 천계이기 때문입니다. 이와 같이 사려 깊은 애씀은 온 밤을 통해서 선한 영들에 의하여 계속되었습니다. 그 때 내가 이해한 것은 그들이 여러 사회들에 더욱 더 익숙하게 되었다는 것이고, 그리고 그들은, 그런 것에 의하여, 영적인 생명이나 천적인 생명에 속한 것들 안에 있는 완전한 것들과 그들이 결합할 수 있게 되었다는 것 등입니다. 왜냐하면 지식들의 측면에서 그들 안에는 모순되는 것은 전혀 없었고, 다만 그들 자신의 죽은 생명에 떨어져 들어가는 강한 기질에서 생겨난 약간의 저항만 있었기 때문입니다. 그럼에도 불구하고 그들은, 여러 가지 방법에 의하여 가르침을 받았고, 그리고 그들은 다른 자들에 비하여 월등하게 순종하는 그런 존재가 되었습니다.

3554. 어떤 방법으로 생명이 계속해서 그들에게 주입되었다는 것은 여러 색깔들에 의하여 드러나고 있습니다. 첫째는 대리석의 색에 의하여, 그리고 그 다음에는 흰색에 뒤섞인 푸른색에 의하여, 그리고 세 번째는 흰색 구름의 떠오르는 점들에 의하여 드러내졌습니다. 한마디로 말하면, 생명은, 그들이 선한 영들과의 교제의 상태에 능히 들어가기 위하여 이와 같이 계속해서 그들에게 주입된다는 것입니다.

3555. 그 뒤에 나에게 보여진 것은, 그들에게서 비롯된 영감(靈感)들에 의한 그런 부류의 인물의 성품이 어떤 것인가 입니다. 처음에는 얼굴에서, 그리고 다음에는 가슴의 앞쪽 영역에, 주입된 영감에 의한 것이었습니다. 그것은 비록 희미하고, 차가운 그 어떤 것이었습니다. 나는 역시 그것이 차갑지 않은 것으로 지각하였지만, 오히려 뜨거움에 가깝다고 인지되었습니다. 그러나 그것이 다른 자들에게서, 또는 그들 자신들에게서 비롯된 것인지 나는 알지 못합니다.

3556. 내가 정말로 놀라지 않을 수 없었던 것은 선한 영들이나, 천사적인 영들이, 그리고 천사들은 말할 것도 없고, 얼마나 열심을 다 해서 그들에게 생명을 주입하려고 노력하는지를 보았다는 것입니다. 싫증이 나기는커녕, 그들은 그 일에 가장 열정적으로 힘을 다해서 애쓰고 있었습니다. 그와 같은 애씀은 오직 주님으로 말미암은 것이라는 것이 내게 지각되었습니다. 주님께서는 그런 열렬한 애씀을 천사들에게 주입시키시고, 애정 어린 기쁨으로 둘을 결합시켰을 뿐만 아니라, 주님께서는 한쪽 영들에게 생명을 주시키셨습니다. 왜냐하면 그들은 죽음에 가까운 상태에 있었기 때문입니다. 그래서 그들에게는 생명이 없는 상태에서 생명의 상태로 소생되었다고, 그리고 그런 죽음의 상태에서 영적인 상태나 천적인 상태에로 소생되었다고 일러질 수가 있었습니다. 1748년 10월 13일

저 세상에서의 거리는 감관의 오류라는 것에 관하여

3557. 내가 가끔 알게 된 사실은 어느 영이 자기는 거기에 없다고 믿고 있을 때, 아니, 멀리 떨어진 곳에서 다른 자들과 말을 하고 있다고 여길 때, 즉시 그는 내 곁에 있었습니다. 그래서 그는 어떻게 해서 이런 일이 일어나는지 이해할 수 없었고, 그리고 멀리 떨어진 곳에서 다른 자와 이야기하는 동안 그가 즉시 거기에 나타나는지 그리고 중단되었던 그의 생각이 어떻게 계속되는지 이해되지 않는다는 것 등입니다. 1748년 10월 13일

다른 자들의 언어는 일반적인 방법으로 전달된다는 것에 관하여

3558. 자주 지각된 사실은, 다른 자들이 말을 하고, 그들이 말한 내용이 나에게 전달되었는데, 그것은 말이 아니고, 그리고 명확한 개념들도 아니지만, 그러나 어떤 일반적인 방법에 의한 것이라는 것입니다. 그래서 나는, 그들이 말한 것을 알지만, 그러나 그것의 전달 방법은, 다른 자들이 서로 말하는 때와 같은 것을 제외하면, 쉽게 기술할 수 없습니다. 그리고 내가 알 수 있는 것은, 이른바 그들이 말하는 얼굴 표정에서 알 뿐입니다. 그러나 이것까지도 그런 지각이라는 것을 드러내는 것일 뿐입니다. 일반적인 교류방법에는, 그들이 한 말은 어떤 암시나 표시가 있었습니다. 그러나 그것도 확정적이기 때문에 속이지는 않습니다. 1748년 10월 13일

호수에 던져진 독살자(毒殺者)에 관하여

3559. 그와 함께 있던 자들은, 그가 믿음에 속한 것들에 거슬러 계속해서 싸운다는 것을 불평하였습니다. 그는 전면에 있었고 약간, 즉 얼굴은 반 정도 싸매어 있었습니다. 그리고 먼 거리에서 더러운 예루살렘을 향하여 굴러서 갔기 때문에 그는 나에게 그 도시의 꼭대기에서 내려다보는 것 같이 나타났지만, 그러나 그는 더러운 호수에 던져졌습니다. 거기에서 그는 이 호수는 배설물의 호수이고, 악취의 웅덩이라고 말하였습니다.

3560. 그는 변함없이 그의 위치에 있을 것인지 여부가 점검되었습니다. 그것은 나쁜 징조는 아니었습니다. 그 이유는 그 때 그는 그런 처지에 지나지 않았기 때문입니다. 그에게 일러진 것은, 여러 시간이 지난 뒤 그의 도움이 오직 주님 안에 있다는 것을 그가 깨달았을 때, 그는 보다 좋은 생각들에 올라갔고, 그래서 주님에게 의존한다는 믿음에 속한 영역 안에 굳게 있을 것이라는 것입니다. 그 때 어떤 국면에 의하여 그의 성품이 드러났는데, 그것은 선에 속한 정동을 다소 뜻하는 약간 번쩍이는 금가루가 그 위에 나타난 것입니다. 거기에 나타난 그 밖의 것은 목초가 가득히 덮인 초장의 푸른 산책길이었습니다. 그와 동일한 것이 불과 불꽃의 중간의 어떤 빛나는 것에 의하여 나타났습니다. 이것이 보여진 것은, 믿음에 반대되기 때문에 그가 영원히 살 수 있다는 것에 대하여 의심을 품는 자들 몇몇이 거기에 있었기 때문입니다. 1748년 10월 13일

어린 것들에 관하여

3561. 유아들이 가끔 내게 보내졌을 때, 내가 본 그들은 마치 머리 주위에서 사라지는 것처럼 나타났습니다. 그리고 그들은 악마적인 내습(來襲) 따위의 두려움은 전혀 없었고, 또한 그런 것들에 관해서는 전혀 관심도 없었습니다. 그 이유는 그들은 이런 것들에 속한 지각이 전혀 없었기 때문입니다. 그러므로 어느 누구나 믿음 안에 있는 한, 그는 이런 부류의 내습이나 고통에서 안전하게 되기 때문이고, 역시 어린 것들은 그를 지키기 위하여 파견되기 때문입니다. 이런 일은 자주 나에게 일러진 것이고, 또한 그것을 깨닫는 것이 허락되었습니다.

3562. 동일한 사람이 호수에 있을 때, 비록 그것이 가벼운 것이지만 잘못에 대하여 용서하지 않을 것이라고 그는 말하였습니다. 그 이유는 삶을 사는 동안 그를 미워했던 자는 누구든지 용서하지 않는 그런 작자였기 때문입니다. 그 때 게헨나의 다른 쪽에서부터 아

주 짙고, 검은 연기가 솟아났습니다. 그리고 위로 올라갔는데, 이것은 그런 부류의 증오를 가리킵니다.

영들은 사람들에 의하여 다스려진다는 것을 몹시 싫어한다는 것에 관하여

3563. 역시 오늘과 같이, 내가 가끔 지각한 것은, 영들은 그들이 사람에 지배된다는 것을 아주 나쁜 것이라고 마음에 품는다는 것이고, 따라서 그들이 사람을 지배하기를 열망하기 때문에, 그것에 대하여 몹시 분노합니다. 만약에 사람의 생각이 그와 같이 드러나게 되면, 그리고 그가 이 세상에 있는 사람이었기 때문에, 그들은 그들이 사람에 의하여 지배된다는 것을 몹시 싫어하지만, 그러나 그것이 하나의 영이라면 그렇지는 않습니다. 1748년 10월 14일

믿음에 속한 지식들은 영들의 양식이라는 것에 관하여

3564. 믿음에 속한 지식들이 영들의 양식이라는 것은 위에서 언급된 내용에서 잘 드러나고 있습니다. 그것은 일반 사람의 가장 낮은 계층의 사람에 관해서 언급된 것으로, 그들은 죽은 자와 같고, 또는 나무막대기나 조각품과 같지만, 거의 생명이 없기 때문에, 그들 안에 있는 생명은 선한 영들과 같이 하는 그들과의 사귐에 의하여 주어집니다. 왜냐하면 이에 앞서 전에는 그들이 천계가 무엇인지도 모르고, 또한 믿음이 무엇인지도 모르기 때문입니다. 그들이 믿음에 속한 지식들에 들어온 것만큼 그들은 산 것입니다. 왜냐하면 그래서 그만큼 주님으로부터 생명을 영접, 수용하기 때문이고, 또한 그것만큼 그들은 천사적인 사회에 있을 수 있는 능력을 가지기 때문입니다. 그리고 더러운 호수에 던져진 그 작자에 관해서 그들이 언급한 것은 그가 살 수 없기 때문인데, 그 이유는 그가 믿음에 속한 것을 어느 것도 영접, 수용하지 않으려고 하였기 때문입니다. 그러므로 그들은 그의 삶을 단념하였습니다. 이상에서 잘 드러나고 있는 것은

그들이 저 세상에서 믿음에 속한 지식들에 의하여 산다는 것입니다. 그리고 또한 믿음에 속한 지식들이나, 선에 속한 정동들은 영들의 진정한 양식이라는 것도 잘 드러나고 있습니다.

3565. 더욱이 그것으로 인하여 대응의 본성이 무엇인지 명확하게 드러났다는 것입니다. 그리고 또한 대응하는 것들을 가리키는 내면적인 계도 안에 여러 가지 것들이 있다는 것 역시 알려지지 않았다는 것도 잘 드러났습니다. 그런 영적인 양식은 인체의 양식과 대응합니다. 왜냐하면 육신의 생명은 선이나, 진전한 양식에 의하여 유지되기 때문입니다. 다른 것들에서도 그와 마찬가지입니다. 또한 사고의 원칙들이나 임의적인 원칙들은 근육들에 대응한다는 것 역시 알려지지 않았습니다. 따라서 여기에서 드러난 것은, 천사적인 영들에게 존재하는 것들이 어떤 것에 대응되어 있다는 것도 저급의 영들에게는 알려지지 않았다는 것입니다. 또한 천사들에게 있는 것도 그러하다는 것도 알려지지 않았습니다. 이런 대응들이 알려지지 않았기 때문에, 그러므로 그들은 거의 그 사실을 시인하지 않습니다. 그러므로 사람들의 지각에, 그리고 심지어 천사적인 것에 들어올 수 없는 가장 극내적이고, 가장 높은 신비적인 것들에 침투하기를 원한다는 것은 가장 어리석은 것입니다. 그런 것들은 조잡한 것이기 때문에 그것에 들어올 수 없지만, 그런 것이 어떻게 신령한 것에 들어오겠습니까? 1748년 10월 14일

3566. 영들과 더불어 이야기를 나누었습니다. 언급하여야 할 것은 사람이 식탁에서 대화를 하면서 식사를 할 때 천천히 오래오래 식사를 하여야 하는데, 그것은 타액의 관이 열려 있기 때문입니다. 그리고 그의 음식물은 그의 영양의 목적에 보다 더 도움이 되기 때문입니다. 그 이유는 그런 것이 영적인 양식의 대응 때문입니다. 따라서 그것은 모두의 기질이나 본성에 일치하기 때문입니다. 영들의 세계에서 그 음식은 가르침(敎育)에 속한 것으로, 대화에 의한 것입니다. 따라서 영적인 자들이나, 그리고 그들의 마음은 동시에 기쁨으

로 충만하고, 그리고 그들은 영적으로 양육됩니다. 그리고 자연적인 사람은 자연적으로 양육됩니다. 왜냐하면 이런 것들 안에는 영적인 생명이 존재하기 때문입니다. 더욱이 모든 사람에게는 영들이 함께 하기 때문에, 그리고 영들은 그들이 사람에게서 분리된다는 것을 알지 못하기 때문에, 영들은, 사람의 육체가 그의 음식을 즐길 때, 사람에 속한 영과 더불어 그들의 음식을 즐깁니다. 그러므로 천사들이 현존해 있기 때문에 영적인 것들이나 천적인 것들로 즐긴다는 것은 바람직하다고 하겠습니다.

3567. 앞에서 언급한 것과 같이, 영들은, 미각(味覺)을 제외하면 모든 감관을 가지고 있다는 것입니다. 그러나 그들은 미각을 가지고 있지 않습니다. 지금 이런 사실이 명확하게 드러났는데, 그들은 사람의 영적인 음식을 즐긴다는 것입니다. 따라서 그들은 진리나 선에 속한 지식들을 즐긴다는 것입니다. 그러나 그들은 자신들을 미각에 주입시키지는 않습니다. 그 미각은 본래 이 세상적인 음식에 이바지하는 감각이고, 또한 육신의 영양분에 이바지합니다. 영들은 그런 것에서 기쁨을 결코 취하지 않습니다. 1748년 10월 14일

믿음 안에 있지 않는 자들은 주님의 성호(聖號)를 부를 수 없다는 것에 관하여

3568. 내가 듣고 깨달은 것은, 믿음 안에 있지 않는 자들은 주님의 이름조차도 부를 수 없다는 것입니다. 따라서 주님의 이름을 부르는 것은 믿음 안에 있는 자들에게만 허용된다는 것입니다. 그리고 반성조차도 거기에만 허용한다는 것입니다. 그들은 애를 썼지만, 불가능하였습니다. 그래서 그들은 그것에 대하여 이상하게 생각하였습니다. 왜냐하면 그들은 그것을 자신들의 고유속성(自我)에서 열망하였기 때문입니다. 그러나 이런 반성이 주어지지 않았을 때, 그 때 그것은, 모두에게 정당한 것과 같이, 그들에게서는 적법한 것이었습니다. 고유속성(=자아)으로부터 주님의 이름을 부른다는 것은, 십계

명의 첫째 계율에서 읽혀지는 것과 같이, 망령되게 주님의 이름을 부르는 것입니다. 그러므로 주님께서는 하늘에 의하여 맹세하지 말아야 한다고 말씀하셨습니다. 1748년 10월 14일. 믿음 안에 있지 않는 영도 입으로 믿음을 말하려고 해도 할 수가 없었습니다.

저 세상에서 영들이 신념의 상태에 있기 위해서 그들은 미리 준비되어 있어야 한다는 것에 관하여

3569. 주목하여야 할 것이지만, 나는 어떤 영들이 저 세상에서 주님께서 우주를 다스리신다는 것을 알았고, 그리고 믿었기 때문에, 그들이 주님을 믿는 상태에 즉시 들어가지 못하는 이유를 생각하고 있다는 것을 알았습니다. 그들은 이 세상에서 어떤 자들이 믿는 것과 같이, 거기에서도 그와 같은 것이 가능할 것이라고 생각하였습니다. 그러나 그들에게 일러진 것은, 비록 그들이 이런 모든 것을 알고 있다고 해도, 그들이 주님을 믿을 수 없는 이유는 그들의 성품이 이런 신념에 대하여 반대하기 때문이라는 것이었습니다. 가령 그들이 그것이 사실이라고 수천 번 듣고, 보고, 안다고 해도, 그럼에도 불구하고 그들은 그들 자신의 본성에로 다시 돌아올 것입니다. 그러므로 그들의 본성은, 그것을 싫어하기 때문에, 처음에는 징벌도 받고, 교정도 받습니다. 따라서 그들은 점차적으로 믿음의 상태로 인도됩니다. 그래서 그들은 주님에 의하여 신념의 상태에 간수됩니다. 이러한 일은 천천히 점차적으로 다만 행해질 수 있을 뿐입니다. 더욱이 일러진 것은, 만약에, 이 세상에서 그것을 믿지 않았기 때문에, 천계가 있다는 것을 그들이 믿지 않는다면, 그들이 천계에 올리워져서, 천계가 있다는 것을 강제적으로 시인하고, 고백하게 하였다고 해도, 그럼에도 불구하고 그들의 자신들의 상태에나, 본성에 다시 돌아왔을 때 그들은 즉시 종전과 같이, 천계가 있다는 것을 부인할 것이라는 것입니다. 이런 사실은 경험에 의하여 이미 입증되었습니다. 이런 사실에서 볼 수 있는 것은 이런 부류의 신념들이나 망상들

은 불신앙으로 자기 자신을 확증한 자들에게 밀착되어 있다는 사실입니다. 그러므로 믿음이 단순한 학문이나 지식 또는 경험 이외의 다른 방법에 의하여 어느 누구에게 활착되어야 한다는 것은 필수적이라고 하겠습니다.

3570. 내게 일러진 것과 같이, 이 세상에서도 그것은 꼭 같습니다. 왜냐하면 유대 사람들이 온갖 기적(奇蹟)들을 보았을 때, 심지어 시내 산에서 주님 그분의 현존을 목격하였을 때에도, 그들의 본성은 불쾌하고, 반항적이기 때문에, 그럼에도 불구하고 그들은 자기 자신들의 불신앙으로 되돌아갔습니다.

3571. 자기 자신으로 말미암아 자신이 산다고 믿었던 어떤 자들은 그들이 자기 자신으로 말미암아 사는 것이 아니고, 오히려 생명이 다른 영들에게서, 따라서 공동체로부터 유입되어 산다고 믿는 자들이 존재하는 신념의 상태에 인도되었습니다. 그들이 이런 상태에 이르렀을 때 그들이 한 말은, 그들은 이와 같이 살 수 없다는 것입니다. 그리고 내가 깨달은 것은 그들은 어떤 분노 때문에 고통을 받고 있다는 것입니다. 이런 사실에서 얻을 수 있는 결론은 만약에 자기는 자기 자신으로 말미암아 산다는 것을 믿는 사람이라면, 그리고 자신의 생명은 그에게 유입되는 것이 아니라고 믿는 사람이라면, 그가, 그는 자기 자신으로 말미암아서가 아니고 오히려 주님의 생명으로 말미암아 산다는 것에 설득된 이런 상태에 들어가게 되고, 그리고 동시에 그는 영들에 의하여 다스려진다는 것을 믿는다면, 비록 그가 학문적으로, 또는 경험적으로 그것이 사실이라고 설득되었다고 해도, 그는 거의 살 수가 없습니다. 이런 사실은 바로 어떤 영들의 경우이기도 합니다. 한마디로 그의 생명은 가장 최고의 정도로 불안하게 될 것입니다. 그러므로 사람이 자기 생명은 그 자신의 것이라고 생각하는 것이 허락되었다고 해도 그것은 여전히 감관들의 단순한 오류일 뿐입니다. 1748년 10월 14일

믿음에 속한 신바(神秘)에 들어가기를 원하는 악령들에 관하여

3572. 나는 수차에 걸쳐서 악령들에 의하여 공격을 받고, 괴로움을 겪었습니다. 악령들은 믿음에 속한 보다 깊이 감추어진 것들이나 가장 깊이 숨겨진 것들에 대하여 거슬러 여지없이 의문들을 제기하고, 그리고 따라서 그것들에 대하여 논박하는 자들이었습니다. 그들은 또한 그들의 불결한 망상들에 의하여 믿음에 속한 극내적이고, 가장 높은 것들에 침투하였습니다. 그 때 그들에게 나는 표징들에 다시 호소하여 가장 더러운 배설물들이 자리한 내장들을 살필 것을 제안하였습니다. 그들은 자신들의 추리나 지성에 의하여 그것들의 형체들의 측면에서 진리가 무엇인지 알 수 있게 되었고, 그리고 이해할 수 있었습니다. 그리고 또한 분리하는 과정이 어떻게 계속되는지도 알 수 있게 되었습니다. 그들은, 매우 다양한 것들이 있는 그 기관들이 어떻게 만들어지게 되는지 이해할 수 있는지 여부도 제안하였습니다. 만약에 그들이 이와 같은 저급의 것들을 이해할 수 없다면 어떻게 그들이 영적이고 극내적인 것들을 파악하고, 이해할 수 있겠습니까? 1748년 10월 14일

비록 악령들은 진리나 선이 무엇인지 알지 못하지만, 악령들은 진리나 선을 사로잡는다는 것에 관하여

3573. 내가 잊었던 어떤 것이 있었습니다. 나는 그것을 생각하려고 애를 썼습니다. 그러나 어떤 영들은 내가 생각해 내는 것을 원하지 않았습니다. 그러므로 그것이 생각났을 때, 또는 그것이 생각나려고 하는 시점에, 그들은 그것을 낚아채 버렸습니다. 그래서 나는 그것을 생각할 수가 없었습니다. 나는 그것이 무엇인지 알지 못하고 있고, 또한 영들도 알지 못하지만, 그러나 추측컨대 그것은 그들을 공격, 괴롭히는 어떤 것이라고 여기고 있고, 또한 그것은 악의(惡意)에서 생겨난 것으로 생각합니다. 여기에서 아는 것이 허락되었는데,

영들은, 그것들이 무엇인지 알지 못하는 것들이라고 해도, 사로잡고, 그것들을 숨긴다는 것입니다. 그렇기 때문에 그들은 내가 한번 본 것이지만 내가 내 마음에 다시 상기한 것도 어느 정도 근접하여 그들은 깨달을 수 있다는 것입니다. 이런 사실에서 이중적으로 밝히 드러나는 것은 악령들은 처음에 선과 진리의 나타남이나 가까워지면 즉시 그것을 사로잡고, 그리고 그것들을 왜곡시킨다는 것입니다. 그 이유는 그것들이 그들의 본성에 직접적으로 반대되기 때문입니다. 또 다른 이유는 그들의 악의는, 사로잡고, 감추려고 하는 것을 조장하는 그런 성질이기 때문입니다. 1748년 10월 15일

삼라만상(森羅萬象)은 선용으로부터, 선용을 목적해서 창조되었다는 것에 관하여

3574. 나는 천사적인 영들과 생각에 속한 개념들에 의하여 대화를 가졌습니다. 그것은 목적에서 비롯된 것을 제외하면 이 세상에 창조된 것은 아무것도 없다는 것이고, 그리고 거기에서 선용은 존재하고, 그리고 선용으로 말미암아 결과 또한 존재한다는 것 등입니다. 따라서 모든 것은 선용을 목적해서 선용으로 말미암아 창조되었다는 것입니다. 나는 폐장에 관해서 먼저 말하였습니다. 내용인즉슨 폐장들은, 개별적인 기능들에 도움이 되도록 계획되었기 때문에, 선용을 위하여 완성되었습니다. 그것은 처음에는 근육들이나 감관에 속한 기관들에게 생명을 주기 위한 것이고, 그 다음에는 그것들이 각각의 것에 적용되기 위한 것이고, 사실은 다종다양한 기능들에 속한 가장 단일적인 것에 적용되기 위한 것입니다. 따라서 모든 것에 속한 선용은 선재(先在)하는 것이고, 예견되는 것이고, 그리고 모든 것을 위해 미리 섭리하는 것입니다. 목적은, 기능들이나 감관들의 측면에서 보면, 몸 전체가 살기 위한 것입니다. 따라서 그것은 일종의 공동체(共同體·commune)이고, 모든 것은 그것과 서로 관계를 가지고 있습니다. 그러므로 선용들은 보편적인 선용의 중간 목적들(mediate ends)이고, 그리고 그것이 인체의 생명입니다. 예를 들면 감관에 속한 근육들이나 기관들은 공통적인 선용과 관계를 가지고 있습니다. 다시 말하면 내적인 시각(internal sight)과 관계를 가지고 있습니다. 그러므로 그것들은 역시 선용을 위한 것이고, 선용으로 말미암아 존재합니다. 내적인 시각, 즉 생각은 공통적인 목적(a common end)과 관계를 가지고 있고, 공통적인 목적은 일반적으로는 사회에 속한 선을 가리키고, 그리고 이 땅 위에 있는 보편적인 사회의 선입니다. 그러므로 생각에 속한 모든 것들은 선용들이 될 것이고, 그리고 그 목적을 지향할 것이고, 따라서 그것들은 모두가 중간 목적들이 될 것입니다.

3575. 내면적인 생각이 한 사회나 사회들에 속한 공통적인 선과 관계를 가지고 있고, 그것으로 인하여 저 세상에 있는 영들의 세계나 천계에 속한 공통적인 선과 관계를 갖습니다. 그러므로 내면적인 생각에 속한 개별적인 것이나 전체적인 것들도 중간적인 선용과 관계를 갖습니다. 마찬가지로 생물계나 무생물계에 있는 모든 것은 역시 선용과 관계를 가지고 있습니다. 그리고 그것들은 여러 가지 방법으로 사람의 이해관계(利害關係)를 돕기 위한 것입니다. 그러므로 그것들은 모두가 선용들을 가지고 개별적인 것이나 모든 것은 그것에 대하여 형성되었습니다. 그리고 그것들은 내면적인 것들로 인하여 외면적인 것과 관계를 가집니다. 그러므로 여기서 명확하게 밝혀지는 것은 모든 것에 속한 가장 보편적인 목적(the most universal end)은 전체적인 것이나 개별적인 것 모두를 처리하는 것이고, 그것을 처리하시는 분은 그것으로 인하여, 그리고 그것을 지향해서 모든 것이 질서의 상태에서 처리되는 목적이 되십니다. 그리고 주님이신 큰 목적(the grand End)은, 모든 저급한 목적들이나 선용들이 그분과 관계를 가지게 하는 원인이시고, 그리고 그분에게서 온 것을 제외하면 이런 관계를 가지고 있는 것은 아무것도 없습니다. 그리고 목적이 생명(End is Life)이라는 것은 각자 개인에 속한 목적들에게서 잘

드러나고 있습니다.

3576. 만약에 주님께서 목적이 아니시라면, 어느 누구가 어떻게 해서 선용들이나 목적들이 내장이나 그 밖의 자연적인 기관들을 형성한다는 것을 알 수 있겠습니까? 그런 것은 인간은 누구도 이해할 수 없는 것입니다. 왜냐하면 선용은 결과로부터가 아니면 그 어떤 개념도 취할 수 없기 때문입니다. 선용들이나 목적들은 유기적인 원질들(organic substances)에서 비롯된 것을 제외하면 존재할 수 없기 때문에, 그리고 또한 선용들이나 목적들은 유기적인 본질들에 속한 살아있는 활력(vital principle)이기 때문에, 그것에서 밝히 드러나는 것은, 그것의 확장의 측면에서 우주는 극내적인 것에서부터 극외적인 것에 이르는 유기적인 것이고, 그리고 또한 주님께서 홀로 생명이시라는 것, 따라서 우주는 주님에 의하여 충만하다는 것 등입니다.
1748년 10월 15일

3577. 그러므로 우주에 두루 퍼져 있는 보편적인 선용은 유기적인 원질에서 결코 분리될 수 없다는 것이 분명하게 밝혀졌기 때문에 그것에서부터 자연 안에 있는 궁극적인 것들에 속한 선용을 위한 이유가 생겨났다는 것입니다. 그것들은 외적인 유기적인 원질의 선용들로부터 유입합니다. 유기적인 원질에서 분리된 선용은 창조된 우주 안에는 주어지지 않습니다. 따라서 그것은 반드시 주님에게서 유입하여야 합니다. 그러나 모든 선용이 궁극적인 것들로부터 볼 수 있다는 것은 사람이 그런 존재로 태어나야 하는 그런 존재라는 사람존재의 결과이기 때문입니다. 즉 사람의 존재는 감관적인 것들에 의하여 가르침을 받는 그런 존재이기 때문입니다. 그러나 그의 시각은 외적인 것들로부터 내적인 것들에까지 외적인 것들의 제거에 의하여 확대하기 때문입니다. 말하자면, 그들의 죽음에 의하여 확대하기 때문입니다. 왜냐하면 외적인 것들이 제거되었을 때, 내적인 것은 드러나게 되고, 그리고 그것들의 제거에 따라서 보다 더 내면적인 것들이 드러나게 되고, 따라서 종국에 외적인 것이 전부 없어지

게 될 때 내면적인 것들은 보다 명료하게 드러나기 때문입니다. 따라서 제거들이나 거부들에 의하여 내적인 것에 앞선 것으로부터 그 뒤에 있는 것에, 다시 말하면 후래적인 것에서부터 선재적인 것에 이르는 길이 주어집니다. 이런 과정(process)은 잘 알려진 일상적인 것입니다. 1748년 10월 15일

3578. 그럼에도 불구하고 무가치한 것이 되기 위해서 제거되지 않고, 그리고 죽음에로 내쳐지지 않고 남아 있는 외적인 것들이 있었습니다. 그러나 그것들은 그것들이 내면적인 것들을 섬기고, 따라서 주님을 섬기기 위해서 주님에 의하여 처리, 다스려집니다. 그런데 그 섬김들(=복종·subserviences)은 매우 다종다양합니다. 그것은 무한한 종과 유의 변화가 주어지기 위해서입니다. 이런 부류의 섬김들이나 복종들은 저 세상에서, 마치 무지개의 색깔처럼, 여러 색깔들에 의하여, 그리고 꽃의 향기들에 의하여, 그리고 영기에 의하여 드러내지고 있는데, 그것으로 인하여 그들의 성품들은 즉시 영접, 수용됩니다. 그리고 가시적인 것들의 닮음에 의해서 뿐만 아니라, 그 밖의 다른 종류의 지각들에 의해서도 드러내지고 있습니다. 그런 진리들은, 외적인 것들의 남은 것들로부터 내면적인 것들을 통하여 오직 유입합니다. 1748년 10월 15일. 여기서 다루어지고 있는 많은 것들에 관해서는 내면적인 생각의 개념들에 의하여, 그리고 내게 전해진 언어에 의하여 나는 배우게 되었습니다.

자기 자신들은 무가치한 존재라고 말은 하지만, 그럼에도 그들은 어떤 것이 되기를 원하는 영들에 관하여 ; 그리고 홍수 이전 사람들에 관하여

3579. 뒤에 있는 매우 깊은 곳에 많은 영들이 나타났습니다. 그들의 생명은 겨울철의 빛과 같았고, 그들은 무가치한 존재라는 것을 열렬하게 단언하였습니다. 그러나 그들의 말에서 깨달은 것은 이런 일은 그들의 진정한 생각이 아니라는 것입니다. 다른 자들이 나에게

일러준 것은 그들이 자신들에 대해서 이런 말을 곧잘 선포하지만, 그럼에도 불구하고 그 때 그들은 그들이 무엇인가가 될 것이라고도 선언한다는 것입니다. 그러므로 그들이 다른 자들과 합치고, 어울리기 위하여, 그리고 이와 같이 해서 다른 자들을 파괴하기 위하여 그들은 자신들이 아무것도 아니라고 말한다는 것입니다. 내가 "사랑"(love)이라는 말을 언급하였을 때 그들은 이 낱말을 수용하지 않았습니다. 그 이유는 그 낱말이 그들에게 어떤 것이라고 나타나지 못한 정도의 매우 조잡한 어떤 개념을 가져왔기 때문입니다. 따라서 그들은 사랑이 결핍되었고, 그리고 겨울철의 어떤 성질같이 되었습니다. 그들은 홍수 이전의 사람들이었습니다. 그들에 관해서 앞에서 언급하였습니다. 1748년 10월 15일

3580. 그들이 아래에 있을 때 나는 그들과 대화를 하였습니다. 사실 그들은 뒤의 영역 아주 깊은 아래 쪽에 있었습니다. 나는, 멀리 떨어진, 그리고 대단히 먼 곳에서 마치 전적으로 가까이 있는 것처럼 그들과 대화를 하였습니다. 왜냐하면 저 세상에서 거리 따위는 아무런 문제가 아니기 때문입니다. 내가 상상한 것은 그들은 이와 같이 믿음에 속한 진리에 거슬러서 논쟁들이나 추론들에 의하여 자기 자신이 옳다고 확증한다는 것입니다. 그리고 그들 중의 몇몇은 아주 강력한 추론들에 의하여 믿음에 전적으로 반대쪽으로 가기에 충분하였습니다. 그러나 그것을 살피는 것이 허락되었는데, 이것은 그들의 논쟁들에게서 나온 것이 아니고, 오히려 그들의 신념이나 또는 그들이 생각한 것들에게서 나왔다고 하겠습니다. 왜냐하면 그들이 생각한 것은 무엇이나 그들에게는 신념적이고, 설득된 것이기 때문입니다. 그것에 관해서는 아래에서 더 상론하겠습니다.

3581. 나는 그들과 함께 믿음에 속한 진리에 거스르는 반대들이나 추론들에 관해서 대화를 하였습니다. 내용인즉슨 그것들은 그저 단순한 그림자일 뿐이고, 그리고 진리의 빛을 어둠으로 바꿀 뿐이고, 또한 믿음에 속한 명료한 지식들을 수많은 반대의견에 의하여 의문

속에 넣을 것이고, 그 뒤에는 믿는다는 것을 무척 어렵게 만들 것이고, 그럼에도 불구하고 그 때 진리는 진리이고, 그리고 믿음에 속한 지식은 믿음에 속한 지식이고, 그리고 거기에는 오직 빛이 있을 것이라는 것 등등입니다. 나는 동시에 관념이나 생각에 의하여, 따라서 말하고 이해하는 그들의 양식에 따라서 내적으로 이것을 드러냈는데, 그것은 나에게는 마치 내 머리 주위에 있는 다른 자들이 내 자신 안에서 그런 말을 발설하였다고 생각되었습니다. 거기에는 한 마리의 공작새가 드러났는데, 그 새에 관해서 내가 아는 것은 이런 부류의 새는 실제적으로 살아 있다는 것이고, 그리고 이런 저런 성질을 지니고 있다는 것입니다. 만약에 내가 지금 그것의 내장이나 그것의 두뇌에 관해서 깊이 생각한다면, 그것으로 인하여 그 새가 살아 있는지 여부를 추론하고, 또 그것이 사실인지의 여부를 추론하게 된다면 아마도 그 사실은 부정될 것입니다. 다시 말하면 만약에 그것의 두뇌를 살피고, 그것이 마치 젤리(jelly)와 같은 것이라는 것을 깨닫게 된다면, 나는 나 스스로 이 두뇌가 어떻게 살 수 있는지, 그리고 그것이 어떻게 감관들이나 몸통을 살게 할 수 있는지 논리적으로 생각할 것입니다. 그 때 만약에 다시 내가 그 내장들, 예컨대 간장·췌장·소장·여러 기관들을 검토하게 된다면, 그리고 섬유들이나 그들과 관련된 것들과 더불어 검토하게 된다면, 그것으로부터 그 새가 살 수 있는지 여부를 추론할 것입니다. 이러저러한 것들이 그것을 살리기 위하여 결코 밀착할 수 없고, 그리고 협력할 수도 없고, 활동할 수 없는데 그 새는 살 수 있는지 여부를 추론할 것입니다.

3582. 나는 이러한 것들에 관해서 그것들이 어떻게 생명에 기여하는지 알지 못한다고 말하였고, 그리고 생명이 그 결과라는 것은 불가능한 것이라고 생각하였기 때문에 만약에 내가 그런 이유 때문에 그 공작새가 실제로 살아 있다는 것과, 그리고 있는 그대로라는 것을 부인한다면 나는 불합리하게 행동하는 것이 아닙니까? 그것이

실제로 살아 있고, 그러한 성질을 가지고 있다는 것은 분명하다는 것으로 충분한 것이 아니겠습니까? 이런 식으로 추론한다는 것은 분명히 참된 것을 내가 부정하는 어둠이나 흑암에 나의 마음을 던져 버리는 것이 아니겠습니까? 그런 것은 그것으로 인하여 동시에 참된 것을 부인하는 것을 드러내는 것 아니겠습니까? 내가 아름다운 색깔의 꽃이라고 보는 어떤 꽃을 드러내는 것이 허락되었습니다. 만약에 내가 지금 밑동으로부터, 그것의 섬유질로부터, 그것이 단순하게 높이 일어섰다고 추론한다면, 그리고 새어 나오는 액즙으로부터, 그리고 다음에는 뿌리로부터 추론한다면 어떻게 해서 그것이 생산될 수 있고, 그리고 그런 것들을 형성하고, 따라서 각각 개별적인 것들은, 마치 그것들이 그것들에 관해서 무엇인가를 알고 있는 것처럼, 스스로를 아주 멋지게 배열할 것이고, 그리고 그렇게 우아한 색깔들을, 또는 그 꽃 자체가 존재하도록 할 것이라고 추론한다면, 그리고 또한 그 꽃의 존재나 성질에 관해서 추론하게 된다면 나는 어둠 속으로 떨어져서, 그 꽃이 존재해 있다고 말하는 것까지 부인할 것이 아니겠습니까? 그러므로 수천이 반대의견을 생산하기 시작할 것이고, 사실 그 대상물의 숫자만큼 많은 반대의견을 내놓을 수 있겠습니다. 그런 성질의 모든 것들은 진리를 파괴할 것이고, 그것의 빛을 흑암으로 덮어버릴 것입니다.

3583. 비록 그들이 유죄선고를 받은 인물처럼 보였지만, 그것에 대하여 대답할 수 없었기 때문에 그들에게 이런 것들을 아는 것이 허락되었습니다. 즉 그들의 신념적인 원칙은 축적된 추론에게서 비롯된 것이 아니고, 오히려 다른 원인들로부터 생긴 것이라는 것이고, 그리고 그들은 믿음에 속한 진리들을 부인할 정도로 그들의 마음을 확증하였고, 그리고 흑암으로 만들었습니다. 그러나 그들은 자신들이 생각하는 것은 모두가 사실이라고 생각하고, 그래서 그들 자신은 잘못을 범하지 않는다고 생각하고, 그리고 지상의 신들이라고 생각할 만큼, 말하자면 자기사랑에 각인되어 있기 때문에, 그런 것이 아

마도 그들의 신념의 원천일 것입니다. 이것에 관해서는 나는 홍수 이전의 사람들과 관련하여 전에 언급한 바 있습니다. 이러한 사실은 이렇게 확인되었습니다. 즉 그들이 육신을 입고 살 때 그들이 올바르다고 역설하는 것을 시인하지 않는 자들을 목매달아 죽이기도 하였습니다. 그들은 그들이 그들을 죽이려고 했다고 말하는 것을 용납하지 않았고, 오히려 그들이 질식되었다고 말하는 것을 원하였습니다. 왜냐하면 그들의 신념적인 원칙은 바로 질식시키는 그런 것이고, 그것으로 인하여 어떤 자들은 홍수가 이런 식으로 이해되어야 한다고 하였습니다. 그리고 또한 그것에 의하여 사람들은 차례차례 질식되는 것으로 이해되어야 한다고 주장하였습니다. 왜냐하면 이런 신념적인 원칙은 다른 자들을 그들의 호흡을 제거하는 것에 의하여 질식시키는 그런 것이기 때문입니다. 그러므로 그들은 지금은 그들이 이와 같이 자기 자신의 신념적인 원칙에 의하여 질식되었다고 말합니다. 그것이 내면적인 것으로 침투되었을 때 영적인 것은 거기에서 저항하고, 그들이 영원히 죽는 것을 면할 수 있었습니다.

3584. 거기에는 수많은 악한 악마들이 많이 있었는데, 이런 영들은 그 지옥으로부터 나오기를 열망하였으며, 그리고 그들은 연합하여 나를 파괴하기를 열망하였습니다. 왜냐하면 영들이나 악마들은 나를 파괴하려고 하는 부단한 의도와 목적이 있었고, 그리고 이런 의도 때문에 그들은 나로 하여금 그들이 아무것도 아니라고 생각하게 하고, 말하게 하려는 특별한 의도가 있었기 때문입니다. 그러므로 그들은 그들의 마음에 자신에게서 나온 그들의 생각을 각인시켰고, 이것을 위하여 그들은, 이른바 그들이 아무것도 아니라고 말하게 하려는 충동을 그들에게 조장, 주입시켰습니다. 따라서 그들은 이와 같이 자신들을 드러냈습니다. 그러므로 거기에는 등 아래에서 매우 시끄러운 큰 파도치는 소리 같은 부르짖는 소리가 들렸고, 그런 부르짖음은 한동안 계속되었습니다. 그런 부르짖음이 그들의 움직임에서 생겨났기 때문에, 그 이유는 그들이 자신들을 드러내기를 원하였고,

그리고 그들은 영들의 세계에 들어가려고 서로 다투었기 때문입니다. 그들의 소란스러운 영기나 그들의 세찬 움직임의 영기는 항문의 좌측에서 위쪽으로 퍼져나갔습니다. 그러므로 그들 중 몇몇이 드러나는 것이 허락되었습니다. 그 때 그들은, 깊은 수렁이 있는 쪽의 반대편 쪽으로, 그리고 등 뒤의 반대편 쪽 약간 정면, 머리 위에 나타났습니다.

3585. 그들은 거기에서, 그들의 강력한 신념의 원칙을 통해서, 그리고 악마들의 도움을 받아서, 그들의 치명적인 영향력을 나에게 주입시키려고 시도하였습니다. 그러나 그런 시도는 허사로 끝났습니다. 비록 그들의 대화의 흐름은 빗나간 것이지만, 나는 거기에서 그들과 대화를 하였습니다. 그러나 밤에 잠자고 있는 동안 나는 갑자기 질식될 것이라는 생각이 들었습니다. 그러나 나는 잠자고 있었기 때문에 그것이 어디에서 온 것인지 알지 못하였지만, 다만 나와 같이 하는 천사들은 그 근원을 알고 있었습니다. 그러므로 나는 주님의 도움을 간청하였습니다. 그러자 침대에 있는 나에게 어떤 사람이 나타났고, 나를 그 침대에로 즉시 옮겼고, 그리고 역시 주님에 의하여 옮겨, 구출되었습니다. 따라서 여기에서 그들의 신념적인 원칙의 성질이 어떤 것인지 알 수 있었습니다. 그리고 오직 그것에 의하여 그들은 다른 자들을 억누르고, 질식시킬 수 있다는 것도, 다시 말하면 그들은 누구나 목을 졸라서 질식시킬 수 있다는 것도 알게 되었습니다. 그 때 일종의 표징적인 가슴받이(breast plate)가 나타났는데, 그것은 무엇이라고 표현할 수 없었고, 그리고 그러한 개념도 몇 마디 낱말로 표현될 수 없는 그런 것이었기 때문입니다. 그러나 그 가슴받이는, 문제의 그것이 별로 가치가 없는 것이라는 것을 뜻하였고, 그리고 그것은 거의 논쟁거리가 되지 않는 것이라는 것을 뜻하였습니다. 그럼에도 불구하고 그런 것은 매우 강력한 설득력을 지니고 있기 때문에, 만약에 어느 누구가 그것을 믿으려고 하지 않았을 때에는 그들은 그 사람을 죽이려고 한다는 것 등을 뜻하였습니다. 그

들은, 작은 사람 하나가 나와 함께 누워있다는 설득을 유발하였습니다. 나는 잠을 자고 있는 상태였지만, 마치 깨어 있는 것처럼 그것이 사실이라는 것 이외의 다른 것을 생각할 수가 없었습니다. 나는 역시 그가 하는 말을 들었습니다. 여기서 잘 드러나고 있는 것은 그들의 신념적인 원칙이 얼마나 강력한 것인지 알 수 있다는 것입니다.

3586. 드디어 자신들은 모든 것을 할 수 있다고 생각하는, 심지어 어느 누구의 생명도 제거하고, 누구를 질식시킬 수 있다고 생각하는 자들 중 몇몇이 약간씩 떨기를 시작하였고, 그리고 점진적으로 밑으로 가라앉기 시작하였습니다. 내면적인 환상에 의하여 지각된 것은 어떤 작은 어린 아이가 그들을 아래로 밀치고 있다는 것이고, 그리고 그들의 이와 같은 나타남으로부터 그들은 아주 심하게 휘청거렸고, 떨기 때문에 그들은 그들이 심한 고통에 빠져 있다고 울부짖었습니다. 사실 그들은 그들이 구출되기를 애원할 정도에 이르렀습니다. 그럼에도 불구하고 그들은 매우 큰 떨림과 불안 가운데 아래로 떠밀려 떨어졌고, 그리고 그들은 산 아래에 있는 그들의 동무들에게 그들이 압도되었다고, 그래서 그들은 숨을 쉴 수 없게 되었다고, 그리고 따라서 그들은 더 이상 영들의 세계에 들어가는 것을 열망하지 않으며, 그리고 사람들을 인도하는 것도 열망하지 않는다는 것을 공언하였습니다. 그들이 이렇게 말한 것은 이런 열망은 악마들에 의하여 그들에게 주입된 것이라는 것입니다.

3587. 전에 나를 에워싸고 있던 영들이 도망을 하였는데, 그 중 몇몇이 돌아 왔습니다. 만약에 그들이 거기에 남아 있었다면 자신들의 호흡의 생명은 그들에게서 제거되었을 것이라고 말하였습니다. 머리 왼쪽에 있는 몇몇이 그들의 피술자였는데, 그 뒤 그들은 다른 자들에 비하여 거의 생명이 없었다고 불평을 하였습니다. 왜냐하면 언급된 영들은, 자신들에게 비교하면 다른 자들은 아무것도 아니라고 속으로 다짐하고 있었기 때문입니다. 사실 자신들과 비교하여 다

른 자들은 아무것도 아니라고 하는 것이 그들의 신념입니다. 그래서 그들은, 자신들의 생각에서 아무것도 아니라는 자기 자신들을 발견하면 몹시 분노에 휩싸입니다. 거기에는 나의 파멸을 위하여 거기에 나타나기를 열망하는 자들이 있었습니다. 그러나 그들의 임재는, 그들로 하여금 그들이 아무것도 아니라는 불안을 느끼게 하였습니다. 그들 중 몇몇은 나에게 그들이 구역질나는 것에 사로잡힌 것처럼 보였습니다. 왜냐하면 그들이 죽었던 상태와 같은 것에서 회복되었을 때 그들의 회복의 결과는 보여진 것과 같은 구역질을 생성하는 그런 것이었기 때문입니다. 머리 위에 있던 악마들 중 어떤 악마는 다른 자들과 자신들을 결합시켰습니다. 왜냐하면 그들은 교묘하게 나의 생명을 빼앗으려고 기를 썼기 때문입니다. 그러나 그들은, 내가 지각한 것이지만, 여전히 여러 가지 불안 가운데 있었고, 그리고 그런 불안은 그와 같은 긴밀한 결합을 나에게 하였습니다. 그러나 나는 만약에 그들이 여전히 그런 일에 고집을 부리게 된다면 다른 자들에 비하여 내적으로 더 심한 고통을 받고, 벌을 받게 될 것이라는 것을 분명하게 나는 알 수 있었습니다. 이런 부류가 바로 이와 같이 비밀리에 속이고, 행동하는 기회를 호시탐탐 엿보고 있는 악마들입니다.

3588. 결번입니다.

3589. 나중에 나에게 보여진 것은 그들의 여인들이 머리의 측면에서 어떻게 치장하고 있는지, 다시 말하면 그들은 아주 큰 둥근 검정색 모자를 쓰고 있었는데, 그 모양은 일종의 작은 탑(turret)과 새하얀 돌출 중간 모양이었습니다. 그리고 그들은 그 어린 것들을 앞에 가게 하는 것에서 기쁨을 만끽하였습니다. 그런 모습은 나에게 보여졌습니다. 어린 것들은 곡선을 그리며 앞서 가고, 어머니는 그런 모습을 매우 즐거워하였습니다. 어린 것들의 사랑에 관해서 언급하였는데, 내가 한 말은 동일한 원칙이 모든 짐승들 사이에도 존재한다는 것이고, 그래서 가장 나쁜 인간 사이에도 그 사랑은 존재한다는

것이었습니다. 그러나 만약에 그들이 어린 것들을 사랑한다면 자기
사랑이나 자신의 광영을 목적한 것이 아니어야 하고, 오히려 인간
사회의 증진에 의한, 그리고 더욱이 천계에 있는 자들의 수가 증대
하기 위한 공동의 선(the common good)을 목적한 것이어야 하고, 따
라서 천적인 사회들을 목적한 것이어야 하고, 따라서 종국에는 주님
을 목적한 것이어야 한다면, 그래서 그들은 유아에 속한 본연의 사
랑을 가지게 될 것이라는 것을 역설하였습니다. 그러나 이러한 사랑
은 그들의 것은 결코 아닙니다. 어른들에 관해서 언급되었는데, 그
들이 어른이 되었을 때 그들은 추하게 바뀝니다. 특히 그들의 얼굴
주변의 머리카락의 양에 대해서도 추하게 바뀝니다. 그것은 그들의
신념적인 원칙과 연관된 것이라는 것을 깨닫게 되었습니다. 언급된
것은 작다(small)는 것이었습니다. 1748년 10월 16일

사람은 어떻게 생각하여야 할 것인가에 관하여

3590. 나는 영들이 함께 추론하고 있는 것을 들었습니다. 그들이
하는 말은, 그들은 영적인 것들이나 천적인 것들에 관해서는 감관적
인 것들이나 관능적인 것들에서 비롯된 것 이외의 다른 것으로는
생각할 수 없다는 것이었습니다. 그 이유는 그들이 관능적이기 때문
입니다. 그러나 이에 일러진 대답은, 그들이 천계로부터 생각할 수
있다는 것이었습니다. 다시 말하면, 천계적인 것들을 가리키는, 믿음
에 속한 지식들로부터 생각할 수 있다는 것입니다. 그리고 그것은
성경에 계시되었다는 것입니다. 따라서 만약에 필요하다면 이런 지
식들은 감관적인 것들에 의하여 확인될 수 있다는 것입니다. 왜냐하
면 천사들은 믿음에 속한 영기 안에, 따라서 믿음에 속한 지식들 안
에 존재하기 때문입니다. 그러므로 그들은 천계에 관해서 생각할 수
있고, 그리고 이런 식으로 천계에 있는 그들의 측면에서 그들에게
계시될 수많은 진리들을 생각할 수 있습니다. 1748년 10월 16일

우리는 주님께서 주시는 것을 제외하면 아무것도 알지 못한 다는 것에 관하여

3591. 사람들은 각자가 생각하는 자유를 얼마나 누리고 있는지를 모른다는 사실로부터, 그리고 개념들은 그들이 생각하는 질서에 일치하여 유입하지 않는다는 사실로 인하여 스스로 혼란스러운 영들이 있었습니다. 그리고 그들은 그 원인들을 알려고 하였지만 그것들을 찾아낼 수는 없었습니다. 그들에게 일러진 그 이유는 바로 이런 것이었습니다. 그것은 그들이 아무것도 알지 못한다는 것을 알았다는 것입니다. 왜냐하면 만약에 그들이 모든 것들의 구체적인 것들을 알려고 한다면 혼란이 일어날 것들은 끝 간 데가 없을 것이기 때문입니다. 사실 그것들은 무한적인 것이 무한적일 것입니다. 그리고 만약에 그들이 이런 것들에 속한 것들을 알게 된다면, 그럼에도 불구하고 거기에는 그것들에 반대되는 다른 것들이 있게 될 것입니다. 그 밖에도 여러 일들이 생길 것입니다. 따라서 무엇인가 알려고 탐구하는 일은 영원까지 이어질 것입니다. 그리고 반대적인 것들도 계속해서 그것들을 혼란으로 몰고 갈 것입니다. 그러므로 여기에 주님의 섭리가 존재하는데, 그것은 어느 누구가 사람들이 추론하고, 결론을 짓는 것에 관한 모든 개별적인 것 안에는 수많은 반대적인 것들이 있다는 것, 다시 말하면 사람들이 보편적인 진리들 안에, 또는 믿음에 속한 지식들 안에 살려고 하는 이런 상반되는 것들에서 야기되는 혼란에 속한 결론 안에는 수많은 상반되는 것들이 존재한다는 것입니다. 그리고 이런 것들이 그들의 생각들을 지배하고, 그리고 그것들이 널리 세력을 떨치고 있는 한, 그들은 전혀 실효성이 없는 그런 것들을 탐구나 알려하는 것들로부터 멀리하여야 한다는 것이 주님의 섭리입니다.

3592. 더욱, 온갖 거짓들을 유발시키는 무한히 많은 반대적인 대상물들이 있습니다. 왜냐하면 우리들이 눈으로 보는 대부분의 모든 것들은 모순되는 대상물이고, 그리고 만약에 마음이 그것에 관해서

깊이 생각한다면 그것에 의하여 혼란스럽게 되고, 장님이 될 것입니다. 그러나 다른 한편 사람에게 알려진 진리는 극히 적고, 그리고 만약에 사람이 그것 안에서 자기 마음을 사로잡지 못한다면, 그의 마음은 믿음에 속한 진리들에 거스르는 지극히 단순한 치욕적인 것들로 전적으로 이루어질 그런 온갖 거짓들이나 오류 따위에 돌진할 것입니다.

비자비적인 자비와 인애에 관하여

3593. 내가 홍수 이전 사람들에 관해서 저술하고 있을 때 어떤 영들이 하는 말은 그들은 살아남아 있는 것은 거의 없다고 하였고, 그리고 그것은 그들로 하여금 불쌍한 마음을 일으키게 하였습니다. 그리고 주님께서 그들에 대한 연민의 정을 낳게 하였습니다. 그리고 그들은 나에게 이런 신념을 생기게 하였기 때문에, 만약에 그들이 영들의 세계에 들어오게 되면, 그들이 만나는 자는 누구라도 나쁜 어떤 감정에 의하여 파멸시키는 것을 그들에게 가르쳐주는 것이 허락되지 않았습니다. 그들이 어디에서 온 것인지 알지 못하였지만, 다른 자들은 동일한 연민의 정을 실천하도록 크게 감동되었습니다. 그리고 그들이 선한 영들에게, 또는 가장 가까운 사회들이나 중간 사회들인 선한 사회들이나 악한 사회들에게도 침투하기 때문에, 예전에 말한 바 있는 홍수 이전의 사람들이 있는, 산 아래에 있는 자들 중에서 몇몇이 오는 것이 허락되었습니다. 그러나 그 때 지각된 것은, 그들의 생명과 비슷한 다른 자들이 그들에게 내려왔다는 것입니다. 그러나 홍수 이전 사람들에 관해서, 그리고 그들의 나타남에 관해서는 아래 내용을 참조하십시오.

3594. 나는 이런 자들 중 몇몇이 머리 위에 있는 교활한 영들 사이에 영접, 수용되었다는 것을 깨달았습니다. 나는 이미 전에 언급하였다라고 생각합니다. 그들은 아마도 홍수 이전 사람들과 닮은 현대 사람들로부터 왔을 것이고, 그리고 그들은 계속해서 구원받기를

열망하였고, 따라서 깊은 연민의 정을 자극할 수 있었습니다. 그리고 연민의 정이 중간 영들에게 침투하였기 때문에, 그들이 구원받기를 열망한다는 것과 그리고 그들을 위하여 기도한다는 그들의 성품에 관해서 밝히 드러났습니다. 간음을 별것 아닌 것으로 생각하고, 아내가 있는 가정을 보게 되면, 양심도 없이 그 집에 들어가 폭력을 휘두르고, 약탈을 감행, 그녀를 범하는 자들이 있었습니다. 이런 영들이 거기에 나타나자, 나는 오랜 시간 괴롭힘을 겪어야 했습니다. 온당치 못한 연민의 정을 가지고 있는 자들이 어떤 성품을 지니고 있는지 밝히 깨닫게 되었습니다. 그들은 여러 가지 종류의 사악한 짓들을 거침없이 자행하였고, 아니, 홍수 이전의 사람들의 신념과 비슷한 그런 것들을 가지고, 그들이 만나는 자들 모두에게 자극을 주었고, 그와 같은 불법의 짓들을 수행하였기 때문입니다. 왜냐하면 그들은 될 수만 있다면 집요하게 그들을 유혹하였기 때문입니다. 그들은 자신의 모습을 보이지 않았고, 모든 활동을 숨어서 하기를 원하였습니다. 그들의 모습을 오랜 동안 찾아보려고 하였지만, 찾을 수가 없었습니다. 그러므로 다른 자들도 그들의 그와 같은 사악한 광기(狂氣)가 어디에서 솟아나오는지 알지 못하였습니다. 그들은 위장하고 활동하였고, 동시에 연민의 정을 자극하였습니다. 그러므로 악한 자나, 선한 자나 모두 한꺼번에 자극하였기 때문에 매우 교묘하게 선에 속한 애정을 그들 자신들 속에 보낼 수 있고, 따라서 속이는 일을 끊임없이 생각해내고, 그리고 자기 자신의 이해관계만을 생각할 뿐, 온 우주가 파멸할 것이라고 해도 전혀 관심조차 두지 않을 것입니다.

3595. 이런 도가 지나친 간음자들이 수도 없이 많이 있다는 것은 그들이 선회운동의 상태에 들어간 것에 의하여, 그리고 그들이 들어간 선회운동의 상태가 끊임없이 계속되고 있다는 것에 의하여 잘 드러나 보여졌기 때문입니다. 그들은 오랜 시간 이런 상태에 있었고, 그런 것에서 밝히 알 수 있었던 것은, 간음이 별것 아니라고 생각하

는 자들이 너무나도 많다는 사실입니다. 그리고 일러진 것은, 모든 다른 땅의 기독교 국가도 이런 무리로 가득하다는 것입니다. 왜냐하면 다른 땅에서는 이런 혐오스러운 말을 듣지 못하였지만, 그러나 모든 기독교 국가에서는 수치의 모든 구속이 깨어졌기 때문입니다.

3596. 더욱이 나는 이런 온당치 않은 연민의 정에 자극을 받은 자들과 대화를 하였습니다. 그들에게 허락된 말은, 이러한 짓거리는 아주 발칙스러운 것들이고, 그리고 그들은 연민의 마음으로 하는 것이 아니고, 오히려 그 때 그들의 성품에 관해서 일러진 것은, 그들은, 그들의 아주 고약한 목적들을 계획, 전 세계를 속이고 왜곡시킬 목적을 위해 연민의 정을 실천할 마음이었습니다. 그들의 성품이 일러졌을 때 그들은 여전히 그들의 온당치 않은 자비를 고집하였습니다. 사실 그러한 열망은 그들에 속한 모두를 벌하는 것보다 더 나쁜 일입니다. 왜냐하면 이와 같은 동정의 마음을 갖는 자들은 주님에게서 비롯된 연민의 정에 의하여 감동받는 것을 거절하기 때문입니다. 다시 말하면 그들의 방법에 의하여 대부분을 멸망시키기 때문입니다. 비록 온 세계가 이런 식으로 멸망한다고 해도 그들은 그들을 멸망시키려는 자들을 향한 그들의 연민의 정을 단념하지 않을 자들이기 때문입니다. 내가 알게 된 것은, 이들이 바로 신령정부(=신령통치·the Divine government)에 관해서 심히 추론하는 그런 성격의 자들이라는 것과, 그리고 교육을 받기는 했지만, 동정이 무엇인지 알지 못하고, 그리고 완고한 고집에 머물러 있으면서, 자기 자신들을 어리석고 불합리한 것들 속으로 던져버린다는 것 등입니다. 그들은, 이런 속임수에 의하여, 그리고 자기 자신들이나 자신들의 탁월함에 대한 동정에 주입된 비정한 영들에 의하여 쉽게 설득되는 것을 선호하는 자들입니다. 이런 사기적인 신념이 그들에게 주입되어 있는 한, 그들은 자신들의 잘못된 동정을 고집합니다.

3597. 이와 같은 온당치 않은 동정에 주입된 자들 가운데는 사제급의 인물들이 꽤 많이 있다는 것이 입증되었습니다. 그들은, 비록

전 세계가 멸망한다고 해도, 그들은 반드시 살아야 한다는 것을 다른 자들이 느낄 만큼 좋아하였습니다. 따라서 수도승이나 예수회 수도승들 대부분은 이런 성품인데, 그들은 이런 신념에 의하여 실제 삶으로부터 취해진 관습으로 말미암아 온갖 고난을 무릅쓰고 반드시 구원받아야 된다는 그런 생각들로 다른 자들을 사로잡을 수 있는 작자들입니다. 왜냐하면 그들은 신념에 의하여 본래는 그렇지 않은 성품의 사제들을 자신들의 이해관계에 끌어들였기 때문입니다. 입증된 사실은 이런 성품의 그들이 그의 주위에 흰 구름을 취하고 있는 검정색의 옷을 입고 있는 한 사제에 의하여 표의되었습니다. 그 뒤에는 흰옷을 입은 처녀가 나타났는데, 그는 그 처녀를 자기의 것으로 취하였고, 그녀와 함께 그는 아래로 떨어졌습니다. 그러나 그녀의 백색인지, 또는 그녀 자신인지는 모르지만 그에게서 제거되었습니다.

3598. 여기서 잘 드러나고 있는 사실은 기독교계라고 불리우는 세계는 홍수 이전의 성품과 거의 같은데, 그것은 사람을 속이고, 사람의 눈을 피하여, 가장 비슷한 신념에서 행동합니다. 따라서 그들의 삶은 그것의 삶과 비슷합니다. 다시 말하면 겨울철의 생명과 같다고 하겠습니다. 사실 기독교계라고 불리우는 세계는 이런 관점에서 보면 홍수 이전 사람들에 비하여 더욱 사악하다고 하겠습니다. 그 세계는 온갖 간음들을 아무것도 아닌 것으로 여깁니다. 그리고 온갖 간음이나 음란 따위들을 아무것도 아닌 것으로 여길 때 거기에서 뒤이어지는 결론은 그들은 사랑에 대한 특성은 아무것도 가지고 있지 않고, 그리고 그들은, 그들이 그것들에 정반대이기 때문에 모든 사회들을 파괴하려고 할 뿐이라는 것 등입니다. 그러므로 역시 그들의 성품은 잔인하게 됩니다. 그리고 그것은 온갖 간음이나 음란에서 분리될 수 없는 그런 것이 되고 맙니다. 왜냐하면 단 하나의 간음적인 행위의 결과는 잔인에 이어지는 성향이 있기 때문입니다. 따라서 이태리에서는 수도승들이 규율을 무시한 채 음란하게 자기 자신들

을 혼인한 여인들 사이에서 교묘히 환심을 사서, 그들이 보복적으로 잔인하게 되는 것 이상 더욱 명확한 것은 아무것도 없다고 하겠습니다.

3599. 한마디로 이런 자들에 대하여 측은하게 여긴다는 것은 진정한 의미의 동정에는 정반대가 됩니다. 왜냐하면 전자적인 것은 무자비한 자들에 대한 하나의 동정심이기 때문입니다. 그러므로 만약에 그들이 가르침 받기를 스스로 선호하지 않는다면 그들의 상냥한 자비들도 잔악한 것이라고 하겠습니다. 여기서 밝히 드러나는 것은, 그들이 연민의 정을 유발하게 하여 부인들이나 처녀들을 간음들이나 호색 따위에 유혹한다는 것은, 다시 말하면 그들이 그들을 동정에 끌고 가려는 것이고, 그러므로 이런 부류의 동정은, 그들이 불쌍하다고 생각하는 하나의 난폭한 폭행이요, 무례일 뿐입니다. 그 이유는 그들이 자신들을 아무것도 없이 잃어버리는 꼴이기 때문입니다. 그럼에도 불구하고 그 때 혼인애는 그런 짓에 의하여 여지없이 파괴되고, 따라서 그 밖의 모든 다른 사람들도 파괴되고, 그리고 따라서 영생(永生)에 속한 지복(至福)까지도 파괴되기 때문입니다.

3600. 여기에서 밝히 알 수 있는 것은 사랑·인애·동정 등등은, 만약 그것들이 단순한 애정이고, 또한 감정이라면, 존재하지 않습니다. 그리고 거기에 믿음에 속한 지식들 역시 존재하지 않는다면, 따라서 이런 것들이 없이 믿음에 속한 지식들로 가르침을 받은 이해 또한 존재하지 않는다면 거기에 진정한 양심은 결코 존재하지 않습니다.

3601. 그 때 동정에 설득하는 사기한들이 있었는데, 그들은 육신을 입은 삶에서 이런 신념을 터득하였습니다. 그들은 하늘과 땅을 지배하기를 원하고 있을 뿐만 아니라, 그리고 그들은 숨어서 행동하기를 열망하기 때문에, 그들은 후두부(後頭部) 아래 쪽의 한 장소를 차지하고 있었습니다. 왜냐하면 그들은 온 생애 동안, 사람들이 그들의 계략을 눈치 채지 못하게 하도록 이런 식으로 활동하는데 익

숙하였기 때문입니다. 그들은 그들이 속이려는 사람들과는 경건하게, 또 자애롭게 말을 하였습니다. 그러나 상호간에는 사악하고, 속임수를 가지고 말하였고, 그리고 자기 자신 안에서는 아주 파렴치하게 살았습니다. 1748년 10월 17일

믿음에 속한 지식들에 대해서는 반대주장을 해서는 안 된다는 것에 관하여

3602. 나는 믿음에 속한 지식들에 반대주장을 만드는 자들에 관해서 여러 영들과 대화를 하였습니다. 그들은 이것이 곧 그들이 의심하고, 부인한다는 하나의 증표라고 언급하였습니다. 그러므로 이런 종류의 주장들은, 바로 그것들의 의심들이고 부인들이기 때문에, 결코 만들어서는 안 되는 것입니다. 왜냐하면 일천 권의 책들도 이런 반대주장으로 채우고 남을 수 있기 때문입니다. 결과적으로 주입된 바 있는 이런 주장들이나 확증 따위는 반드시 당연한 것으로 생각할 수밖에 없기 때문입니다. 천계에 있는 자들은 확증된 것들만을 사랑하는 그런 존재이고, 반대주장들은 배척하는 자들입니다. 이에 대한 또 다른 이유는 그와 같은 반대주장은 수도 없이 많고, 그리고 심지어 자신이 최저의 부분에 조차도 거의 알 수 없는 그런 것들이기 때문입니다.

믿음에 관하여

3603. 나 자신이 저 세상에서 오랜 동안 깨달은 사실입니다. 오직 믿음만이 구원한다는 것을 주장하는 자들이 있었습니다. 그럼에도 불구하고 그들은 믿음이 무엇인지 알지 못하였습니다. 그들은, 그것이 주님에 대한 우러름이라고 생각하였습니다. 이러한 생각은 그들 자신들만의 생각입니다. 따라서 보편타당성이 있는 것도 아니고, 또한 보편적인 것도 아닌 것으로, 그것은 아무것도 아닌 것을 뜻할 뿐입니다. 그러므로 그들은 그것에 대한 명확한 뜻이나 개념을 결코

가질 수 없습니다. 그러나 믿음은 보편적인 지식들을 뜻하고, 그리고 믿음에 속한 진리들을 뜻합니다. 따라서 믿어야 하는 것을 뜻합니다. 이것에 관해서는 적절한 곳에서 보게 될 것입니다. 만약에 이런 지식이 없다면 믿음은 결코 존재하지 않을 것입니다. 그러나 믿음에 속한 지식들이 곧 믿음입니다. 그 이유는 믿음은 그 지식들 안에서 가질 수 있고, 또한 또 다른 말로 하면 그들은 그것들(=지식들)이 믿어야 하는 것이기 때문입니다. 따라서 생각이나 개념들은 명확하고도 확정적인 것이 됩니다.

천사에 관하여

3604. 나는 가끔 길에서 소란스러운 소리를 듣게 될 때마다, 그 소란이 갑자기 사라지는 것을 이상하게 생각하였습니다. 그러나 내가 가르침을 받은 것은 그런 소란이 일어나는 때에는 분노에 속한 영기가 영들의 세계에서 그 세력을 떨치고 있을 때이고, 그리고 그 소란이 사라졌을 때에는 그 영기가 소멸되었을 때라는 것입니다. 왜냐하면 모든 것은 갑자기 평온하게 되기 때문입니다. 여기서 내게 알도록 허락된 것은, 그 때 나는 분노의 상태가 나를 에워싼 상태이고, 그리고 그런 상태가 주님에 의하여 갑자기 제거되었을 때 그 즉시 거기에는 들리는 소란 따위는 전혀 없었지만, 그러나 모든 것들은 조용하고 고요하게 드러나 있었습니다. 1748년 10월 17일

장소에 속한 개념에 관하여

3605. 내가 안 사실은, 비록 그것을 보는 일은 없지만, 내가 어떤 것을 듣고 있을 때는 언제나 나는 여전히 장소에 속한 개념을 형성하고 있다는 것입니다. 예를 들면 그것이 어떤 종류의 장소인가 라는 생각입니다. 그러나 그것은 상상적인 것에 지나지 않았습니다. 그 이유는 장소는 그런 성질의 것이 아니기 때문입니다. 나는, 이것이 기억이나 개념 안에 다시 상기되기 전에는, 그것에 대한 결코 어

떤 생각이나 깊은 반성 따위를 전혀 가지고 있지 않았습니다. 따라서 내 자신에게 장소에 속한 개념을 상상적으로 형성하였다는 것을 시인하였습니다. 그리고 내가 알게 된 것은, 내가 어떤 방에 잠시 동안 있었을 때 그 방은, 다른 방이나 장소에 있을 때에 비하여 나는 보다 더 나의 생각들을 지배할 수 있었다는 것이 나에게 친숙하였습니다. 예를 들어 보겠습니다. 어제 있었던 일입니다. 내가 늘 집필하는데 익숙한 방에서, 그 방에 인접한 다른 방으로 옮겨졌는데, 비록 나는 그것을 이상하게 생각하고 있지만, 내가 어디에 있었는지 알지 못하지만, 일종의 평온함이 영들 사이에서 나를 지키고 있었습니다. 나는 지금 그 사실에 관해서 말하려고 하는데, 그 영들은 그 장소와 관련된 그들의 개념들을 가지려고 한다는 것입니다. 만약에 그 때 동시에 그들의 개념 안에 있지 않다면 모든 것들은 그들에게는 일종의 이국적인 광경일 뿐이고, 그리고 그들은, 말하자면 그들이 있는 곳이 어딘지 알지 못할 것입니다. 그러므로 그 개념은, 만약에 장소와 관련되지 않았다면, 명확하지 않을 것입니다. 더욱이 내가 깨달은 것은 하나의 장소는 다른 곳 너머에 대한 그들의 평가와 관계를 가지고 있다는 것입니다. 특히 자기 자신이 그것에 정통하다고 생각하는 영들의 근접으로부터 그것이 사실들에 의하여 충분하게 확증될 수 있는 것으로서, 더욱이 가까이 있고, 그리고 그 집 안에 있는 사람들의 현존에 의하여 동일한 결과가 생성된다는 것에서도 확인될 수 있습니다. 그러므로 이런 사실에서 그러한 것들은 영들의 세계에서 일어날 수 있는 것과 같이 여기에 있는 우리에게도 있을 수 있습니다. 그러나 그것들은 매일매일 그리고 비슷한 일이 일어나고 있기 때문에 사람은 깊이 생각하지 않습니다. 그럼에도 불구하고 사람은 그의 원인들을 영들의 세계에서 취하고 있습니다. 1748년 10월 17일

이런 것의 모든 근거는, 개념은 공간이 없다면 고정되어 있지 않고, 또한 그것은 동일한 것이지만, 구조가 없다면, 또한 형체가 없다면

고정되어 있지 않다는 것입니다. 그들이 장소들에 관해서 생각할 때 그들은 뒷걸음질을 합니다. 그런 표지는 장소들이나 물질적인 것들이 그들의 생각들이 서 있는 지주(支柱)로서의 역할을 한다는 것입니다.

성경의 내면적인 것들에 관해서 ; 그리고 그것들이 어떻게 설명되는지에 관하여

3605[A]. 내가 잠을 자고 있을 때, 그 안에 거액의 은(銀)이 들어 있는 수많은 자루에 의하여 나에게 하나의 표징이 있었습니다. 그것은 어떤 것들은 낮은 곳에, 어떤 것들은 높은 곳에 매장되어 있었습니다. 그와 같이 노출되어 있었고, 그 자루가 묶여져 있지 않았기 때문에 어느 누구라도 능히 그 재물을 약탈할 수 있었습니다. 그 때 그 주머니들이 숨겨져 있는 장소를 찾게 되었습니다. 그것은 마구간에 있는 구유였는데, 그 구유는 인간적인 이지적인 것들을 뜻하였습니다. 그러나 그것은 적합한 장소는 아니었습니다. 이러한 사실은 인간적인 이지적인 것이 성언의 내면적인 것들을 설명하는데 일익을 담당해서는 안 된다는 것을 뜻하고 있습니다. 그 때 나는 아치형의 작은 방에 들어갔는데, 그 곳은 처음에는 내가 거기에 살기에는 즐거운 곳으로 생각되었습니다. 거기에는 정숙한 아내와 함께 여러 명의 정숙한 처녀들이 있었는데, 이러한 광경은, 이러한 것들은, 설교자들이 애정들을 자극할 목적으로 보통 사용하는 것처럼 설명되어서는 안 된다는 것을 뜻하고 있습니다. 왜냐하면 이와 같은 것은 열변(熱辯)을 제외하면 거의 남은 것은 없기 때문입니다. 그 뒤 나는 아주 넓은 곳에 있었는데, 거기에는 나와 놀기를 원하는 두 어린이가 있었습니다. 이 광경은 내가 그들과 교제하는 것은 무방하지만, 그러나 유치한 방법으로 놀아서는 안 된다는 것을 뜻합니다. 그 때 그 거실로부터 심히 타락한 처녀가 그 아름다운 여자들 사이에서 나왔습니다. 그녀는 있는 힘을 다해서 나를 농락(籠絡)하려고 하

였습니다. 내가 거기서 도망쳐 나오려고 했을 때, 잠에서 깨었고, 나는 말의 주검을 보았습니다. 이러한 광경은 인간적인 웅변은 아름다운 처녀처럼 보이기는 하지만 계발, 장려되어서는 안 된다는 것을 뜻한다는 것입니다. 그러나 그녀가 그런 거실에서 튕겨져 나온 그런 여자이기 때문에 그녀는 나에게 마치 말의 검은 주검 같이 보였습니다. 이런 것들이 영들에 의하여 드러났습니다. 그러므로 그런 것들은 한낱 오락 같은 것을 드러내는 것은 아닙니다. 내가 상상한 것은, 내가 은이 들어 있는 자루가 있는 곳에 있고, 두 사람이 그 위에 앉아 있고, 그 중의 하나는 희미하게 보였고, 또 하나는 매우 검소한 옷을 입고 있었습니다. 이런 광경은 문자적인 뜻으로 바로 그런 것이라는 것과 그리고 그것의 내면적인 것들은 자루에 저장된 것을 뜻한다는 것이었습니다. 1748년 10월 18일

그러나 이러한 내용들은 영들에 의하여 드러났고, 그들이 값있는 목적 때문에 그것을 선호하므로 그들이 여기에 삽입되었던 것입니다.

사기적인 악마의 망상들의 성질에 관하여

사기적인 기질의 악마가 나와 함께 꼭 하루 동안 있었습니다. 그 작자는, 그 때 자기 자신 혼자만 있는 것으로 생각하였지만, 자기 자신을 불쌍하게 생각하도록 하려는 바로 그 자였습니다. 그가 다른 곳에 왔을 때 그의 망상들이 온갖 뱀들에 의하여 드러났습니다.

어떤 불결한 개념이 그런 것들을 즐기는 자들에게 어떻게 벌하는지에 관하여

3606. 영들에 의하여 표징되었고, 그리고 표징적으로 드러난 불결하고 추한 개념들이 있었습니다. 그 개념들은, 그것들이 그런 것이라고 나타내려고 하는 특별한 노력에서 나온 것은 아니고, 또한 여기서 다루려고 하는 그런 것도 아닙니다. 그러나 거기에는 욕지기나고, 추한 것들의 개념을 그들의 마음에 각인시키려는 목적을 가지고

사는 외설적인 다른 영들이 있었습니다. 그 때 나에게 분명하게 드러난 것은, 그것이 그들 자신에게서 발출한 그들의 불결한 망상의 결과이기 때문에, 비록 처음에는 다소 분리된 것 같았지만, 실제적으로 그들 안에 있었고, 그리고 따라서 필연적으로 그들에 일치하여, 그리고 그들의 더럽고 추한 개념에 일치하여 형성되었습니다. 그러므로 그들은 그들의 개념과 동일한 성품이라는 것이 자신들에게도 드러났습니다. 왜냐하면 하나의 개념은 그것을 생성한 그 사람의 형상이기 때문입니다. 따라서 그들은 자신들에게 마치 그들이 그런 인물인 것처럼 드러났습니다. 그리고 그러한 방법으로 그들은, 그들의 됨됨이 때문에, 자기 자신들로 인하여 벌을 받았습니다. 그러므로 망상에서 비롯된 욕지기나는 개념은, 그것을 만들어낸 그 사람과 닮은 표징적인 형벌을 가지고 다닙니다. 1748년 10월 18일

천적인 선회운동(旋回運動·gyres)은 결코 이해될 수 없다는 것에 관하여

3607. 천적인 선회운동(=작용)의 성질을 알려고 하는 것에 고무된 영들이 있었습니다. 만약에 그들이 그것을 파악하는 일이 계속되지 않는다면, 그들은 그들이 파악되지 않은 모든 주제에 대하여 행한 것처럼, 의심하고, 부인하기 일쑤입니다. 천적인 선회운동이 결코 파악되지 않을 것이라는 것은, 예를 들면, 생각들·노력들·힘들이 우리 인체에 있는 섬유들의 통로를 어떻게 흐르는지를 보여 주는 것과 같은데, 그것을 보여 준다는 것은 불가능하기 때문입니다. 또 다른 예를 들어 보겠습니다. 어떤 식으로 그것들이 그들의 본질에서 또는 피질(皮質)적인 원질에서 발출하고, 어떻게 그것들이 자신들을 젤리 덩어리처럼 보이는, 그리고 자세히 살펴보면 연결된 매듭들(knots)처럼 보이는, 대뇌에 밀착시키는지, 그리고 어떻게 해서 그것들이 연수(延髓)의 섬유질들과 결합시키는지, 그리고 어떻게 소뇌의 섬유들과 결합시키는지, 그것들이 어떻게 척수의 연골과 결합시키는

지, 그리고 어떻게 그것들이 자신들과 그것의 섬유들을 채우는지, 그리고 그 뒤에는 어떻게 해서 그들이 자신들을 매듭들이나 신경절에 배열하는지, 그리고 어떻게 그것들이 거기에서부터 결합도 하고, 또는 분리도 하는지, 그리고 어떻게 그것들이 서로서로를 접합시키는지, 그리고 따라서 어떻게 결합시키고, 분리시키는지, 그리고 어떻게 그것들이 여러 모양을 한 결합점들에 들어가는지, 그리고 그것에서부터 어떻게 내장들 안에 유입하는지, 그리고 그것들이 어떻게 내장들의 각각의 것에서 작용하는지 등등을 어느 누구도 이해할 수 없고, 그리고 이런 사안들에 관해서 그것이 사실이라는 것도 이해할 수 없기 때문에, 그리고 영들의 세계에 존재하는 그런 것들에 관해서, 그리고 생각들이나 노력들의 형체들이나 유입과 유출의 측면에서 어떻게 사실을 파악할 수 있겠습니까? 섬유들은 영적인 것을 표의하고, 그리고 피질적인 원질 하에 놓여 있는 섬유들의 본질들은, 그것들 안에 고정되어 있는 수많은 형체들이 내재해 있는 그런 천적인 것들을 표징합니다. 그러므로 고백할 수밖에 없는 사실은, 그런 것들이 거의 알려지지 않고 있기 때문에, 그리고 이런 주제에 관해서 연구한다고 해도 거의 알 수 없기 때문에, 어느 누구가 믿음에 속한 것들에 관해서 의심을 한다고 하는 것은 단순한 무지(無知)에서 비롯된 것이라고 하겠습니다. 1748년 10월 18일

영들의 개념들은 장소나 장소에 속한 것들에 묶여 있다는 것에 관하여

3608. 나는 인접해 있는 방으로 옮겨졌고, 거기에서부터 나는 앞서의 곳으로 되돌아갔습니다. 그 일은 마치 고독이 창조된 것처럼 나에게 생각되었고, 그리고 영들이 나에게 모두 물러난 것 같았습니다. 그럼에도 불구하고 그들은 인접한 그 방에 있었는데, 그 방에는, 내가 본 적이 있는 나의 책들과 다른 것들이 있었습니다. 그러므로 추측할 수 있었던 것은 그런 것들은 영들의 개념들 안에 있다는 것

이고, 그리고 몇몇의 것들 안에는 책들과 관계되는 것들이 있고, 다른 것들의 어떤 것들 안에는 도구들과 관계되는 것들이 있고, 또 다른 것들 안에는 빛에 속한 것이나, 불이나, 이런 것들과 관계되는 다른 것들이 있었습니다. 그래서 그들이 떠났을 때, 그리고 다른 방에서 그들이 보이지 않았을 때, 그들은 자신들이 사라졌다고 생각하였습니다. 왜냐하면 그들은 그들의 개념들에 일치하여 현존하였고, 그것에 대하여 만약에 이런 대상물들이 부족하다면 그들은 자신들이 끌려갔다고 생각하기 때문입니다.

3609. 내가 몇 개월 동안 입고 있었던 옷을 벗고, 다른 옷을 입었을 때에도 동일한 일이 있었습니다. 그 때 나는, 그들이 나를 거의 알 수 없을 만큼 그들에게 내가 다른 사람들과 매우 닮았다고 생각하였습니다. 그러므로 나는 영들의 개념들이나 기질에 관해서 하나의 추측을 그릴 수 있었습니다. 1748년 10월 18일

3610. 이런 것에서 드러나는 것은 영들의 개념들은, 질서의 궁극적인 것들인 물질적인 것들 안에 종결(終結)된 다른 것이고, 그것이 제거된다면 그들은 그들이 어디에 있는지도 알지 못하게 되고, 그리고 그들은 자신들의 개념들을 다른 물질적인 대상물들 안에 고정시키기 전에는 사라져 버린다는 것도 알지 못합니다. 그러므로 주님의 성언에 관해서도 그런 것이라고 생각하고, 따라서 영들을 통해서 역사하는 천사들도 그와 같다고 생각합니다.

추론이 허락된 자들의 성품에 관하여

3611. 추론에 몰두하는 자들은 의심하고 부인하는 자들입니다. 내가 깨달은 것은, 그들이 경솔한 자들이라는 것이고, 자신들이 여기저기 안내받기를 선호하는 자들이라는 것입니다. 따라서 그들은, 한밤중에 반쯤 깨어 있는 환상 가운데 드러났습니다. 그리고 그들은 외부 영역들을 통해서 이리저리 방황하는 여인들처럼 보였습니다. 그들에 관해서 일상적으로 믿어지는 것은, 그들은 경솔한 자들이라

는 것이고, 그리고 그들은 간음자들이라는 것이고, 그리고 또한 간음의 유혹에 쉽게 빠진다는 것입니다. 그들 중에 몇몇은 자신들에 관해서 불평을 하였습니다. 그러나 그들에게 일러진 것은, 만약에 그들이 실제적으로 간음을 범하고, 또는 음탕한 짓을 한다면, 그러나 그들은, 기회가 주어진다면, 또는 외적인 구속들이 억제하지 않는다면, 그들은 그런 짓을 할 경향이 있다는 것이었습니다. 그들은 처음에는 안에 아무것도 들어 있지 않은 단순한 조개껍질 같았으나, 그러나 안에 부드럽고 살찐 조갯살을 지닌 조개는 자연적인 것들을 뜻하고, 그리고 그것에 의하여 영적인 것들이나 천적인 것들이 확증되는 그런 조개를 뜻합니다.

3612. 더욱이 이런 부류의 인물들은 나의 머리 왼쪽에 고통을 가하였고, 거기에 말하자면, 혹 같은 것을 형성하였습니다. 이와 같이 그들은 두뇌의 외피를 덮는 자들이었습니다. 주님에 의하여 내게 허락된 것은 그런 반대의견에 대해서 생각도 하지 않고, 그리고 그것들을 허용하지도 않는다는 것입니다. 그 때 나는 목의 왼쪽의 신경에서 고통을 지각하였고, 그래서 나는 머리를 거의 돌릴 수가 없었습니다. 그 이유는 신경에서 생긴 심한 고통 때문입니다. 이러한 원인은, 추론자들이 언급한 것이지만, 그들이 함께 있는 것을 원하지 않지만, 그러나 그들은 물러나기 시작하였습니다. 1748년 10월 18일

전에 기독교 국가에 만연되었던 것들에 비하여 보다 더 음란한 것들에 관하여

3613. 다종다양한 외설적인 것들이나 음란한 것들이 내 위에 있는 영들에 의하여 나에게 공개되었습니다. 그리고 일러진 것은 그들은 기독교인들이 살고 있는 나라들에서 왔다는 것입니다. 그러한 광경은 그들은 성적인 것들의 측면에서 외설적이라는 것과 그리고 이런 일들은 전에 비하여 오늘의 그런 나라들에서 더욱 증대한다는 것입니다. 왜냐하면 지상의 부도덕이 증대하기 때문에 죽은 자들이 모두

오게 되는 저 세상에서도 명확하게 알려지기 때문입니다. 사실 외설에는 생각의 외설이나 음담패설적인 외설이나 삶에 속한 외설 등등이 있는데, 비록 사람들이 인류의 번식을 목적해서 행해지는 것이기는 하지만, 혼인은 비천한 것이 되어 버렸습니다. 그 때 일러진 것은 땅의 낮은 부분들, 예를 들면, 사람들의 낮은 계층들은 오늘날 이런 악들이 넘치고 있다는 것입니다. 1748년 10월 19일

믿음에 속한 지식들에 거스르는 반대주장들을 허용하지 않는 자들은 악령들로부터 안전하게 지켜진다는 것에 관하여

3614. 어떤 영들은, 그들이 더 이상 있을 수 없다는 것을 불평하였습니다. 그 이유는 어느 누구나 믿음에 속한 지식들 안에 꿋꿋하게 남아 있는 한, 그는 반대주장들을 받아들이는 것을 용납하지 않기 때문입니다. 그러므로 그들은, 그들이 그들을 인도하는 수단을 결코 가지고 있지 않다고 말하였습니다. 그리고 또한 그들은 그들이 그들을 속이는 것은 이런 수단을 통해서 한다는 것도 시인하였습니다. 그 견해의 단 한 가지의 힘에 의하여 그 많은 모든 진리들을 확증한다는 것도 시인하였습니다. 왜냐하면 온갖 망상들을 생산하는 그의 탐욕이나 정욕들에 의하여 태어났기 때문입니다. 그리고 그들은, 수천의 확증들에 비하여 그들에게는 더 강하기 위해서 그 때 단 하나의 반대주장도 기꺼이 시인하였습니다. 그러므로 사람이 참된 존재가 되기 위하여, 그리고 참된 믿음 안에 있기 위하여, 그는 반드시 반대되는 상태에 있어야만 합니다. 그래서 단 하나의 진리는 수천의 반대주장들을 지배할 것입니다. 이와 같이 악령들은 도망할 것입니다. 왜냐하면 악령들은 그런 영기 안에서 살 수 없기 때문입니다. 1748년 10월 19일

실제적인 악이란 무엇인가!

3615. 내게 일러진 것입니다. 실제적인 악이란 사람이 온갖 행위

들에 의한 것뿐만 아니라 행위들이 없는 생각들에 의하여 터득한 것을 가리킵니다. 왜냐하면 만약에 외적인 구속들이 제지되지 않는다면 그는 추론에 의하여 확증된 탐욕이나 정욕으로 말미암아, 그리고 정욕이나 탐욕에서 비롯된 추론으로, 임의적으로, 또는 양심도 없이, 악으로 돌진할 것이기 때문입니다. 실제적인 악으로부터 사람을 억제하는 내면적인 구속은, 만약에 그가 악을 범한다면, 그가 일상 기대하고 있는 영생에 속한 행복을 잃을 것이라는 것을 그 사람으로 하여금 생각하게 하는 것입니다. 그리고 또한 천계에서 큰 자가 되기를 열망하는 것은 그를 억제하는 하나의 구속이라는 것입니다. 그러나 이런 구속이나 속박 따위는 양심과 혼돈해서는 안 됩니다. 양심이 이웃에 대한 사랑을 받을 수 없다는 것이 사실이라면, 따라서 사람은 그의 이웃의 이해관계 보다는 자기 자신의 속성을 더 좋아할 것입니다. 그리고 이 사랑은 주님을 믿는 믿음이 없다면 존재할 수 없습니다. 본래적인 순수한 양심은 참된 믿음의 지식들을 통해서, 따라서 순수한 믿음으로 말미암아 주님에 의하여 주어집니다. 이러한 내용은 천사적인 영들 앞에서 언급되었습니다. 1748년 10월 19일

속사람(the internal man)에 관하여

3616. 속사람이 있다는 것을 알지 못하는 영들에 관해서 내가 저술하고 있을 때 내게 허락된 것입니다. 나는 이지적으로 알게 되었습니다. 그리고 그 뒤에는 영들과의 대화에서 일러졌습니다. 다시 말하면 사람이 속사람이 있다는 것을 알지 못한다는 것은 매우 놀라운 일이라는 것입니다. 그 이유는 사람이 매일 그것에 관해서 깊이 생각한다면 사람은 경험적으로 그것을 알 수 있기 때문입니다. 즉 그는 그가 내적으로 생각한 것과 그가 한 행동이나 지은 눈빛이라 하는 말이 전적으로 다르다는 것을 알게 되고, 그리고 따라서 그는 자기 자신의 내면적인 것들로부터 외면적인 것들을 분리시키고

있다는 것도 알게 되고, 그리고 이와 같이 양자적인 것이 드러난다는 것도 알게 되고, 특히 그의 내면적인 것들이 사기적인 것일 때에는 결과적으로 이런 분리 때문에 내면적으로는 이런 자이고, 외면적으로 저런 자라는 이중적인 것이 드러납니다. 그러므로 여기서 잘 드러나고 있는 것은 내면적인 사람은 주어진다는 것이고, 그리고 외적인 것이나 관능적인 것과는 분리된다는 것입니다. 만약에 그것이 실제적이고 어떤 것이 없다면, 만약에 어느 누구가 내면적인 사람은 그저 생각하는 존재라고 생각한다면 속사람은 겉사람과 분리될 수 없다는 것입니다. 그러나 그들이 깊이 생각하지 않고, 단지 외적인 것들에 머물러 있기 때문에 그들은 진실된 것을 알지 못하고, 그리고 다른 자들과 비교하면 덜 속이는 존재일 뿐입니다. 더욱이 그들은 선은 그 자체가 악에서 분리된다는 것을 깨닫게 될 것입니다. 예를 들면 사람은 어떤 것은 결코 행해서는 안 된다고 생각한다는 것이고, 따라서 선은 이런 식으로 생각에 속한 악을 소멸시킨다고 생각하는 것이고, 결과적으로 그런 생각과 더불어 악에 대항하여 싸우는 보다 더 내면적인 어떤 것이 있다고 생각하는 것이 되겠습니다. 1748년 10월 19일

저 세상에는 믿음의 열매들(fruits of faith)이 있다는 것에 관하여

3617. 선행들(good works)에 관해서 저술하고 있을 때입니다. 어떤 자들의 선언에 따라서 선행은 구원에 필수적인 것이 아니고, 선행이 없는 믿음이 구원한다는 것입니다. 이러한 견해는 주님의 말씀에 정반대되는 것입니다. 주님께서 하신 말씀은 하나의 나무는 그것의 열매에 의하여 안다는 것입니다. 선행이 없이, 또는 믿음의 열매들 없이 오직 믿음만이 구원한다는 신념에 빠져 있는 자들은 여러 가지 추측들을 끌어내었습니다. 특히, 그들이 그 때 영원한 지복에 있기 때문에, 저 세상에서는 선행들이나, 믿음의 열매들은 주어지지 않는

다는 망측한 주장을 이끌어냈습니다. 그러나 그들에게 보여진 사실은 저 세상에는 선행들, 즉 믿음의 열매들은 뚜렷하게 존재한다는 것이었습니다. 예를 들어 보겠습니다. 만약에 거기에 단순한 휴식 안에는 결코 지복(至福)이 존재할 수 없다는 것이고, 그리고 여러 사회들이 존재하고, 그리고 상호적인 사랑을 가지고 있고, 그리고 그것으로 인하여 그들이 자신들의 지복을 취하기 때문에, 그러므로 각자는 자기 자신의 이익을 넘어서 다른 자들의 지복을 우선적으로 생각하여야 한다는 것 등입니다. 이러한 삶은 선용이나 목적이 없는 것인데, 그러므로 그러한 삶은 능동적인 삶이 아니고, 그것은 사랑에 속한 삶이 아닌 것입니다. 그러나 거기에 있는 그들은 선행들이나, 믿음의 열매들을 뚜렷하게 보여 주고 있습니다. 그것은 그들이 육신의 삶에서 이것저것을 수집하고, 그리고 그들에게 알려 주고 가르치는 것, 아니 죽음의 시점에 있는 자들을 살리는 것보다 더 축복된 것을 아무것도 알지 못하기 때문입니다. 이런 것들에 관해서는 이미 앞에서 언급하였습니다. 그 때 그들은 사람들을 섬기고, 그들과 함께 있는 영들을 다스리고, 그리고 본연의 한계들을 넘어서 하는 그들의 행위를 억제하고, 그리고 그들은 사람들에게 선을 주입시키고, 나중에는 그들은 죽은 자를 소생시킵니다. 이런 것들 안에 있는 선한 영들은 주님에게서 온 그들의 최고의 지복을 취합니다. 따라서 그들은 천계와 천사들처럼, 그들은 자기 자신 보다는 이웃을 더 사랑합니다. 1748년 10월 19일. 따라서 그들은 곧 주님의 형상들입니다.

불순한 물이나 불결한 물에 관하여

3618. 어떤 영이 있었습니다. 그 영은 육신을 입은 삶에서 이런 신념에 사로잡혔습니다. 그 신념은 죽은 뒤에 자신은, 심판의 날에 이르기까지 달콤한 잠에 빠져 있을 것이라는 것입니다. 그러므로 저 세상에서 그런 신념으로 인하여 그는 이런 성질에 속한 외적인 기

질의 악마에게 사로잡혔습니다. 그래서 그는 어느 누구에게나 그런 달콤한 잠을 유발시켰습니다. 왜냐하면 육신을 입은 삶에서 몸에 밴 신념은 이와 같은 특이한 성질을 취하기 때문입니다. 그 특이한 성질은 사람이 자신의 신념으로 말미암아 행동한다는 것이고, 그와 같은 일을 하는 수단들은, 비록 그 수단들이 어디에서 오는지 그는 알지 못하지만, 그 사람에게 즉시 주어진다는 것입니다. 그래서 그 때 그는 교묘하게 내 주위에 있는 영들에게 잠을 유발시켜서, 차례로 잠에 빠지게 하였습니다. 그는 역시 나에게도 동일한 일을 시도하였습니다. 그런 것에서 나는 최면(催眠)적인 힘이 어디에서 오는지 깨달았습니다. 그는 악을 전혀 행할 수 없다고 말하였습니다. 그 이유는 그가 말한 것과 같이, 그는 다만 다른 자들에게 달콤한 잠을 유발하기를 원하기 때문이라는 것입니다. 그러나 그것은 사악한 기교에서 비롯된 것이기 때문에, 그에게 일러진 것은 그런 일은 허락되지 않는다는 것이었습니다. 그럼에도 불구하고 그는 그런 짓을 계속해서 행하였습니다. 왜냐하면 그는, 그가 다른 영들에게 이런 것을 활동할 수 있다는 것 때문에, 그것에서 생겨나는 것을 일종의 자신의 광영을 알고 있었기 때문입니다. 비록 그는 그가 그들에게 선 이외에는 아무것도 행하지 않는다고 말은 하지만, 그러나 그는 자기 자신의 광영을 목적해서 그 일을 하기 때문에, 따라서 다른 영들을 다스리는 통치력을 가지고 있다는 것을 보여 주기 위한 것이기 때문에, 그리고 그 뒤에도 그는 관습으로 말미암아 그런 기교를 실시하였기 때문에, 그 때 거기에 나에게 불결한 물(filthy water)이 나타났습니다. 그것은 자기 자신의 광영의 상태와 그리고 그것에서 비롯된 다른 자들을 지배하는 통치의 상태가 그 물에 대응하기 때문입니다.

3619. 내가, 수면과 깨어 있는 중간 상태의 수면 상태에 있을 때, 어떤 영이 나의 마음 속에 있는 것들을 관찰하고, 그것들을 기술하기를 원하였습니다. 그리고 그에게는 그것이 무척 기쁜 일이라는 것

을 드러냈습니다. 그것들을 기술하였습니다. 그러나 내가 깨달은 것은, 그것은 그의 자신의 광영 때문이라는 것입니다. 그러므로 불결한 물이 어떤 수로(水路)에서 흘러나온다는 것을 보여 주었습니다. 이런 일련의 것에서 내가 깨달은 것은 욕지기나고, 불결한 물은, 사람이 자신의 광영이나 명성 때문에 행동할 때 그런 인물 안에 있는 그런 상태에 대응한다는 것입니다. 1748년 10월 20일

어떤 자들은 온갖 다툼들에서 얼마나 많은 탐욕이나 정욕을 받는가에 관하여

3620. 나는 몇 명의 아이들이 싸우고, 서로 구타하는 것을 보았습니다. 나는 어떤 영들에게서 흘러나오는 고도의 기쁨을 지각하였습니다. 그것에서 그들이 다른 자들에 대한 적개심을 얼마나 사랑하는지를 잘 알 수 있었습니다. 왜냐하면 영들의 성품이 어떤 방법에 의하여 즉시 지각하는 일이 나에게 허락되었기 때문입니다. 그들로부터 여러 가지 감화력 또한 유입하지만, 모든 것은 그들 자신의 활동에 속한 것이라는 것과 그리고 영들에 의하여 자극받지 않는다고 생각하는 다른 자들에게는 그와 같은 일을 깨닫는 것이 허락되지 않습니다.

3621. 거기에서 역시 잘 드러나고 있는 것은, 소년들이 어떻게 해서 서로 다른 자들을 즐거운 얼굴로 바라볼 수 없을 만큼 마음에 익숙하게 된다는 것입니다. 따라서 역시 이런 소년들은, 심지어 아주 어린 소년들의 어떤 성품이 상호애가 지배하는 저 세상에 존재할 것인지 밝히 알 수 있겠습니다. 1748년 10월 20일

악한 사람은 악이 무엇인지 알 수 없고, 또한 선이 무엇인지도 알 수 없다는 것에 관하여

3622. 나는 속임수에 능하고, 악한 영들에게, 만약 그들이 안다면 악이 무엇인지 물어보는 것이 허락되었습니다. 그 물음에 대하여 그

들은 대답을 할 수 없었습니다. 왜냐하면 그들은 자신들 안에 악한 것을 악이라고 생각하지 않고, 오히려 선이라고 생각한다는 것이 지각되었기 때문입니다. 그 이유는 그들이 자신들을 다른 자들 위에 두려고 하기 때문이고, 또한 그리고 모든 선을 자기사랑이나 세상사랑에 두기 때문이고, 그리고 그들은 그것을 악으로 생각하지 않기 때문입니다. 그러므로 그들은 그들 안에 있는 어떤 것을 선이라고 생각하기 때문에 그들은 악이 무엇인지를 알 수 없습니다. 그들에게 그들이 선이 무엇인지 아는지 여부가 질문되었습니다. 그들은 역시 이 물음에도 대답할 수가 없었습니다. 왜냐하면 그들은 진정한 선을 악이라고 생각하기 때문입니다. 그러므로 그들은 선을 박해하였습니다. 따라서 지각된 사실은 선은 악으로부터 알 수 없지만, 그러나 선으로부터는 선뿐만 아니라 악도 알 수 있습니다. 왜냐하면 선이 무엇이고, 악이 무엇인지를 주님으로 말미암아 알 수 있기 때문입니다. 그러므로 여기서 결론을 지을 수 있는 것은 비록 영들이 자신들은 다른 자들에 비하여 현명하다고 생각하지만, 그럼에도 불구하고 그들은 아무것도 알지 못한다는 것입니다. 1748년 10월 20일

기쁨이나 즐거움은 결코 사람에게서 부인되지 않는다는 것에 관하여

3623. 믿음 안에 있는 자들이 생각한 것은, 삶에 속한 모든 기쁨들이나, 육신의 즐거움에 속한 모든 것들은 자신들에게서 반드시 제거되어야 한다는 것입니다. 그러나 내가 주장할 수 있는 것은 그와 같은 기쁨들이나 즐거움들은 결코 나에게서는 부인되지 않는다는 것입니다. 왜냐하면 나는, 이 세상에 살고 있는 사람들과 같이, 육신에 속한 즐거움이나 감관에 속한 즐거움을 향유한다는 것을 허락받았을 뿐만 아니라, 삶에 속한 그런 기쁨들이나 지복들을 향유한다는 것도 허락받았기 때문입니다. 내가 믿는 것은 이 세상에는 어느 누구나 생각하고 믿을 수 있는 것 이외의 보다 크고, 보다 정교한 것

을 전에 즐긴 사람은 아무도 없기 때문입니다. 1748년 10월 20일

생각에 속한 심사숙고에 관하여

3624. 잘 알려진 바와 같이, 우리는 심사숙고(深思熟考)에 의하여 인체에 속한 것들을 배웁니다. 예를 들면, 눈이 어떻게 보는지, 귀가 어떻게 듣는지, 코가 어떻게 냄새를 맡는지, 혀가 어떻게 맛을 보는지, 그리고 촉각이 인체의 다양한 것을 어떻게 깨닫는지 등등의 것이 되겠습니다. 왜냐하면 심사숙고가 없다면 아무것도 지각할 수 없기 때문입니다. 그것은 마치 사람이 잠을 잘 때 인체가 거의 감각을 잃고 있는 상태에 있는 것과 같이 망연자실(茫然自失·abstraction)의 상태에 있는 자들의 경우와 같다고 하겠습니다. 그러나 생각에 대한 심사숙고가 주어지는데, 그것은 나에게는 아주 자주 깨달아졌지만, 그러나 상세하게 기술되지는 않았습니다. 그 이유는 그런 것들에 관해서 예전에 그와 같이 미리 깊이 생각하는 것이 주어지지 않았기 때문입니다. 생각(=사상·thoughts)에는 다종다양한 대상물들이 있습니다. 그리고 그 생각들 안에 사람이 사로잡혀 있는 동안, 또는 그의 심사숙고가 영들에 의하여 그것들에 주의를 집중하고 있는 한, 그것들은 수많은 동요나 불안 따위들을 일으킵니다. 이러한 사실은 경험이 현재 그의 자신의 것들이나 또는 그 뒤에 일어날 것들에 관해서 아주 넉넉하게 가르쳐 줍니다. 내가 나의 정원에 관해서, 또는 그것을 돌보는 자에 관해서, 그리고 가정이라고 불리는 것에 관해서, 금전문제에 관해서, 내가 잘 알고 있는 자들의 마음의 상태에 관해서, 내 집안의 식구들의 상태나 성격에 관해서, 내가 집필하려고 하는 것들에 관해서, 특히 다른 자들이 그것들을 어떻게 수용할 것인가에 관해서, 그들이 이해하지 못한 일들에 관해서, 내가 취하려고 하는 새로운 의상에 관해서, 그리고 이런 종류의 그 밖의 많은 것들에 관해서 생각하는 일이 아주 자주 내게 주어졌습니다. 내가 한동안 이런 종류의 심사숙고의 상태에 사로잡힐 때는 언제나 영들도

확신들이나, 온갖 욕망들과 더불어 즉시 쓸데없고, 불합리하고, 나쁜 생각들을 넣어 주었습니다. 그리고 그 때 알게 된 것은, 내가 이런 것들에 관한 생각에 여러 달, 또는 여러 해 동안 사로잡혀 있지 않을 때에는 나는 그런 것들에 관해서 전혀 관심을 가지고 있지 않았고, 더욱이 그것들이 어떤 어려움도 주지 않았다는 것 등입니다. 이런 것들이 생각에 속한 심사숙고들인데, 그것들 안에 어느 누구나 구류된다면 그는, 심사숙고가 계속되면 그럴수록 악령들에 의하여 괴로움을 당할 것입니다.

3625. 이러한 것에서부터 수많은 사람들의 우울증이 생겨나고, 그리고 그것에서부터 허약해진 마음이 생기고, 그리고 수많은 사람의 정신착란증(精神錯亂症)이 생기고, 그리고 역시 광기(狂氣)나 망상들이 생기게 됩니다. 왜냐하면 영적인 것들에 관한, 사후의 삶에 관한, 불운(不運)에 관한 생각에 몰두하는 자들은 이런 인물들의 영들 속에 그들 자신의 고유속성으로부터, 기억에 속한 수많은 것들을 주입시키고, 그리고 오랜 시간 그것들을 사로잡고 있고, 심지어 온갖 발광들이나 망상들을 생기게 합니다. 그러므로 고독한 삶을 좋아하는 자들은 특히 이런 것들 속에 빠지는 성향이 있습니다. 왜냐하면 그들은 여러 가지 다양한 변화에 의하여 그리고 이와 같은 사회들과의 혼합에 의하여 소산(消散)되기 때문입니다. 더욱이 이것은 자기사랑에 속한 지나친 걱정이나 갈망이 원인이 되어 생겨나고, 그리고 이것보다는 더욱이 재물에 속한 욕망이나 장래에 대한 심려(心慮)에서 생기고, 특히 만약에 불운에 속한 어떤 징조가 보이게 되면 더욱더 그들은 망상들에 빠져들게 되고, 그리고 종국에는 온갖 광기들에 빠지고 맙니다.

3626. 몇몇 인물들은 영들에 의하여 그 정도에까지 이르게 되었습니다. 그래서 그들은 참된 것에는 되돌아갈 수 없었고, 오히려 그들의 망상들은 아주 깊이 뿌리를 박게 되었고, 그들이 자주 이런 생각들 속에 빠지게 될 때마다 그들은 그것들 안에 완전히 빠지게 될

만큼 그들은 여건들의 변화에 의하여 소산(消散)될 수밖에 없었지만, 그러나 그들은 그들이 상상하는, 그리고 자기 자신들이라고 상상하는, 그런 신념 안에 남아 있었습니다. 이런 경우가 세상에 드러나게 되면 그들은 공개적으로 광기들이라고 불리웁니다. 왜냐하면 비록 다른 주제에 관해서는 외관적으로 분별력이 있다고 해도 그들은 이런 광기나 또는 망상으로부터 자신들이 회복되는 것을 선호하지 않기 때문입니다. 그것은 수많은 미친 자들의 경우이기도 합니다. 그것은 특별한 종류의 광기입니다. 그것은 스톡홀름(Stockholm)에 있는 한 쌍의 사람의 것과 비슷합니다. 그들 중의 하나는 글이 쓰여진 종이들을 가지고 돌아다니고, 그리고 다른 하나는 자신이 한 마리의 새라고 생각합니다. 그러나 일반적으로 그런 인물이 아니라고 여겨지는 이런 성격을 가진 수많은 사람들이 있습니다. 영적인 것들에 관한 모든 망상들은 그들의 근원을 이런 원천에서 취하고 있습니다. 그리고 망상들이 신념들을 생기게 하는 한, 망상은 온갖 것을 지배하고, 만연되어 있습니다.

3627. 이런 성품의 영들이 있었습니다. 그 성품의 특징은 이러합니다. 즉, 한 사람이 자신은 다른 도시에 있다고 생각하는 동안, 그리고 거기에서 걷고 있다고 생각하는 동안, 그리고 그는 자기 자신이 그에게서 나온 다른 존재라고 생각하는 한, 그의 형상은 이와 같이 드러납니다. 그들이 생각하는 동안, 말하자면 이런 종류의 꿈을 꾸고 있는 동안 그 때 심사숙고라고는 전혀 없는 영들이 전적으로 그러하다는 사실을 생각하였고, 그리고 그들이 그 도시에 있다고 생각하였습니다. 사실 그들은 내 영상을 가까이 따르고 있었지만, 그것이 나 자신이라는 것 외에는 아무것도 알지 못하였습니다. 그 때 마찬가지로 사람의 생각이 다른 것들 안에 들어 왔습니다. 그들은 거의 시사숙고의 상태에서 떨어져 있었기 때문에 사물들이 그러하다는 망상을 흡수하였습니다. 그것은 스톡홀름(Stockholm)의 미친 사람의 경우인데, 그는 자신이 그 왕의 손자라고 생각하는 망상에 빠

졌을 때의 영과 같았습니다. 왜냐하면 영들은, 자신들이 이런 미친 정도에 있는 그런 존재라는 것 이외에는 다른 것은 알지 못하기 때문입니다. 그러나 그들에게 심사숙고의 상태가 주어지는 것이 비례하여 그들은 그들 자신들의 광기에서 억제될 수 있습니다. 그러나 그 사람의 경우는 그렇지가 않았습니다. 그는 이런 것들을 생각하였지만, 그럼에도 불구하고 사실이 그렇지 않다는 것을 알았습니다. 예를 들면 그는 자신이 다른 도시에서 걷지 않고 있다는 것을 알았고, 그리고 그 밖의 다른 많은 것들에 관해서도 알았습니다.

3628. 그러므로 주님께서는 홀로, 사람이 이런 부류의 광기에 빠지지 않도록 섭리를 하시고, 그리고 그런 광기에서 비롯된 수많은 망상들에 빠지지 않도록 섭리하십니다. 이런 일들을 방지하시기 위하여 주님께서는 우리가 내일을 위해 걱정하지 말고, 염려하지 말라고 명령하셨습니다. 왜냐하면 이것이 내일을 위한 염려를 갖는다는 말이 뜻하는 바입니다. 그러므로 이런 생각들에 빠져 있고, 그리고 그것들에게 심하게 기운 자들은 주님을 믿는 믿음에 의하지 않고서는 결코 그런 생각들에게서 빠져 나올 수 없습니다. 주님을 믿는 믿음 안에 있는 자들은, 아무리 영들에 의하여 이와 같은 내적인 것이나 외적인 것인 수많은 방법에 의하여 괴롭힘을 겪고 있다고 해도 주님에 의하여 자유하게 됩니다.

눈 앞에서 보였던 불꽃같은 외현(外現)에 관하여

3629. 갑자기 내 눈 앞에 커다란 불꽃이 떨어졌습니다. 그것은 어떤 것이라고 표현할 수 없을 정도로 찬란하였습니다. 그것은 너무나도 찬란하여 나의 외적인 시각뿐만 아니라 내면적인 시각까지도 혼란하게 하였습니다. 그것은 내가 지금 명확하게 지각한 것입니다. 왜냐하면 나는 즉시, 그와 같은 밝음이 발출할 수 있는지 근원을 의심하는 상태에 빠졌기 때문입니다. 그러자 즉시 어두운 구름과 같은 분명치 않은 어떤 것을 인지하게 되었습니다. 그러나 그것 안에는

어떤 지상적인 것이 있었습니다. 나는 이것이 천계를 거쳐서 주님에게서 온 것이라는 것을 깨달았습니다. 이런 일은 낮은 계급의 영들의 총명에 천사들의 지혜를 비교하면 그것이 얼마나 큰 것인지를 드러내 보여 주기 위한 것이라는 것도 지각하였습니다. 그것은 상대적으로는 매우 밝은 천적인 불꽃이지만, 서로 각자에게는 지상의 불영명한 밝음이었습니다. 그러므로 그 차이는 이런 식으로밖에 기술할 수 없었습니다. 따라서 전체적이든 개별적이든, 천사적인 천계에 속한 모든 것들은 일반적으로는 지혜일뿐만 아니라, 개별적으로는 그 지혜에 속한 것은 역시 그러하다고 하겠습니다. 예를 들면 언어나 지복도 그러하고, 그 밖의 모든 것 역시 그러합니다. 이러한 내용은 나에게 유입된 내면적인 천사들의 입류에 의하여 전에도 수차에 걸쳐 지각된 것입니다. 그것에 관해서 나는 냉기에 근접한 것을 느끼는 그런 느낌이었습니다.

3630. 영들이 매우 호기심적이라는 것은 역시 이런 것에서 잘 드러나고 있습니다. 왜냐하면 수많은 영들의 수많은 사회들이 나에게 피술자들을 보내졌기 때문입니다. 그리고 그들은 그 불꽃 같이 보였던 것이 무엇을 뜻하는 것인지를 아주 진지하게 물었기 때문입니다. 그들은, 내가 말한 바로 그것을 뜻한다고 일러졌을 때, 만족하지 않았습니다. 왜냐하면 그 때 막대한 수의 사회들이 내 주위에 있었고, 그래서 나는 나 자신이 그런 종류의 불꽃이 뜻하는 것이 무엇인지 나에게 전달되었다는 것을 관찰할 수 있는 많은 자들과의 교류에 있다는 것을 깨달았기 때문입니다. 1748년 10월 21일

　　내면적인 영들의 언어는 피술자가 없다면 나에게 교류될 수 없었다는 것에 관하여

3631. 내면적인 영들의 언어나 생각이 피술자들이 없이는 나에게 미칠 수 없다는 것이 다양한 방법에 의하여 입증되었습니다. 왜냐하면 그들은 어떤 때는 피술자와 함께, 어떤 때는 피술자 없이 나와

대화하기 때문입니다. 피술자들이 없을 때에는 나에게는 마치 여러 사람들이 말하는 것처럼, 일종의 파도치는 소리 같이 들렸습니다. 그러나 내게 일러진 것은 그들이 명료한 언어나 생각 안에 있었고, 그리고 그들의 측면에서 그들은 전적으로 분명하였지만, 그들이 말한 것은 한마디 말도 이해할 수 없었다는 것입니다. 그리고 또한 그들의 개념은 공통적인 것이 아니라는 것이었습니다. 왜냐하면 그 입류가 공통적인 생각들이나 낱말들인지의 여부에 관해서 면밀하게 관찰하는 것에 주의를 집중하였기 때문입니다. 그러나 중간 피술자들에 의하여 나는 그들이 말하고, 생각한 것을 깨닫고, 들었기 때문입니다.

3632. 피술자의 본성은 이러합니다. 즉 여러 사람이 한 피술자를 통해서 말하려고 계획할 때 그 피술자가 즉시 만들어집니다. 그러한 사실은 이런 것으로 알게 하는 것이 허락되었습니다. 즉, 내가, 다른 자들이 피술자를 통해서 말할 것이라는 것을 피술자에게 말할 때, 그리고 나의 생각이 그들에게 지시되었을 때, 그 때 그들 중의 하나가 즉시 다른 자들의 피술자로 임명됩니다. 그리고 그는 낮은 영기에 내려가고, 전 사회가 그를 통해서 지금 말한다는 것에 대하여 분노하였습니다. 피술자들은 이와 같이 내면적인 영들 중에서 임명됩니다. 그리고 다른 자들이 그들의 생각들을 그들의 동료 가운데 하나가 집중할 때는 언제나 그는 보다 낮은 영들의 세계에 들어가게 됩니다.

3633. 피술자는 누가 되든지, 자기는 자기 자신으로 말미암아 말한다고 상상하고, 그리고 자기를 통해서 말하는 자는 무가치한 존재라고 생각하고, 그리고 심지어 그들은 생각조차도 하지 못한다고 생각하지만, 또 다른 한편, 그를 통해서 말하는 자들, 즉 내면적인 영들은, 그들이 그를 통해서 말하는 그 자 역시 아무것도 아니라고 생각합니다. 그러한 사실은 피술자였던 어떤 자의 경우에 의하여 나에게 확실하게 입증되었습니다. 이런 경우에 관해서 깊이 생각하게 되

면 그들이 아무것도 아니라는 것이 깨닫게 되고 일러지게 됩니다. 아마도 대화의 주제가 되기도 하였습니다. 내면적인 영들은 자신은 아무것도 아니라는 식으로 주제를 생각합니다. 여기에서 밝히 알 수 있는 것은 모든 영들이 그가 산 것이나 생각한 것을 그리고 그가 그 사람 안에서 활동한 사람이라고 생각하지만, 그 영은 그 사람에 관해서 아무것도 알지 못하고, 그리고 그 영 자체는 그 사람과 전혀 다른 존재라는 것도 알지 못하면서, 어떻게 해서 그것이 생겨나는지 분명하게 되었다는 것입니다. 따라서 사람은 하나의 기계처럼 걸어 다니고, 그리고 영들의 눈에는 무가치한 존재입니다. 그리고 만약에 그들이 어느 누구가 사람이라는 것을 알게 되면 그리고 또한 하나의 영이라는 것을 알게 되면, 그들은 여전히 생명이 없는 기계로 그를 볼 것이지만, 사람이 언제나 자기 자신을 살아 있다고, 그리고 생각한다고 여기는 한, 영은 무가치한 것이라고 생각할 것입니다.

3634. 그러므로 주님께서 사람을 어떤 존재라고 봐주지 않는다면 영들의 온 세계는 그를 무가치한 존재로 볼 것이고, 심지어 만약에 사람이 어떤 가치 있는 것으로 본다고 해도, 그럼에도 불구하고 생명이 없는 어떤 것으로 인식될 것입니다. 이런 내용은 그들이 혼히 나에 관해서 생각한 것입니다. 1748년 10월 21일

시각이나 청각의 대상물들은 그릇에 속한 다종다양한 변화들이라는 것에 관하여

3635. 주님의 생명이 천계에 입류하고, 그리고 영들의 세계에 입류하고, 따라서 사람의 생각들에 입류하기 때문에, 그럼에도 불구하고 시각이나 청각의 대상물들의 생각들 속에 입류하고, 따라서 일반적으로 외적인 것들에 입류하기 때문에, 나는 그 문제에 관한 실제적인 사실을 터득하기 위하여, 그리고 확신하기 위하여, 그리고 외적인 것에 유입하는 입류가 생각들 안에 입류한 것은 오류라는 것을 터득하기 위하여 나에게 지각하는 일이 허락되었는데, 그것은 시

각의 대상물들이나 청각의 대상물들이 낮은 계층의 생각에 속한 내면적인 그릇들을 다양하게 정리 정돈한 이외의 다른 결과가 아니라는 것을 생산한다는 것입니다. 그리고 그것은 이런 부류의 그릇들의 성품에 따라서 입류된 영들의 개념의 수용일 뿐이라는 것입니다. 왜냐하면 그릇들은 그들의 형체에 일치하여 입류를 수용, 영접하기 때문이고, 그리고 그러므로 그것들이 대상물에 의하여 정리 정돈에 일치하여 입류를 수용, 영접할 뿐만 아니라 심지어 그 때 개념들이 반대되는 것으로 변화되는 일이 일어나기도 합니다. 그것으로 인하여 공통적인 개념 안에 있는 자들은 자신들을 공통적인 개념들에게서 물러나게 합니다. 그리고 겉으로는 개별적인 것들을 그런 관점으로 몰고 갑니다. 이러한 사실은 수도 없이 많은 입증에서 분명합니다. 그리고 그것이 보다 더 명확하게 그 진리를 내가 더 충분하게 파악하게 하기 위하여 어떤 영이 나와 대화를 하였습니다. 그 때 그것을 불영명하게 깨달았지만, 그러나 감관들에 속한 오류들이 대상물들의 외현적인 입류가 생각들 안에 유입한 입류가 지배적이기 때문에 내가 위에 언급한 것 이상의 관점에서 더 이상 분명한 지식을 얻지는 못할 것입니다. 내가 지각한 것은 그런 오류에 있는 영들은 계속해서 고집한다는 것입니다. 1748년 10월 21일

무지개에 관하여

3636. 아주 아름다운 무지개들이 나에게 나타났는데, 전에도 이런 일은 있었지만, 그러나 이번의 무지개는 매우 아름다웠습니다. 그것은 가장 순수한 흰색의 빛을 지녔고, 그것의 중앙에는 불영명한 땅에 속한 어떤 것이 있었습니다. 그러나 매우 투명한 눈빛의 외현은 다른 투명한 것에 의하여 아름답게 변화하였고, 그리고 그것들은 이와 같이 식별되었습니다. 그리고 마찬가지로 작은 별들과 같은 작은 노란색의 점들에 의하여 식별되었고, 그리고 그 밖의 다른 멋진 변화들에 의하여 식별되기도 하였습니다. 만약에 내가 정확하게 기억

한다면, 주위에는 서로 다른 각종의 색깔들의 꽃들이 있고, 그러한 것들은 가장 투명한 부분에 들어왔습니다. 이러한 광경은 왼쪽 눈 앞에 펼쳐졌습니다. 오른쪽에는 너무나도 아름다운 표징들이 있었는데, 그것은 푸른색과 그리고 그 색과 관계된 다양한 색깔들에 의하여 식별되었습니다. 그 이유는 오른쪽 눈은 정동들을 표징하기 때문이고, 그리고 그런 정동들은 흰색의 투명한 것에서 여러 색깔들을 취하지 않고, 오히려 타오르는 불꽃에서 그 색깔들을 취하였기 때문입니다. 1748년 10월 21일

사람은 자기 자신으로부터 영들의 본성이나 성품을 지각할 수 있다는 것에 관하여

3637. 자신의 생각에 속한 공통적인 것들이나 일반적인 것들에 관해서 깊이 생각하고, 그리고 관능적인 것들로부터 자신의 개념들을 그 전에 형성하지 못한 사람은 영들의 세계의 성질이 어떤 것인지 이해하게 될 것입니다. 다시 말하면 만약에 사람이 낱말의 언어(a speech of words)가 주어졌다는 것과, 그리고 사람이 그 말을 말하고 듣는 것에 대해서 주의하지 않고, 다만 그 낱말들의 뜻에만 주의한다는 것에 관해서 깊이 생각한다면, 영들의 세계의 성질을 이해하게 될 것입니다. 그의 내면적인 사람은 이와 같은 영기 안에 있습니다. 이것은 낱말들에 속한 하나의 뜻인데, 그것은 다만 영명하지 않은 개념들로 이루어졌습니다. 왜냐하면 말을 할 때 사람은 전혀 낱말들에 대해서는 주의를 하지 않고, 다만 낱말들의 뜻에 대해서만 주의를 하기 때문인데, 그것은 말하자면, 자발적으로 유입하기 때문입니다. 이 낱말들의 뜻은 여러 개념들로 구성되고, 만약에 개념들이 없다면 그 뜻은 결코 주어질 수 없습니다. 이 언어에는 그들 중에서 낮은 계층의 영들이 있습니다. 그리고 그 때 그들은, 그들이 낱말들에 의하여 말한다는 것 이상으로 다른 것을 알지 못하지만, 그럼에도 불구하고 그 때 그것은 개념들에 의한 것입니다. 사람이 하나의

영이 되었을 때 사람은 그런 부류의 사람이 되고, 그 때 그의 언어도 역시 그런 것이 됩니다. 사람이 생각할 때 그 사람 자신이, 그것이 언어의 낱말들에 의한 것이라는 것을 제외하면 아무것도 알지 못하지만, 그럼에도 불구하고 그 때 그것은 개념들에 의한 것입니다. 그것은 누구나 깊이 생각한다면, 능히 알 수 있는 것입니다. 그 뒤에 개념들은 저절로 그 사람이 숙지하고 있는 언어에 유입합니다. 그러므로 생각이 개념들에게서 비롯된다고 하겠는데, 개념들은, 자신들의 영들이 함께 하는, 또는 그들이 말하고 있는 사람의 음성의 언어(the vocal speech)에 들어옵니다. 그러므로 영들의 언어는, 음성적인 발성에 의하여 함께 하지 않는 사람의 생각과 같이, 보편적입니다.

3638. 더욱이 내면적인 생각이 있다는 것을 사람이 깊이 생각한다면 더 잘 확신하게 될 것입니다. 왜냐하면 사람이 생각하고, 그리고 그가 그의 언어의 뜻에서 취한 것은 어떤 것이나 하나의 목적에서 온 것이고, 그리고 목적을 위한 것이기 때문입니다. 생각하는 자들은 목적을 가지고 있고, 그리고 그 목적으로부터 또는 그 목적 때문에 생각합니다. 그리고 이 목적은, 비록 악한 자에게서는 그것이 낱말의 언어에 있는 그것 자체를 밝히 드러내지 못한다고 해도, 그들의 생각들을 지배합니다. 따라서 거기에는 생각들을 지배하는 그런 지배하는 힘이 있기 때문에, 그리고 이런 사실은 누구에게서나 알 수 있는 것이기 때문에, 명확하게 드러난 사실은 이런 생각이 내면적이라는 것이고, 그리고 그것은 열등의 것, 즉 외적인 것들의 생각을 다스린다는 것 등입니다. 사기한은 이런 생각들 안에서 매우 걸출합니다. 왜냐하면 그들은 목적으로부터, 그리고 목적을 위해서 보다 더 명확하게 생각하기 때문이고, 그리고 그들의 생각은 거의 드러나지 않기 때문입니다. 이런 이유 때문에 그것은 안에서 보다 큰 힘을 얻고, 보다 확실하게 증대됩니다.

3639. 지금은 사람이 영들의 세계를 통해서 주님에 의하여 다스려

지기 때문에, 그리고 영들과 함께 있는 것을 제외하면 살 수 없기 때문에, 그리고 그렇지 않다면 그는 최대인간과의 관계가 단절되기 때문에, 결과적으로는 주님에게서 비롯된 선이나 진리가 그 사람에게 교류될 수 없기 때문에, 따라서 그 사람은 천계로 말미암아 생각할 수 없고, 그리고 또한 합리적인 사람이나 또는 진정한 사람이 될 수 없습니다. 여기에서 밝히 드러나는 사실은 영들의 세계는, 각각의 사람이 개별적인 것 안에 존재하듯이, 가장 큰 형체 안에 있는 그런 것이라는 것입니다. 1748년 10월 21일

3640. 내면적인 영기 안에 있는 악한 자는 천사들에 의하여 점검될 수 없습니다. 왜냐하면 그들은 이와 같이 뱀들이나, 각종의 매우 지겨운 곤충들로 변하기 때문입니다. 그러므로 그들은 천계와 최대인간과의 외적인 교류 이외에는 아무것도 가지고 있지 않습니다. 그들은 주님에게서 비롯된 외적인 것들에 속한 입류에 의하여 다스려지는데, 그 외적인 입류는 사람의 이지적인 것과 매우 동일한 것이고, 그리고 이것이 바로 이미 여러 곳에서 다룬 바 있는 바로 그것입니다. 따라서 천계는 그들에게 닫혀 있습니다. 여기에서 밝히 드러나고 있는 것은 그들의 개념들은 내가 깨어 있는 상태나 잠자고 있는 상태에서 가끔 언급한 바 있는 그런 것들입니다. 다시 말하면 다종다양한 대상물에 얽매인 그런 개념들입니다. 따라서 그것들은 기술될 수 없는 그런 망상들입니다. 왜냐하면 만약에 경험이 없다면 그것들은 사람의 개념들을 초월한 것이기 때문입니다. 그리고 그것들은 사실 불결한 것들이나 외설적인 것들에 얽매여 있습니다. 따라서 그들은, 그가 생각한 것을 알지 못하기 때문에, 그리고 그것을 흑암에 감싸두기 때문에, 마치 미친 사람들처럼 생각하고, 그리고 헛소리하는 사람과 같이 생각합니다. 이런 내용들이 바로 저급의 영기에 속한 악령들의 생각에 속한 본질이고 원칙들입니다. 그럼에도 불구하고, 그들은 머리 위에 있는 자들과 같이, 그들은 구속의 상태에 놓여 있고, 그러므로 허용된 곳을 제외하면, 그것들로부터 유입

하는 것은 아무것도 없습니다. 사기꾼들이나, 보다 더 사기적인 작자들로 말미암아서는 그들은, 그들의 영향에 빠지기 쉬우므로, 전적으로 옮겨졌고, 그래서 그들은, 아주 멀리 옮겨졌기 때문에, 교류할 수 없게 되었습니다. 1748년 10월 21일

3640[A]. 천사적인 영들에게서는 이와는 전적으로 다릅니다. 그들이 최대인간 안에 있기 때문에, 그들은, 천계가 그들에게 열리게 되면, 내면적인 기초로 말미암아 깨닫고, 생각합니다. 그러므로 그들의 개념들은 가장 아름답고, 기쁜 표징들입니다. 그리고 지혜와 총명으로 결합되어 있기 때문에, 그들은 가장 밝은 빛 안에 있습니다. 1748년10월 21일

사람들은 영들의 사회에 간수(看守)된다는 것에 관하여

3641. 어떤 성품이든 모든 사람들은, 피술자들의 매개(媒介)로 영들의 어떤 사회에 간수됩니다. 그리고 그 사회로부터 떨어져서는 어느 누구도 살 수 없습니다. 그리고 역시 각자는 그의 성품에 맞는 사회에서 삽니다. 그래서 만약에 우리가 동시에 천 명의 사람들을 생각한다고 해도, 그들의 각자 각자는 그의 자신의 사회 안에 간직됩니다. 모든 것들에 속한 공통적인 원칙들이 있듯이, 사회들에도 역시 그러합니다. 그리고 그 사회들의 공통적인 것은 개별적인 사회들에 속한 원칙을 내포하고 있습니다. 이런 것들 사이에는 주님의 섭리에 일치하는 하나의 교류가 있습니다. 따라서 각각의 사람은 그의 본성에 따라서, 또한 거기를 지배하는 그 원칙의 본성에 따라서, 하나의 공통적인 사회에 있게 됩니다. 그리고 또한 그의 생명의 다종다양함에 일치하는 다른 사회들에 있게 됩니다. 이런 사회들에 반대되는 것들도 존재합니다. 왜냐하면 모든 것들의 평형상태는 반대되는 것들에 의하여 유지되기 때문입니다. 이러한 것은 수많은 경험에 의하여 충분하게 입증됩니다.

3642. 악하고 사기적인 자들은 자신들의 개념을 알지 못하는 거기

에 있는 자에게, 그리고 수많은 자들에게 전한다는 것이나, 그리고 모든 자들은 어떤 목적에 맞게 간수된다는 것, 따라서 결합되어 있습니다. 왜냐하면 나쁜 목적들도 역시 결합하기 때문입니다. 이에 반하여 만약에 그들이 저 세상에서 그들의 동료들을 알고 있고, 그리고 공통적인 목적에 연결되어 있지 않다면 각자는 다른 자들을 향해서 돌진(突進)할 것인데, 그것은 각자가 다른 자들을 지배하기를 열망하기 때문이고, 또한 다른 자를 파괴하기를 원하기 때문입니다. 이러한 모든 것은 명확하게 인식되었습니다. 1748년 10월 21일

3643. 수많은 영들이 서로가 달리 어떻게 해서 같은 것을 생각할 수 있는지, 예증되었습니다. 그것은 영들에게 언급된 것인데, 예를 들면 큰 회합들이나 교회들에서 한 사람이 말하는 경우와 같았습니다. 즉 그것은 그가 말하는 수많은 것들에 속한 생각 안에 수많은 사람들을 사로잡는 것과 같은데, 그 때 듣는 모든 사람은 말한 것과 동일한 것을 생각하고, 그리고 동일한 주제들에 관해서 다른 자들과 대화할 수 있습니다. 이것은 예증을 목적해서 언급된 것입니다. 왜냐하면 따라서 영들은 그것을 더 좋게 깨닫기 때문입니다.

저 세상에 있는 거리에 관하여

3644. 영들은 저 세상에 있는 거리가 하나의 오류(誤謬)인지 또는 외현(外現)인지 의심하기 시작하였습니다. 그것은 영들이 그것이 자신들의 몸 주위, 오른쪽 왼쪽, 가까이에, 속에 현존하는 것 같이 보였지만, 그것이 그것들의 진실된 위치라고 확신할 수 없다고 생각하고 있기 때문입니다. 그러나 생각에 의하여 그들에게 대답된 것은 결합시키는 것은 생각이라는 것입니다. 왜냐하면 생각에게는 장소도, 거리도 없기 때문입니다. 그것은 마치 중간에 삽입된 대상물에게서 비롯된 것을 제외한다면 거기의 시각에는 그런 것은 존재하지 않는 것과 같습니다. 저 세상에서 생각이 생성한 결과가 어떤 것인지는 생각들로부터 잘 드러나고 있습니다. 즉 그것은 결합시키는 것이고,

그리고 그것으로 인하여 비슷한 자들의 사회들이 생겨납니다. 그리고 또한 이와 비슷한 일 역시 망상들로부터 알 수 있습니다. 그 이유는 망상이, 아래에 있는 자를 위에 있는 것처럼, 그리고 그가 위에 있으면 아래에 있는 것처럼 나타나게 할 수 있기 때문입니다. 생각은 어느 누구의 성품에 따라서 무엇을 행하는 것이지, 자신 홀로는 아무것도 알 수 없습니다. 왜냐하면 저 세상에서 장소들은 각자의 본질이나 성질에 일치하여 신령배치(神靈配置·the Divine disposition)에 의하여 할당(割當)되기 때문입니다. 그러므로 생각이 뒤집히게 되면 생각은 곁길로 빗나가고, 그 사람 자신에게는, 그가 어디에 있든지 그가 있는 곳 이외의 곳에 있는 것처럼 보입니다. 이것이 바로 오류요, 미망입니다. 그러나 그 장소가 그들에게 변함이 없을 때에는 그것은 외현입니다. 1748년 10월 21일

영들의 세계에서 모두는 다른 자를 무가치한 존재라고 생각한다는 것에 관하여

3645. 영들은 피술자를 통해서 무엇을 말합니다. 영들의 각자 각자는 피술자가 아무것도 아니라고 생각하지만, 그러나 자기는 그를 통해서 말하는 자라고 생각합니다. 다른 한편 피술자는, 말하고 있는 자는 자기 자신이라고 생각하고, 그리고 그를 통해서 말하는 자들은 무가치한 존재라고 생각합니다. 악령들의 각자는 다른 자들을 이런 관점에서 생각합니다. 그 이유는 그들이 동일한 개념 안에 있기 때문이고, 그리고 각자는, 생각하는 것은 자기 자신이라고 여기기 때문입니다. 그러므로 그들이 일상적으로 하는 것처럼, 그들이 아무것도 아니라는 생각이 들 때, 그들에게 지금 당신들은 다른 자를 무가치한 존재라고 생각하는지 여부를 물을 수 있는 것이 허락되었습니다. 그 일에 관해서 질문되었을 때, 그들이 자신들은 피술자들을 무가치한 존재라고 생각한다고 대답하였을 때, 그와 같이 대답한 자가 피술자라고 한다면, 다른 자들이 그 피술자에 관해서 질

문하게 되면 그들은 그 피술자가 무가치한 존재라고 대답하였습니다. 왜냐하면 그들은 자신들이 모든 의미 있는 존재라고 생각하기 때문입니다. 이와 같이 차례차례 조사되었고, 그리고 그가 자신은 값있는 존재라고 여기고 있는 동안, 모두는 다른 자에 의하여 무가치한 존재라고 평가받고 있습니다. 그러므로 그들에게 질문된 것은, 다른 자들이 그들에 관해서, 그들이 다른 자들에 관해서 말한 것을 말하였을 때, 그와 같이 그들이 분노하는 이유가 무엇인지, 그리고 악령들의 온 무리가 그들은 아무것도 아니라고 그들의 동료들에 관해서 말할 때, 그리고 각자 각자가 다른 자들에 관해서, 그들은 자신들에 비교하면 무가치한 존재라고 말하였을 때 분노하는 이유였습니다. 이런 관점에서 오류나 망상이 이런 부류의 것이기 때문에, 오직 생명이신 주님에게 비교된다면 그들은 진정 무가치한 존재가 아닌가요? 1748년 10월 21일

가장 찬란한 순백(純白)에 관하여

3646. 아주 찬란한 흰 것이 나타났습니다. 그것은 마치 불꽃 정도에 닮았습니다. 그러나 그것은, 비교하건대 어두운 굴뚝에 있는, 나무를 땔 때에 불에 의하여 생겨난 것 같지 않았습니다. 그리고 그것은 저급의 영들의 것과 비교한다면 천사들의 총명에 속한 성품을 뜻하였습니다. 굴뚝에서 나는 불영명한 것은 비교하면 낮은 저급의 영들에 속한 총명이었고, 그리고 총명에 속한 것은 모두가 총명에 일치합니다. 이와 같이 가장 순수한 흰색의 불꽃과 같은 것을 뿜어내는 투명한 것은 영적인 것을 뜻합니다. 전에 붉게 타오르는 색조에 관해서 기술할 때의 그것은 천적인 것을 뜻합니다. 내게 일러진 것은, 천사들에게 있는 빛은 그런 것입니다. 다시 말하면 그들은 이런 빛에서 삽니다. 그리고 그들은 가장 빛나는 날에 있는 빛 안에서 다른 자들을 서로 봅니다. 이 빛에 비교하면 태양에서 비롯된 이 땅의 빛은 아무것도 아닙니다. 왜냐하면 촛불은 태양의 밝은 빛에 의

하여 소멸하고 사라지는 것과 같기 때문입니다. 태양의 한낮의 광채는 이 빛에 의하여 어둡게 됩니다. 그러므로 태양의 빛은 비교하면 그림자와 같습니다. 그 빛에 비교하여 이렇듯이 빛에 관해서 언급된 모든 것, 다시 말하면 그들의 총명도 이와 같다고 하겠습니다. 1748년 10월 22일

거룩함(Holiness)에 관하여

3647. 사기적인 것들이나, 요정(妖精)들 가운데 어떤 영이 있었는데, 그 영은 머리 위의 약간 높은 곳으로 올리워졌습니다. 그가 신참자였다는 것은 그의 사기적인 성격에서 관측되었습니다. 그의 그런 성격은 나머지 다른 자들에 비하여 매우 크고, 심하였습니다. 왜냐하면 간음에 속한 자기 자신의 것을 내 생각들이나 나의 드러냄들에 섞으려고 애쓴다는 것이 그리고 그것도 아주 음흉한 방법으로 하려고 한다는 것이 내게 그렇게 보였기 때문입니다. 내가 이런 사실에서 배운 것은 그 자가 그들의 계열 중에서 신참의 사기꾼이라는 것이고, 그러므로 자신이 높은 곳에 있다고 스스로 생각하는 자들에 대해서 조사하는 것이 내게 허락되었습니다. 이런 이유 때문에, 그들이 나에게 행한 것과 같이, 그들에게 작게 보이는 자들을 조사하였습니다. 왜냐하면 하나의 망상은 또 다른 망상을 유발하기 때문입니다. 앞에서 언급된 바 있는 인물이 적발되었을 때 그들은 그들의 우정에서 그를 갈라놓기를 원하였습니다. 왜냐하면 그들은, 그들이 떨어지지나 않을까 하는 것을 두려워하였기 때문입니다. 그러나 그들은 그를 옮길 수는 없었습니다. 왜냐하면 그는 그들 자신들처럼 작은 사람(小者)으로서 그들 가운데 나타났고, 그리고 거룩함의 영기에 에워싸여서 나타났기 때문입니다. 그 광경은 그들의 성전 안에 있는 것과 같은 것이었는데, 거기에서 주님께서는 이와 같이 그림들 안에 나타났고, 그리고 찬란한 광선에 에워싸여 나타났습니다. 따라서 여기서 밝히 알 수 있는 것은, 그는 자신이 지상에 계셨던 주님

이라고 떠벌였던 그런 성품이라는 것이고, 따라서 그는 교황이나 주교였다는 것입니다.

3648. 그의 성품이 이런 부류이기 때문에 나는 그와 함께 여러 종류의 주제에 관해서 대화를 하였습니다. 예를 들면 베드로와 그의 열쇠들이 되겠는데, 그는 그것을 자신이 가지고 있다고 생각하였습니다. 그 열쇠들에 관한 그의 생각은 매우 조잡하였습니다. 그래서 그는 자기 자신에게는 그가 하늘의 문을 열기 위하여 하나의 열쇠를 써야 하는 이른바 천계에 인도하는 대문을 표의(表意)한다고 생각하였습니다. 그는, 그 열쇠들이 베드로에 의하여 그에게 주어졌다고 말하였고, 그리고 그는 가난한 자에게는 무료(無料)로 그 문을 열어주지만, 그러나 부자에 대해서는 그들의 지불능력에 따라서 평가되고, 다루어질 것이라고 말하였습니다. 왜냐하면 부자들이 지불하여야 하는 것은 거룩한 의무이기 때문입니다. 그리고 그가 천국에 들여보내진 자들이 거기 남아 있다고 믿는지 여부에 관해서 질문을 받았을 때 그는 자기는 그것을 알지 못한다고 대답하였습니다. 그리고 만약에 그들이 알지 못한다면 밖으로 나가도 좋다고 말하였습니다. 더욱이 그는 자신이 겸손하기를 원하였습니다. 그래서 그는, 자신들을 종들의 종들(the servants of servants)이라고 부르는 관습 때문에 자기는 무가치한 존재라고 말하기도 했습니다. 그럼에도 불구하고 그 때 내가 생각한 것을 그들에게 말한 것은, 그들은 자신들에게 모든 권능을 사취(詐取)하려고 한다는 것이었습니다.

3648[A]. 더욱이 언급된 것은, 그들이 허용한 자들이 진정으로 합당한 자인지 아닌지 그들은 알 수 없다는 것입니다. 왜냐하면 그들이 강도일 수도 있고, 그들의 삶이 그들을 지옥에 가도록 결정지을 지도 모르기 때문입니다. 그러나 그는 이런 것은 그에게 관해서 전혀 맞지 않고, 만약에 그들이 천국에 들어가기에 합당치 않다면 그들은 쫓겨났을 것이라고 대답하였습니다. 베드로의 열쇠에 의하여 이해되어야 할 것에 대해서 그에게 허락된 말은, 믿음이 베드로에

의하여 뜻한다는 것이고, 그리고 주님 외에는 어느 누구도 믿음을 줄 수 없기 때문에, 따라서 오직 주님만이 천계를 허락하시고, 그리고 지금은 베드로가 그 사안에 등장하지 않는다는 것 등입니다. 그러나 그는 주장하기를 주님께서 어떤 사람에게 천계에 들어가는 능력을 주시지 않는다면, 이 땅에서 주님나라에 들어갈 수 있는 자는 아무도 없다고 말하였습니다.

3649. 그 사람이 그리스도라고 부르는 주님에 관해서 그는, 그들에게 그 능력을 주신 분이 그리스도시라면 그분께서 예배를 받으셔야 한다는 것 이외에는 다른 의견을 가지고 있지 않다는 것입니다. 그러나 만약에 그런 능력을 주시지 않는다고 생각된다면, 내가 깨달은 것은, 그는 그분을 예배하지 않을 것이라는 것이고, 그래서 모든 것은 주님의 이름 하에 지상에서 그 능력을 발휘할 수 있는 것과 관계를 가지고 있다는 것 등입니다. 내가 외면적인 것에 유입하는 내면적인 것들에 관해서 그와 더 많은 것을 말하고 있을 때, 그는 그 입류의 개념을 거의 배설물과 같은 불결한 것으로 가지고 있었습니다. 이런 자들이 고위 성직자의 자리에 있는 자들이고, 그리고 이 땅에서 믿음의 교리에서 최고의 존재로 존경받는 자들입니다.

3650. 그는 더 자세하게 말하였습니다. 자기는 출생에서부터 거룩한 존재라는 것을 믿는다는 것이고, 그리고 고위 성직자가 되는 자는 이와 같이 거룩하여야만 한다는 것을 믿는다고 하였습니다. 이러한 개념은 그들의 존재를 거룩하다고 부르는 것에서 물든 것입니다.

3651. 그 뒤 그는 면전의 위치에서부터, 그리고 그 자리에서 왼쪽 발 앞에 있는 땅 아래에 있는 곳으로 떨어졌습니다. 그 곳은 그 아래에 지하(an underearth)가 있는데, 거기에는 자기 자신들을 거룩한 존재(=성자·聖者)라고 여기는 자들이 사는 곳이고, 따라서 그들의 삶에 관해서 내가 들은 바 있는, 자신들은 얼굴에서 광채가 나는 것처럼 보이고, 그리고 각자들은 마치 그들이 작은 횃불 같이 보이고, 그리고 번개 불처럼 섬광(閃光)의 빛을 내는 듯이 보이고, 따라서 그

들의 빛남은 그들의 거룩함에서 나온다고 생각하는 그런 자들과의 친교의 상태에 들어갔습니다.

3652. 그러나 이런 자의 결과는 이러했습니다. 그들은 천계에 들어가려고 하는 가장 강렬한 소망에 불타고 있지만, 그들은 낮은 땅(the lower earth)에 간수되고 있다는 것입니다. 왜냐하면 그들은 천계가 높은 곳에 있다고 생각하였고, 따라서 낮은 땅에 있는 그들의 유치(=붙들림·留置)는 그들의 분노를 선동하였기 때문입니다. 그 뒤 그들의 분노는 더욱 증대하였고, 그래서 그들은 매우 심한 불안이나 분노의 상태에 이르렀습니다. 따라서 그들은 자신들의 삶을 심신의 고통과 괴로움 속에서 보내야 했습니다. 나중에 그들이 깨달은 것은, 자신들이 거룩한 존재(=성자들)가 아니라는 것입니다. 그리고 종국에 그들은 그와 같은 고통의 상태에서 벗어나게 되었을 때, 그들은 자신들에게 다른 자들이 알 수 없는 정도까지 배설물을 보였습니다. 그런 성격에 속한 어떤 자는 나의 오른쪽 귀에다가 말을 하였는데, 그것이 모두 사실이라고 고백하였습니다. 1748년 10월 22일

내면적인 악령들의 계속적인 애씀은 살해(殺害)에 이른다는 것에 관하여

3653. 나는 어떤 길에 있었는데, 수많은 칼들을 보았습니다. 그 때 그들이 이 칼들을 가지고 내 목을 칠 것이라는 망상이 생겨났습니다. 왜냐하면 악령들은, 그들이 어떤 것을 하려고 하는 것을 그들은 실제적으로 그렇게 생각하는 환상 안에 있는 존재이기 때문입니다. 그러므로 그들의 무리는 아주 무섭게 돌진하였고, 그리고 내 목에 칼을 가지고 찌르려고 애를 썼습니다. 그리고 그들은 지극히 작은 구실(口實)만 있으면 나를 죽음에 몰아넣으려고 하였습니다. 나는 그들과 대화를 하였습니다. 그리고 내게 보여진 것은 그들의 부단한 노력은 나를 죽이는 것이었지만, 그러나 그들은 주님에 의하여 저지되었습니다. 그래서 그들은, 그들이 그와 같은 시도를 하였다는 것

을 거의 알지 못하였습니다. 그러나 그런 제지가 풀려나자 즉시 그들은 그들이 다시 나를 죽이려는 계획에 돌진하였습니다. 그들은 그런 사실을 몹시 부끄러워하면서 이와 같이 고백하였습니다. 1748년 10월 22일

중생(重生·regeneration)에 관하여

3654. 사람은 자기 자신이 어떻게 해서 생각하고, 말하는 기능에 들어오는지를 알지 못하지만, 그것 안에는 매우 놀라운 것들이 내재해 있지만, 사람들은 그것의 천분의 일도 결코 설명할 수 없습니다. 뿐만 아니라 사람은 그것이 어디에서 왔는지도 알지 못하고, 또한 그것의 본성이 무엇인지도 역시 알지 못합니다. 사실 그것에 대한 인간의 무지(無知)는 엄청나게 큽니다. 그리고 사람이 그것을 가지고 있다는 것도 거의 알지 못하고, 그리고 그것에 의하여 짐승들과 분별된다는 것도 역시 알지 못합니다. 사람은 폐장이나 그것의 호흡이 어떻게 지시되고 있는지도 알지 못하고, 그래서 그것들은 그들의 가장 미세한 기능들에 속한, 전체적인 것이든 개별적인 것이든, 모든 것들의 동의하에 일어난다는 것도 알지 못하고, 그리고 언어나 음성에 속한 전체적인 것이나 개별적인 것의 동의하에 동시에 일어난다는 것도 알지 못합니다. 심지어 사람은 사실이 그러하다는 것까지도 알지 못합니다. 다시 말하면 사람은 호흡이 어떻게 생각에 속한 각각의 개념들에 동의하여 일어나는지도 알지 못하고, 또 혀(舌)가 어떻게 해서 먹고, 말하고, 정연한 소리들의 과정에서 필요한 미세한 운동에 속한 각각의 것을 일으키는지도 알지 못합니다. 그 밖에도 헤아릴 수 없이 많은 것들이 있습니다. 그럼에도 불구하고 어떤 방법으로 주님께서 사람을 중생시키는지 알려고 할 것입니다. 그 때 이것은 내면적인 것이고, 그리고 보다 내면적인 것이고, 따라서 지극히 내면적인 것은 생각에 속한 그의 개념들에게서는 아주 멀리 떨어져 있습니다. 여기에서 정확하게 결론지을 수 있는 것은 중생은,

인간에게는 모르는 것으로, 주님으로 말미암아 일어난다는 것입니다. 왜냐하면 그것의 계획은 사람이 새로운 사람(a new man)이 되기 위한 것이기 때문입니다. 1748년 10월 22일

영적으로 죽은 자들의 다시 사는 것(=소생·甦生)에 관하여
3655. 나는 또 다시 영적으로 죽었고, 그리고 그들에 관해 이미 앞에서 언급한 천사들에 의하여 소생하였고, 삶에 입문되었다는 것을 들었습니다. 그들은 그런 기쁨을 가지고 그 일을 행하였고, 그리고 그 기쁨이 나에게 지각되었습니다. 그리고 그 기쁨은 매우 즐거웠고, 나의 가슴을 참된 그 즐거움으로 가득 채웠습니다. 그들은 또한 그들에게는 자신들에 의하여 그 일을 행한다고 생각하였지만, 그럼에도 불구하고 그들은 그것이 주님으로 말미암은 것이라는 것을 알았다고, 고백하였습니다. 그들은 가슴의 왼쪽 젖꼭지를 다스렸는데, 그것은 갈비뼈에 대응합니다. 1748년 10월 23일

다윗과 최고 성직자(=교황)에 관하여
3656. 입증된 사실은, 다윗이 천계에서 우두머리(首長)가 되기를 열망한다는 것입니다. 왜냐하면 그런 욕망이나 탐욕은 시편서에서 자신에 관한 언급에서 그의 이해로부터 그에게 밀착되었기 때문입니다. 그러므로 그가 가끔 위로 올라가는 일이 허락되었고, 따라서 자신이 천계에서 가장 최고의 자리에 있다고 상상하는 일이 허락되었습니다. 그런 일이 오늘도 일어났습니다. 그는 낮은 땅에서 불쑥 올리워졌기 때문에, 그는 갑자기 어떤 반대되는 힘에 의하여 그의 올리움(提高)이 멈추어졌습니다. 그러나 주목해야 할 것은, 그가 천계를 향해, 또는 최고의 높은 곳에 올리워졌을 때 그는, 비록 거기에 사닥다리가 없었는데, 사닥다리의 층계에 의한 것처럼, 다른 계단들을 통하여, 올라가는 것 같이 보였고, 그리고 또한 그가 최고의 정점에까지 올라갔다고 자신이 생각되지 않는다면 쉬지 않고 기어

올랐을 것이고, 나중에는 그가 최고의 정점에 올랐다고 생각되었지만, 거기에서 거꾸로 떨어지지 않으려고 정신을 잃을 정도의 공포에 사로잡혔습니다. 이런 일은 역시 내류에 의하여 인식되었습니다.

3657. 그가 어떻게 해서 영들의 내면적인 영기 안에 있는 자들을 복종시키고, 그리고 그들이 그를 신으로서 그에 대한 그들의 존경심을 가지도록 강압할 수 있는지를 꼭 같이 보여 주었습니다. 제일 먼저는 나와 함께 있었던 제사장(the pontiff)이 머리 위에 있는 자들에게 다시 왔고, 그리고 그와 같이 인식되었기 때문이고 그리고 그 때 그는 다윗과 함께 있었습니다. 그리고 다윗은 그를 복종시키기를 원하였고, 그리고 신(神)으로서 그의 권리들의 시인을 요구하였습니다. 왜냐하면 다윗은 높은 곳에 있을 때 자신을 신으로 이미 선언하였기 때문입니다. 그리고 이런 생각 안에 있는 그의 마음의 상태는 그가 높은 곳에 있는 동안 그를 신으로 시인하는 것을 거부했던 자들을 거꾸로 던져버리는 그의 던져버림(hurling)에 의하여 밝히 드러났기 때문입니다. 그리고 나에게 나타난 그는 이와 같이 곤두박질하듯이 떨어졌고, 그리고 비록 그의 몸은 아니지만, 그의 머리카락은 회전운동을 하였는데, 하나의 굴착용 송곳의 운동(the motion of an auger)처럼 뱅뱅 도는 모습이었습니다. 그 때 그것은, 그분을 거기에 감금시키려고 하는, 낮은 땅으로 주님을 보내려고 하는 그의 망상에서 일어난 것 같이 보였습니다. 이런 사실이, 그가 높은 곳에 올라갔을 때 그의 성품이고, 그리고 자신이 하나님(神)이라고 선언한 때의 성품입니다. 그리고 고위 성직자들이 역시 땅 위에 있는 각각의 하나님이라고 선포하였기 때문에, 나와 전에 말하였던 그들 중의 그는 다윗과 갈등상태에 있었습니다. 왜냐하면 그와 다윗 양자는 각자 하나님이라는 신념 안에 있었기 때문에 그들은 결과적으로 그들의 신념들에 속한 서로 대립되는 영기에서 서로 다투어야 했기 때문입니다. 그러나 다윗이 이겼습니다. 그 이유는 그는 오직 그런 신념 안에 있을 뿐만 아니라 잔인함에 있었고, 따라서 복종 하에 두려는

신념 안에 있었기 때문입니다. 그러므로 그들의 이중적인 신념은 이런 성질의 것이기 때문에 그들 사이에 하나의 충돌이 있었습니다. 그리고 법왕이 복종하기를 거부하였을 때 다윗은 자신이 그리스도라고 주장한 것을 들었고, 또한 깨달았습니다. 왜냐하면 그들에게는 그리스도의 이름을 부르는 것은 허락되었지만 주님이라고 부르는 것은 허락되지 않았기 때문입니다. 그 때 그는, 자신이 잔인에 속한 신념 안에 있었기 때문에, 마치 이교도를 다루듯이, 그를 그의 독특한 방법으로 다루었습니다. 다시 말하면 망상에 의하여 머리를 빙글빙글 돌게 하면서 그들을 아래로 내던졌습니다. 그런 짓에 대하여 최고 성직자는 불평하였습니다.

3658. 그는 내동댕이쳐졌고, 그리고 지옥적인 술통에 던져지는 것을 통하여 고통을 겪었습니다. 그리고 다윗은 이런 내면적인 망상에 있었기 때문에 아주 빠르게 해치웠습니다. 그 최고 성직자는, 이와 같이 매우 심하게 다루어지자, 이런 온갖 고통에 대해서 불평을 늘어놓았을 때 다윗은 그에게 내가 바로 다윗이라고 말하였습니다. 주님에 관해서는 그는 주님을 구속 하에 사로잡고 있다는 것과 그리고 천계에서 지배하는 유일존재라는 것을 말하였고, 그리고 동시에 그가 그분을 하나님으로서 예배하기를 원하는 이유를 물었습니다. 이런 말을 듣자, 그 최고 성직자는 다윗이 거룩한 자이기 때문이라고 말하였습니다. 그러므로 그는 주님을 부인하고, 다윗을 추종하였습니다. 그러나 그가 그분의 나라를 보기를 원하였을 때, 그는 볼 수가 없었습니다. 그리고 이런 점에서 실망하였기 때문에, 만약에 그가 가지고 있는 그의 교황대리권인 주님을 부인하게 된다면 그는 아무것도 아니라는 것이 최고 성직자의 신념에 생기게 되었습니다. 그러므로 그는 실제적으로 이런 신념에 들어갔는데, 그 때 다윗은 그것을 깨달았습니다. 왜냐하면 그는 그 즉시 그 상태에서 다른 자의 신념을 알 수 있었기 때문입니다. 그는 그를 구름으로 변화시켰고, 그리고 이런 모습에서 내가 본 것은, 그를 먼 곳으로 내치셨습

니다. 그런 상태에서 그는 자기 자신이 아무것도 아니라고 생각하였습니다. 왜냐하면 그는 그 때 거의 보이지가 않았지만, 그럼에도 불구하고 구름의 극단에서부터 그는 나와 대화를 하였기 때문입니다. 이상에서 밝히 드러나는 것은, 그들이 서로 간에 싸울 때 신념들의 성질이 무엇인지 잘 알 수 있다는 것입니다.

3659. 이런 일이 있은 뒤 다윗은, 그가 하나님 되기를 원하였기 때문에 오른쪽을 향한, 전면에 있는 내면적인 영들에게 옮겨졌습니다. 그리고 그들을 정복하였습니다. 그는 그가 하나님이라는 신념 안에 있었기 때문에, 그리고 그의 전 생애 동안 그가 빠져 있었던 잔악함으로 말미암아 모두를 정복할 수 있었습니다. 그러므로 그는 그가 신이라는 것을 시인하기를 거부하는 그런 내면적인 영들을 정복하였습니다. 그는 부분적으로는 그의 구멍을 뚫는 작업(掘鑿)들에 의하여 그 일을 수행하였고, 부분적으로는 그들을 지옥적인 술통에 처넣는 작업에 의하여 수행하였고, 그리고 더러는 위에 기술한 그 밖의 다른 기법들에 의하여 수행하였습니다. 그리고 이런 일은 매우 빠르게 이루어졌습니다. 왜냐하면 내면적인 신념에 속한 개념은, 모든 일을 신속하게 행한다는 것과 그리고 이런 것이 내면적인 영들의 성품이라는 것을 내포하고 있기 때문입니다. 그러므로 그들의 대부분을 그는 신속하게 정복하였습니다. 그리고 그는 다른 자들을 다른 방법에 의하여 농락하였습니다. 예를 들면, 음란에 속한 신념에 의하여 그 일을 하였습니다. 아마도 그것에서 비롯된 그 자신의 온갖 쾌락들에 의하여 그들을 감동시켰을 것입니다. 이와 같이 그는 내면적인 악령들을 모두 정복하였습니다.

3660. 그가 이와 같이 천계를 정복하였다고 생각하였을 때 그는 더 멀리, 다시 말하면 오른쪽에 내면적인 선한 영들이 나타나기 시작하자 두려웠습니다. 그 이유는 앞서의 경험을 통해서 알고 있기 때문인데, 그것은 그가 그 영기를 참고 견딜 수가 없기 때문입니다. 그럼에도 불구하고 그 신념으로 말미암아 그는 그의 신념에 속한

탐욕을 향해 돌진하였고, 그리고 거기에 사로잡혔습니다. 그리고 그 때 그는 고통을 느끼기 시작하였고, 그리고 시체의 악취를 느끼기 시작하였습니다. 그는 그것을 거의 참을 수 없게 되었는데, 그것은 그에게 마치 더 이상 진전한다면 소멸할 것처럼 생각되었습니다. 그러므로 그는 거기에서부터 낮은 땅으로 떨어졌습니다. 여기에서 깨달은 것은, 그가 천사적인 영들의 영기 안에 들어가자 그 즉시 전에 있었던 꼭 같은 일이 일어난다는 것입니다. 나는 이런 사실에서, 그가 주님께서 그에 의하여 갇혀 있다는 신념 속에 빠져 있는 동안, 그 때 그는 감히 접근하였고, 그리고 이런 망상은 그가 저 곳으로 가게 하는 원인이라는 것을 깨달았습니다. 그럼에도 불구하고 그의 겪음에서 비롯된 것은, 그가 거기에서 매우 비참하게 되었으므로 그는 그것을, 예를 들면, 주님의 천국을 지옥이라고 불렀습니다. 그것은 그가 거기에 왔을 때 간음이나 잔인 따위에 반대되는 영기에 들어왔기 때문에 그 때 그는 말할 수 없는 아주 심한 고통에 빠지게 되었기 때문입니다. 그러나 그가 낮은 땅에 당도하였을 때 그는 갑자기 어떤 종류의 신념으로 말미암아 위를 향하여 던져졌습니다. 그러나 그는, 그가 주님께서는 그에 의하여 갇혀있다고 생각하고 있기 때문에 천국을 점령하려고 시도하고, 또 다시 천국에 들어가려고 하였는지 여부는 나는 알지 못합니다.

3661. 나에게, 하나님으로서 예배 받아야 한다는 것을 목적하고 있는 자들의 신념의 성질이 무엇인지, 그리고 그들이 실제로 신들이라는 신념 안에 있을 때 그들의 마음상태가 어떤 것인지 깨닫는 일이 허락되었습니다. 다시 말하면 그것은 왼쪽 가슴 주위에서 느껴지는 즐거운 느낌이었습니다. 나에게 알려진 것은 이런 부류의 느낌이나 감정은 가슴 주위에서 처음으로 경험하였고, 그리고 거기에서부터 왼쪽 젖꼭지를 통해서 생식기 쪽으로 퍼져나갔습니다. 왜냐하면, 그는 신이다, 최고의 지존자다, 그렇기 때문에 어떤 존재도 자신에게 반항할 수 없다는 등등의 신념은 이런 종류의 즐거운 느낌이나

감정을 수반하기 때문입니다.

3662. 자신들이 곧 신들이다, 그리고 모든 것은 성령(聖靈)의 조장으로 말미암아 모든 것을 말한다고 공상하는 최고 성직자들의 신념은 어떤 종류의 호흡이나, 거기에서 비롯된 즐거움이 수반하고 있는지 교류되고, 입증되었습니다. 예를 들면, 그들이 추기경단 회의에 앉아 있고, 그리고 그들이 언급한 것은 모두가 신령한 것이라고 생각하는 때 호흡과 즐거움이 전해졌습니다. 앞에서 언급된 바 있는 그가 추기경단 회의에 참석, 그가 말한 것은 모두가 신령한 것이라고 생각하고 있을 때의 상태에 그 최고성직자가 나와 함께 있었습니다. 그 때 즐겁고, 여유롭고, 규칙적인 호흡이 가슴에서 지각되었습니다. 그 호흡은 그가 그런 상태에 있다는 것을 의미합니다. 왜냐하면 그 때 호흡은 여유롭고, 규칙적이고, 깊지만, 그가 말한 것은 모두가 신령하다는 신념에서 비롯된 즐거움과 더불어 가슴의 위의 영역에 그것 자체를 확대하여 나갔기 때문입니다. 그가 말한 것이 부정될 때는, 그리고 또한 그가 말한 것이 다른 자에 의하여 진전되고, 그리고 그가 보기에 그것이 인정되었을 때, 그것이 자기 자신에게서 처음에 창안한 것이 아니기 때문에, 그 때 그는 무엇인가 복부가 뒤틀리고, 꿈틀거리는 것을 알 수 있었습니다. 그것은 역시 나에게 교감되었습니다. 그가 말한 것은 어떤 것이나 신령하다는 소견을 가지게 되었을 때 그는 그것이 매우 묵시적인 어떤 호흡에서 비롯되었다는 것을 깨달았습니다. 이러한 일련의 것이 추기경 회의에 참석하였을 때의 최고의 성직자들의 성품이라는 것은 그들 자신들에 의하여 확증되었습니다. 그들은 왼쪽 발 아래에 있었습니다. 위에 언급된 것들은 그들과의 교류에 의하여 알려졌습니다. 그들은 즉시 그것을 고백하였고, 그리고 그들이 최고 성직자들이었을 때에도 그런 성품이었다는 것을 시인하였습니다.

3663. 이와 같이 그들이 쉽게 다스릴 것이라는 인상이 내 마음에 각인되었습니다. 그 이유는 그것이 호흡의 감각을 통해서 행해졌고,

그리고 그들은 그것을 내적인 것이라고 생각하고, 또한 성령의 역사(役事)라고 생각하였기 때문입니다. 그러나 일러진 것은, 그것은 쉬운 것이 아니라는 것입니다. 그 이유는 그들이 전혀 반대되는 신념에 있었기 때문입니다. 그러므로 그들이 누구에 의하여 지배되었는지 나에게 보여졌습니다. 다시 말하면 머리 위에 있는 자들에 의하여 지배되었다는 것이 보여졌습니다. 그 머리 위에 있는 자들은 요정들이라고 불리우는 자들이고, 자기 자신들을 온갖 종류의 감정들에 주입시키는 자들입니다. 그들에 관해서 우리는 이미 언급하였듯이, 그들은 누구를 지배하고, 파괴할 수 있는 자들입니다. 그들은, 지배나 파괴의 목적을 위한 온갖 정욕들(=감정들)이나 탐욕들에 의하여 자신들을 주입시키는 것 이외의 다른 것은 아무것도 연구하지 않지만, 그럼에도 불구하고 그들은, 적당한 경우를 제외하면, 앞으로 돌진하는 것에 대해서는 매우 두려워합니다. 왜냐하면 그들은, 그 때 그들이 아래로 버려지듯이 떨어질 것이라는 것을 알기 때문입니다. 그들은 다른 자들에 비하여 더 속임수가 강하지만, 이런 부류의 최고성직자들에 의하여 그런 성직자들이 되었을 때 그들에 의하여 그들은 지배되었습니다. 그들이 모든 사랑에 정반대이기 때문에, 다른 자들에 비하여 본질적으로 더 사악하기 때문에, 그리고 그러므로 찾아오지 않는다면, 그런 경우는 불가능한 것이지만, 그들이 매우 신중하고, 그리고 악을 행하지 않는다고 생각하기 때문에, 매우 가혹하고 보다 더 영속적인 지옥이 그들을 기다리고 있습니다. 그러나 질서는 그들 가운데서 도치(倒置)되었기 때문에, 따라서 그들은 파괴적인 목적에 대해서 모든 감정이나 욕망을 남용하였기 때문에, 따라서 기회가 주어지게 되면, 그들은 악랄함이나 잔인함에 돌진합니다. 따라서 이런 부류의 자들이 최고지도자들이고, 그리고 그 지도자들 가까이에 있는 자들이 되겠습니다.

  3664. 이런 일이 인식되었습니다. 위쪽에는 다윗이 가까이 하려는 자들이 있었습니다. 거기에는 더 음흉한 영들이 있었습니다. 왜냐하

면 다윗은, 그가 육신을 입고 사는 동안, 그를 통해서 말한 영들에게서 비롯된 그런 성품의 소유자이기 때문입니다. 그리고 그래서 그는 그들에게 가까이 오려고 노력을 하였습니다. 더욱이 더 상세하게 지각된 것은, 그들이 바로, 지금 다른 자들에 비하여 더 사악한 존재들이라고 언급한 영들을 다스리는 자들이고, 그리고 요정들이라고 불리우는 자들입니다. 그 이유는 그들이 그들 위에 있기 때문입니다. 그들이 이 지구에서 왔는지, 또는 다른 지구에서 왔는지 나는 알지 못합니다. 그리고 또 나는, 그들이 다윗을 통해서 하는 것과 같이, 그들을 통해서 영들이 말을 하는지, 그리고 동시에 혼인애에 정반대되는 상태에 있는지 여부도 알지 못합니다. 그들은 뚜렷하게 나타나지는 않았지만, 그러나 그들은 왼쪽 눈에 유입하였고, 지금은 역시 내가 글을 쓰기 시작하고 있는 동안, 거기에 있었습니다. 그리고 거기에서 그들은 어느 정도의 고통을 주고 있습니다. 그들은, 가장 비밀스러운 방법으로 그들의 속임수들을 써먹으려고 하기 때문에, 적발되지는 않았습니다. 1748년 10월 23일

3665. 이런 영들은, 마치 다윗과 꼭 같이, 비록 그들이 최고의 자리에 있다고 공상하는 것이고, 그리고 악한 자들 가운데서 자신들을 그와 같이 교묘하게 꾸미는 것이기는 하지만, 그럼에도 불구하고 나머지 자들에 비하여 매우 조잡하다는 것이 극명하게 지각되었습니다. 왜냐하면 선한 자의 영기에 있게 되면 그들은 다른 자들에 비하여 배설물적인 것이 되고, 역시 사실 다른 자들에 비하여 주검과 같은 것이 됩니다. 그리고 그들은 다른 자들에 비하여 계속해서 더욱 조잡한 것이 되는데, 이것 역시 다윗에게 일러진 것입니다. 왜냐하면 그는 이런 썩은 고기에 비하여 더 조잡한 것이지만, 그리고 그런 것의 성품을 알지도 못하였고, 깨달은 바도 없기 때문입니다. 이런 사실이 다윗에게 일러졌고, 그리고 또한 이른바 최고의 자리에 있는 자들에게도 일러졌습니다. 1748년 10월 23일

사람들의 대상물에 관하여

3666. 영들은, 사람의 대상물들이 사람으로 하여금 사물들의 변화에 관해서 생각하게 한다는 사실에 의하여, 그리고 질서도 없이, 따라서 주님의 생명은, 전체적이든 개별적이든, 모든 사람들에게, 그리고 사람들이나 영들이 생각하고 행한 모든 것들에 입류하지 않는다고 생각하는 사실에 의하여 매우 크게 동요되었습니다. 왜냐하면 만약에 이것이 사실이라고 그들이 간주한다면, 그것은 일상의 가장 불변적인 것이 될 것이고, 그리고 하나의 개념이 다른 것에서 비롯되어 유입한다는 것이라고 가정할 것이기 때문입니다. 그래서 나는 이런 것들을 자신들에게 의심나게 하는 영들과 공개적으로 토론하였을 때 처음 나에게 드러난 것은 거기에는 사람의 생각들을 다스리는 공통적이고, 일반적인 것들이 있다는 것이었고, 그리고 어떤 공통적이고 일반적인 것들은, 사람이 그런 것들을 가지고 있는 것을 알지 못할 정도로 활착(活着)되어 있다는 것 등입니다. 그렇기 때문에, 그가 우연하게 만나는 어떤 사람을 대수롭지 않게 보고 있고, 그리고 또한 그가 걷고 있는 길에 대해서도 대수롭지 않게 보는 것과 같습니다. 이런 대상물들은, 길에서 일어나는 다른 자들에게, 또는 대상물들에게 충돌하지 않도록 조심하도록 사람을 인도하는 일반적이고 공통적인 것들로부터 야기시킵니다. 그러므로 사람이 또 다른 일반적이고 공통적인 개념 안에 있을 때, 그런 대상물들은 거의 사람의 눈에 들어오지 않을 것이고, 그리고 사실, 만약에 서로 상이한 공통적인 것이나 일반적인 개념 안에 같이 흡수되었을 때 사람은 그것들에 관해서 전혀 아무것도 생각도, 기억도 하지 못합니다. 이런 부류의 공통적이고, 일반적인 생각은 일종의 하나의 깊은 반성(反省)이고, 역시 짐승들 안에 있는 선천적인 것입니다. 그리고 그런 것은 어떤 것에 대하여 실족(失足)하는 것을 알게 하고, 또한 어느 누구에게로부터 위해를 받는 것에 관해서 알게 됩니다. 예를 들면 달(月)이나 거리에 관해서 안다는 것은, 사람이 거리에 대한

판단에서 중간적인 대상물이 가능하게 하지만, 이런 일반적인 원칙들에 관해서 사람도, 동물도 결코 깊이 생각하지 않지만, 그래도 거리는 하나의 대상물이 멀다 또는 가깝다는 단순한 지각으로 말미암아 잘 알 수 있습니다. 이런 사실에서 사람은 개념에 속한 공통적인 특성을 터득합니다. 사람의 개념들에 관계되는 것을 살펴보면, 위에서 언급된 것들은 생각들에 속한 일반적인 것 이외의 아무것도 아닙니다. 그리고 그것들은 그들의 탐욕들이나 그 밖의 다른 것들에 일치합니다.

3667. 그러나 그들은 대상물들이 다종다양하다는 것을 반박하였고, 따라서 대상물들은 때로는 이것이 되고 때로는 저것이 되며, 그리고 그것은 개별적으로 동시에 생각을 자극한다는 것도 역설하였습니다. 그러나 이런 반박에 대하여 주어진 대답은, 그런 것들은 부수적이고, 우연한 것일 뿐이고, 결과적으로는 주님의 섭리에 속한 것들이라는 것이고, 따라서 그것은 헤아릴 수 없는 이른바 구명(究明)될 수 있는 것이 아니라는 것이었습니다. 그리고 또한 망설임들이나 의혹 따위는 영원히 일어날 수 있다는 것이었습니다. 그럼에도 불구하고 진리는 그것이 부수적이고 우연한 것이라는, 따라서 신령섭리에 속한 것이라는 것을 간직합니다. 그러나 그들이 알기를 바랐던 것은, 따라서 망설임이나 의혹들이 제거되기를 원하였지만, 그러나 그들에게 일러진 것은 그것들이 영원히 결코 제거될 수 없다는 것입니다. 그 이유는 새로운 불확정의 것들이 계속해서 이어질 것이기 때문입니다. 그리고 그런 것들이 존재하는 한, 그들 안전(眼前)에 있는 지극히 작은 그것도 그들로 하여금 아무것도 보지 못하게 합니다. 이런 것들이 그들에게 드러났을 때 그들은 또한 그것을 긍정할 것입니다. 왜냐하면 눈의 동공(瞳孔) 앞에 지극히 작은 먼지 알갱이도 시각을 장님으로 만들기 때문입니다. 1748년 10월 23일

3668. 대상물들이 단순한 그릇이라는 것, 그리고 눈은 이런 대상물들을 보는 일에 고정하고 있다는 것, 그리고 어떤 것에는 전적으

로 집중하지만, 다른 것은 전혀 집중하지 않는다는 것입니다. 많은 것들이 전혀 보이지 않는 동안, 그러므로 그것들이 그릇들이라는 것은 전에 내가 보고, 지각했던 여러 것들로 인하여 분명하게 드러났습니다. 예를 들면, 주님께서 대상물들의 다양함이나 서로 결합된 것들로부터 천사들의 안전에서 즐겁고, 그리고 최고로 결합된 것들을 완성하십니다. 이런 것에 관해서는 나는 전에 이미 언급하였습니다. 1748년 10월 23일

3669. 종국에 영들에게 일러진 말입니다. 자기는 그것의 자세한 모든 것들을 정확하게 알지 않고서는 믿지 못하겠다고 하는 반대적인 견해를 자기 스스로 만들었던 자들은, 그저 단순히 파괴하는 것만을 원하였고, 그리고 의도하였으며, 그러므로 반대하려는 그 성질은 그들의 악이나 사기적인 성질에서 생긴 것입니다. 다시 말하면 그런 성질은 자기 자신을 위해서 여러 사람들을 모두 다 파괴하고, 살해하려고 하는, 그런 성질에서 생기고 있는 것입니다. 왜냐하면 그들이 진리를 파괴하고, 따라서 진리에 속한 것은 무엇이든지 모조리 파괴하려고 하는 것은 그런 것에 대한 반대의견에서 반드시 생겨나오기 때문입니다. 만약에 그들이 전혀 다른 성격의 사람들이라면 그 때 그들은 주님에 속한 진리들을 확증하기를 열망할 것이기 때문입니다. 1748년 10월 23일

3670. 사람에 속한 이런 기질에 속한 다른 많은 공통적인 것들이 있습니다. 사람은 자기에게 알려지지 않은 것을 보려고 하기 때문에, 그리고 그것이 경미하든지, 희미하든지, 또는 강렬한 것이든지 관계없이 욕망에 속한 모든 종류는 시각의 대상물이나 언어를 지배하는 어떤 공통적인 원칙을 가리킵니다. 이런 것들은, 어떤 명확한 개념이 그것들에 속한 어떤 것을 소유하기 위하여 종(種)과 유(類)로 단순화해야만 합니다. 따라서 먹으려고 하는 욕망은, 그가 보는 것은 무엇이든지 선용을 위해서 구입할 것인지 생각하게 합니다. 그리고 그는 다른 것들을 불영명한 상태에서 보고, 그리고 그는, 위에서, 그

리고 여러 곳에서 언급된 공통적인 깊은 생각에 속한 것 이외에는 다른 이유에 관해서 깊은 생각은 없습니다. 따라서 눈에 매우 매력적인 공통적인 개념은 여인들에 관한 것입니다. 그것이 지배하고 있는 한, 그것은 그가 생각하는 그런 성질을 자연스럽게 모든 것을 여성적인 것으로 여깁니다. 그리고 그의 생각은, 이런 것들에 고정시키고, 따라서 그것들에 관한 생각에 속한 공통적인 개념에 넘겨주고, 또는 내면적인 생각에 속한 공통적인 개념에 넘겨줍니다. 그는 그 때 다른 성질의 것들은, 위에서, 그리고 다른 여러 곳에서 언급된 공통적인 선동(煽動)들에서 비롯된 것을 제외한다면, 아주 가볍게 여기고, 그리고 깊이 생각하지도 않습니다.

3671. 또 알게 된 사실은, 영들이 어떤 공통적인 개념 안에 있는 동안 그들은 그 때 꼭 같은 방법으로 내 기억에서 일어나고 있는 여러 대상물들을 호출, 사람이 시각의 대상물들이나 다른 자의 언어 대상물에 적용하듯이 호출된 그것들을 꼭 같이 적용할 것입니다. 처음에 나는 그것을 알지 못하였습니다. 그러나 그런 일이 자주 일어나게 되었기 때문에 나는 그 횟수를 거의 셀 수 있었습니다. 나 자신의 기억에 속한 대상물들은 그 어떤 것이든 그 때 그것들은 수많은 그릇들 안에서 발견되었고, 그리고 그것들은 동시에 그릇들의 성질이나 개념들의 성질에 일치하여 그들의 개념들에 적용되었고, 그리고 또한 그들의 공통적인 개념이나 그것의 성질에 따라서 적용되었고, 그러므로 그들의 성질이나 그 밖의 등등의 것에 따라서 아주 다양하게 그들의 개념에 적용되었습니다. 이런 사실은 내게 보여준 것입니다.

3672. 나는 또 이런 사실들을 깨달았습니다. 즉, 주님께서는 나의 시각의 대상물들을 질서 정연하게 하시고, 그리고 앞에서 언급한 바와 같이, 천사들 앞에 아름답고 즐거운 여러 표징들을, 내가 생각하기에는, 그 대상물들에 따라서 좌우되게 하시고, 관계를 맺어주신다는 것입니다. 그러나 그것은, 수도 없이 많고, 다종다양한 대상물들

을 직접 다스리고, 결정하신다는 표징이고, 그리고 따라서 그것은 그릇들이 되게 하신다는 것입니다. 그러므로 대상물들은 그 표징들로부터 흘러나오는 것이지, 표징들이 대상물에서 나오는 것은 아닙니다. 그러므로 주님께서 표징하기에 적합하다고 보시는 것은 무엇이나 변함없이 그것을 생성할 것이고, 그리고 눈이나 눈의 시각은, 그릇들이 될 수 있는 것과 같이, 그런 것들에 대하여 방향을 돌릴 것입니다. 동시에 그것은, 다른 방법들을 통하여 주님에 의하여 그 때 간접적인 방법(=예컨대 표징들에 의하여)으로 결정될 것입니다. 1748년 10월 24일

간음자들이나 잔악한 자들의 맥박(脈搏)에 관하여

3673. 나는 간음자들이나 잔악한 자들의 맥박을 머리 위쪽에 있는 자들의 경우로 말미암아 관찰하는 것이 허락되었습니다. 거기에는 다윗도 함께 있었습니다. 내가 안 것은 그것이 왼쪽 바깥쪽에서 느꼈습니다. 그래서 그것은 심장보다는 피부의 가장 바깥 표피에서 맥박을 뛰게 하였습니다. 이와 같은 맥박작용은 신체 안에는 있지 않고, 오히려 신체 밖에 있다는 것을 느꼈습니다. 그러므로 그것은 최대인간 안에 있지 않고, 오히려 밖에 있었습니다. 1748년 10월 24일

다윗에 관하여

3674. 지금 머리 위에 있는 다윗과 대화를 하였습니다. 그 때 거기에 있을 때 성령이 그를 통하여 말하기 때문에 다른 자들에 비하여 매우 예리한 통찰력을 자신이 가졌다고 하는 그런 성품을 지녔다고 생각하였습니다. 그는 공공연하게, 그가 쓴 것을 이해하지 못하였다고 고백하였습니다. 그는 그의 작품들이 비의(秘義·arcana)를 내포하고 있다고 생각하지만, 그러나 그것들이 무엇인지 그는 알지 못하였습니다. 그리고 그는, 어떤 인물이 이 세상에 올 것이라는 것을 알 수 있었지만, 그에 관한 더 많은 지식을 가지고 있지는 않았

습니다. 그는 공공연하게 고백하였고, 말하자면 단호하게 주장했다는 것을 말하였습니다. 그는 또 분명하게 밝힌, 개별적이든 전체적이든, 모든 것들을 문자적인 뜻에 따라서 자기 자신과 유대 사람에게 적용하였다는 것도 주장하였습니다. 그는, 마치 나를 통해서 하듯이, 한 영이 그를 통하여 말하였기 때문에, 그는 역시 이런 성품이라고 말하였습니다. 그러나 그에게 일러진 것은 그는 주님에 관한 아무런 지식을 가지고 있지 않다는 것이고, 그것으로 인하여 믿음에 속한 지식들도 결코 가지고 있지 않다는 것이고, 그래서 그는 성언에 속한 내면적인 것들에 무지(無知)하다는 것이었고, 그리고 오직 그는 문자적인 뜻에만 머물러 있다는 것이었습니다. 이러한 것은 아주 전혀 다른 사안(事案)이고, 그리고 영들은 그를 통해서 그가 이해하지 못하는 것들을 말하였습니다. 그것은 마치 그들이 다른 자들을 통해서 하는 것과 꼭 같습니다. 이런 사실에서 드러나고 있는 것은, 그는 내면적인 것들 안에 있지 않고, 오직 외면적인 것들 안에 있었다는 것이고, 그리고 그와 함께 하는 외적인 것들 안에 있는 자들은 내적인 것들 안에 있는 자들과 함께 하는 그들이 하는 것과는 전혀 다르게 말을 합니다. 그러므로 그들은, 비록 그들이 개별적인 것들 안에 있다고 해도, 내면적인 것들을 이해하지 못합니다. 이런 사실에 대해서 그는 대답할 말이 없었습니다. 그리고 그는 오직 외적인 것들 안에 있기 때문에 그가 그런 존재라는 사실에 대해서도 이렇다, 저렇다 아무런 대답을 하지 못하였습니다.

3675. 나는 그와 함께 이방 사람들에 관해서 역시 대화를 하였습니다. 그는 그들에 대하여 매우 심한 증오심을 가지고 있었습니다. 그는, 아브라함 역시 우상 숭배자였고, 따라서 이방 사람에 속한 인물이라는 것을 말하였습니다. 그 이유는 그 당시의 표징적인 교회 (the representative church)는 지금은 소멸되었기 때문입니다. 그리고 그는 유대 사람들이 이방 사람들에 비하여 더 악하다는 것을 말하였고, 그리고 그 뒤 믿음은 이방 사람들에 옮겨졌다는 것도 말하였

고, 그리고 지금은 천계 또한 그들에게 부여되었다는 것도 말하였습니다. 그 이유는 작금의 기독교도들 역시 이방 사람들에 비하여 더 악하기 때문이라는 것도 말하였습니다.

3676. 그 뒤에는 그는 나와 함께 성언에 관해서 대화를 가졌습니다. 그는, 계시(啓示)가 존재하기 위해서 그것은 필수적이라고 말하였습니다. 왜냐하면 계시 또는 성언은, 영적인 것들이나 천적인 것들이 주입될 수 있는 그릇들을 내포하고 있기 때문입니다. 따라서 천계와 땅은 결합되고, 만약에 그렇지 않다면 그것들은 분리될 것이고, 따라서 인류는 멸망할 것이라는 것도 말하였습니다. 그리고 계시를 가지고 있지 않은 이방 사람들과 어떻게 조화를 이루는지에 관해서, 그리고 계시를 가지고 있지 않는 사람들이 구원받는다는 사안에 관해서, 이 주제에 관해서는 특별한 비의(秘義)가 있는데, 그것은 오직 지각된 것이 성언을 통해서 결합이 있다는 사실로 충분하다는 것입니다. 나머지는 비의로서 남아 있을 뿐입니다. 1748년 10월24일

기도들에 관하여

3677. 내가 깨달은 것은, 기도는 사람들이 단순하게 자신의 악들을 면제하도록 탄원하는 것만을 말하고, 따라서 자신이 "나는 죄의 용서를 받기를 애원하였다"라고 하는 것으로 죄의 용서를 받았다고 생각하는 한, 그런 기도들은 결코 아무런 결과를 이루지 못한다는 것입니다. 그러나 마음으로부터 진실하게 고백하지 않는다면, 그리고 내적인 고통과 고민 등을 함께 하고, 그리고 그것의 혐오를 시인하는 일이 없다면, 죄들은 용서받지 못한다는 것입니다. 그런 기도에서, 그리고 그런 기도 뒤에, 기도는 효력이 있습니다. 그리고 또 내가 깨달은 것은 이것이 사실이라는 것, 그리고 그렇지 않다면 기도들이나 성례전(聖禮典)이나 그 밖의 외적인 예전들은 아무런 효과가 없다는 것입니다. 아니, 그런 것들은 오히려 사람으로 하여금 그

런 생각을 굳히게 합니다. 왜냐하면 그것들은, 만약에 사람이 자신의 죄악을 자책하면, 그리고 구원의 수단들을 사용하면, 죄악들이 용서된다는 그런 생각 하에 그의 양심을 전적으로 고정시켜버리기 때문입니다. 따라서 그는 종전의 혐오스러운 상태로 되돌아간다는 것입니다. 어떤 사람은 이런 식으로 자책하려고 하였고, 그리고 그 때 영적인 개념에 의하여 진리를 지각하기도 하였습니다.

3678. 어떤 사람들은 온갖 죄악들이나 일반적인 불운들, 그리고 그 밖의 다른 경우, 기도하는 자들에게 호소하는 일이 몸에 배었습니다. 이런 부류는 약간 오른쪽, 정면에 있습니다. 그들은 임박한 어떤 악을 보기만 하면 언제나 그들은 나를 싫증나게 하는 일종의 간구(=기도)를 즉시 호소합니다. 왜냐하면 그들은, 그런 것에서부터 어떤 도움이 그들에게 줄 것이라고 생각하기 때문이지만, 그러나 이런 근원으로부터는 아무런 도움이 실현되지 않았습니다. 1748년 10월 24일

개(dog)에 관하여

3679. 검은 개 한 마리가 나의 꿈 속에 나타났습니다. 그것은 처음에는 집에서 키우는 개로 인식되었습니다. 사실은 다른 개의 피부였지만, 내가 어떤 뼈 같은 것을 보았을 때 나는 그것을 멸시하였습니다. 역시 그것으로 인하여 그것은 가정집 개로 용인되었을 뿐, 악으로 생각하지 않았습니다. 그러나 나중에 일러진 것은 그놈이 다른 개의 뼈들을 먹었다는 것이고, 그것으로 말미암아 그놈은, 비록 그가 가까이 가려고 해도, 천덕꾸러기가 되었습니다. 내가 잠에서 깨어났을 때 어느 누구가 개로 변해서, 그가 개가 되는지 알아보았습니다. 나중에 답이 주어졌는데, 거기에는 그런 작자가 있지만, 역시 그는 자신이 그것을 긍정했다는 것이었습니다. 그 자에 관해서 언급된 것은 그는 자기 스스로 다른 자들의 인격이, 예를 들면 다윗의 인격이, 자신에게 자유롭게 유발하는 것을 선호하는 그런 성격이

라는 것입니다. 따라서 그는 그들의 인격뿐만 아니라 그들의 수치스러운 행위까지도 드러나고, 연출할 것이라는 것입니다. 그리고 또 일러진 것은 그가 다윗뿐만 아니라 그가 연출했던 사람의 실제적인 삶으로 말미암아 그런 인물이 되었습니다. 이런 내용의 인물들, 특히 그들에게 유발한 하찮은 인물들을 선호할 때, 그리고 잠시 뒤에, 그들은 그들이 바로 그런 인물이라는 것 이외에 달리 알지 못하는 그런 인물이 되었습니다. 따라서 그들은 그들이 그런 인물이라는 것을 자기 자신에게 설득했을 뿐만 아니라, 다른 자들도 설득하였습니다. 이런 자들이 바로 다른 개들의 뼈들을 먹는 개들이 표의하는 그런 인물들입니다. 1748년 10월 24일

음흉한 음모자들의 흩어짐(分散)에 관하여

3680. 오늘밤, 잠들었을 때 어떤 영들이 내 머리 위에서 음흉한 활동을 하고 있었습니다. 그들은 나의 생애 동안 내가 행한 어떤 것들을 찾아내겠다는 것을 가상하고, 그리고 치명적인 음모 따위를 모색하였습니다. 그런 일이 적발되었을 때 나를 해치려고 나에게 저돌적으로 달려들었습니다. 왜냐하면 그들의 소견은, 만약에 그들이 사람 안에 있는 어떤 악을 적발하면 그들은 그 사람을 파멸해도 된다는 충분한 허락을 받았다는 그런 생각이기 때문입니다. 이런 문제의 사안이 나의 꿈 속에서 일어난 것인데, 나는 그 문제를 수년 전에 생각하였지만, 나는, 그의 것으로 지금 나를 전유(專有)한 그 영에 의하여 그런 일이 생겨난 것이라는 것으로 밖에 생각되지 않습니다. 이와 같이 사기적인 음흉한 자들이, 이와 같이 내가 수면상태에 있을 때, 격렬하게 활동하고 있는 동안, 나는 갑자기 깨어났고, 그리고 나는 이마 위에 있는 일종의 빛 가운데서 깃털로 장식한 어떤 것을 보았습니다. 그것은 즉시 나를 파괴하려고 돌진하였습니다. 왜냐하면 바로 언급한 바 있는 그들의 생생한 망상의 유발은 지금이 바로 그 때라는 하나의 신호이기 때문입니다. 그 때 매우 강력한 바람이

느껴졌는데, 그 바람은 갑자기 그들을 엄습, 일순간에 그들을 쫓아 버렸습니다. 그들이 누구인지, 그리고 어디로 쫓겨 갔는지 나와 같이 있는 영들이 서로서로 추측하였지만, 그러나 그들은 이와 같이 사회들로부터 사라졌다는 것과 그리고 비참하게 취급되었다는 등등을 나는 지각하였을 뿐입니다. 왜냐하면 이와 같이 갑자기 사회로부터 쫓겨나는 동안, 그들은 그들의 감관들을 거의 유지할 수 없었기 때문이고, 따라서 그들이 비참하게 고통을 받았기 때문입니다.

3681. 이런 부류의 대격변(大激變・catastrophe)이 잠을 자고 있는 동안 밤에 사람에게 음흉하게 음모를 꾸미는데 단련한 자들을 기다리고 있었습니다. 여기에서 밝히 드러나고 있는 것은 주님께서 어떻게 해서 그분의 종들에 대한 모든 공격들이나 음모들을 멈추게 하시는지, 그리고 아주 위험한 순간에 도움을 주시는지 알 수 있겠습니다. 그리고 또한 잠을 자고 있는 사람을 주님께서 어떻게 충분하게 살피시는지도 알 수 있겠습니다. 왜냐하면 그는 죽은 사람에게 그 때에 거의 가까이 이르렀기 때문에 최소한의 위해가 사람에게 그 때에 가해지지 않도록 막고 있으시기 때문입니다. 1748년 10월 24일

베일(veil)에 관하여

3682. 다윗 자신은 사악하고, 그리고 사악한 자의 피술자이기 때문에, 그의 사악함을 다시 열거할 필요는 없겠습니다. 왜냐하면 그는 그의 마음에 음란과 잔인 따위들을 품고 있고, 그리고 악을 의도하고, 양심 따위를 가지고 있지 않기 때문입니다. 그가 머리 위에 나타난 사기꾼들의 피술자였다는 것은 매우 분명합니다. 왜냐하면 그들은 전에 비하여 더 공공연하게 그를 통하여 그들의 사악한 일들을 다윗에게 돌린다는 의도를 가지고 획책하기 시작하였기 때문입니다. 그러므로 다윗은 그 베일에 감싸였고, 그리고 낮은 곳으로 던져졌습니다. 그러나 높은 곳에 있는 악마들의 무리들에 의하여 그

사람에게 주입된 신념들과 망상들에 의하여 거의 한 시간 동안 그는 고통을 겪어야 했고, 그리고 또한 거의 무엇이라고 기술할 수 없는 고집으로 말미암아 고통을 겪어야 했습니다. 망상들은 멈춤이 없이 계속해서 그에게 쏟아졌습니다. 그는 그런 망상들을 그의 신념들과 함께 영접, 수용하였고, 따라서 그는 어떤 때는 베일과 함께, 어떤 때는 베일에 속한 조금만을, 어떤 때는 베일 없이 망상들을 영접, 수용하였습니다. 그는 모든 방향으로, 때로는 아래로, 중간에, 지금은 전면 위로, 머리 근처의 위로, 때로는 머리 뒤로 자기 자신을 던져버렸습니다. 그것은 단지 확고한 신념과 함께 한 망상들에 지나지 않았습니다. 왜냐하면 베일 속에, 또는 베일과 함께 한 이런 반항들은 이러한 것들을 뜻하기 때문입니다.

3683. 한 동안 지난 뒤 그는 점쟁이(the pytho) 역할을 시도하려고 하였습니다. 다시 말하면 점쟁이들의 식으로 다른 자들을 불러내려고 하였습니다. 그는 그들을 위로 상승시켰고, 그는 내 머리 위에서 있었습니다. 그런 일을 그는 그의 신념이나 일종의 점쟁이의 개념에 의하여 행하였습니다. 사실 그런 개념은 전에는 지각되지 않았고, 또 기술할 수도 없었습니다. 다만 그것은, 그들이 좋아하는 자는 누구라도 불문하고 불러낸다는 그런 개념과 결합된 어떤 영들에게 있는 하나의 신념입니다. 이런 점쟁이(=무당)적인 기량이 그의 생애에서 다윗에게 속한 것인지 여부는 지금 일어나고 있는 것에서 결정될 수는 없지만, 그러나 그가 불러낸 자를 위로 올리었다고 그가 생각할 때 거기에는 올리워진 개들이나 뱀들이 있었습니다. 만약에 그가 도망하지 않았다면 그것들은 그의 인품을 난도질을 하였을 것입니다. 특히 생식기 영역을 난도질을 하였을 것입니다.

3684. 그 뒤에 그에게 일러진 말은, 그는 한 마리 개와 같은 존재이고, 그리고 다른 자들은 그를 개처럼 취급하였다는 것 등입니다. 그 이유는 그는 그들의 피술자였기 때문입니다. 이러한 사실은 머리 위에 있는 사기꾼에 의하여 확증되었습니다. 그리고 그는 그들이 그

를 개처럼 다루었다고 말하였습니다. 이러한 내용은 권위에 속한 그의 신념과는 정반대이기 때문에, 그는 다른 자들을 지배한다는 통치력을 가지고 있다고 상상하기 때문에, 그리고 그는 자기 자신으로 말미암아 그와 같이 행동하였고, 그리고 그는 분노 따위로 가득 찼습니다. 그러므로 일종의 권위에 속한 구름 같은 베일에 감싸졌고, 그리고 이와 같이 해서 아래로 떨어졌습니다. 1748년 10월 25일. 이와 같이 다윗에게 말했던 자들은 자기들이 성령이라고 큰 소리쳤던 자들입니다. 아래 페이지를 참조하십시오.

저 세상에 있는 사회들에 관해서 ; 그리고 사랑에 관해서

3685. 이런 일은 자주 일어나는 것이지만, 내 주위에 있는 영들이 보였습니다. 보기에는 어떤 사회에 속해 있는 것 같지는 않았습니다. 그들은, 이른바 큰 무리로, 보이지 않는 대기와 같다고 생각하는 영들의 망상에서 비롯된 떠돌아다니는 그런 존재였습니다. 따라서 그들은 우주 안에서 떠돌아다닙니다. 그들의 신념이 나에게 교류되었는데, 그것은 그들이 결코 거기에는 사회가 존재하지 않는다고 생각하는 그런 부류였습니다. 그러나 영들이 이런 그런 존재이기 때문에, 따라서 영들은 우주에 관해서 거의 보이지 않게 떠돌아다니는 것이라고 생각하였습니다.

3686. 그러므로 나는 이 주제에 관해서 영들과 대화를 하였습니다. 그들은, 전에 나에게 주었던 다양한 경험으로 말미암아, 그들의 사회들이 있다는 것, 그들은 서로서로 본다는 것, 그리고 함께 대화를 한다는 것, 그리고 함께 모여서 산다는 것, 그리고 그들은 매우 밝은 빛 안에 있다는 등등을 고백하였습니다. 이러한 것은 전에 자주 나에게 나타난 바 있습니다. 그러나 이러한 일은 선한 영들이나 천사들 가운데 나타나는 것이지만, 악한 영들에게서는 그렇지가 않습니다. 악령들은, 어떤 경우를 제외하면, 서로서로에게 나타나지 않습니다. 이런 것에 관해서 나는 가르침을 받은 바 있습니다. 결과적으

로 사후 그들의 삶은 육신을 입은 그들의 삶에 외적으로는 매우 닮은 관계에 있습니다. 그들이 서로 본다는 것, 그들이 사회들 안에 존재한다는 것, 그들이 함께 산다는 것과, 그리고 함께 말한다는 것, 그들이 그들의 생각들이나 행복들을 서로 교류한다는 것, 그리고 사실 그들은 그 때 무엇이라고 기술할 수 있는 것 이상으로 매우 현명하게 말하고, 그리고 무한한 기쁨을 만끽합니다.

3687. 종전의 경우와 같이, 지각된 것은, 영들이나 천사들을 사회들에게 결정지어 주는 것은 오직 사랑이라는 것이고, 그리고 사랑은 그야말로 결정하는 큰 원칙이라는 것 등입니다. 사랑이 부족한 자에게는 모든 것이 변덕스럽고, 애매모호하고, 혼돈스럽고, 명확하지 않습니다. 그러므로 사랑이시고, 자비가 그분에게서 나오는, 주님만이 홀로 삼라만상을 결정하시고, 그리고 그분은 사랑에 속한 등차(等次)에 따라서 사회들을 정리 정돈하시고, 그것으로부터 천계와 천계적인 것들을 치리하십니다. 1748년 10월 25일

자신들은 다른 자들에 비하여 뛰어난 성령이라고 자랑하는 자들에 관하여

3688. 머리 위에는 사기꾼들이 있고, 그리고 그보다 더 높은 곳에는 가장 심한 사기꾼들이 있었습니다. 그들에 관해서 이미 기술된 것은, 그들은 최고성직자들을 다스리는 자들이고, 지금은 그들의 성품에 관해서 드러났고, 더욱이 그것은 다윗에 의하여 밝혀졌는데, 그것은 피술자로서 다윗을 이용하였습니다. 따라서 다윗을 통해서 자기 자신들을 밝히 드러냈습니다. 그 이유는 그들이 행동하고 있는 것은 자신들이 아니고 다윗이라고 생각하기 때문입니다. 그러므로 자신들에게는 책임이 없다는 신념을 가지고 있었습니다. 그들은 그 때 이와 같이 다윗을 그들의 피술자로 이용하고 있었고, 그리고 다윗에 관해서는 그들은 그를 한 마리의 개로서 다룰 수 있었고, 그리고 전적으로 그들의 생각들이나 뜻에 일치하여 그는 자기 스스로

처신하였습니다. 이에 반하여 이런 부류의 피술자가 없다면 그들은 비밀리에 행동하였을 것이고, 그리고 두려워하는 마음으로 행동하였을 것입니다. 그러나 지금은 그들은, 그들에게 자주 언급되었고, 그리고 지금 언급된 것에 따라서 밝히 드러났습니다. 다시 말하면 다른 자에 비하여 매우 비천한 자로서 비록 가만히 행동하기를 원하지만, 그럼에도 불구하고 그들이 그런 부류의 피술자에게 사로잡혀 있는 동안, 그에게 책임을 전부 떠넘길 수 있지만, 그들은 다른 자에 비하여 매우 사악하고, 그리고 다른 자들에 비하여 더 음란하고, 역시 잔악하다는 것입니다.

3689. 이들이 곧 교황을 다스리는 자들이고, 그리고 이와 같은 특별한 호흡을 그에게 불어넣었고, 그리고 그것이 자기 자신들이면서도 그를 선동하는 자가 성령이라는 것을 그로 하여금 믿게 하였습니다. 자신들이 성령이기 때문에 다른 자들에 비하여 뛰어나다는 것을 자랑했던 자들이 바로 이들입니다. 그럼에도 불구하고 그 때 그에게 일러진 것은 그들이 모든 자들 중에서 가장 사악한 무리들이라는 것입니다. 1748년 10월 25일

3690. 그것들이 나에게서 종결되었고, 그리고 영적인 매개체를 통해서 전해졌을 때, 그들의 개념들은 마치 독사의 영기와 같았습니다.

3691. 그들이 내가 잠을 자고 있는 동안에, 나를 피술자들로 채용한 자들입니다. 그리고 그들은 음흉스러운 술책에 의하여 그들을 통해서 나의 죽음을 꾀했습니다. 그러나 그들은 소산되어 버렸는데, 이들에 관해서는 앞에서 언급하였습니다.

3692. 한마디로, 그들은 다른 자들에 비하여 매우 사악하고, 그리고 그들의 치명적인 독은, 그들의 거룩한 것들에 의하여, 그리고 정동들에 대응하는 것에 의하여 올가미에 엮습니다. 그리고 어떠한 것이든 그들이 할 수만 있다면 극악한 수단이나 방법을 가리지 않고 종교의 가장 하에 파괴하려는 이외의 것은 아무것도 목적하지 않습니다. 심지어 주님 자신이나 주님에 속한 것, 따라서 믿음에 속한

것까지도 파괴하려고 합니다. 1748년 10월 25일
그러므로 이런 부류는 교황들이고, 그들을 돕는 자들이고, 그런 통치권을 열망하는 자들입니다.

진리에 관하여

3693. 내가 깨달은 것은 주님께서는 사랑이시라는 것이고, 그리고 그것에서 비롯된 자비가 천계에 입류하고, 따라서 영들의 세계에 입류한다는 것입니다. 그리고 영들의 세계에서 천적인 사랑이 정반대의 것으로, 말하자면 탐욕들이나 정욕들로 바뀌기 때문에, 따라서 천적인 질서는 사멸합니다. 그럼에도 불구하고 이 질서 안에 있는 자는 사랑으로 말미암아 믿음에 속한 진리를 모두 확증합니다. 그러나 거기에는 천적인 사랑은 전혀 존재하지 않고, 오히려 그것은 탐욕들이나 정욕들로 바뀌었기 때문에, 내가 깨달은 것은 그들은 믿음에 속한 진리들까지도 사랑에서부터 분리시켰습니다. 그리고 그들은 그것을 가르쳤고, 또한 질서에 옮겼습니다. 그러므로 질서는 뒤바뀌었습니다. 그것으로 인하여 사람을 다스리는 내적인 속박들은 더 이상 존재하지 않고, 다만 단순한 외적인 속박들만 존재하였습니다. 외적인 속박들(external bonds)은 시민적인 사회에 속한 것들을 가리키고, 그리고 내적인 속박들(internal bonds)은 믿음의 진리들에 속한 지식에서 솟아나는 것들을 가리킵니다. 후자에 속한 외적인 속박들 또한 존재하며, 그리고 그것들이 복종 하에 있도록 설득되면 사람의 양심을 형성합니다. 그러나 천적인 사랑으로 말미암아 존재하는 양심이 참된 양심입니다. 따라서 주님에게서 비롯된 양심이 참된 양심입니다. 믿음에 속한 지식의 종지(宗旨)에서 야기하는 내면적인 구속들과 동시에 보다 외면적인 구속들이 저 세상에서 어떠한 것인지는 아직까지는 잘 알려져 있지 않습니다. 1748년 10월 25일

3694. 그러므로 신념에 속한 생명이 어떤 것인지 잘 드러나고 있습니다. 다시 말하면 사람이 진리들이나, 믿음에 속한 지식들에 관

해서 납득되었을 때, 그 때 그는 빛에 속한 생명을, 다시 말하면 이 지적인 생명(intellectual life)을 취합니다. 그 생명은, 그 사람이 믿음에 관해서 그의 마음에 품고 있는 것들의 종지(=신념)에 따라서 다종다양합니다. 그 사람이 지식에 속한 종지나 또는 믿음에 속한 진리들 안에 있을 때에는 그는 여전히 빛의 생명 이외의 것 안에 결코 있지 않으며, 그리고 빛의 생명은 사랑에 속한 생명에 들어갈 수 없습니다. 그 이유는 이것은 하나의 뒤바뀐 것(逆換·an inversion)이기 때문입니다. 왜냐하면 사랑에 속한 생명으로부터 종지의 생명(=신념의 생명·the life of persuasions)이 솟아나기 때문입니다. 사랑에 속한 생명 안에 있는 사람은 믿음에 속한 지식들 안에 있기 때문에, 그리고 모든 것은 그것을 확증할 수 있지만, 그러나 신념에 속한 생명에만 있는 사람은 그것에 의하여 사랑에 속한 생명 안에 있을 수 없습니다. 그 이유는, 그런 사랑의 생명을 가리키는 본성(=인격)은 악 이외에 아무것도 아니기 때문입니다. 그러므로 생명에 속한 모양(=형체·form)은 전적으로 서로 일치하지 않습니다. 이것은, 탐욕들이나 정욕들에서 비롯된 성격이나 본성은 어느 누구나 천계에 들어가기 전에 제일 먼저 파괴되어야 하는 이유입니다. 왜냐하면 빛에 속한 단순한 생명은, 상호애 이외에는 아무것도 없는 천계에 어느 누구도 인도하지 못하기 때문입니다. 1748년 10월 25일

3695. 참된 믿음에 속한 신념 안에 있는 자들은 주님에게서 오는 선물이나 은총을 받습니다. 왜냐하면 주님에게서 오는 것을 제외하면 믿음은 결코 존재할 수가 없다는 것이 참된 믿음의 한 요소이기 때문입니다. 그러므로 그들은 주님에게서 온 것을 제외하면 믿음에 속한 신념 안에 들어갈 수 없습니다. 그 때 사람이 주님에게서 온 이것을 받았다면 자비(慈悲) 또한 주님으로부터 그에게 주어지게 됩니다. 따라서 거기에는 결합이 존재합니다. 그러므로 비록 사람의 본성이나 인격이 본질적으로 악 이외에 아무 것도 아니라고 해도, 주님에 속한 것은 무엇이든, 그것이 주님에게서 온 것이기 때문에,

그것의 본성에서 이것은 그분과 결합됩니다. 그리고 참된 믿음의 직분은 그것에 관해서 아는 것뿐만 아니라, 신념을 가지기 때문에 그것으로 말미암아 그 사람이 자비를 통해서 구원받는다는 것입니다.

3696. 그러나 무엇이든 참된 믿음과 다르기 마련, 그리고 그것에 의하여 신념은 생겨난다는 것은 참된 생명(=삶)에 반대되는 신념에 속한 생명을 거기에서 취합니다. 그러므로 거기에는 마치 본성에서부터 그러한 것과 같이, 신념에서 비롯된 생명의 수많은 종류가 존재합니다. 신념의 생명이 조개껍질을 형성하고, 본성의 생명은 조갯살(=핵·核)을 형성합니다. 그리고 그것들은 가능한 한 서로 결합합니다. 왜냐하면 신념은 탐욕에 입류하여, 그리고 그것을 정복하기 때문입니다. 탐욕이 신념을 설득한다는 것은 늘 일어나는 것입니다.

간음(姦淫)에 관하여

3697. 높은 곳에 있는 자들에게 일러졌습니다. 그들이 내면적인 간음자들이기 때문입니다. 그것은 단 한 번의 고찰(考察)이지만, 간음자들은 악마적이라는 것을 잘 드러내주고 있기 때문입니다. 다시 말하면 혼인이 자녀의 번식이 목적이기 때문에, 따라서 이 땅의 사회들에 증대를, 그리고 그것으로 인하여 천적인 사회의 증식이 목적이기 때문에, 그들은 그것을 시인한 것과 같이, 혼인 안에는 신령목적(神靈目的·a Divine end)을 지니고 있습니다. 그러므로 혼인을 파괴하고 방해하는 것은 무엇이든, 따라서 그것들의 번식이나 증대를 파괴하고, 방해하는 것은 근본적으로 악마적인 것이라고 하겠습니다. 1748년 10월 25일

숙고(熟考)한 대답에 관하여

3698. 머리 위에 있던 어떤 영이 분노의 자극으로 말미암아 나에게 무엇인가를 말하였는데, 그는 즉시 나에게 대답을 하는 것 같이 보였습니다. 그러나 그는 이와 같이 대답하는 것이 바로 나라고 말

하였습니다. 그러나 그에게 허락된 말은 그것은 내가 나이고, 그 사람 자신이, 마치 말한 것과 꼭 같이, 대답한 것이라는 것이었습니다. 그는 여전히 그 대답이 나에게서 온 것이라고 생각하고 있을 때 다른 영들이 차례차례 그 대답은 자신들에게서 왔다는 것을 말하였습니다. 순서에 따라서 셋, 넷, 다섯에게서 왔다고 말하였습니다. 어느 누구가 말한 것에 따라서 그 대답이 즉시 되돌아오고, 반사(反射)된다고 하는 것은, 전체적인 것이든 개별적인 것이든, 모든 것에 어떻게든 되돌려진다는 것이고, 그리고 모든 것들에 속한 어떤 질서에 속한 것이라는 사실입니다.

요정들과 마술에 관하여

3699. 이 세상의 요정들은 자신들의 기질에 관대하게, 그리고 이 세상에 흠뻑 빠져서, 그리고 자기사랑에서 그들의 최고의 즐거움을 취하는 삶을 산 자들입니다. 따라서 그들은 세상적인 것들에 사로잡혀 있기 때문에, 그리고 시민적인 사회에서는 서로 다른 인격의 소유자로 보여 지기를 원하기 때문에 그들은 자신들의 전적인 삶을 예의 바름에 둡니다. 결과적으로 실제적인 삶이나 그것에서 비롯된 관습으로 인하여 그들은 겉으로 돋보이게 하려는 기질을 몸에 익히고 있습니다. 더욱이 수천의 상이한 방식들 가운데서 매우 단정함을 보여 주는 것에 의하여 그들은 자신들을 여러 사회들 안에 침투시키려고 하고 있습니다. 그래서 역시, 그것이 자신들의 목적에 도움이 될 것 같을 때에는 정직한 사람처럼, 심지어 경건한 사람처럼 꾸미는 것에 의하여, 사실 그들이 할 수 있는 곳이면, 자기 자신들을 그런 사회들에 걸맞게 할 수 있는 어떤 수단이 된다면, 그리고 종국에 매우 탁월한 영향력을 휘두를 수단이 된다면, 어떠한 것도 위장, 그래서 그들의 삶은 위선의 삶(a life of dissimulation)이 되었습니다. 그러므로 그들은, 정중한 예법에서 비롯된 것과 같이, 위장된 인격으로 말미암아 겉보기에는 정직하게 보였습니다. 다른 자들과 같이,

그들은 자주 교회에 참석, 그리고 모든 예전에도 열심히 참여하였지만, 그럼에도 불구하고 정직하고, 선하고, 참된 사람이라는 관점에서 보면, 그들은 전혀 양심을 가지고 있지 않고, 그리고 내적으로는 전적으로 오직 자기 자신들만을 위해 목적한 것이고, 한편 외적으로는 다른 자들의 이익을 위해 행동하는 것처럼 꾸밉니다. 따라서 그들이 양심이 없이 행동하기 때문에, 그리고 또한 내면적인 인간으로 행동하고, 그리고 다른 자들에 비하여 극악하고 무법한 것에 기울어져 있기 때문에 음란을 별것 아닌 것으로 경시하고, 그리고 그런 그들의 성품이 다른 자들에게 감추어져 있기 때문에, 그들이 이 세상이나 또는 이 세상의 올바른 사회들 앞에서 부끄럽지 않는 체면을 만들 수 있는 한, 그런 삶에 푹 빠져 있습니다. 그들은 음란 따위를 아무것도 아니라고 여기기 때문에 다른 악한 온갖 사랑들도 물론 별것 아닌 것으로 만들어 버립니다.

3700. 저 세상에서 그들은 역시 양심도 없는 듯이, 그런 식으로 행동합니다. 양심에 관해서 보면 사실 그들은 거기에 어떤 것이 있는 것조차도 알지 못합니다. 그들은 이 세상에서는 알려져 있지 않지만, 저 세상에서는 잘 알려져 있는 간악한 모든 종류의 술책들을 능히 쓸모 있는 것으로 만듭니다. 이런 부류의 영들이, 온밤을 깨어 있을 때 나를 공격, 괴롭혔습니다. 그래서 나는 그들의 성품을 알 수 있었고, 또 분별할 수 있었습니다. 즉, 그들은 아주 쉽게 정직한 자들을 유혹할 수 있었고, 심지어 어느 정도까지 그들이 온갖 종류의 애정들을 집어넣는 대상물로 그들을 삼길 수 있게 유혹하였습니다. 그들은 어떤 것을 정직하고, 경건하고, 자비스럽고, 순진무구한 것처럼 꾸밀 수 있었습니다. 따라서 그들은 다른 자들을 아주 쉽게 속였습니다. 이런 성품의 어떤 여성은 오늘 밤 그와 달리 선량한 수많은 사회들을 속이고 들어와 생식구역, 허리, 흉부의 정면에 있는 외피를 형성하였습니다. 이런 부류의 사회들의 수는 놀라울 정도로, 내가 믿지 못할 만큼 많았습니다. 그럼에도 불구하고 그들은 나의

발에 이르기까지 전면의 피부를 구성하는 것으로 나에게 나타났습니다.

3701. 그들이 이런 사회들을 속이는데 사용하는 마술적인 술책들은 아주 많이 있습니다. 예를 들면 제일 먼저는 주님께서 그들과 더불어 말씀하신다는 표징에 의하여, 그리고 그들이 어떤 형벌들을 참고 견딘 뒤에는 주님께서 그들을 천계에 영접하신다고 약속하는 표징에 의하여 그들을 설득하는 존재가 되겠습니다. 더욱이 그들이 나와 함께 있을 때에는, 마치 그들은 선량한 자들이 있는 곳인 다른 장소에서 하듯이, 말을 할 수 있었습니다. 그래서 그들의 음성은, 마치 그들이 거기에 있는 것처럼, 선한 자들의 사회에서 비롯되는 것처럼 들렸습니다. 이런 식으로 그들은 동시에 다른 자들과 함께 공존할 수 있고, 그리고 그들의 기질과 자질에 따라서 그들을 설득할 수가 있었습니다. 그리고 동시에 그들은 더욱이 많은 자들과 더불어 있을 수 있고, 따라서 그들이 일종의 편재성(遍在性·ubiquity)을 가지고 있다는 신념을 낳게도 하였습니다. 그리고 이러한 일은 그들에게 계속해서 주입된 개념들에 의하여 마술적으로 행해집니다. 그것에 의하여 그들은 유입된 자들을 발견할 수 있습니다. 이러한 일은 저 세상에서는 아주 쉽게 행해집니다. 왜냐하면 영들의 이런 계급에 속한 하나가 수많은 사회들의 피술자로서 활동할 때 그녀는 아주 쉽게 어떤 특수한 것을 찾을 수 있기 때문입니다. 따라서 그녀는 그들의 기질에 일치하여 애정을 가지고 어느 누구도 감화 감동시킬 수 있습니다. 그리고 이와 같은 일은 그녀 자신을 유입하는 생각이나 인식에 단순하게 적용하는 것에 의하여 행할 수 있습니다. 그럼에도 불구하고, 그녀가 자기 자신을 그런 식으로 주입시키는 개별적인 방법을 나는 깨닫지 못하였지만, 그러나 그녀는, 그녀가 이 세상에 있는 동안 그녀가 이와 같이 자기 자신을 주입시키기 때문에, 그녀의 본성에서 비롯된 능력으로 사로잡습니다. 그들은, 이런 식으로, 그들이 포옹하고 입 맞추는 어린 아이의 표징에 의하여 순진무구하

다는 것을 가장합니다. 그녀는 역시 그것을 드러냈습니다. 개별적인 것 안에 있는 어떤 사안이 내게 드러나 보여졌습니다. 다시 말하면 어떤 식으로 그녀가 신념을 가장하는지 나에게 보여졌습니다. 그것은 머리를 두르고 있는 후광(後光·흰 불꽃)을 사회들에 속한 목전에서 충분하게 드러내는 것에 의한 것이었습니다. 그들은 이것을 천적인 것에 속한 증표이고, 그리고 천사적인 총명의 증표라고 생각하였습니다. 이와 같이 그녀가 수많은 군중들 앞에서 그것을 표의, 드러낸다는 것은 지금 깨달았습니다. 그리고 이런 것이 보이자 그 즉시 그들이 천사들이라는 것과 따라서 아마도 그들은 그들과 함께 있다는 따위의 신념이 생겨났습니다. 이런 것들 외에도 이런 것들이나 그 밖의 잘 알고 있는 마술적인 술책들이 있었는데, 그것들 가운데는, 그것은 바로 그들이 다른 자들의 시야에서 갑자기 사라지는 것이고, 자신들을 보이지 않게 한다는 것입니다.

3702. 더욱이 그녀는 악마의 피술자였습니다. 그래서 악마들은 이런 일을 불어넣었습니다. 이와 같이 선한 자나 악마의 양쪽의 피술자이기 때문에 그녀는 신념의 삶(a persuasive life) 안에 있을 수 있었습니다. 왜냐하면 개념적으로나 실제 삶에서 더욱 더 충만하게 있게 되면, 더욱 많은 사회들이 생겨나기 때문입니다. 그러므로 선량한 사회들에 있는 자들에게 말한 것은 이런 것은 터무니없는 것이라는 것과, 그리고 그들은 동시에 악마들의 피술자나 또는 꼭 같은 최악의 악마로 사용되고 있다는 것 등입니다. 그것은 그녀가 여러 번 게헨나에서 보였다는 것과 그리고 그녀가 내가 잠을 자고 있는 동안 나를 통해서 말하였다는 것과 심지어 지금도 또 다른 마술적인 술책들을 사용하고 있다는 것 등을 알고 있기 때문입니다. 그러므로 만약에 그들이 이런 부류의 피술자와 결합된다면 그것은 마치 성도와 마왕(魔王·Beelzebub)을 결합시키는 꼴과 같아서, 아주 고약한 것이 되고 말 것입니다. 왜냐하면 이런 부류의 망상이 다른 모든 것들에 비하여 매우 월등하기 때문에, 이전에 했던 것에 비하여 매

우 철저하게 더 잘 속일 것이기 때문입니다. 더욱이 그들은 하나의 피술자 안에서 자신들의 신념들을 서로 결합시킨다면 그들은 마치 자신들을 매우 다양하게 결합시킨 것과 같을 것이기 때문입니다. 그것은 매우 극도로 가증할 수밖에 없는 그런 것이 되고 말 것이고, 그리고 반드시 배척되어야 할 것이 될 것입니다. 그럼에도 불구하고 그녀 안에 있는 상이한 사회들의 결합에서 야기되는 그녀의 신념에 속한 영기는 그런 것이지만, 그것은 그들을 거의 설득시킬 수 없는 그런 것입니다. 왜냐하면, 그녀의 신념적인 개념이나 표징들에 의하여 그녀는 그들과 함께 있었고, 그리고 따라서 그것들을 확증하는 것으로 보였기 때문입니다. 그리고 동의와 부동의가 얼마나 큰 것인지를 하늘색의 땅 위에 있는 흰 구름에 의하여 그것이 보여진 것입니다. 왜냐하면 그들은 내면적인 영들이기 때문입니다. 구름들이 위로 솟았을 때 그것은 동의를 뜻하고, 비스듬히 솟았을 때는 그것들이 의견을 달리하기 시작했다는 것을 뜻합니다. 그리고 아래로 내려갔을 때는 불일치(=부동의)가 실제로 생겨났다는 것을 뜻합니다. 뿐만 아니라 그 구름이 형형색색으로 복잡하게 되었을 때에는, 그리고 다양한 형체를 보여 주는 것입니다. 왜냐하면 내면적인 영들의 색깔들이나 개념은 이와 같이 표징하기 때문입니다.

3703. 앞에서 언급한 것과 같이 피부를 구성하는 사회들로부터 온 몇몇 영들이 있었습니다. 그들은 어떤 곳에서든 추론하는 경향이 있습니다. 그러나 그 때 지각된 것은 전에 비하여 보다 더 명료하게 밝혀졌다는 것입니다. 즉, 일종의 이와 같은 추론은 매우 가장 바보스러운 것이고, 그리고 그것에 흠뻑 빠져 있는 자들은 참된 것이나 선한 것에 관해서는 아무런 지각을 가지고 있지 않다는 것이고, 그리고 또한 어느 누구가 추론을 하면 할수록 그는 아무것도 깨닫지 못한다는 것입니다. 왜냐하면 추론에 의하여 얻고자 하는 것은 그가 다른 자들에게 현명하다는 것을 오직 보여 주기 위한 것이고, 그리고 그것으로 인하여 다른 자들과 비교하여 이런 성격을 지니고 있

다는 것을 자신에게 보여 주기 위한 것이기 때문입니다. 명확하게 지각되었고, 그리고 일러진 것은 이런 부류의 인물들은 아무것도 지각하지 못한다는 것이고, 그리고 무엇이 참이고 선인지, 또는 아닌지 지각한다는 것은 그것이 추론의 과정이 없이도 그것을 즉시 개달을 수 있는 것은 그것이 바로 총명이나 지혜에 속한 특질이라는 것이었습니다. 왜냐하면 총명하고, 지혜로운 자들은, 그리고 천사들은 말할 것도 없이, 추론이 없이도 즉시 어떤 사물이 참된 것인지 선한 것인지 여부를 지각하기 때문입니다. 사실 이런 일은, 비록 어떤 사람은 여러 시간을 추론해야 하는 것이지만, 또는 한 권의 책을 통해서 알 수 있는 일이지만, 그럼에도 불구하고, 총명하거나 현명한 자는 일순간에 참된 것이 무엇인지, 선한 것이 무엇인지, 잘 알고 있고, 또한 그들은 이런 것들의 추론에는 전혀 주의를 기울이지 않습니다. 사실 그들은 이런 것들을 조소하였고, 자신들에게는 그것이 아무런 가치가 없다고 생각하였습니다. 아마도 이런 것에 비하여 더 일반적인 것은 아무것도 없을 것입니다. 그러므로 이런 추론자들에 대하여 분노하였기 때문에 자주 그들에 대하여 논박을 가했습니다. 그 이유는 그들이 그런 논쟁들에서 그들의 기법을 자주 시도하였기 때문입니다. 이들이 바로 비늘 같은 피부를 형성하는 자들입니다. 그들은, 철학적인 방법이나 과학적인 방법에 의하여 진리나 선을 혼란스럽게 하는 것에 의하여 그런 성품이 된 대부분의 자들입니다. 그리고 이들은 일반적인 감관도 거의 가지고 있지 않는 자들인데, 만약에 그것을 지니고 있다고 해도, 가장 무지한 자에 비하여 아주 열등한 자들입니다.

3704. 이 세상에서 외적인 피부를 형성하고 있는 자들은 자신들이 쉽게 설득되기를 선호하는 자들이고, 그리고 그들은, 한 사물이 참된 것인지 거짓된 것인지, 또는 선한 것인지 악한 것인지를 판단하는 마음의 영역이 없는 그런 인물들입니다. 그러므로 그런 유의 인물들은, 일반적으로나 개별적으로나, 수도 없이 많습니다. 그런 인물

들 중에는 어린 것에 대한 가장사랑에 의하여 남을 속이는 자들도 있고, 전적으로 외적인 것으로 판단하는 가장혼인애에 의하여 사기치는 자들도 있습니다. 이런 작자들이 생식기의 영역의 피부를 형성하는 자들입니다. 이런 인물들은 가장동정심에 의하여 인도되기를 쉽게 선호하는 자들로 그들은 흉부의 피부를 형성하는 자들입니다. 이런 종류의 피부는 동일한 성질을 가지고 있는데, 왜냐하면 그것은 외적인 부드러운 외현에 의하여 속이는 것을 스스로 선호하는 자들이기 때문입니다.

3705. 이런 것들의 성품이 여러 표징들에 의하여 겉으로 드러났습니다. 다시 말하면 종국에 그들은 머리에서부터 발끝까지의 피부와 뼈들을 형성하는 뼈만 앙상한 모습을 드러냈습니다. 그러므로 겉보기에 생명적인 것은 아무것도 남아 있지 않는 그런 모습이었습니다. 1748년 10월 26일

3706. 따라서 추론에 빠져 있는 자들은, 앞에서 언급하였듯이, 이 중의 등급으로 되어 있는데, 그 중의 하나는 참된 것이나 선한 것이 무엇인지 알지 못하는 부류이고, 따라서 비록 그들이 모든 참된 것이나 선한 것에 관해서 추론한다고 해도, 그럼에도 불구하고 그들이 추론을 하면 할수록 점점 더 그것들을 알지 못합니다. 나머지 또 하나의 부류는 참된 것이나 선한 것에 대하여 거슬러서 추론하는 것에 애쓰는, 그래서 그것들을 파괴하는 것에 노력하는 자들입니다. 대화를 통하여 진리를 방어하는 자들은 추론자들이 아니고, 오히려 확증자들(confirmators)입니다. 이런 자들은 진리나 선에 속한 지각 안에 있고, 그리고 합리적으로 그것들을 확증합니다. 1748년 10월 26일

3707. 요정이 사용한 마술적인 술책들 가운데 이런 것도 있었습니다. 다시 말하면 내가 말한 참된 것이나 선한 것은 무엇이든 그녀는 그것을 모두 하는 것이었습니다. 그러므로 다른 자들은 그것에 관해서 듣지도 못하였고, 그리고 그것 대신에 그 자리에 거짓된 것

이나 악한 것을 두려는 것입니다. 예를 들면 내가 간음들이나 게헨나에 관해서 언급할 때면 그녀는 즉시 게헨나 대신에 하얀 빛으로 바꾸어 놓았습니다. 그래서 그들은 내가 말한 것을 알지 못하게 하였습니다. 이것 역시 일종의 마술이었습니다. 다시 말하면 다른 자의 생각들을 제거하는 것 역시 마술적인 것입니다. 그들이 지배하는 사회에 그런 생각들이 오지 못하도록 하는 것이고, 그 때 그런 것들은 전적으로 반대되는 것들을 대신하게 하였습니다.

저 세상에서 영들은, 그들이 실제적인 삶에서 자신들에게 터득된 것에서부터 어떤 다른 삶에도 들어가지 못하게 한다는 것에 관하여

3708. 저 세상에서 그들이 사악에 속한 새로운 술책들을 배우고, 그것들을 실천하려는 마음이 있었던 영들이 있었습니다. 그들은 그것으로 인하여 악에 악들을 더 보태려는 현실적인 것에 의하여 그들이 더 악한 삶을 익혔다고 생각하였습니다. 그러나 그들이 지각하고, 그리고 말한 것은, 그들이 실제적으로 자신들에게 터득된 것 이외의 어떤 생명에 들어가는 것이 용납되지 않았다는 것이었습니다. 그리고 그들이 그런 삶에 있는 동안, 그들이 새로운 술책을 사용했든, 또는 예전의 술책을 사용했든, 아무런 문제가 되지 않고, 모두가 동일하다는 것이었습니다. 왜냐하면 그들이 새로운 것이든 예 것이든, 그들이 행한 악은 무엇이든 결국은 동일한 것이기 때문입니다. 그러므로 그것은 더 나쁜 삶을 터득한 것이 아니고, 오히려 현실적인 것에 의하여 터득된 삶을 실천한 것입니다. 왜냐하면 그들이 이미 터득한 그들의 삶을 지나쳐 나아가지 못하도록 주님께서 미리 섭리하신 것이기 때문입니다.

3709. 유아들에 관계되는 것을 살펴보면 그들은 현실적인 것에 의하여 터득된 삶에 보내지지 않고, 오히려 유전적인 성품들에게서 비롯된 삶에 들어간다는 내용은 이러합니다. 즉, 온갖 욕망들이나 정

욕들은 선천적인 지배적인 성질을 가지고 있으며, 그리고 이런 것들이 감소, 그 세력을 줄이기 위하여, 말하자면 그런 욕망들이나 정욕들에게 공포를 주입시키기 위해서, 그리고 따라서 그들이 그런 것들로부터 단절시키기 위해서, 그들은 그런 부류의 삶에 들어가고, 더욱이 특히 그들에게는 악 이외에는 아무것도 없다는 것을 그들이 알게 하는 관점에서 그런 삶에 들어가게 합니다. 만약에 그렇지 않다면 그들이 실제적인 악을 가지고 있지 않기 때문에, 따라서 그들은 완전한 존재라고 생각할 것입니다. 1748년 10월 26일

요정(妖精)들에 관한 속편

3710. 마술적인 술책 중에는 이런 것도 있습니다. 그들은 그들로 하여금 서로 서로를 죽이기를 충동질하는 신념에 속한 하나의 힘을 다른 자들에게 불어넣기도 하고, 격노(激怒)를 불어넣기도 하고, 열정들과 같은 것을 불어넣기도 합니다. 왜냐하면 그들은 그들이 죽일 수 없다는 것을 알고 있기 때문이고, 그리고 그들이 어느 누구에게 이런 신념을 유발하게 되면, 그 때 그들은, 그를 고발하기 위하여, 그리고 그의 범죄를 폭로하기 위하여, 그를 하나의 범죄자로서 다스리시는 능력을 가지고 있다고 생각한다는 것 등을 알기 때문입니다. 더욱이 선이나 악, 또는 참된 것이나 거짓된 것을 그들 자신의 이익으로, 따라서 마술적인 용도에 그것을 돌릴 목적이 아니라는 측면에서 보면 아무것도 존재하는 것은 없을 것입니다. 그러므로 어느 누구도 그런 목적들에 대한 보다 예민한 살핌 따위는 가지고 있지 않을 것이고, 그리고 그들만이 오직 계속해서 그런 의도를 가지고 있다는 것에 대해서도 그 어떤 관심도 가지고 있지 않습니다. 그러므로 그들은, 다른 자들을 속이려는 목적이라는 것을 제외하면, 믿음에 속한 진리들이나, 선들을 사로잡을 것입니다. 그러므로 그들은 참된 것, 선한 것, 거룩한 것이 무엇인지 배울 수 없습니다. 왜냐하면 그들은 모든 것을 왜곡시키고, 그리고 더럽히기 때문입니다.

1748년 10월 26일

오늘날 자기사랑(自我愛)이나 세상사랑(世間愛)을 제외하면
지배하려는 것은 아무것도 없다는 것에 관하여

3711. 내게 일러진 것은, 근자 이 세상에서 온 자들은 모두가 위대한 자가 되고, 모든 것들을 소유하겠다는 것 이외의 다른 것은 생각하지 않는 자들이라는 것이고, 그리고 비록 공동적인 선에 속한 구실 하에서 그들이 자신들의 특별한 사랑을 고려한다고 해도, 거의 모두가 공동적인 선(the common good)에 대해서는 관심도 없고, 그리고 이런 것들이 있다는 것조차도 알려고 하지 않는다는 것입니다. 고위직을 경멸하는 네델란드 장사꾼과 같은 상인들에 관한 조회(照會)가 있었습니다. 일러진 사실은 그들 역시 다른 자들에 비하여 더 존경받기를 원하는 그런 인물이라는 것이고, 그리고 특히 다른 자들에 비하여 그들의 월등한 부유(富裕) 때문에 존경받기를 원하는 자들이라는 것이었습니다. 이런 부류의 탐욕스러운 자들은, 그들이 모든 자들 중에서 가장 심보가 더럽고, 치사한 자들이기 때문에, 명예나 쾌락에 관심을 두지 않는 자들과는 전혀 달았습니다. 자기사랑이나 세상사랑에 속한 모든 것을 그들은 자기 자신들의 재물에 대해서 가장 으뜸적인 것으로 드러내 보여 주었고, 그리고 따라서 자신들에게는 그것들이 다른 것에 비하여 보다 나쁜 것이라는 것을 보여 주었습니다.

요정들에 관한 속편

3712. 특히 그들은 다른 자의 마음을 잘 흉내내고, 또한 다른 자의 생각들을 잘 드러냅니다. 따라서 그들은, 이와 같이 그들과 닮은 자들에 대한 사랑에 의하여 영향을 입은 자들을 속이려고 획책합니다. 저 세상에서 이런 부류의 동화술책(同化術策)은 무엇이라고 기술할 수 없는 다종다양한 방법으로 아주 잘 드러나 보여 집니다. 사랑

을 받고 있던 어떤 인물들의 피술자가 이런 종류의 동화술책을 실행하였습니다. 사실 영들의 낮은 세계에 있는 자들을 어느 정도까지는 속일 수 있었습니다. 그리고 때로는 실제로 충분하게 속일 수도 있었습니다. 그 사실은 그렇게 보여진 자들 이외의 다른 자들에게는 거의 알려지지 않았습니다. 더욱이 이런 자들은 다른 자들을 통해서 이 세상에 들어오기를 특히 열망하였습니다. 그 이유는 그들이, 자기나 세상에 대한 것 이외의 다른 목적을 가지지 않고 있으며, 그리고 선한 정동들을 통하여 자신들을 침투시키는 아주 극도의 사기꾼들이기 때문입니다. 영적인 것들이나 천적인 것들의 측면에서 보면 그들은 그런 것들에 대하여 전적으로 무지(無知)하고, 그리고 그들은, 그런 것들을 통하여 자신들을 침투시키려고 하는, 지극히 외적인 것들만을 생각할 뿐입니다. 그들은 생명에 속한 일종의 높은 신념을 가지고 있지만, 그러나 그들이 가지고 있는 그것들의 종과 유에 따라서는 전혀 다릅니다. 1748년 10월 26일

3713. 여인들이 이런 종류의 요정들의 대부분을 형성하였을 때, 심지어 거기에는 그들이 오직 거기에서 기쁨을 누렸던 아주 멋진 외적인 것들 안에 그들이 살았기 때문에 매우 월등한 존경을 받았던 자들도 육신을 입은 삶에서 분리된 자들도 그 부류에 형성되어 있었습니다. 왜냐하면 그들은 자신들의 간계(奸計)들을 드러내지 않았기 때문이고, 그리고 사실 그들의 목적들까지도 드러내지 않았지만, 그럼에도 불구하고 그들이 그런 것들은 모두 다 적발되었기 때문입니다. 1748년 10월 26일

3714. 다른 날 하루를 지내는 동안 요정들은 나와 같이 있었습니다. 그리고 그들은 나를 매우 괴롭게 하였습니다. 그러나 그들은 자신들의 성품이 어떠한지 이런 사실에서 드러냈습니다. 다시 말하면, 내가 들은 바이지만, 그들이 더 이상 없는 아주 고약한 외설적인 것들을 자신들에게 가져가게 되면, 매우 큰 고통이라는 것이 드러나게 되었습니다. 이런 것에서 알 수 있는 것은, 그들의 악들을 억압할

내적인 속박들이 그들에게 전혀 없다는 것이고, 그리고 양심도 없고 또한 정직에 속한 시인 따위도 전혀 없다는 것인데, 하물며 그 어떤 참된 것이나 선한 것의 신념이 있을 수 있겠습니까? 그러나 그들의 내면적인 것들은 억제나 통제에서부터 전적으로 상실되었고, 그리고 단순한 외적인 속박들에 의한 것을 제외하면 구속이라는 것은 존재하지 않았습니다. 아마도 다른 자들에 비하여 자신들에게 더 영향을 주는 바른 예의나 겉보기의 정직이라고 할 수 있는 외적인 속박이 아니라면 전혀 억제될 수 없습니다. 그러나 그들의 내면적인 것들이 이런 것들이고, 따라서 방탕하고, 속박이 느슨해지게 되면 만약에 외적인 구속들이 제거되기라도 한다면, 그들이 한동안 방탕한 행동을 하였기 때문에, 그들은 두려움이나 부끄러움 없이 그리고 내면적인 법에서 비롯된 간섭도 없이 가장 파렴치하고, 간악하고, 외설적인 행동들 속으로 돌진할 것입니다. 여하튼 이런 것들이 바로 그들의 생각입니다. 왜냐하면 어느 누구도 양심의 법(a law of conscience)이 자신을 억제하고 있는지 여부를 알지 못하기 때문입니다. 다시 말하면 그는, 그것이 악하기 때문에, 그것이 비천한 것이기 때문에, 그리고 그것이 외설적이기 때문에, 이것이나 저것에 관해서 생각하려고 하지 않기 때문입니다. 그래서 이런 생각이 제안되면 그는 두려움이나 수치심, 또는 공포에 일격을 당하고, 또는 다른 어떤 방법에 의하여 그것에서부터 멀리 도망하게 됩니다. 이런 것들이 바로 사람을 사로잡는 그런 내적인 구속들입니다. 그러나 요정들은 이런 구속들에 의하여 억제되지 않습니다.

3715. 요정들은 역시 저 세상에서 교육을 받을 수 없습니다. 왜냐하면 그들이 보고 있는 참된 것이나 선한 것은 무엇이든지 그들이 오직 외적인 것들 안에 있기 때문에 그들은 그것들을 파악하지도 못하고, 그리고 자신들의 것으로 전유하지도 못하기 때문입니다. 그러나 그들이 할 수 있는 한 이런 성질의 것들을 즉시 자기들의 것으로 움켜쥐고, 그리고 그것을 속이고, 왜곡시키고, 자신들을 주입시

키고, 유혹하고, 그리고 그것을 마술적인 어떤 것으로 변화시키려는 하나의 수단이나 방법으로 여기기 때문입니다. 왜냐하면 다른 사람이 가지고 있는 경건한 것이나 거룩한 것은 무엇이든 그들에게서는 외적인 수단들이 되기 때문이고, 그리고 그 밖의 등등이 되겠습니다. 그것은 그들에게 억압되거나 억압하는 내면적인 것들은 아무것도 없기 때문입니다. 그들은 이러한 사실에 대해서 이른바 무지(無知)합니다.

3716. 요정들은 사람을 사로잡기를 으뜸으로 열망합니다. 그럼에도 불구하고 그들은 이런 일을 외면적인 것들을 통해서 그의 내면적인 것들이 행합니다. 그런 일은 내가 이삼일 동안 경험한 것입니다. 그들은 특히 감관들 속에 들어가려고, 사실은 미각(味覺) 속에 들어가려고, 무척 노력을 합니다. 그리고 미각에 대해서 이런 열망을 가지고 있는 자들은 이러한 상질을 가지고 있다는 것이 아주 명확합니다. 왜냐하면 이와 같이 그들은 사람의 내면적인 것들에 침투하기를 목적하고 있기 때문입니다. 내가 전에 그들에 관해서 언급하였지만, 음란스럽고, 잔악한 자들은 사람의 외면적인 것들에 달라붙어 있기를 열망합니다. 그러나 내가 여러 날의 경험으로부터 배운 것은 이들이 내면적인 것들에 달라붙기를 열망한다는 것입니다. 그들은 그들의 열망에 의하여 미각 속에 들어갔고, 그리고 내가 먹으려고 하는 것은 무엇이든 자신들을 위해서 거머쥐려고 하였습니다. 이러한 것은 내면적인 것들에 속한 대응들을 가리킵니다. 관능적인 기억, 역시 과학이나 지식에 속한 것은 무엇이든지 그것들은 자기 자신의 것으로 전유(專有)하기를 열망하고, 따라서 달라붙기를 열망하고, 그리고 다른 것들을 통해서 세상적인 것으로 바꾸어 버립니다. 오늘날 수많은 인물들이 이와 같이 달라붙어 있는지 여부는 이런 것에서 추측할 수 있다고 생각됩니다. 사람이 누구나 자기 자신을 그가 이런 구속들 안에 있는 여부를 면밀하게 검토해 보는 것입니다. 그러므로 그의 생각들이 악에서부터 몹시 싫어하는지, 그리고

그와 같은 혐오(嫌惡)에서 떠났는지 여부를 점검해 보십시오. 그리고 자기 자신을 가장 사악한 자들로부터 무슨 방법으로든 단절하는 것에 승복시켜 봅시다. 그리고 또한 내적이든, 그의 생각의 측면에서든, 자기 자신을 실제적인 외설적인 것에서부터 단절하는 일에 승복시켜 봅시다. 그리고 또한 자신을 억제하고 있는 것이 그저 단순한 외적인 구속들인지 여부도 깊이 생각해 봅시다. 만약에 그것들이 제거된다면, 그는 법의 두려움 없이 그것들 속으로 침투하기를 열망할 것이고, 그리고 그것들 속으로 침투할 것입니다. 만약에 그가 그런 작자라면 그 때 그는 이런 부류의 요정들에 의하여 내적으로 결합되었을 것입니다. 이런 결합(=달라붙음)은 오늘날 널리 만연(蔓延)되어 있고, 그리고 이에 반하여 주님의 시대의 유대 사람들에게 있는 그런 결합은 외적인 것이었습니다.

3717. 사람은 그가 이런 성품인지 아닌지를 철저하게 살펴야 하겠습니다. 왜냐하면 그는 지금 그것을 알 수 있기 때문입니다. 내가 경험에서 말하고자 합니다. 왜냐하면 나는 수차에 걸쳐서 그들과 대화를 하였기 때문입니다. 나는 그들의 입류를 나의 모든 감관에서 느꼈습니다. 그리고 내가 알 수 있도록 허락되고, 그리고 지각된 것은 그들의 노력들과 온갖 과정들인데, 그들은 그것에 의하여 활동하였습니다. 뿐만 아니라 여기서 무엇이라고 기술할 수 없는 그 밖의 개별적인 것들에 속한 수많은 것을 알고, 그리고 지각하는 것이 허락되었습니다. 왜냐하면 그들은 내면적으로 활동하였고, 그리고 수많은 것들이 여러 표징들에 의하여 나에게 보여졌기 때문입니다. 예를 들면 그들의 온갖 망상들의 성질이 무엇인지 드러났기 때문입니다. 그러나 그것이 나에게 미치는 것이 허락되지 않았는데, 그것은 그것들이 매우 치명적이고, 그리고 매우 무서운 것이기 때문이었습니다. 이러한 것들은 거의 대부분 표징들에 의하여 속내를 다 드러냈습니다. 그들이 나의 내면적인 것에 들어오기를 원하였기 때문에 그들은 내 머리 위에서 그들의 등에 벌거벗은 자신들을 확장하였고,

그리고 오른쪽으로, 왼쪽으로 자신들을 회전시켰고, 그리고 자기들의 발 사이에 자신을 꾸부려 넣기도 하고, 그리고 머리를 아래로 발을 위로 해서 몸통을 거꾸로 구부리기도 하였습니다. 이런 모든 짓거리는 그들의 처참하고, 마술적이고, 악마적이고, 혐오스러운 망상들인데, 그런 것들이 나의 기억에 달라붙어서, 그리고 영들이 보지 못하게 달라붙어서, 나를 공격, 괴롭히는 것이 허락되지는 않았습니다. 그 밖에도 자기 자신들 가운데서 행한 다른 많은 것들이 있었지만, 이런 것들은 눈에는 보이지 않고 다만 들을 수는 있었습니다. 왜냐하면 동일한 이유 때문입니다.

3718. 그들은 나의 기억을 차지하기 위하여 온 밤을 망상의 상태에서 나와 함께 있었습니다. 그들은 자신들의 생각들을 이런 것들 가운데 있게 하였고, 그리고 따라서 그들은, 마치 다른 자들에게는 그들이 내면적인 것들을 소유한 것과 같이, 그들이 압력을 가하고 있고, 그리고 모든 것들을 사로잡고 있다고 생각하였습니다. 나는, 나의 놀라움을 자극할 정도로 극심한 어떤 끈질긴 고집 같은 것을 알았는데, 그들의 이러한 고집스러운 망상은 무엇이라고 기술할 수가 없었습니다. 이런 일은 내가 잠을 자고 있는 동안에 일어났습니다. 왜냐하면 그들은, 눈을 뜨고 있을 때와 꼭 같이 사람이 잠을 자고 있을 때 활동하도록 충동질을 하기 때문입니다. 그들은, 특히 그들이 모든 내적인 구속들을 모두 느슨하게 풀어 놓기 위하여 이런 일을 행합니다.

3718[A]. 그러나 쫓겨나게 될 그들은 붉은 색의 말들 위에 타고 있는 기수들에 의하여 드러났습니다. 그들은 앞쪽에서 뒤쪽으로 옮겨졌습니다. 나중에는 어디론가 가버렸습니다. 다시 말하면 그들이 자신들은 내면적인 것들에 침투한 것이라고 생각할 때, 즉 사실 머리에 속한 것들 속으로 침투하였다고 생각하고 있을 때 그들은 어떤 더러운 통로를 통해서 거기에 옮겨졌습니다. 나는 그와 같은 일이 콧물의 통로를 통해서 콧구멍 속으로 들어왔다고 생각하였지만,

그러나 그 통로를 통한 것이 아니고, 두개골의 통로를 통해서 바깥 피부로 옮겨진 것입니다. 그리고 이러한 자들은 앞부분으로부터 한 덩어리가 된 어떤 불결한 영기 안으로 옮겨졌지만, 그것은 부드러운 코딱지에로 옮겨진 것 같이 생각됩니다. 그러나 그것은 해체된 폐물들로 이루어졌습니다.

3719. 그러나 불결한 오물들의 영기 속으로 옮겨지면 그들은 마치 해체된 것처럼 보이고, 그리고 유발된 부드러움 때문에 보이지 않게 됩니다. 내게 지각된 것은, 그들은, 머리의 외피(外皮)에 있는 작은 구멍들이라고 부르는 것들인데, 거기에는 이가 살고 있고, 그것들은 거기에서 생성되고 거기에서 성장합니다. 이런 벌레들이 얼마나 더 러운지는, 그 벌레가 아주 더러운 옴(疥癬)에 전염된 자들에게서, 그리고 죽은 시체들 위에서 주로 발견된다는 사실에서 잘 알 수 있겠습니다. 이들은 사람에 속한 과학적인 것들이나, 총명적인 것에 들어가기를 원하고, 그리고 그것들을 사로잡고, 괴롭히기를 열망하는 자들입니다. 그리고 따라서 그들은 마술에 타락된 지식에 속한 모든 것들을 통하여 사람을 사로잡을 목적으로 자기 자신들을 주입시키기를 열망하는 자들입니다. 그들은 역시 현재의 삶의 성질도 동일하며, 그리고 그들은 사람들을 자기 자신들에게로 유혹하고, 그리고 따라서 그들은 사람들을 그들의 사회에 속하게 하려는 열망을 가지고 홀리게 할 수 있습니다. 그러므로 그들은 사람들을 유혹해서, 그리고 내적인 것들에 대한 그런 유혹들을 더 선호하게 합니다. 이런 식으로 그들에게서 비롯된 이런 종류의 유혹자들에 의하여 내적인 것들에서부터 끌어냅니다.

3720. 정동에 의하여 자기 자신들을 주입시킨 다른 자들은, 그들이 그것으로 인하여 자신들이 흉부의 영역을 통과, 거기에서 허리의 영역에 들어왔다고 생각하고 있을 때, 내가 느낀 것은, 바깥 피부를 통해서 옮겨졌다는 것입니다. 그리고 지각된 사실은 이런 성품의 자들은 악취가 나는 작은 땀방울을 소유한다는 것이었습니다. 이것들

이 얼마나 추하고 욕지기나는 것인지는 현미경에 의하여 알 수 있을 그런 것입니다. 그들은 역시 이들의 숨는 장소이기도 합니다. 이와 같이 그들은 자신들을 허리 주위에 잠입시켰습니다. 그것의 결과로 그들은 가장 불결한 곳에서 살아야 했습니다.

3721. 주님을 믿는 믿음이 결핍된 자는 누구나 이런 것들에 의하여 사로잡혀 갑니다. 그리고 그들은 종국에는 그들 가운데 있게 됩니다. 그리고 저 세상에서 그들은 그들과 연합하고, 그리고 자신의 생애를 가장 불결한 오물들 속에서 보냅니다. 1748년 10월 27일

3722. 내가 알게 된 사실은, 이런 부류의 인물들은 내가 어릴 적부터 성(性)에 관해서 생각했던 모든 기억으로부터 자극될 수 있고, 그리고 그들은 저항할 수 없을 만큼 기억을 심하게 자극할 수도 있습니다. 심지어 그들은 생생한 음성으로 그 사실들을 선포하였습니다. 이런 그들의 술책들은 다른 자들의 것에 비하여 뛰어납니다. 그래서 그들은 사람뿐만 아니라 영들에게까지 그들은, 그들의 관능적인 기억이나 성적인 기억들을 동시에 흥분시킬 수 있기 때문에, 그래서 그들은, 자신들이 그들 가운데 공공연하게 있다는 것을 불평하였습니다. 왜냐하면 그들의 영기의 능력은, 영들의 관능적인 기억에까지 그것이 만연(蔓延)될 만큼 그런 것이기 때문입니다. 그렇지 않다면 결코 허용되지 않을 것입니다.

3723. 그들은 육신을 입은 삶에서부터 이것을 사로잡고 있었습니다. 육신을 입은 삶을 사는 동안 그들은 다른 자들의 마음을 자기 자신들에게 복종시키려는, 그리고 그들을 유혹시키려는 의도를 계속해서 가지고 있었는데, 특히 그 목적은, 그들이 그들을 정복시켰을 때, 그들을 지배하기 위한 것이고, 그들을 노예들로 삼으려는 것이고, 따라서 사람의 영혼들을 속박의 상태에 두려는 것 등이었습니다. 따라서 저 세상에서 그들의 영기는 끊임없이 사람의 내면적인 것들을 사로잡고, 괴롭히려는 것이고, 그리고 그 영기는, 나에게서는 자신들을 미각에 주입시키려는 것이었고, 그와 같은 짓은 내가 먹을

때마다, 마치 먹으려는 의향으로 내 손과 입에서 음식을 빼앗으려고 하였습니다. 이러한 의향은 내면적인 망상들의 영기로 말미암아 존재하는 것인데, 따라서 그것은 자기 자체를 잘 드러내고 있었습니다. 왜냐하면 미각이나 혀(舌)는 내면적인 것들에 대응하기 때문입니다. 1748년 10월 27일

사람들의 물질적인 개념들은 천사적인 개념들의 수용그릇이라는 것에 관하여

3724. 나는 공공연하게 영들과 더불어 이야기하였습니다. 즉 주님의 섭리는 궁극적인 것들 안에서는 매우 혼란스럽고, 산만하게 보입니다. 그것은 마치 건축가에 의하여 계획된 거대한 궁전을 건축하기 위하여 여러 면에서 상이한 것들로부터 수집된 재료들과 같다고 하겠습니다. 그 때 그 재료들은 함께 수집하고, 따라서 서로 다른 추적물들을 쌓아 올리고, 그런 뒤에는 그 궁전을 위해 만들어지고, 그것에 꼭 맞게 만들어진 그런 재료들처럼 보이지만, 그러나 그 건축가가 아니면, 그와 같이 쌓아올린 것에서부터 그러한 궁전이 생겨날 것이라고 인식할 수 있는 사람은 아무도 없습니다. 동일한 시간에 각각의 개별적인 것들은 헤아려졌고, 그리고 그런 것들은 꼭 맞게 놓여졌습니다.

3725. 이런 심사숙고들에 종사하고 있는 동안, 언급된 것은, 궁전의 건축에 관계되는 것이 전혀 없는 천계로부터 유입된 이런 종류의 생각들은 건축물이나 궁전들의 건축에 의하여 드러나지만, 그러나 사람의 생각 안에 있는 불분명한 다종다양한 것들은 이해될 수 있습니다. 왜냐하면 헤아릴 수 없는 내면적인 것들은, 우주적인 규모에서와 꼭 같이 이런 건축에 비유될 수 있겠습니다. 그것은 마치 다른 개별적인 것들을 헤아릴 수 없는 것과 같이, 주님의 섭리와 꼭 같다고 하겠습니다. 그것은 어느 누구나 사람의 개념들이 생각들 안에는 이와 같은 유사한 것이 생겨난다는 것을 알고 있고, 그리고 동

시에 헤아릴 수 없는 같은 종류의 다른 것들도 생겨난다는 것도 알고 있습니다. 여기에서 뒤이어지는 결론은 사람의 생각들은 천사적인 개념들이나 생각들의 수용그릇들이라는 것입니다.

3726. 그러나 반대 의견도 생겨납니다. 즉 악들은, 악한 영들에 의하여 선동되고, 그리고 천사들에 의하여서는 제지되고, 방해된다는 것입니다. 따라서 그 시작들은 영들과 함께 하고, 그리고 말하자면 그런 것들이 억제되는 천계에 유입한다는 것입니다. 그러나 이런 것에 대한 대답, 다시 말하면 지각이 주어졌는데, 그것은 천계를 통해서 영들의 세계에 입류한 주님에 속한 모든 선은 악으로 변하고, 그것이 바로 천사적인 개념들로부터 유입하는 악이라는 것입니다. 이것이 영들에게 있는 악입니다. 다시 말하면 영들은 그들이 가지고 있는 악에 의하여 사람이 가지고 있는 악들을 선동하고, 그러므로 그것은 천계에로 되돌아옵니다. 주님께서는 천계를 통하여 유입하시기 때문에, 그리고 거기에서 악이 생겨나기 때문에, 그 악을 억제하기 위하여 주님께서 천계에 입류하시고, 천사들에게 입류하신다는 것은 이어질 수 없는 일입니다. 왜냐하면 그것은 마치 전자에 대해서 참이라는 것이 후자에 대해서도 참이라는 것은 사람과 함께 하는 천사들에게서 잘 드러나는 것입니다. 사람과 함께 하는 천사들은, 비록 그것이 그들에게 그들이 스스로 행한 것처럼 보인다고 해도, 주님께서 억제하신다고 변함없이 고백하는 영들에 속한 악들을 억제하고, 그리고 삼가게 합니다. 그러므로 이와 같은 평형이나 질서가 영들의 세계에서는 주님에 의하여 보존됩니다. 그리고 모든 악에 대해서는 이른바 거기에는 그것 자체의 짝꿍(its own counterpart), 즉 장애물이 있습니다. 만약에 악이 한쪽으로 기운다면, 따라서 악이 우세하다면, 영들의 세계는 그 즉시, 평형과 그것의 상실이 존재하는 그런 상태가 될 것입니다. 1748년 10월 28일

3727. 달리 생각하는 그들의 오류는, 마치 그들이 거기에 반대되는 것들이 있는 것을 모르기 때문에, 그리고 그들이 이와 같이 떨어

질 것이라고 그가 상상하기 때문에 누구라도 그것을 믿지 않은 매번 12시간마다의 관계에 우리가 들어간다는 것을 모르기 때문에 반대되는 것에 의하여 다시 반박될 것입니다. 그 원인은 그 때 이렇게 언급되었습니다. 다시 말하면 사람의 모든 미립자 안에는 사람을 땅을 향해서 밀어붙이는 인력(引力)의 원칙들이 있다는 것이 설명되었습니다. 그리고 각각의 미립자 안에는 인력에 속한 그런 영기가 있기 때문에 그러므로 그것은 사람을 그 인력에 따라서 밀어올리기도 하고 끌어내리기도 합니다. 이러한 사실은 구심력(求心力)에 관한 경험들을 잘 알고 있는 다른 자들에 의하여 확증되었습니다. 이런 것들을 들었을 때, 묵인하였습니다. 1748년 10월 28일

그리고 언급된 것은 인체 안에 있는 액체들(=분비물들)은 인체 밖에 있는 영기에 따르지 않고, 그들의 오름과 내림의 작용을 가지고 있습니다. 왜냐하면 그것들은 그들의 오름작용이나 내림작용에서 그것에 관해서 많은 말을 할 수 있는 노력에 일치하여 개별적인 여러 방면으로 기우는 그들의 경향에서, 확증되기 때문입니다. 그러므로 혈액이나 그 밖의 액체들은 인체에서의 오르고 내리는 작용을 전혀 알지 못하고, 아무것도 없다는 것만 의식할 뿐입니다. 이러한 사실은 경험에 의하여 역시 확증되었습니다.

요정들에 관하여

3728. 어떤 인물이 갑자기 나에게 왔습니다. 그가 바울이라는 것을 알게 되었습니다. 그는, 내가 그에 관해서 나쁘게 말하고 있는지 여부를 물었습니다. 그러나 주어진 대답은 그 때 나는 그에 대해서 생각도 하지 않고 있다는 것입니다. 이런 사실에서 깨달은 것은, 머리 위에 있는 악령들은, 내가 눈을 뜨고 있는 동안, 마치 나에게서부터 말하고 있는 것과 같이, 요정들을 통하여 다른 자들과 말을 하기 시작한다는 것입니다. 거기에는 머리 위에 있는 영들에게서 내려오는 모종의 파동이 있다는 것입니다. 그들은 마찬가지로 나에게서

비롯된 것처럼 다른 자들과 말을 하였습니다. 1748년 10월 28일
그러나 그들은 이와 같이 계속해서 말을 하였고, 그리고 지저분한 말을 발설하였습니다. 그러나 나는 아무것도 듣지 못하였습니다. 그것은 나에게는 전적인 침묵이었습니다. 따라서 나는 아무것도 깨닫지 못하였습니다. 그런 것을 듣고 있던 영들은, 발설된 것들이 아주 고약한 것들이라는 것을 말하였습니다. 그러나 그 말은 마치 나에게서 비롯된 것과 같았습니다. 비록 그와 같은 것처럼 보인다고 해도, 그것의 추악함에서 그들은 그것이 나에게서 나온 것이 아니라는 것을 알았습니다. 그들은 내가 알지 못하는 상태에 있다는 것을 알았을 뿐만 아니라, 모종의 재미있는 상태에 있다는 것도 알고 있었습니다.

개념들에 관하여

3729. 사람은 자신이 모르는 개념들을 가지고 있다는 것과 그리고 그런 것은 다양한 반대되는 것들로 이루어진 것이라는 것, 그리고 그런 것은 모두에게 특수한 것이라는 것 등등은, 만약에 어느 누구가 그가 알고 있는 도시들, 장소들이나 그 밖의 것들을 마음에 불러낸다면, 잘 알 수 있습니다. 그와 같은 어떤 것은 그가 분별하는 것에 의하여, 그리고 그가 아는 것에 의하여 일어나고, 그리고 어느 특정한 장소에서, 또는 그가 본 어떤 것에 의하여 일어납니다. 그리고 그는 그에게 다소 깊이 각인된 어떤 것과 더불어 그는 생각나게 됩니다. 이런 사실은 보다 우선하는 것이지만, 그러나 이름이나 낱말은 아닙니다. 예를 들어보겠습니다. 밀라노(=이태리 북부의 도시)에 관해서 생각할 때 그에게 각인되었기 때문에 제일 먼저 떠오르는 것은 사람이 자주 밤에 살해되어 죽는다는 것입니다. 그리고 프라하(=체코의 수도)에 대해서 생각할 때에는 그들의 집들을 통하는 통로에서 야간에 일어나는 살인들이 떠오른다는 것입니다. 그리고 거기에 있는 유대 사람에 대해서 생각할 때에는 그들은 기독교인들을

죽음으로 내몬다는 것입니다. 그리고 그 밖의 다른 장소들에 관해서도 별것 아닙니다.

3730. 더 이상 보여진 것은 사람들은 개념이 무엇인지 알지 못한다는 것입니다. 왜냐하면 하나의 개념에 관해서 그들이 생각하게 되면, 모든 생각들은 사라지고, 그래서 거기에는 남아 있는 것이 아무 것도 없는 것 같이 생각되지만, 그럼에도 불구하고 언급된 개념들은, "그런 것은 내 개념과 일치한다" 또는 "내 생각도 그와 같다"라고 말한 대화의 일반적인 생각 이외의 더 많은 것을 뜻하지 않습니다. 그러므로 여기서 밝히 알 수 있는 것은 사람들은 내면적인 것들에 관해서, 그리고 따라서 내면적인 사람에 관해서, 아무것도 알지 못한다는 것입니다. 그 이유는 사람들이 생각이 개념들로 분별되는지 여부를 알지 못하기 때문입니다. 그리고 또한 생각이 무엇인지도 알지 못하기 때문이고, 그리고 사람들이 그것을 의지에서부터 분별할 수 없기 때문입니다. 사실 사람들은 자신들이 생각했던 것을 거의 알지 못합니다. 그 이유는 그들이 정신적인 사람(the inner man)에 대해서 깊이 생각하지 않기 때문입니다. 그러므로 그들은 가장 일반적인 것 이외의 다른 개념은 결코 가질 수 없고, 비록 그들은, 그들이 말한 것 이외의 것을, 또는 행동한 이외의 것을 생각한다고 해도 그들이 생각한 것을 거의 가지고 있지 않습니다. 그리고 그것으로부터 그들은 그것을 알 수 있을 뿐입니다. 그러므로 결론지을 수 있는 것은 하나의 개념은 보다 작은 생각에 불과하다는 것이고, 생각은 그것들로 이루어진다고 하겠습니다. 이러한 사실은 아마도 이해할 수 있겠습니다. 여기에서 밝히 드러나는 것은 내면적인 것들은 전적으로 외면적인 것들로 결합되어 있다는 것이고, 따라서 사람은, 그런 것들이 내재해 있는 육신적인 감관들 안에 또는 육신 안에서 산다는 것입니다.

3731. 그러나 나는 저 세상에서 수년 동안 개념이 무엇인지를 깨닫지 못한 영이 있다는 것을 알지 못하였습니다. 그 이유는 나는 그

것을 깨달았기 때문입니다. 그리고 지금 그들이 이상하게 생각하는 것은, 내가 개념에 속한 어떤 명확함을 가지고 있는 것만큼을 제외하면 그들이 과거 그런 존재이고, 현재도 그런 존재라는 사실입니다.

≪영계일기≫ [6]권 끝

영 계 일 기 [6]

2011년 7월 25일 인쇄
2011년 7월 30일 발행

지 은 이 E. 스베덴보리
옮 긴 이 안곡·박예숙
펴 낸 이 이 영 근
펴 낸 곳 예 수 인

    1994년 12월 28일 등록 제 11-101호
    (우) 157-014·서울 강서구 화곡 4동 488-49
    연락처·예수교회 제일 예배당·서울 강서구 화곡 4동 488-49
    전 화·0505-516-8771·2649-8771·2644-2188

      대금송금·국민은행 848-21-0070-108 (이영근)
            우리은행 143-095057-12-008 (이영근)
            우체국 012427-02-016134 (이영근)

ISBN 89-88992-08-3 04230(set)   값 13,000원
ISBN 97889-88992-50-0 04230

◇ 예수인의 책들 ◇

순정기독교(상·하) 스베덴보리 지음·이모세·이영근 옮김 각권 값 20,000원
혼인애 스베덴보리 지음·이영근 옮김 값 35,000원
천계와 지옥(상·하) 스베덴보리 지음·번역위원회 옮김 각권 값 11,000원
신령사랑과 신령지혜 스베덴보리 지음·이모세·이영근 옮김 값 11,000원
최후심판과 말세 스베덴보리 지음·이영근 옮김 값 11,000원
천계비의 ① 아담교회 —창세기 1-5장 영해— 스베덴보리 지음·이영근 옮김 값 11,000원
천계비의 ②③ 노아교회[1]·[2] —창세기 6-8장 / 9-11장 영해— 스베덴보리 지음·이영근 옮김 각권 값 11,000원
천계비의 ④-⑱ 표징적 교회 [1]·[2]·[3]·[4]·[5]·[6]·[7]·[8]·[9]·[10]·[11]·[12]·[13]·[14]·[15] — 창세기 12-14/15-17/8-19/20-21/ 22-23/24-25/26-27/28-29/30-31/32-34/35-37/38-40장 영해 — 스베덴보리 지음·이영근 옮김 각권 값 11,000원
천계비의 ⑲-㉒ 표징적 교회[16]·[17]·[18]·[19] —출애굽기 1-4 /5-8/9-12/13-15장 영해— 스베덴보리 지음·이영근 옮김 각권 값 14,000원
묵시록 해설[1]·[2]·[3] 스베덴보리 지음·이영근·박예숙 옮김 각권 값 15,000원
묵시록 계현[1]·[2]·[3]·[4]·[5] 스베덴보리 지음·이영근 옮김 각권 값 40,000원
스베덴보리 신학총서 개요 (상·하) 스베덴보리 지음·M. 왈렌 엮음·이영근 옮김 각권 값 45,000원
새로운 교회의 사대교리 스베덴보리 지음·이영근 옮김 값 40,000원
성서영해에 기초한 설교집 ≪와서 보아라≫[1]·[2]·[3] 이영근 지음 각권 값 9,000원

* 이 책들은 교보문고·영풍문고·≪예수인≫본사에서 구입할 수 있습니다.